TUSCULUM-BÜCHEREI

HeraeraHerausgeber: Karl Bayer, Hans Färber, Max Faltner

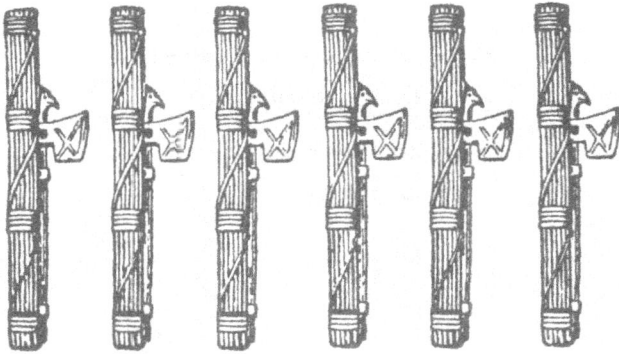

SALLUST

WERKE UND SCHRIFTEN

Lateinisch – Deutsch

HEIMERAN VERLAG

Herausgegeben und übersetzt von

WILHELM SCHÖNE †

unter Mitwirkung von

WERNER EISENHUT

6. Auflage 1980
© Heimeran Verlag 1950
Archiv 175 ISBN 3 7765 2017 5
Druck: fotokop Wilhelm Weihert, Darmstadt
Bindung: Heinrich Koch, Tübingen

INHALT

DE CATILINAE CONIURATIONE

I. Omnis homines, qui sese student praestare ceteris animalibus, summa ope niti decet, ne vitam silentio transeant veluti pecora, quae natura prona atque ventri oboedientia finxit. sed nostra omnis vis in animo et corpore sita est: animi 2 imperio, corporis servitio magis utimur; alterum nobis cum dis, alterum cum beluis commune est. quo mihi rectius vide- 3 tur ingeni quam virium opibus gloriam quaerere et, quoniam vita ipsa, qua fruimur, brevis est, memoriam nostri quam maxume longam efficere. nam divitiarum et formae gloria 4 fluxa atque fragilis est, virtus clara aeternaque habetur.

Sed diu magnum inter mortalis certamen fuit, vine corpo- 5 ris an virtute animi res militaris magis procederet. nam et, 6 prius quam incipias, consulto et, ubi consulueris, mature facto opus est. ita utrumque per se indigens alterum alterius 7 auxilio eget.

II. Igitur initio reges — nam in terris nomen imperi id primum fuit — divorsi pars ingenium, alii corpus exercebant: etiam tum vita hominum sine cupiditate agitabatur; sua quoi-

DIE VERSCHWÖRUNG DES CATILINA

Jeder Mensch, der sich vor den übrigen Geschöpfen auszeichnen möchte, muß sich mit aller Kraft darum bemühen,
nicht unbeachtet durchs Leben zu gehen wie das Vieh, das
seiner Natur nach den Kopf zur Erde senkt und nur für den
Bauch sorgt. Unser ganzes Wesen beruht ja doch auf Geist
und Körper: der Geist ist das Herrschende, der Körper
mehr das Dienende in uns; den einen haben wir mit den
Göttern, den anderen mit den Tieren gemein. Darum scheint
es mir richtiger, wenn wir mit geistigen Mitteln Anerkennung suchen statt mit bloßen Körperkräften, und wenn wir
dem Andenken an uns eine möglichst lange Dauer schaffen
– das Leben selbst ist ja so kurz, das wir genießen! Der
Ruhm, den uns Reichtum und Schönheit bringen, ist flüch-
tig und vergänglich, geistiger Wert aber ein herrlicher und
ewiger Besitz.

Schon lange freilich haben die Menschen lebhaft darum
gestritten, ob man im Kriege mehr durch Körperstärke oder
durch geistige Tüchtigkeit Erfolg erziele. Denn vor dem Beginnen ist Überlegung nötig, nach der Überlegung aber
rasches Handeln. So ist jedes für sich allein unzureichend,
beides bedarf der gegenseitigen Ergänzung.

Daher legten in alter Zeit die Könige – dies war ja überall
die erste Regierungsform – ganz verschieden bald auf die geistige, bald auf die körperliche Ausbildung mehr Wert. Damals
führten die Menschen noch ein Leben ohne Begehrlichkeit;

que satis placebant. postea vero quam in Asia Cyrus, in Grae- 2
cia Lacedaemonii et Athenienses coepere urbis atque nationes
subigere, lubidinem dominandi causam belli habere, maxumam gloriam in maxumo imperio putare, tum demum periculo atque negotiis conpertum est in bello plurumum ingenium posse.

Quod si regum atque imperatorum animi virtus in pace 3
ita ut in bello valeret, aequabilius atque constantius sese res
humanae haberent, neque aliud alio ferri neque mutari ac
misceri omnia cerneres. nam imperium facile iis artibus reti- 4
netur, quibus initio partum est. verum ubi pro labore desi- 5
dia, pro continentia et aequitate lubido atque superbia invasere, fortuna simul cum moribus inmutatur. ita imperium 6
semper ad optumum quemque a minus bono transfertur.

Quae homines arant, navigant, aedificant, virtuti omnia 7
parent. sed multi mortales, dediti ventri atque somno, in- 8
docti incultique vitam sicuti peregrinantes transigere; quibus
profecto contra naturam corpus voluptati, anima oneri fuit.
eorum ego vitam mortemque iuxta aestumo, quoniam de
utraque siletur. verum enim vero is demum mihi vivere atque 9
frui anima videtur, qui aliquo negotio intentus praeclari facinoris aut artis bonae famam quaerit.

III. Sed in magna copia rerum aliud alii natura iter ostendit. pulchrum est bene facere rei publicae, etiam bene dicere
haud absurdum est; vel pace vel bello clarum fieri licet; et

jedem genügte das Seine. Später aber, als in Asien Cyrus, in Griechenland die Lacedämonier und Athener anfingen, Städte und Völker zu unterjochen, Herrschsucht für einen Kriegsgrund anzusehen und den größten Ruhm in der größten Macht zu finden, da erst machte man in Gefahr und Nöten die Erfahrung, im Kriege vermöge das meiste doch der Geist.

Wenn nun die geistige Kraft der Könige und Machthaber im Frieden ebenso zur Geltung käme wie im Kriege, würde mehr Gleichmäßigkeit und Beständigkeit auf Erden herrschen, man brauchte nicht zu sehen, wie alles auseinanderstrebt und in heillose Verwirrung gerät. Denn Macht läßt sich leicht mit denselben Mitteln erhalten, mit denen sie einst gewonnen wurde. Wo aber statt Arbeitsfreude Müßiggang, statt Selbstbeherrschung und Gerechtigkeit Willkür und Anmaßung einreißen, da wandelt sich mit den Sitten auch das Schicksal. So geht die Macht immer von dem minder Tüchtigen auf den Tüchtigsten über.

Was die Menschen in Ackerbau, Seefahrt und Baukunst leisten, ist alles durch ihre geistige Kraft bedingt. Aber viele Menschen, die nur dem Bauche und dem Schlafe frönen, gehen ohne geistige und sittliche Bildung durchs Leben wie Leute, die in fremdem Lande reisen; ihnen ist wahrhaftig gegen den Willen der Natur der Körper eine Lust, die Seele eine Last. Ihr Leben gilt mir gleichviel wie ihr Tod, da man von beidem schweigt. Denn wahrlich, erst der scheint mir zu leben und die Früchte seines Lebens zu genießen, der durch irgendeine Aufgabe in Spannung, mit einer glänzenden Leistung oder einer edlen Wissenschaft sich einen Namen zu machen sucht.

Bei der großen Fülle der Möglichkeiten aber weist die Natur einem jeden eine andre Bahn. Schön ist es, Verdienste um den Staat zu haben, doch auch gewandt zu reden hat seinen guten Sinn. Im Frieden wie im Kriege kann man

qui fecere et qui facta aliorum scripsere, multi laudantur. ac   2
mihi quidem, tametsi haudquaquam par gloria sequitur
scriptorem et auctorem rerum, tamen in primis arduom videtur res gestas scribere: primum, quod facta dictis exsequenda
sunt; dein, quia plerique, quae delicta reprehenderis, malevolentia et invidia dicta putant, ubi de magna virtute atque
gloria bonorum memores, quae sibi quisque facilia factu putat, aequo animo accipit, supra ea veluti ficta pro falsis ducit.

Sed ego adulescentulus initio, sicuti plerique, studio ad   3
rem publicam latus sum, ibique mihi multa advorsa fuere.
nam pro pudore, pro abstinentia, pro virtute audacia, largitio, avaritia vigebant. quae tametsi animus aspernabatur in-   4
solens malarum artium, tamen inter tanta vitia inbecilla aetas
ambitione conrupta tenebatur; ac me. quom ab reliquorum   5
malis moribus dissentirem, nihilo minus honoris cupido
eadem, qua ceteros, fama atque invidia vexabat.

IV. Igitur ubi animus ex multis miseriis atque periculis
requievit et mihi reliquam aetatem a re publica procul ha-
bendam decrevi, non fuit consilium socordia atque desidia
bonum otium conterere, neque vero agrum colundo aut venando, servilibus officiis, intentum aetatem agere; sed a quo   2
incepto studioque me ambitio mala detinuerat, eodem re-
gressus statui res gestas populi Romani carptim, ut quaeque

Ruhm gewinnen. Wer selbst etwas geleistet oder wer die Taten anderer beschrieben hat, beide werden in großer Zahl gerühmt. Und wenn auch der Geschichtschreiber durchaus nicht die gleiche Anerkennung findet wie sein Held, so scheint es mir doch ganz besonders schwer zu sein, Geschichte zu schreiben: denn einmal muß die Darstellung den Taten ganz entsprechen; sodann nehmen es die meisten Leser nur als eine Äußerung von Übelwollen und Mißgunst, wenn man Fehler tadelt; spricht man aber von hervorragender Tüchtigkeit und vom Ruhme edler Männer, so nimmt jeder gleichgültig hin, was er sich selbst leicht zutraut; darüber hinaus aber hält er alles für Lug und Trug.

Ich selbst nun habe mich in früher Jugend zunächst aus innerer Neigung wie die meisten auf die Politik geworfen; dort aber war mir vieles widerwärtig. Denn statt Anstand, Zurückhaltung und Tüchtigkeit blühten Frechheit, Bestechlichkeit und Habsucht. Wohl wies ich, des üblen Treibens ungewohnt, dies alles innerlich weit von mir, doch wurde meine schwache Jugend in so lasterhafter Umgebung von Ehrsucht betört und blieb in ihrem Bann; und wenn ich auch den schlechten Wandel der anderen nicht billigte, so hatte ich doch durch meinen Ehrgeiz unter der gleichen gehässigen Nachrede zu leiden wie sie.

Als ich daher nach vielen Leiden und Widerwärtigkeiten wieder zur Ruhe gekommen und fest entschlossen war, den Rest meines Lebens fern von Staatsgeschäften zu verbringen, da war es nicht meine Absicht, in sorglosem Nichtstun die schöne Muße zu vergeuden oder gar mein Leben lang mit Ackerbau oder Jagd mich zu beschäftigen, wie es die Sklaven tun. Nein, ich wandte mich der früheren Liebhaberei wieder zu, von der mich einst die leidige Ehrsucht ferngehalten hatte, und beschloß, die Geschichte des römischen Volkes in Auswahl darzustellen, wie mir gerade die einzelnen Zeiten der

memoria digna videbantur, perscribere, eo magis, quod mihi
a spe, metu, partibus rei publicae animus liber erat.

Igitur de Catilinae coniuratione, quam verissume potero,   3
paucis absolvam; nam id facinus in primis ego memorabile   4
existumo sceleris atque periculi novitate. de quoius hominis   5
moribus pauca prius explananda sunt, quam initium narrandi
faciam.

V. L. Catilina, nobili genere natus, fuit magna vi et animi
et corporis, sed ingenio malo pravoque. huic ab adulescentia   2
bella intestina, caedes, rapinae, discordia civilis grata fuere,
ibique iuventutem suam exercuit. corpus patiens inediae, al-   3
goris, vigiliae, supra quam quoiquam credibile est. animus   4
audax, subdolus, varius, quoius rei lubet simulator ac dissimu-
lator, alieni adpetens, sui profusus, ardens in cupiditatibus;
satis eloquentiae, sapientiae parum. vastus animus inmodera-   5
ta, incredibilia, nimis alta semper cupiebat. hunc post domi-   6
nationem L. Sullae lubido maxuma invaserat rei publicae capiundae; neque, id quibus modis adsequeretur, dum sibi regnum pararet, quicquam pensi habebat. agitabatur magis ma-   7
gisque in dies animus ferox inopia rei familiaris et conscientia
scelerum, quae utraque iis artibus auxerat, quas supra memoravi. incitabant praeterea conrupti civitatis mores, quos   8
pessuma ac divorsa inter se mala, luxuria atque avaritia, vexa-
bant.

Res ipsa hortari videtur, quoniam de moribus civitatis tem-   9
pus admonuit, supra repetere ac paucis instituta maiorum do-

Schilderung wert erschienen. Das tat ich um so lieber, da ich von Hoffnung, Furcht und Parteileidenschaft mich frei und ledig fühlte.

So will ich denn die Verschwörung Catilinas so wahrheitsgetreu wie möglich in kurzen Worten schildern; denn dies Unternehmen ist meiner Ansicht nach besonders denkwürdig wegen seiner unerhörten Bosheit und Gefahr. Bevor ich aber mit der Darstellung beginne, muß ich über das Wesen dieses Menschen einiges berichten.

Lucius Catilina stammte aus adligem Geschlecht; seine geistige und körperliche Kraft war bedeutend, sein Charakter völlig verdorben. Von früh an waren Bürgerkrieg, Mord, Raub und Zwietracht unter den Bürgern seine Freude, darin übte er sich in seinen Jugendjahren. Gegen Hunger, Frost und Mangel an Schlaf war er unglaublich abgehärtet; ein tollkühner Kerl, tückisch und unbeständig, ein Meister in Heuchelei und Verstellung jeder Art, nach fremdem Gute gierig, mit dem eigenen verschwenderisch, glühend in seinen Leidenschaften, recht redegewandt, doch wenig einsichtsvoll. Unersättlich begehrte er stets Maßloses, Unglaubliches, Allzuhohes. Seit Lucius Sullas Gewaltherrschaft hatte ihn der brennende Wunsch gepackt, die Führung im Staate an sich zu reißen; mit welchen Mitteln er dies Ziel erreichte, machte ihm nichts aus, nur die Macht wollte er gewinnen. Gesteigert wurde seine Tollheit von Tag zu Tag immer mehr durch den Mangel an Geld und das Bewußtsein seiner Schandtaten; und dies beides hatte er durch seine Eigenschaften, die ich vorhin nannte, noch verschlimmert. Außerdem reizte ihn die Sittenlosigkeit des Volkes, das an den beiden schwersten Lastern ganz verschiedener Art, an Verschwendungssucht und Habgier krankte.

Meine Darstellung hat mich auf die sittlichen Zustände unseres Staates geführt. So fordert mich wohl mein Stoff

mi militiaeque, quo modo rem publicam habuerint quantamque reliquerint, ut paulatim inmutata ex pulcherruma atque optuma pessuma ac flagitiosissuma facta sit, disserere.

VI. Urbem Romam, sicuti ego accepi, condidere atque habuere initio Troiani, qui Aenea duce profugi sedibus incertis vagabantur, et cum his Aborigines, genus hominum agreste, sine legibus, sine imperio, liberum atque solutum. hi post- 2 quam in una moenia convenere, dispari genere, dissimili lingua, alius alio more viventes, incredibile memoratu est quam facile coaluerint: ita brevi multitudo divorsa atque vaga concordia civitas facta erat. sed postquam res eorum, civibus, mo- 3 ribus, agris aucta, satis prospera satisque pollens videbatur, sicuti pleraque mortalium habentur, invidia ex opulentia orta est. igitur reges populique finitumi bello temptare, pauci ex 4 amicis auxilio esse: nam ceteri metu perculsi a periculis aberant. at Romani domi militiaeque intenti festinare, parare, 5 alius alium hortari, hostibus obviam ire, libertatem, patriam parentisque armis tegere. post, ubi pericula virtute propulerant, sociis atque amicis auxilia portabant, magisque dandis quam accipiundis beneficiis amicitias parabant. imperium le- 6 gitumum, nomen imperi regium habebant. delecti, quibus corpus annis infirmum, ingenium sapientia validum erat, rei

selbst dazu auf, weiter zurückzugreifen und mit einigen Worten die Einrichtungen unsrer Vorfahren im Krieg und Frieden zu schildern, wie sie den Staat verwaltet und in welcher Größe sie ihn hinterlassen haben, wie er sich allmählich gewandelt hat und aus dem schönsten und besten der schlechteste und schändlichste geworden ist.

Die Stadt Rom gründeten und bewohnten nach dem Bericht meiner Quellen zunächst Trojaner, die unter Aeneas' Führung landflüchtig ohne feste Wohnsitze umherzogen, und mit ihnen die Aboriginer, ein derber Menschenschlag, ohne Gesetze, ohne Regierung, frei und ungebunden. Erstaunlich leicht sind diese Völker trotz verschiedener Rasse, trotz ungleicher Sprache und andersartiger Lebensweise miteinander verschmolzen, nachdem sie sich in denselben Mauern zusammengefunden hatten: so war in kurzer Zeit eine zerstreut lebende und unstete Menge durch friedliches Zusammenleben zu einer Gemeinschaft geworden. Als aber ihr Gemeinwesen an Bevölkerung, Gesittung und Grundbesitz gewachsen war und schon recht blühend und mächtig schien, da erweckte ihr Wohlstand Neid – so geht es ja meistens in der Welt. Benachbarte Könige und Völker bedrohten sie also mit Krieg; nur wenige von ihren Freunden kamen zu Hilfe; denn die übrigen hielten sich ängstlich von den Gefahren fern. Aber die Römer, schlagfertig in Krieg und Frieden, waren rasch zur Stelle, rüsteten, ermutigten einander, zogen dem Feind entgegen, schützten Freiheit, Vaterland, Familie mit bewaffneter Hand. Hatten sie dann tapfer die Gefahren abgewehrt, so brachten sie Bundesgenossen und Freunden oftmals Hilfe und gewannen sich mehr durch Leisten als durch Annehmen guter Dienste manch neue Freundschaft. Sie hatten eine verfassungsmäßige Regierung und die Regierungsform des Königtums. Auserlesene Männer, die einen altersschwachen Körper, aber einen durch

publicae consultabant: hi vel aetate vel curae similitudine
patres appellabantur. post, ubi regium imperium, quod initio 7
conservandae libertatis atque augendae rei publicae fuerat,
in superbiam dominationemque se convortit, inmutato more
annua imperia binosque imperatores sibi fecere: eo modo minume posse putabant per licentiam insolescere animum humanum.

VII. Sed ea tempestate coepere se quisque magis extollere
magisque ingenium in promptu habere. nam regibus boni 2
quam mali suspectiores sunt, semperque iis aliena virtus formidulosa est. sed civitas incredibile memoratu est adepta 3
libertate quantum brevi creverit: tanta cupido gloriae incesserat. iam primum iuventus, simul ac belli patiens erat, in 4
castris per laborem usum militiae discebat, magisque in decoris armis et militaribus equis quam in scortis atque conviviis lubidinem habebant. igitur talibus viris non labor inso- 5
litus, non locus ullus asper aut arduos erat, non armatus hostis
formidulosus: virtus omnia domuerat. sed gloriae maxumum 6
certamen inter ipsos erat: se quisque hostem ferire, murum
ascendere, conspici, dum tale facinus faceret, properabat. eas
divitias, eam bonam famam magnamque nobilitatem putabant. laudis avidi, pecuniae liberales erant; gloriam ingentem,
divitias honestas volebant. memorare possum, quibus in locis 7
maxumas hostium copias populus Romanus parva manu fu-

Klugheit gefestigten Geist hatten, dienten dem Gemeinwesen als Ratgeber: wegen ihres Alters oder wegen der Ähnlichkeit ihrer Fürsorge nannte man sie Väter. Als aber die königliche Macht, die anfangs zur Wahrung der Freiheit und zur Förderung des Gemeinwesens diente, sich später in freche Willkürherrschaft gewandelt hatte, da änderten sie die Verfassung und schufen einen jährlichen Wechsel der Regierung und eine Zweizahl von Machthabern. Sie meinten, auf diese Weise könne der Sinn der Menschen am ehesten verhindert werden, in Willkür auszuarten.

Damals nun begann jeder einzelne sich mehr hervorzutun und seine Fähigkeiten mehr zur Geltung zu bringen. Denn Königen sind tüchtige Männer verdächtiger als untaugliche, und fremdes Verdienst macht ihnen immer schwere Sorge. Unglaublich ist es, wie schnell sich das Volk nach erlangter Freiheit entwickelt hat: so groß war das Verlangen nach Ruhm, das alle gepackt hatte. Sobald einmal die Jugend wehrfähig war, lernte sie im Lager bei harter Arbeit den Felddienst kennen, und mehr Freude hatte sie an schönen Waffen und Streitrossen als an Dirnen und Gelagen. Waren sie so Männer geworden, dann war ihnen keine Anstrengung ungewohnt, kein Gelände zu rauh oder steil, kein Feind in Waffen furchtbar: ihre Mannhaftigkeit hatte alles bezwungen. Um Ruhm gab es den lebhaftesten Wettstreit bei ihnen selbst: jeder beeilte sich, einen Feind zu erschlagen, eine Mauer zu ersteigen und beim Vollbringen einer solchen Heldentat auch gesehen zu werden. Darin sahen sie ihren Reichtum, darin ihren guten Ruf und hohen Adel. Nach Anerkennung waren sie gierig, mit Geld freigebig; Ruhm wünschten sie sich in Fülle, Reichtum nur, soweit er sich in Ehren erwerben ließ. Ich könnte Gegenden nennen, wo die Römer mit einer kleinen Schar gewaltige Streitkräfte des Feindes in die Flucht schlugen, Städte, die sie

derit, quas urbis natura munitas pugnando ceperit, ni ea res longius nos ab incepto traheret.

VIII. Sed profecto fortuna in omni re dominatur; ea res cunctas ex lubidine magis quam ex vero celebrat obscuratque. Atheniensium res gestae, sicuti ego aestumo, satis amplae 2 magnificaeque fuere, verum aliquanto minores tamen, quam fama feruntur. sed quia provenere ibi scriptorum magna in- 3 genia, per terrarum orbem Atheniensium facta pro maxumis celebrantur. ita eorum, qui fecere, virtus tanta habetur, 4 quantum eam verbis potuere extollere praeclara ingenia. at 5 populo Romano numquam ea copia fuit, quia prudentissu- mus quisque maxume negotiosus erat, ingenium nemo sine corpore exercebat, optumus quisque facere quam dicere, sua ab aliis bene facta laudari quam ipse aliorum narrare malebat.

IX. Igitur domi militiaeque boni mores colebantur; con- cordia maxuma, minuma avaritia erat; ius bonumque apud eos non legibus magis quam natura valebat. iurgia, discor- 2 dias, simultates cum hostibus exercebant, cives cum civibus de virtute certabant. in suppliciis deorum magnifici, domi parci, in amicos fideles erant. duabus his artibus, audacia in 3 bello, ubi pax evenerat, aequitate, seque remque publicam curabant. quarum rerum ego maxuma documenta haec ha- 4 beo, quod in bello saepius vindicatum est in eos, qui contra imperium in hostem pugnaverant quique tardius revocati proelio excesserant, quam qui signa relinquere aut pulsi loco cedere ausi erant; in pace vero quod beneficiis magis quam 5

trotz natürlicher Befestigung im Sturme nahmen, doch führt mich das allzu weit von meinem Plane ab.

Aber freilich, überall herrscht das Glück; mehr nach Laune als nach dem wahren Werte pflegt es in allen Fällen Licht und Schatten zu verteilen. Die Taten der Athener waren – wie ich es wenigstens beurteile – bedeutend und großartig genug, aber doch wesentlich geringer als der Ruhm, den sie genießen. Weil aber bei ihnen glänzend begabte Schriftsteller auftraten, werden die Taten der Athener in aller Welt aufs höchste gerühmt. So gilt bei jeder Leistung das Verdienst so hoch, wie es kluge Köpfe in ihren Schriften zu erheben wußten. Aber dem römischen Volk stand niemals diese Fülle zu Gebote; denn die Klügsten waren immer am eifrigsten im Staatsdienst tätig, niemand übte seinen Geist und nicht zugleich auch seinen Körper. Gerade die Besten wollten lieber handeln als reden, lieber ihre Verdienste von anderen rühmen lassen als selber fremde schildern.

So hielt man daheim und im Felde auf gute Sitte; Gemeinsinn herrschte, ganz selten äußerte sich Eigennutz; Recht und Sittlichkeit galt bei ihnen mehr durch natürliche Gewöhnung als durch den Zwang der Gesetze. Zank, Uneinigkeit, Feindschaft trug man mit den Gegnern aus, die Bürger wetteiferten miteinander nur in der Tüchtigkeit. Bei Dankopfern für die Götter waren sie prachtliebend, zu Hause sparsam, gegen Freunde treu. Durch zwei Eigenschaften sorgten sie für sich und ihren Staat: durch Kühnheit im Krieg, Gerechtigkeit im Frieden. Dafür habe ich die glänzendsten Beweise: im Kriege mußte man öfter gegen die einschreiten, die befehlswidrig mit dem Feind gekämpft oder beim Zeichen zum Rückzug allzu langsam das Feld geräumt hatten, kaum aber gegen solche, die es fertig gebracht hatten, ihre Fahnen zu verlassen oder sich geschlagen zu geben und zu weichen; im Frieden suchte man mehr durch Güte als

metu imperium agitabant et accepta iniuria ignoscere quam
persequi malebant.

X. Sed ubi labore atque iustitia res publica crevit, reges
magni bello domiti, nationes ferae et populi ingentes vi sub-
acti, Carthago, aemula imperi Romani, ab stirpe interiit,
cuncta maria terraeque patebant, saevire fortuna ac miscere
omnia coepit. qui labores, pericula, dubias atque asperas res   2
facile toleraverant, iis otium divitiaeque, optanda alias, oneri
miseriaeque fuere. igitur primo pecuniae, deinde imperi cu-   3
pido crevit: ea quasi materies omnium malorum fuere. namque avaritia fidem, probitatem ceterasque artis bonas sub-
vortit; pro his superbiam, crudelitatem, deos neglegere, om-   4
nia venalia habere edocuit. ambitio multos mortalis falsos   5
fieri subegit, aliud clausum in pectore, aliud in lingua promp-
tum habere, amicitias inimicitiasque non ex re, sed ex commodo aestumare, magisque voltum quam ingenium bonum
habere. haec primo paulatim crescere, interdum vindicari;   6
post, ubi contagio quasi pestilentia invasit, civitas inmutata,
imperium ex iustissumo atque optumo crudele intoleran-
dumque factum.

XI. Sed primo magis ambitio quam avaritia animos hominum exercebat, quod tamen vitium propius virtutem erat.
nam gloriam, honorem, imperium bonus et ignavos aeque   2
sibi exoptant; sed ille vera via nititur, huic quia bonae artes
desunt, dolis atque fallaciis contendit. avaritia pecuniae stu-   3

durch Furcht zu herrschen, und bei erlittener Kränkung wollte man lieber verzeihen als Rache üben.

Als aber durch Tätigkeit und Gerechtigkeit der Staat sich vergrößert hatte, mächtige Könige im Krieg bezwungen, wilde Stämme und große Völker gewaltsam unterworfen waren, Roms Nebenbuhlerin Karthago von Grund aus vernichtet war und nun alle Meere und Länder offen standen, da begann das Schicksal seine Tücke zu zeigen und alles durcheinanderzubringen. Denselben Männern, die Strapazen, Gefahren, bedenkliche und schwierige Lagen leicht ertragen hatten, wurden Ruhe und Reichtum, sonst wünschenswerte Güter, zur Last und zum Verhängnis. So wuchs zuerst das Verlangen nach Geld, dann nach Macht: dies war gewissermaßen die Wurzel alles Übels. Denn die Habsucht untergrub Treue, Redlichkeit und die übrigen guten Eigenschaften; dafür lehrte sie Hochmut und Grausamkeit, lehrte die Götter mißachten und alles für käuflich halten. Die Ehrsucht veranlaßte viele Menschen, falsch zu werden, anders im innersten Herzen zu denken als mit Worten offen zu bekennen, alle Freundschaft und Feindschaft nicht nach dem wahren Wert, sondern nach dem äußeren Vorteil abzuschätzen, mehr eine brave Miene zu zeigen als wirklich gut zu sein. Anfangs breiteten sich diese Fehler nur allmählich aus, zuweilen schritt man noch dagegen ein; als dann aber die Fäulnis wie eine ansteckende Seuche um sich griff, da wandelte sich das ganze Volk, und aus der gerechtesten und besten Regierung wurde eine grausame und unerträgliche.

Zunächst freilich war es mehr Ehrsucht als Habsucht, was den Menschen keine Ruhe ließ, ein Fehler zwar, aber immerhin noch hart an der Grenze zum Guten. Denn Ruhm, Ehre, Macht wünschen sich der gute und der schlechte Mensch in gleichem Maße; nur sucht der eine sein Ziel auf rechtem Wege zu erreichen, der andre kämpft mit List und Trug darum, da

dium habet, quam nemo sapiens concupivit: ea, quasi vene-
nis malis inbuta, corpus animumque virilem effeminat, semper infinita et insatiabilis est, neque copia neque inopia mi-
nuitur.

Sed postquam L. Sulla armis recepta re publica bonis ini- 4
tiis malos eventus habuit, rapere omnes, trahere, domum
alius, alius agros cupere, neque modum neque modestiam
victores habere, foeda crudeliaque in civis facinora facere.
huc adcedebat, quod L. Sulla exercitum, quem in Asia duc- 5
taverat, quo sibi fidum faceret, contra morem maiorum luxu-
riose nimisque liberaliter habuerat. loca amoena, voluptaria
facile in otio ferocis militum animos molliverant: ibi primum 6
insuevit exercitus populi Romani amare, potare, signa, tabulas pictas, vasa caelata mirari, ea privatim et publice rapere,
delubra spoliare, sacra profanaque omnia polluere. igitur ii 7
milites, postquam victoriam adepti sunt, nihil reliqui victis
fecere. quippe secundae res sapientium animos fatigant: ne 8
illi conruptis moribus victoriae temperarent.

XII. Postquam divitiae honori esse coepere et eas gloria,
imperium, potentia sequebatur, hebescere virtus, paupertas
probro haberi, innocentia pro malevolentia duci coepit. igitur 2
ex divitiis iuventutem luxuria atque avaritia cum superbia
invasere: rapere, consumere, sua parvi pendere, aliena cupere,
pudorem, pudicitiam, divina atque humana promiscua, nihil
pensi neque moderati habere. operae pretium est, quom domos 3

ihm die guten Eigenschaften fehlen. Die Habsucht strebt nach Geld, das doch kein kluger Mann sich jemals wünscht: wie mit bösen Giften getränkt macht sie des Mannes Leib und Seele schwach, immer ist sie grenzenlos, ja unersättlich, läßt sich nicht durch Überfluß und nicht durch Mangel mindern.

Als aber Lucius Sulla mit Waffengewalt den Staat erobert hatte und nach gutem Anfange ein schlimmes Ende fand, da raubte und plünderte alle Welt; der eine begehrte ein Haus, der andre Land, kein Maß und keine Bescheidenheit kannten die Sieger, gemeine und grausame Taten verübten sie an ihren Mitbürgern. Und weiter: Lucius Sulla hatte sein Heer, das er in Asien damals führte, gegen der Väter Sitte durch üppiges Leben und reichlichen Sold allzusehr verwöhnt, um seine Treue zu gewinnen. Der verführerische Reiz des Landes hatte in der Zeit der Ruhe die rauhen Krieger bald verweichlicht; hier gewöhnte sich der römische Soldat zum erstenmal daran zu huren und zu zechen, Bildwerke, Gemälde, kunstvoll gearbeitete Gefäße zu bewundern, sie aus privatem und öffentlichem Besitz zu rauben, Tempel auszuplündern und alles zu schänden, mochte es heilig oder weltlich sein. So ließen diese Krieger den Besiegten nichts mehr übrig, wenn sie den Sieg erfochten hatten. Lähmt doch das Glück sogar des Weisen Kraft: und da hätten sich jene sittenlosen Banden im Siege mäßigen sollen?

Seitdem es dahin gekommen war, daß Reichtum Ehre brachte und ihm Ruhm, Macht und Einfluß folgten, da begann die Tugend zu schwinden, Armut galt als Schande, Unbescholtenheit sah man als bösen Willen an. So kam infolge des Reichtums Üppigkeit und Habsucht und auch Hochmut über die Jugend: man raubte, praßte, achtete seine Habe gering, begehrte fremdes Gut; Ehrgefühl und Zucht, göttliches Gebot und menschliches Recht, alles war ihnen einerlei, sie kannten keine Rücksicht, keine Hemmung. Wenn man

atque villas cognoveris in urbium modum exaedificatas, visere templa deorum, quae nostri maiores, religiosissumi mortales, fecere. verum illi delubra deorum pietate, domos suas 4 gloria decorabant neque victis quicquam praeter iniuriae licentiam eripiebant. at hi contra, ignavissumi homines, per 5 summum scelus omnia ea sociis adimere, quae fortissumi viri victores reliquerant: proinde quasi iniuriam facere, id demum esset imperio uti.

XIII. Nam quid ea memorem, quae nisi iis, qui videre, nemini credibilia sunt, a privatis compluribus subvorsos montis, maria constrata esse? quibus mihi videntur ludibrio fuisse 2 divitiae: quippe quas honeste habere licebat, abuti per turpitudinem properabant. sed lubido stupri, ganeae ceterique 3 cultus non minor incesserat: viri muliebria pati, mulieres pudicitiam in propatulo habere; vescendi causa terra marique omnia exquirere; dormire, prius quam somni cupido esset; non famem aut sitim, neque frigus neque lassitudinem opperiri, sed ea omnia luxu antecapere. haec iuventutem, ubi 4 familiares opes defecerant, ad facinora incendebant: animus 5 inbutus malis artibus haud facile lubidinibus carebat; eo profusius omnibus modis quaestui atque sumptui deditus erat.

XIV. In tanta tamque conrupta civitate Catilina, id quod factu facillumum erat, omnium flagitiorum atque facinorum circum se tamquam stipatorum catervas habebat. nam qui- 2

Stadtpaläste und Landsitze kennengelernt hat, die wie Städte aufgebaut sind, dann lohnt es sich, auch die Göttertempel anzuschauen, die unsre Vorfahren, diese gottesfürchtigen Menschen, geschaffen haben. Sie freilich schmückten die Heiligtümer der Götter mit ihrer Frömmigkeit, die eignen Häuser mit ihrem Ruhm, und den Besiegten nahmen sie nichts als die Möglichkeit zu neuem Unrecht. Ganz anders heute diese feigen Kerle: in größter Bosheit rauben sie den Bundesgenossen alles, was ihnen die tapferen Sieger einst gelassen haben; sie meinen wohl: Unrecht tun, erst das heiße wirklich herrschen!

Was soll ich noch Fälle erwähnen, die nur Augenzeugen glauben können? daß von Privatleuten Berge abgetragen, Meere aufgefüllt wurden? Die haben wohl Spott mit ihrem Reichtum getrieben, denn sie beeilten sich, ihr Vermögen, das sie doch in Ehren behalten konnten, auf schändliche Weise zu verbrauchen. Aber Hang zu Unzucht, Schlemmerei und allem sonstigen Luxus war im gleichen Maße aufgekommen: Männer ließen sich wie Weiber brauchen, Weiber trugen ihre Keuschheit zu Markte; nach Leckerbissen durchsuchte man alles zu Wasser und zu Lande; man schlief, bevor man Schlafbedürfnis hatte; Hunger oder Durst, Kälte oder Müdigkeit wartete man nicht ab, sondern alle diese Empfindungen suchte man durch üppige Reizmittel schon vorher künstlich zu erwecken. Dies Leben verleitete die jungen Menschen zu Verbrechen, wenn ihr Vermögen aufgebraucht war: einmal an das sittenlose Treiben gewöhnt, kamen sie nicht leicht von ihren Leidenschaften frei; um so hemmungsloser betrieben sie nun mit allen Mitteln Erwerb und Verschwendung.

Bei dieser Größe und dieser Lasterhaftigkeit des Staates war es für Catilina äußerst leicht, Verbrecherpack und übles Gesindel aller Art wie eine Leibwache um sich zu scharen.

cumque inpudicus, adulter, ganeo manu, ventre, pene bona
patria laceraverat, quique alienum aes grande conflaverat,
quo flagitium aut facinus redimeret, praeterea omnes undi-   3
que parricidae, sacrilegi, convicti iudiciis aut pro factis iudicium timentes, ad hoc quos manus atque lingua periurio aut
sanguine civili alebat, postremo omnes, quos flagitium, egestas, conscius animus exagitabat, ii Catilinae proxumi fami-
liaresque erant. quod si quis etiam a culpa vacuos in amicitiam   4
eius inciderat, cottidiano usu atque inlecebris facile par simi-
lisque ceteris efficiebatur. sed maxume adulescentium fami-   5
liaritates adpetebat: eorum animi molles et aetate fluxi dolis
haud difficulter capiebantur. nam ut quoiusque studium ex   6
aetate flagrabat, aliis scorta praebere, aliis canes atque equos
mercari; postremo neque sumptui neque modestiae suae parcere, dum illos obnoxios fidosque sibi faceret.

Scio fuisse nonnullos, qui ita existumarent iuventutem,   7
quae domum Catilinae frequentabat, parum honeste pudicitiam habuisse; sed ex aliis rebus magis, quam quod quoiquam
id conpertum foret, haec fama valebat.

XV. Iam primum adulescens Catilina multa nefanda
stupra fecerat, cum virgine nobili, cum sacerdote Vestae, alia
huiusce modi contra ius fasque. postremo captus amore Aure-   2
liae Orestillae, quoius praeter formam nihil umquam bonus
laudavit, quod ea nubere illi dubitabat timens privignum

Denn jeder Wüstling, Ehebrecher, Schlemmer, der mit
Spielen, Prassen, Huren sein väterliches Gut vergeudet, der
gewaltige Schulden aufgehäuft hatte, um mit Geld eine
Schandtat oder ein Verbrechen ungeschehen zu machen,
auch Mörder und Tempelräuber aus aller Herren Ländern,
Kerle, die vor Gericht schon überführt oder vor dem Richter in Angst waren wegen ihrer Taten, dazu solche, die sich
mit Faust und Zunge ihren Unterhalt durch Meineid oder
Bürgerblut erwarben, kurz alle, die Lasterhaftigkeit, Armut,
böses Gewissen nicht zur Ruhe kommen ließ – sie waren Catilinas engvertraute, nächste Freunde. War einer noch schuld-
los, der in seinen Freundeskreis geriet, so wurde er durch
täglichen Umgang und den Reiz der Verführung bald den
übrigen ganz ebenbürtig. Besonders suchte Catilina den Ver-
kehr mit jungen Menschen: ihr Herz, noch ungefestigt und
haltlos, ließ sich durch Verführungskünste leicht gewinnen.
Denn nach der Leidenschaft, die jeder ganz nach seinem
Alter hegte, verschaffte er dem einen Dirnen, dem andern
kaufte er Hunde und Pferde: kurz, er scheute kein Opfer an
Geld und Ehre, wenn er sie nur um so enger an sich fesseln
konnte.

Meines Wissens glaubten manche Leute, die Jugend, die
in Catilinas Haus verkehrte, habe dort ganz sittenlos gelebt.
Dies Gerücht war nicht mit Sicherheit zu beweisen, aber es
hielt sich mehr aus anderen Gründen.

Schon in früher Jugend hatte Catilina viel schändliche
Unzucht getrieben, so mit einem Mädchen aus adligem
Hause, mit einer Priesterin der Vesta und sonst mancherlei,
das gegen menschliches Recht und göttliches Gebot verstieß.
Schließlich packte ihn leidenschaftliche Liebe zu Aurelia
Orestilla, an der außer ihrer Schönheit kein anständiger
Mensch je etwas Lobenswertes fand. Weil sie aus Furcht vor
dem erwachsenen Stiefsohn Bedenken hatte, die Ehe mit ihm

adulta aetate, pro certo creditur necato filio vacuam domum

scelestis nuptiis fecisse. quae quidem res mihi in primis vide- 3

tur causa fuisse facinus maturandi. namque animus inpurus, 4

dis hominibusque infestus, neque vigiliis neque quietibus se-

dari poterat: ita conscientia mentem excitam vastabat. igitur 5

colos ei exsanguis, foedi oculi, citus modo, modo tardus in-

cessus: prorsus in facie voltuque vecordia inerat.

XVI. Sed iuventutem, quam, ut supra diximus, inlexerat,

multis modis mala facinora edocebat. ex illis testis signatores- 2

que falsos commodare; fidem, fortunas, pericula vilia habere;

post, ubi eorum famam atque pudorem adtriverat, maiora alia

imperabat. si causa peccandi in praesens minus suppetebat, ni- 3

hilo minus insontis sicuti sontis circumvenire, iugulare: sci-

licet ne per otium torpescerent manus aut animus, gratuito

potius malus atque crudelis erat.

His amicis sociisque confisus Catilina, simul quod aes alie- 4

num per omnis terras ingens erat et quod plerique Sullani mi-

lites, largius suo usi, rapinarum et victoriae veteris memores

civile bellum exoptabant, opprimundae rei publicae consi-

lium cepit. in Italia nullus exercitus, Cn. Pompeius in extre- 5

mis terris bellum gerebat; ipsi consulatum petenti magna

zu schließen, hat Catilina, was für sicher gilt, den eignen Sohn ermordet und so das Haus für die verbrecherische Hochzeit freigemacht. Diese Tat war wohl vor allem der Grund zur Beschleunigung seines frevelhaften Unternehmens. Denn seine schmutzige Seele, mit Gott und aller Welt zerfallen, konnte weder im Wachen noch im Schlafe Ruhe finden: so quälte das böse Gewissen seinen aufgeregten Sinn. Daher seine blasse Farbe, der stiere Blick, sein bald hastiger, bald langsamer Gang: kurz, seine ganze Haltung und Miene verrieten den Wahnsinn.

Hatte er nun die Jugend an sich gelockt, wie ich vorhin erzählte, so suchte er sie auf mancherlei Weise zu Verbrechen anzuleiten. Aus ihren Reihen stellte er falsche Zeugen und Urkundenfälscher zur Verfügung; Treu und Glauben, Vermögen, Gefahren durch gerichtliche Verfolgung hieß er sie wertlos achten; hatte er dann ihren guten Ruf, ihr Schamgefühl zerstört, so stellte er ihnen neue, größere Aufgaben. Wenn für den Augenblick kein rechter Anlaß zu Verbrechen vorlag, so ließ er eben trotzdem Harmlose gleichwie Missetäter überfallen und ermorden: natürlich, damit nicht Hand und Herz im Müßiggang erschlafften, war er auch ohne Aussicht auf Gewinn lieber schlecht und grausam.

Auf solche Freunde und Genossen konnte Catilina sich verlassen; dazu kam die Erwägung, daß die Schuldenlast in allen Ländern ungeheuer war und daß die meisten Veteranen Sullas nach Verschwendung ihrer Habe und in Erinnerung an ihre früheren Räubereien und Siege einen Bürgerkrieg sehnlich herbeiwünschten: dies alles veranlaßte Catilina zum Entschluß, durch einen Staatsstreich die Macht an sich zu reißen. In Italien stand kein Heer, Gnaeus Pompeius führte in den fernsten Ländern Krieg; Catilina selbst hatte bei der Bewerbung ums Konsulat die beste Aussicht,

spes, senatus nihil sane intentus: tutae tranquillaeque res omnes, sed ea prorsus opportuna Catilinae.

XVII. Igitur circiter Kalendas Iunias L. Caesare et C. Figulo consulibus primo singulos appellare; hortari alios, alios temptare; opes suas, inparatam rem publicam, magna praemia coniurationis docere. ubi satis explorata sunt, quae voluit, in unum omnis convocat, quibus maxuma necessitudo et plurumum audaciae inerat. eo convenere senatorii ordinis P. Lentulus Sura, P. Autronius, L. Cassius Longinus, C. Cethegus, P. et Ser. Sullae Ser. filii, L. Vargunteius, Q. Annius, M. Porcius Laeca, L. Bestia, Q. Curius; praeterea ex equestri ordine M. Fulvius Nobilior, L. Statilius, P. Gabinius Capito, C. Cornelius; ad hoc multi ex coloniis et municipiis domi nobiles. erant praeterea complures paulo occultius consili huiusce participes nobiles, quos magis dominationis spes hortabatur quam inopia aut alia necessitudo. ceterum iuventus pleraque, sed maxume nobilium, Catilinae inceptis favebat: quibus in otio vel magnifice vel molliter vivere copia erat, incerta pro certis, bellum quam pacem malebant. fuere item ea tempestate, qui crederent M. Licinium Crassum non ignarum eius consili fuisse: quia Cn. Pompeius, invisus ipsi, magnum exercitum ductabat, quoiusvis opes voluisse contra illius potentiam crescere, simul confisum, si coniuratio valuisset, facile apud illos principem se fore.

XVIII. Sed antea item coniuravere pauci contra rem pu-

der Senat war durchaus nicht auf dem Posten: überall Sicherheit und Ruhe, aber gerade das war für Catilina günstig.

So wandte er sich um den ersten Juni des Jahres 64, als Lucius Caesar und Gaius Figulus Konsuln waren, zunächst an einzelne; den einen redet er gut zu, andere sucht er zu gewinnen und weist auf seine Machtmittel hin, auf den ungerüsteten Staat und auf die gewaltigen Vorteile einer Verschwörung. Sobald er über alles Wünschenswerte genügend Bescheid weiß, ruft er alle die zusammen, bei denen die Notlage am schwersten und die Verwegenheit am größten ist. Da erschienen aus dem Senatorenstande Publius Lentulus Sura, Publius Autronius, Lucius Cassius Longinus, Gaius Cethegus, Publius und Servius Sulla, des Servius Söhne, Lucius Vargunteius, Quintus Annius, Marcus Porcius Laeca, Lucius Bestia, Quintus Curius; ferner aus dem Ritterstande Marcus Fulvius Nobilior, Lucius Statilius, Publius Gabinius Capito, Gaius Cornelius; dazu viele aus den römischen Siedlungen und Landstädten, die daheim zum Adel gehörten. Außerdem waren an dem Plane manche Adlige mehr insgeheim beteiligt, die eher eine Aussicht auf Gewaltherrschaft als Not oder eine andere Zwangslage dazu veranlaßte. Übrigens begünstigte die Jugend in großer Zahl Catilinas Unternehmen, besonders aber die vom Adel: während sie die Möglichkeit hatten, in aller Ruhe ein prächtiges oder doch behagliches Leben zu führen, zogen sie das Ungewisse dem Gewissen, den Krieg dem Frieden vor. So glaubten damals auch manche Leute, Marcus Licinius Crassus habe von dem Plan gewußt; weil Gnaeus Pompeius, ihm persönlich verhaßt, der Führer eines großen Heeres war, habe Crassus jede beliebige Macht als Gegengewicht gegen des anderen Gewalt gern anwachsen sehen, zugleich in der Hoffnung, bei einem Erfolg der Verschwörung leicht ihr Führer zu werden.

Schon früher einmal hatten sich ein paar Leute in gleicher

blicam, in quis Catilina fuit. de qua re, quam verissume po-   2
tero, dicam. L. Tullo et M'. Lepido consulibus P. Autronius
et P. Sulla, designati consules, legibus ambitus interrogati
poenas dederant. post paulo Catilina pecuniarum repetunda-   3
rum reus prohibitus erat consulatum petere, quod intra legi-
tumos dies profiteri nequiverat. erat eodem tempore Cn.   4
Piso, adulescens nobilis, summae audaciae, egens, factiosus,
quem ad perturbandam rem publicam inopia atque mali mores stimulabant. cum hoc Catilina et Autronius circiter No-   5
nas Decembris consilio communicato parabant in Capitolio
Kalendis Ianuariis L. Cottam et L. Torquatum consules interficere, ipsi fascibus conreptis Pisonem cum exercitu ad op-
tinendas duas Hispanias mittere. ea re cognita rursus in No-   6
nas Februarias consilium caedis transtulerant. iam tum non   7
consulibus modo, sed plerisque senatoribus perniciem ma-
chinabantur. quod ni Catilina maturasset pro curia signum   8
sociis dare, eo die post conditam urbem Romam pessumum
facinus patratum foret. quia nondum frequentes armati con-
venerant, ea res consilium diremit.

XIX. Postea Piso in citeriorem Hispaniam quaestor pro
praetore missus est adnitente Crasso, quod eum infestum inimicum Cn. Pompeio cognoverat. neque tamen senatus pro-   2
vinciam invitus dederat, quippe foedum hominem a re publica

Weise gegen den Staat verschworen, und auch zu denen gehörte Catilina. Ich will so wahrheitsgetreu wie möglich davon berichten. Im Jahre 66, unter dem Konsulat von Lucius Tullus und Manius Lepidus, waren die fürs nächste Jahr bestimmten Konsuln, Publius Autronius und Publius Sulla, wegen Bestechung der Wähler gerichtlich belangt und bestraft worden Kurz darauf wurde Catilina durch eine Anklage wegen Erpressung verhindert, sich um das Konsulat zu bewerben; denn er konnte sich innerhalb der gesetzlichen Frist nicht mehr melden. Zur selben Zeit lebte Gnaeus Piso, ein junger Adliger ohne Vermögen, ein rechter Draufgänger und leidenschaftlicher Parteimann, den seine Mittellosigkeit und sein schlechter Charakter reizten, einen Staatsstreich zu riskieren. Mit ihm verabredeten sich Catilina und Autronius etwa am 5. Dezember und faßten den Plan, am 1. Januar auf dem Kapitol die Konsuln Lucius Cotta und Lucius Torquatus zu ermorden, selbst die Macht an sich zu reißen und Piso mit einem Heer zur Besetzung der beiden spanischen Provinzen abzuschicken. Doch ihr Plan wurde bekannt, und so hatten sie den Mordanschlag wieder auf den 5. Februar verschoben; jetzt aber gedachten sie nicht nur die beiden Konsuln, sondern auch die meisten Senatoren umzubringen. Und hätte nicht Catilina seinen Genossen vor dem Rathaus zu früh das Zeichen gegeben, so wäre an diesem Tage das schändlichste Verbrechen seit Roms Gründung verübt worden. Nur weil noch nicht genug Bewaffnete sich eingefunden hatten, ging der Anschlag fehl.

Später wurde Piso als Quästor mit den Befugnissen eines Statthalters ins diesseitige Spanien geschickt; Crassus hatte dies veranlaßt, der ihn ja als erbitterten Gegner des Gnaeus Pompeius kannte. Doch auch der Senat hatte ihm die Provinz nicht ungern übertragen, denn er wollte den unheimlichen Menschen aus der Stadt entfernen: auch sahen viele

procul esse volebat, simul quia boni complures praesidium in eo putabant et iam tum potentia Pompei formidulosa erat. sed is Piso in provincia ab equitibus Hispanis, quos in exercitu ductabat, iter faciens occisus est. sunt, qui ita dicant imperia eius iniusta, superba, crudelia barbaros nequivisse pati; alii autem, equites illos, Cn. Pompei veteres fidosque clientis, voluntate eius Pisonem adgressos: numquam Hispanos praeterea tale facinus fecisse, sed imperia saeva multa antea perpessos. nos eam rem in medio relinquemus. de superiore coniuratione satis dictum.

XX. Catilina, ubi eos, quos paulo ante memoravi, convenisse videt, tametsi cum singulis multa saepe egerat, tamen in rem fore credens univorsos appellare et cohortari, in abditam partem aedium secedit atque ibi omnibus arbitris procul amotis orationem huiusce modi habuit:

'Ni virtus fidesque vostra spectata mihi foret, nequiquam opportuna res cecidisset; spes magna, dominatio in manibus frustra fuissent, neque ego per ignaviam aut vana ingenia incerta pro certis captarem. sed quia multis et magnis tempestatibus vos cognovi fortis fidosque mihi, eo animus ausus est maxumum atque pulcherrumum facinus incipere, simul quia vobis eadem quae mihi bona malaque esse intellexi; nam idem velle atque idem nolle, ea demum firma amicitia est.

Sed ego quae mente agitavi, omnes iam antea divorsi audistis. ceterum mihi in dies magis animus adcenditur, quom

Optimaten in ihm eine Rettung vor Pompeius, und schon damals war Pompeius' Macht gefürchtet. Aber dieser Piso wurde in der Provinz von spanischen Reitern, die im Heer unter seinem Kommando standen, auf einer Reise erschlagen. Manche behaupten, sein ungerechtes, herrisches, grausames Regiment hätten die Barbaren nicht ertragen können; andre wieder sind der Meinung, jene Reiter seien alte und getreue Schützlinge des Pompeius gewesen und hätten Piso mit dessen Einverständnis überfallen: nie hätten Spanier sonst ein solches Verbrechen verübt, sondern schon oftmals früher sich eine allzu strenge Amtsführung gefallen lassen. Wir wollen den Fall auf sich beruhen lassen. Über die erste Verschwörung mag das genügen.

Catilina hatte zwar mit jedem einzelnen schon oft und eingehend verhandelt; wie er nun aber die vorhin Genannten bei sich versammelt sieht, hält er es für richtig, sie alle anzusprechen und ihnen Mut zu machen. So zieht er sich in einen abgelegenen Teil seines Hauses zurück, entfernt alle unberufenen Zeugen und spricht zu ihnen etwa folgende Worte:

„Hättet ihr nicht eure Tüchtigkeit und Treue mir schon längst bewährt, so wäre eine herrliche Gelegenheit umsonst gekommen; eine schöne Hoffnung, die Macht, schon mit Händen greifbar, wäre ein Traumbild geblieben. Auch würde ich nicht mit Feiglingen oder unzuverlässigen Geistern nach Ungewissem statt nach Gewissem greifen. Aber da ich schon in vielen schweren Stunden der Gefahr euch treu und tapfer fand, deshalb habe ich den ersten Schritt zu der gewaltigen und wunderbaren Tat gewagt, zumal ich sah, daß euer Wohl und Wehe gleich dem meinen ist — dasselbe wollen und dasselbe nicht wollen, das erst ist ja feste Freundschaft.

Meine Pläne habt ihr alle, der eine hier, der andre dort, schon längst gehört. Nun aber glüht mein Herz von Tag zu

considero, quae condicio vitae futura sit, nisi nosmet ipsi vin-
dicamus in libertatem. nam postquam res publica in pauco-   7
rum potentium ius atque dicionem concessit, semper illis reges, tetrarchae vectigales esse, populi, nationes stipendia pendere; ceteri omnes, strenui, boni, nobiles atque ignobiles,
volgus fuimus, sine gratia, sine auctoritate, iis obnoxii, quibus, si res publica valeret, formidini essemus. itaque omnis   8
gratia, potentia, honos, divitiae apud illos sunt aut ubi illi
volunt; nobis reliquere pericula, repulsas, iudicia, egestatem.
quae quo usque tandem patiemini, o fortissumi viri? nonne   9
emori per virtutem praestat quam vitam miseram atque in-
honestam, ubi alienae superbiae ludibrio fueris, per dedecus
amittere? verum enim vero, pro deum atque hominum fidem,   10
victoria in manu nobis est, viget aetas, animus valet; contra
illis annis atque divitiis omnia consenuerunt. tantummodo incepto opus est, cetera res expediet. etenim quis mortalium,   11
quoi virile ingenium est, tolerare potest illis divitias superare,
quas profundant in exstruendo mari et montibus coaequan-
dis, nobis rem familiarem etiam ad necessaria deesse? illos
binas aut amplius domos continuare, nobis larem familiarem
nusquam ullum esse? quom tabulas, signa, toreumata emunt,   12
nova diruunt, alia aedificant, postremo omnibus modis pecuniam trahunt, vexant, tamen summa lubidine divitias suas
vincere nequeunt. at nobis est domi inopia, foris aes alienum,   13
mala res, spes multo asperior: denique quid reliqui habemus
praeter miseram animam?

Tage mehr bei dem Gedanken, welches Lebensschicksal unser wartet, wenn wir uns nicht selbst die Freiheit schaffen. Denn seit der Zeit, da unser Staat in die völlige Abhängigkeit weniger Machthaber geriet, waren ihnen stets Könige und Fürsten steuerpflichtig, Staaten und Völker mußten Abgaben zahlen; wir anderen alle, tüchtige, brave Leute, vornehm und gering, wir sind Masse geworden, ohne Einfluß, ohne Ansehn, denen untertan, die uns fürchten müßten, wenn die alte Republik noch lebte. So ist denn alles, Einfluß, Macht, Ehre, Reichtum, in ihrer Hand oder in der Hand von ihren Kreaturen; uns ließen sie nur Gefahren, Zurücksetzung, Prozesse, bittere Armut. Wie lange wollt ihr eigentlich das noch ertragen, meine tapfren Freunde? Ist es nicht besser, ehrenvoll zu fallen statt ein elendes und ehrloses Leben, wobei man fremdem Übermut zum Spotte dient, mit Schande zu verlieren? Doch nein, so gewiß es eine Gerechtigkeit im Himmel und auf Erden gibt, der Sieg ist unser, wir sind jung, wir haben starken Mut; die andern aber wurden durch Jahre und Schlemmerleben völlig alt und stumpf. Nur anzufangen gilt es, alles andre wird sich dann von selber finden. Denn wer ein ganzer Kerl ist, kann er es ertragen, wie sie im Reichtum schwelgen, wie sie ihn verschwenden, um ins Meer hinauszubauen und Berge einzuebnen, während uns zum Nötigsten die Mittel fehlen? Wie sie zwei oder noch mehr Stadtpaläste aneinanderreihen, uns aber nicht einmal ein eigner Herd beschieden ist? Wenn sie Gemälde, Bildwerke, kunstvoll gearbeitete Gefäße kaufen, neue Gebäude niederreißen, andre aufbauen, kurz, auf alle Weise ihr Geld verschleppen und verschleudern, so bringen sie es doch bei allem üppigen Genießen nicht fertig, ihren Reichtum klein zu kriegen. Wir aber haben zu Hause Not, draußen Schulden, die Gegenwart ist schlimm, die Zukunft noch viel härter: kurz, was bleibt uns übrig als ein erbärmliches Leben?

Quin igitur expergiscimini? en illa, illa, quam saepe opta- 14
stis, libertas, praeterea divitiae, decus, gloria in oculis sita
sunt; fortuna omnia ea victoribus praemia posuit. res, tem- 15
pus, pericula, egestas, belli spolia magnifica magis quam oratio mea vos hortantur. vel imperatore vel milite me utimini: 16
neque animus neque corpus a vobis aberit. haec ipsa, ut spero, 17
vobiscum una consul agam, nisi forte me animus fallit et vos
servire magis quam imperare parati estis.'

XXI. Postquam accepere ea homines, quibus mala abunde
omnia erant, sed neque res neque spes bona ulla, tametsi
illis quieta movere magna merces videbatur, tamen postula-
vere plerique, ut proponeret, quae condicio belli foret, quae
praemia armis peterent, quid ubique opis aut spei haberent.
tum Catilina polliceri tabulas novas, proscriptionem locuple- 2
tium, magistratus, sacerdotia, rapinas, alia omnia, quae bellum atque lubido victorum fert; praeterea esse in Hispania 3
citeriore Pisonem, in Mauretania cum exercitu P. Sittium
Nucerinum, consili sui participes; petere consulatum C. Antonium, quem sibi collegam fore speraret, hominem et familiarem et omnibus necessitudinibus circumventum; cum eo
se consulem initium agundi facturum. ad hoc maledictis in- 4
crepabat omnis bonos, suorum unum quemque nominans
laudare: admonebat alium egestatis, alium cupiditatis suae,
compluris periculi aut ignominiae, multos victoriae Sullanae,
quibus ea praedae fuerat. postquam omnium animos alacris 5

Warum erwacht ihr also nicht? Seht dort, dort habt ihr sie, die ihr so oft ersehntet, die Freiheit, dazu steht Reichtum, Ehre, Ruhm vor euern Augen; das Schicksal hat das alles den Siegern zum Lohn bestimmt. Unsre Lage, die Zeit, Gefahren, Armut, herrliche Kriegsbeute mahnen euch noch mehr als meine Worte. Nehmt mich als Führer oder als einfachen Soldaten: weder mein Kopf noch mein Arm soll euch fehlen. Als Konsul werde ich dies alles hoffentlich mit euch zusammen leisten, wenn ich mich nicht täusche und ihr es nicht vorzieht, lieber Sklaven als Herren zu sein.“

Dies hörten Leute, denen Not und Elend im Überfluß beschieden war, denen auch weder jetzt noch künftig eine Hoffnung winkte; zwar schien ihnen schon die Erregung von Unruhen ein großer Gewinn, doch forderten die meisten noch eine Erklärung über die Aufgabe dieses Krieges, über das Ziel, das sie erkämpfen sollten, über die Hilfsmittel und Aussichten, die sich hier oder dort böten. Da versprach Catilina Schuldentilgung, Ächtung der Reichen, Staats- und Priesterämter, Plünderung und sonst noch alles, was Krieg und Siegerwillkür mit sich bringt; auch stehe im diesseitigen Spanien Piso, in Mauretanien mit einem Heere Publius Sittius Nucerinus, beide Anhänger seines Planes. Ums Konsulat bewerbe sich Gaius Antonius, hoffentlich sein künftiger Amtsgenosse, der mit ihm eng befreundet sei und durch alle möglichen Nöte arg bedrängt; mit dem zusammen wolle er losschlagen, wenn er erst Konsul sei. Dazu beschimpfte er alle anständig gesinnten Bürger, an jeden seiner Anhänger wandte er sich persönlich mit anerkennenden Worten: den einen erinnerte er an sein kümmerliches Leben, einen andern an seine besondere Leidenschaft, manche wieder an gerichtliche Verfolgung und Entehrung, viele an Siege zu Sullas Zeit, die ihnen einst Beute brachten. Wie er sie nun alle in starker Erregung sah, forderte er sie auf, sich für seine Be-

videt, cohortatus, ut petitionem suam curae haberent, conventum dimisit.

XXII. Fuere ea tempestate, qui dicerent Catilinam oratione habita, quom ad ius iurandum popularis sceleris sui adigeret, humani corporis sanguinem vino permixtum in pateris circumtulisse: inde quom post exsecrationem omnes degusta- 2 vissent, sicuti in sollemnibus sacris fieri consuevit, aperuisse consilium suom, atque eo ita fecisse, quo inter se fidi magis forent alius alii tanti facinoris conscii. nonnulli ficta et haec et 3 multa praeterea existumabant ab iis, qui Ciceronis invidiam, quae postea orta est, leniri credebant atrocitate sceleris eorum, qui poenas dederant. nobis ea res pro magnitudine parum conperta est.

XXIII. Sed in ea coniuratione fuit Q. Curius, natus haud obscuro loco, flagitiis atque facinoribus coopertus, quem censores senatu probri gratia moverant. huic homini non minor 2 vanitas inerat quam audacia: neque reticere, quae audierat, neque suamet ipse scelera occultare, prorsus neque dicere neque facere quicquam pensi habebat. erat ei cum Fulvia, 3 muliere nobili, stupri vetus consuetudo. quoi cum minus gratus esset, quia inopia minus largiri poterat, repente glorians maria montisque polliceri coepit et minari interdum ferro, ni sibi obnoxia foret, postremo ferocius agitare, quam solitus erat. at Fulvia insolentiae Curi causa cognita tale peri- 4 culum rei publicae haud occultum habuit, sed sublato auc-

werbung ums Konsulat eifrig einzusetzen, und entließ dann die Versammlung.

Manche Leute behaupteten damals, Catilina habe nach Schluß der Rede die Genossen seines Verbrechens eidlich verpflichtet und dabei Menschenblut mit Wein vermischt in Schalen herumgereicht; als alle nach Schwüren der Verwünschung davon gekostet, wie es bei feierlichen Opfern üblich ist, erst dann habe er seinen Plan enthüllt. Als Grund seines Handelns gab man an, sie sollten um so treuer zu einander stehen, wenn einer vom andern eine solche Schandtat wüßte. Einige meinten, dies und vieles andre sei von Leuten frei erfunden, die den später aufgekommenen Haß gegen Cicero gern dadurch mildern wollten, daß sie das Verbrechen der bestraften Übeltäter recht gräßlich ausmalten. Mir ist diese Sache bei der Schwere des Falles zu wenig verbürgt.

Unter den Verschwörern war auch Quintus Curius, ein Mann aus guter Familie, doch tief versunken in Laster und Verbrechen, den die Zensoren wegen sittenlosen Lebens aus dem Senat gestoßen hatten. Dieser Mensch war ebenso unzuverlässig wie frech; er legte keinen Wert darauf zu verschweigen, was er gehört hatte, ja die eigenen Verbrechen zu verbergen; kurz, er tat und sagte, was ihm gerade einfiel. Schon lange hatte er mit Fulvia, einer Frau aus adligem Hause, ein ehebrecherisches Verhältnis. Als er ihr infolge seiner Armut weniger Geschenke machen konnte und sich deshalb ihre Gunst verscherzte, fing er plötzlich an zu renommieren und ihr goldne Berge zu versprechen, manchmal sie auch mit der Waffe zu bedrohen, wenn sie ihm nicht zu Willen sei; mit einem Worte, er benahm sich jetzt noch toller als gewöhnlich. Wie nun Fulvia den Grund seines ungewöhnlichen Benehmens merkte, hielt sie diese schwere Gefahr für den Staat nicht geheim, sondern sie erzählte – ohne

tore, de Catilinae coniuratione quae quoque modo audierat, compluribus narravit.

Ea res in primis studia hominum adcendit ad consulatum 5 mandandum M. Tullio Ciceroni. namque antea pleraque 6 nobilitas invidia aestuabat, et quasi pollui consulatum credebant, si eum quamvis egregius homo novos adeptus foret. sed ubi periculum advenit, invidia atque superbia post fuere.

XXIV. Igitur comitiis habitis consules declarantur M. Tullius et C. Antonius. quod factum primo popularis coniurationis concusserat. neque tamen Catilinae furor minueba- 2 tur, sed in dies plura agitare: arma per Italiam locis opportunis parare, pecuniam sua aut amicorum fide sumptam mutuam Faesulas ad Manlium quendam portare, qui postea princeps fuit belli faciundi. ea tempestate plurumos quoiusque ge- 3 neris homines adscivisse sibi dicitur, mulieres etiam aliquot, quae primo ingentis sumptus stupro corporis toleraverant, post, ubi aetas tantummodo quaestui neque luxuriae modum fecerat, aes alienum grande conflaverant. per eas se Catilina 4 credebat posse servitia urbana sollicitare, urbem incendere, viros earum vel adiungere sibi vel interficere.

XXV. Sed in iis erat Sempronia, quae multa saepe virilis audaciae facinora conmiserat. haec mulier genere atque for- 2 ma, praeterea viro, liberis satis fortunata fuit; litteris Graecis,

ihre Quelle zu verraten – in weiteren Kreisen, was sie von der Verschwörung Catilinas irgendwie erfahren hatte.

Dies vor allem bestimmte die Neigung der Leute, das Konsulat dem Marcus Tullius Cicero zu übertragen. Denn vorher kochte der größte Teil des Adels vor Eifersucht und hielt es gleichsam für eine Entweihung des Konsulates, wenn es einem ahnenlosen Emporkömmling übertragen wurde, mochte er auch noch so tüchtig sein. Jetzt aber, als die Gefahr näher kam, mußten Eifersucht und Adelsstolz zurücktreten.

So wurden denn Marcus Tullius Cicero und Gaius Antonius in der Wahlversammlung zu Konsuln ernannt. Dieser Schlag machte den Genossen der Verschwörung zunächst schwere Sorge. Indes wurde Catilinas Tollheit dadurch nicht geringer, sondern von Tag zu Tag entwickelte er eine lebhaftere Tätigkeit: er ließ überall in Italien an geeigneten Orten Waffen aufstapeln, borgte auf seinen oder seiner Freunde Namen Geld und ließ es nach Faesulae zu einem gewissen Manlius bringen, der später den Krieg eröffnete. Damals soll Catilina sehr viele Leute jeden Standes an sich gezogen haben, darunter auch einige Weiber, die früher ihren gewaltigen Aufwand durch Preisgabe ihres Körpers bestritten, dann aber riesige Schulden aufgehäuft hatten, als das Alter wohl ihrem Erwerb, aber nicht ihrer Verschwendungssucht eine Grenze setzte. Catilina glaubte, durch sie könne er die städtischen Sklaven aufhetzen, die Stadt in Brand stecken, ihre Männer entweder mit sich verbinden oder ums Leben bringen.

Zu diesen Frauen gehörte auch Sempronia, die schon viele Schandtaten mit oft männlicher Verwegenheit begangen hatte. Sie war durch Geburt und Schönheit, auch durch Mann und Kinder in einer recht glücklichen Lebenslage. Mit griechischer und lateinischer Literatur war sie wohlver-

Latinis docta, psallere et saltare elegantius, quam necesse est probae, multa alia, quae instrumenta luxuriae sunt. sed ei cariora semper omnia quam decus atque pudicitia fuit; pecuniae an famae minus parceret, haud facile discerneres; lubido sic adcensa, ut saepius peteret viros quam peteretur. sed ea saepe antehac fidem prodiderat, creditum abiuraverat, caedis conscia fuerat: luxuria atque inopia praeceps abierat. verum ingenium eius haud absurdum: posse versus facere, iocum movere, sermone uti vel modesto vel molli vel procaci; prorsus multae facetiae multusque lepos inerat.

XXVI. His rebus conparatis Catilina nihilo minus in proxumum annum consulatum petebat, sperans, si designatus foret, facile se ex voluntate Antonio usurum. neque interea quietus erat, sed omnibus modis insidias parabat Ciceroni. neque illi tamen ad cavendum dolus aut astutiae deerant. namque a principio consulatus sui multa pollicendo per Fulviam effecerat, ut Q. Curius, de quo paulo ante memoravi, consilia Catilinae sibi proderet; ad hoc conlegam suom Antonium pactione provinciae perpulerat, ne contra rem publicam sentiret; circum se praesidia amicorum atque clientium occulte habebat. postquam dies comitiorum venit et Catilinae neque petitio neque insidiae, quas consulibus in campo fecerat, prospere cessere, constituit bellum facere et extrema omnia experiri, quoniam, quae occulte temptaverat, aspera foedaque evenerant.

traut und wußte geschickter zur Laute zu singen und zu tanzen, als es für eine anständige Frau nötig ist; dazu verstand sie sich auf vieles andere, was man zu einem schlemmerhaften Leben braucht. Von jeher war ihr alles lieber als Zucht und Anstand. Ob sie ihr Geld oder ihren guten Ruf weniger schonte, hätte man schwer entscheiden können; ihre Sinnlichkeit war so stark, daß sie häufiger Männer aufsuchte als von ihnen aufgesucht wurde. Auch hatte sie früher schon oft ihr Wort gebrochen, ein Darlehn abgeschworen, von einer Mordtat gewußt; durch Verschwendungssucht und Armut war sie tief gesunken. Dabei war sie geistig nicht unbegabt: sie verstand Verse zu machen, Scherz zu treiben, ganz nach Belieben eine ehrbare oder gefühlvolle oder freche Unterhaltung zu führen; kurz, sie besaß viel Witz und Anmut.

Nach diesen Vorbereitungen bewarb sich Catilina trotz allem auch fürs nächste Jahr ums Konsulat; denn er hoffte, wenn er nur erst gewählt sei, werde er Antonius leicht nach seinem Wunsche lenken. Und inzwischen blieb er nicht müßig, sondern plante mit allen Mitteln heimtückische Anschläge gegen Cicero. Doch auch dem fehlte es nicht an List und Schlauheit, um auf seiner Hut zu sein. Denn gleich bei Antritt seines Konsulates hatte er mit Fulvias Hilfe durch viele Versprechungen erreicht, daß ihm der vorhin erwähnte Quintus Curius die Anschläge Catilinas verriet; auch hatte er seinen Kollegen Antonius durch eine Abmachung über ihre Provinz dazu gebracht, nichts gegen den Staat zu unternehmen. Zu seinem eignen Schutze hatte er insgeheim eine Leibwache von Freunden und Anhängern um sich. Der Wahltag kam. Weder die Bewerbung glückte Catilina noch die Anschläge, die er gegen die Konsuln auf dem Marsfeld vorbereitet hatte. Da beschloß er, offen Krieg zu führen und aufs Ganze zu gehen; denn seine heimlichen Versuche hatten ja ein ganz klägliches Ende gefunden.

XXVII. Igitur C. Manlium Faesulas atque in eam partem Etruriae, Septimium quendam Camertem in agrum Picenum, C. Iulium in Apuliam dimisit, praeterea alium alio, quem ubique opportunum sibi fore credebat. interea Romae multa simul 2 moliri: consulibus insidias tendere, parare incendia, opportuna loca armatis hominibus obsidere; ipse cum telo esse, item alios iubere, hortari, uti semper intenti paratique essent; dies noctisque festinare, vigilare, neque insomniis neque labore fatigari.

Postremo, ubi multa agitanti nihil procedit, rursus intem- 3 pesta nocte coniurationis principes convocat per M. Porcium Laecam, ibique multa de ignavia eorum questus docet 4 se Manlium praemisisse ad eam multitudinem, quam ad capiunda arma paraverat, item alios in alia loca opportuna, qui initium belli facerent, seque ad exercitum proficisci cupere, si prius Ciceronem oppressisset: eum suis consiliis multum officere.

XXVIII. Igitur perterritis ac dubitantibus ceteris C. Cornelius eques Romanus operam suam pollicitus et cum eo L. Vargunteius senator constituere ea nocte paulo post cum armatis hominibus sicuti salutatum introire ad Ciceronem ac de inproviso domi suae inparatum confodere. Curius, ubi in- 2 tellegit, quantum periculum consuli inpendeat, propere per Fulviam Ciceroni dolum, qui parabatur, enuntiat. ita illi 3 ianua prohibiti tantum facinus frustra susceperant.

Er schickte also Gaius Manlius nach Faesulae und in diese Gegend von Etrurien, einen gewissen Septimius aus Camerinum ins Picenerland, Gaius Julius nach Apulien, außerdem den einen dahin, den andern dorthin, wo ihm wohl jeder einzelne am besten nützen würde. Inzwischen setzte er in Rom vielerlei gleichzeitig in Szene: er plante Anschläge gegen die Konsuln, bereitete Brandstiftungen vor, besetzte geeignete Plätze mit Bewaffneten. Er selbst trug immer Waffen und verlangte es auch von anderen, ermahnte sie, stets schlagfertig zu sein und sich bereit zu halten, war Tag und Nacht hastig und unermüdlich auf den Beinen und ließ sich weder durch Schlaflosigkeit noch durch Strapazen erschöpfen.

Schließlich, als es trotz eifrigster Bemühung ganz und gar nicht vorwärts geht, ruft er wieder einmal in tiefer Nacht die Häupter der Verschwörung durch Marcus Porcius Laeca zur Besprechung. Hier beklagt er sich bitter über ihre Lässigkeit und eröffnet ihnen, er habe Manlius zu der Truppe vorausgeschickt, die er zum bewaffneten Aufstand angeworben hatte, ebenso andre Leute an sonstige geeignete Plätze, um endlich loszuschlagen; er selbst wünsche zum Heer zu stoßen, wenn er nur erst Cicero unschädlich gemacht hätte: der sei das schlimmste Hindernis für seine Pläne.

Während alle anderen bestürzt und unentschlossen waren, bot der römische Ritter Gaius Cornelius seine Hilfe an, und mit ihm der Senator Lucius Vargunteius; sie beschlossen, gleich nachher noch in dieser Nacht mit Bewaffneten zu Cicero zu gehen, als wollten sie ihm ihren Morgenbesuch machen, und den Ahnungslosen unversehens in seinem eignen Hause niederzustechen. Sowie Curius merkt, welch schwere Gefahr dem Konsul droht, läßt er Cicero schleunigst durch Fulvia von dem geplanten Anschlag unterrichten. So wurden die beiden schon an der Haustür abgewiesen und hatten das schwere Verbrechen umsonst übernommen.

Interea Manlius in Etruria plebem sollicitare, egestate si- 4
mul ac dolore iniuriae novarum rerum cupidam, quod Sullae
dominatione agros bonaque omnia amiserat, praeterea latrones quoiusque generis, quorum in ea regione magna copia
erat, nonnullos ex Sullanis coloniis, quibus lubido atque luxuria ex magnis rapinis nihil reliqui fecerant.

XXIX. Ea cum Ciceroni nuntiarentur, ancipiti malo permotus, quod neque urbem ab insidiis privato consilio longius
tueri poterat neque, exercitus Manli quantus aut quo consilio
foret, satis conpertum habebat, rem ad senatum refert iam
antea volgi rumoribus exagitatam. itaque, quod plerumque 2
in atroci negotio solet, senatus decrevit, darent operam consules, ne quid res publica detrimenti caperet. ea potestas per 3
senatum more Romano magistratui maxuma permittitur:
exercitum parare, bellum gerere, coercere omnibus modis socios atque civis, domi militiaeque imperium atque iudicium
summum habere; aliter sine populi iussu nullius earum rerum
consuli ius est.

XXX. Post paucos dies L. Saenius senator in senatu litteras recitavit, quas Faesulis adlatas sibi dicebat, in quibus
scriptum erat C. Manlium arma cepisse cum magna multitudine ante diem VI. Kalendas Novembris. simul, id quod in 2
tali re solet, alii portenta atque prodigia nuntiabant, alii conventus fieri, arma portari, Capuae atque in Apulia servile bellum moveri. igitur senati decreto Q. Marcius Rex Faesulas, 3

Unterdessen hetzte Manlius in Etrurien das Volk auf, das durch Sullas Gewaltherrschaft sein Land und alles Hab und Gut verloren hatte und nun in seiner Armut und zugleich voll Erbitterung über die ungerechte Behandlung sich nach einem Umsturz sehnte; ferner Raubgesindel jeder Art, das es dort in Massen gab, und auch aus Sullas Militärkolonien einige Leute, denen Genußsucht und Verschwendung von ihrem reichen Raub nichts übrig ließ.

Als Cicero von diesen Vorgängen erfuhr, beunruhigte ihn eine doppelte Gefahr: er konnte die Stadt nicht länger auf eigene Faust vor den Anschlägen schützen, und über die Stärke und die Absichten von Manlius' Heer war er nicht genügend unterrichtet; so trug er dem Senat die Sache vor, die schon längst im Volke gerüchtweise erörtert wurde. Daraufhin faßte der Senat den in bedrohlicher Lage üblichen Beschluß, die Konsuln sollten achtgeben, daß der Staat keinen Schaden nehme. Diese Vollmacht ist die umfassendste, die nach der römischen Verfassung einem Beamten vom Senat erteilt wird: er wird dadurch ermächtigt, ein Heer aufzustellen, Krieg zu führen, Bundesgenossen und Bürger mit allen Mitteln in Ordnung zu halten, daheim und im Felde die höchste militärische und richterliche Gewalt auszuüben; sonst steht ohne Genehmigung des Volkes keins von diesen Rechten dem Konsul zu.

Wenige Tage später las der Senator Lucius Saenius im Senate einen Brief vor, der ihm, wie er sagte, aus Faesulae geschickt war. Darin stand geschrieben, Gaius Manlius habe am 27. Oktober mit vielen anderen die Waffen ergriffen. Zugleich erzählten manche – wie das in solchen Zeiten üblich ist – von unheimlichen Erscheinungen und Wunderzeichen; andere berichteten, Zusammenkünfte fänden statt, Waffen würden zusammengeschleppt, in Capua und in Apulien breche der Sklavenkrieg aus. Daher wurden auf Senatsbe-

Q. Metellus Creticus in Apuliam circumque ea loca missi
– hi utrique ad urbem imperatores erant, inpediti, ne trium-   4
pharent, calumnia paucorum, quibus omnia honesta atque
inhonesta vendere mos erat –, sed praetores Q. Pompeius Ru-   5
fus Capuam, Q. Metellus Celer in agrum Picenum, iisque
permissum, uti pro tempore atque periculo exercitum conpa-
rarent. ad hoc, si quis indicavisset de coniuratione, quae   6
contra rem publicam facta erat, praemium servo libertatem
et sestertia centum, libero inpunitatem eius rei et sestertia
ducenta milia, itemque decrevere, uti gladiatoriae familiae   7
Capuam et in cetera municipia distribuerentur pro quoiusque
opibus, Romae per totam urbem vigiliae haberentur iisque
minores magistratus praeessent.

XXXI. Quis rebus permota civitas atque inmutata urbis
facies erat. ex summa laetitia atque lascivia, quae diuturna
quies pepererat, repente omnis tristitia invasit: festinare, tre-   2
pidare, neque loco neque homini quoiquam satis credere, neque bellum gerere neque pacem habere, suo quisque metu
pericula metiri. ad hoc mulieres, quibus rei publicae magni-   3
tudine belli timor insolitus incesserat, adflictare sese, manus
supplices ad caelum tendere, miserari parvos liberos, rogitare
omnia, omni rumore pavere, adripere omnia, superbia atque
deliciis omissis sibi patriaeque diffidere.

At Catilinae crudelis animus eadem illa movebat, tametsi   4

schluß Quintus Marcius Rex nach Faesulae, Quintus Metellus Creticus nach Apulien und in die Umgegend geschickt — diese beiden Männer standen gerade als Heerführer vor der Stadt; denn durch das Ränkespiel einer kleinen Gruppe von Leuten, die alles, Ehre und Schande, zu verschachern pflegten, waren sie an ihrem Triumph gehindert. Von den Prätoren schickte man Quintus Pompeius Rufus nach Capua, Quintus Metellus Celer ins Picenerland; sie hatten die Vollmacht, ein Heer aufzustellen, sowie es die gefährliche Lage erfordere. Dazu kamen weitere Beschlüsse: wer über die Verschwörung, die gegen den Staat gerichtet war, eine Anzeige machte, sollte belohnt werden, ein Sklave mit der Freiheit und 100000 Sesterzien, ein Freier mit Straflosigkeit in diesem Punkte und 200000 Sesterzien. Die Gladiatorenbanden sollten nach Capua und in die anderen Landstädte je nach deren Größe verteilt, in Rom aber überall in der Stadt Wachen aufgestellt und diese von unteren Beamten befehligt werden.

Diese Vorgänge beunruhigten die Bürger und gaben der Stadt ein völlig neues Aussehen. Eben noch herrschte laute Freude und Ausgelassenheit, wie es die lange, ungestörte Ruhe mit sich brachte — nun versank plötzlich alles in gedrückte Stimmung: man lief in banger Aufregung und Hast umher, fühlte sich an keinem Platz und bei keinem Menschen sicher, hatte keinen Krieg und doch auch keinen Frieden; an seiner persönlichen Furcht maß jeder die Größe der Gefahr. Zumal die Frauen packte eine Angst vorm Kriege, die ihnen bei der Macht des Staates bisher ungewohnt; sie schlugen sich die Brust, streckten flehend die Hände zum Himmel, jammerten um ihre kleinen Kinder, fragten nach allem, zitterten bei jedem Lärm, rissen alles an sich, vergaßen Übermut und Lust und gaben sich und die Heimat verloren.

Doch Catilina verfolgte unbarmherzig seine Pläne weiter,

praesidia parabantur et ipse lege Plautia interrogatus erat ab
L. Paulo. postremo dissimulandi causa aut sui expurgandi, 5
sicut iurgio lacessitus foret, in senatum venit. tum M. Tullius 6
consul, sive praesentiam eius timens sive ira conmotus, orationem habuit luculentam atque utilem rei publicae, quam
postea scriptam edidit. sed ubi ille adsedit, Catilina, ut erat 7
paratus ad dissimulanda omnia, demisso vultu, voce supplici
postulare a patribus coepit, ne quid de se temere crederent:
ea familia ortum, ita se ab adulescentia vitam instituisse, ut
omnia bona in spe haberet; ne existumarent sibi, patricio homini, quoius ipsius atque maiorum pluruma beneficia in plebem Romanam essent, perdita re publica opus esse, quom eam
servaret M. Tullius, inquilinus civis urbis Romae. ad hoc 8
male dicta alia quom adderet, obstrepere omnes, hostem atque
parricidam vocare. tum ille furibundus 'quoniam quidem 9
circumventus' inquit 'ab inimicis praeceps agor, incendium
meum ruina exstinguam.

XXXII. Deinde se ex curia domum proripuit. ibi multa
ipse secum volvens, quod neque insidiae consuli procedebant
et ab incendio intellegebat urbem vigiliis munitam, optumum
factu credens exercitum augere ac, prius quam legiones scri-
berentur, multa antecapere, quae bello usui forent, nocte intempesta cum paucis in Manliana castra profectus est. sed 2
Cethego atque Lentulo ceterisque, quorum cognoverat
promptam audaciam, mandat, quibus rebus possent, opes fac-

obwohl man schon Vorbereitungen zum Schutze traf und Lucius Paulus ihn selbst kraft des Plautischen Gesetzes vor Gericht gefordert hatte. Schließlich tat er so, als wäre er durch persönliche Kränkung gereizt, und erschien im Senat, um sich unwissend zu stellen oder auch sich reinzuwaschen. Da hielt der Konsul Marcus Tullius Cicero – aus Furcht oder aus Erbitterung wegen seines Kommens – eine glänzende, dem Staatsinteresse dienende Rede, die er später veröffentlicht hat. Doch sowie er sich gesetzt hatte, erhob sich Catilina, zu jeder Art von Heuchelei bereit; mit gesenktem Blick, in flehendem Ton bat er den Senat, man solle doch nicht unbesehen alles von ihm glauben: er stamme aus so guter Familie und habe von früher Jugend an sein Leben so geführt, daß er sich zu den besten Hoffnungen berechtigt fühle; er selbst habe als Mann von altem Adel ebenso wie seine Vorfahren die größten Verdienste um das römische Volk aufzuweisen – meinten sie denn, ihm sei es um den Untergang des Staates zu tun, während Marcus Tullius, ein zugewanderter Neubürger der Stadt Rom, sich als Retter aufspiele? Als er noch weiter schimpfte, überschrieen ihn alle und nannten ihn einen Staatsfeind und Hochverräter. Da rief er voller Wut: „Wenn ich also umstellt bin und von meinen Gegnern geradezu ins Verderben gejagt werde, so will ich den Brand, der mich verzehren soll, unter Trümmern ersticken."

Dann stürzte er aus der Versammlung nach Hause, um hier alles reiflich zu erwägen: seine Anschläge gegen den Konsul wollten nicht gelingen, und die Stadt war, wie er sah, durch Wachen gegen Brandstiftung gesichert. So hielt er es denn für das beste, sein Heer zu verstärken und noch vor der Aushebung von Legionen recht viel Kriegsbedarf im voraus zu beschaffen; er selbst ging in tiefer Nacht mit wenigen Begleitern in Manlius' Lager ab. Dem Cethegus aber und Lentulus und den übrigen, die er als entschlossene Draufgänger kannte,

tionis confirment, insidias consuli maturent, caedem, incendia aliaque belli facinora parent: sese propediem cum magno exercitu ad urbem adcessurum.

Dum haec Romae geruntur, C. Manlius ex suo numero legatos ad Marcium Regem mittit cum mandatis huiusce modi: 3

XXXIII. 'Deos hominesque testamur, imperator, nos arma neque contra patriam cepisse neque quo periculum aliis faceremus, sed uti corpora nostra ab iniuria tuta forent, qui miseri, egentes violentia atque crudelitate faeneratorum plerique patria, sed omnes fama atque fortunis expertes sumus. neque quoiquam nostrum licuit more maiorum lege uti neque amisso patrimonio liberum corpus habere: tanta saevitia faeneratorum atque praetoris fuit. saepe maiores vostrum, mi- 2 serti plebis Romanae, decretis suis inopiae eius opitulati sunt, ac novissume memoria nostra propter magnitudinem aeris alieni volentibus omnibus bonis argentum aere solutum est. saepe ipsa plebs, aut dominandi studio permota aut su- 3 perbia magistratuum, armata a patribus secessit. at nos non 4 imperium neque divitias petimus, quarum rerum causa bella atque certamina omnia inter mortalis sunt, sed libertatem, quam nemo bonus nisi cum anima simul amittit. te atque se- 5 natum obtestamur, consulatis miseris civibus, legis praesidium, quod iniquitas praetoris eripuit, restituatis neve nobis

gibt er den Auftrag, auf jede Weise die Mittel der Partei zu stärken, die Anschläge gegen den Konsul zu beschleunigen, Mord, Brandstiftung und andere Kriegsgreuel vorzubereiten; er selbst werde demnächst mit einem großen Heere vor die Stadt rücken.

Während dieser Vorgänge in Rom schickt Gaius Manlius aus den Reihen seiner Leute Boten zu Marcius Rex und läßt ihm etwa folgendes sagen:

„Götter und Menschen seien unsre Zeugen, Feldherr: nicht gegen unser Vaterland haben wir die Waffen erhoben noch auch um irgend jemandem ein Leid zu tun; nein, uns selbst wollen wir vor Unrecht sichern. Elend und mittellos sind wir und haben durch die brutale Härte von Wucherern meist unsre Heimat, alle miteinander aber unsern guten Ruf und unser Hab und Gut verloren. Keinem von uns war es vergönnt, nach der Ahnen Brauch den Schutz des Gesetzes zu genießen oder nach Verlust des väterlichen Erbes die persönliche Freiheit zu behalten: so groß war die Unbarmherzigkeit der Gläubiger und des Richters. Oftmals sind eure Vorfahren, aus Mitleid mit dem einfachen Volk in Rom, durch ihre Beschlüsse seiner Not zu Hilfe gekommen; erst kürzlich, zu unsrer Zeit, wurde wegen der drückenden Schuldenlast statt des Silbers Kupfer zurückgezahlt, und alle anständigen Leute waren damit einverstanden. Oft hat sogar das Volk selbst aus Sehnsucht nach Unabhängigkeit oder wegen der Übergriffe der Beamten zu den Waffen gegriffen und sich von den adligen Herren losgesagt. Wir aber, wir wollen keine Macht und keinen Reichtum, woraus ja doch nur alle Kriege und Streitigkeiten unter die Menschen kommen; nein, Freiheit wollen wir, die ein anständiger Mensch nur mit dem letzten Atemzuge aufgibt. Dich und den Senat beschwören wir: sorgt für eure unglücklichen Mitbürger, gebt uns den Schutz des Gesetzes wieder, den uns die Unge-

eam necessitudinem inponatis, ut quaeramus, quonam modo maxume ulti sanguinem nostrum pereamus.'

XXXIV. Ad haec Q. Marcius respondit, si quid ab senatu petere vellent, ab armis discedant, Romam supplices proficiscantur: ea mansuetudine atque misericordia senatum populi Romani semper fuisse, ut nemo umquam ab eo frustra auxilium petiverit.

At Catilina ex itinere plerisque consularibus, praeterea optumo quoique litteras mittit: se falsis criminibus circumventum, quoniam factioni inimicorum resistere nequiverit, fortunae cedere, Massiliam in exsilium profiscici, non quo sibi tanti sceleris conscius esset, sed uti res publica quieta foret neve ex sua contentione seditio oreretur. ab his longe divorsas litteras Q. Catulus in senatu recitavit, quas sibi nomine Catilinae redditas dicebat. earum exemplum infra scriptum est.

XXXV. 'L. Catilina Q. Catulo. Egregia tua fides, re cognita, grata mihi magnis in meis periculis, fiduciam commendationi meae tribuit. quam ob rem defensionem in novo consilio non statui parare: satisfactionem ex nulla conscientia de culpa proponere decrevi, quam me dius fidius veram licet cognoscas. iniuriis contumeliisque concitatus, quod fructu laboris industriaeque meae privatus statum dignitatis non obtinebam, publicam miserorum causam pro mea consuetu-

rechtigkeit des Richters genommen hat, und zwingt uns nicht, danach zu fragen, wie wir unser Leben vor unserm Untergang so teuer als möglich verkaufen."

Hierauf gab Quintus Marcius die Antwort: wenn sie vom Senat etwas wollten, dann sollten sie die Waffen niederlegen und demütig bittend nach Rom kommen; mitleidig und mild sei der Senat des römischen Volkes stets gewesen, und so habe noch niemals einer seine Hilfe umsonst gesucht.

Catilina aber schreibt auf der Reise an die meisten ehemaligen Konsuln, außerdem an die führenden Männer des Adels diesen Brief: er sei ein Opfer falscher Beschuldigungen und nicht mehr in der Lage, gegen die Partei seiner Feinde aufzukommen; deshalb weiche er dem Schicksal und gehe nach Massilia in die Verbannung — nicht etwa im Bewußtsein einer schweren Schuld, sondern der Staat solle zur Ruhe kommen und der Streit um seine Person nicht Anlaß zu einem allgemeinen Aufruhr werden. — Ganz anders lautete ein Brief, den Quintus Catulus im Senate vorlas; er war ihm, wie er sagte, in Catilinas Auftrag übergeben. Hier folgt eine Abschrift:

„Lucius Catilina grüßt Quintus Catulus. Deine wunderbare und durch die Tat bewährte Treue, die mir in meiner großen Bedrängnis so willkommen ist, gibt mir den Mut, mich Dir anzuvertrauen. Darum habe ich auch nicht vor, mich wegen meines neuen Planes bei Dir zu verteidigen; eine Rechtfertigung will ich Dir im Bewußtsein meiner Schuldlosigkeit geben, und Du darfst sie als ehrlich ansehen, so wahr mir Gott helfe! Durch Unrecht und schmachvolle Behandlung bin ich gereizt, da ich mich um die Früchte meiner Arbeit und meines Fleißes betrogen sah und die ehrenvolle Stellung nicht bekam, die mir gebührt; so machte ich nach meiner Gewohnheit die Sache der Unterdrückten, die uns alle angeht, zu meiner eigenen. Nicht deshalb tat ich

dine suscepi, non quin aes alienum meis nominibus ex possessionibus solvere non possem – et alienis nominibus liberalitas Orestillae suis filiaeque copiis persolveret –, sed quod non dignos homines honore honestatos videbam meque falsa suspicione alienatum esse sentiebam. hoc nomine satis honestas pro meo casu spes reliquae dignitatis conservandae sum secutus. plura quom scribere vellem, nuntiatum est vim mihi parari. nunc Orestillam commendo tuaeque fidei trado; eam ab iniuria defendas, per liberos tuos rogatus. haveto.'

XXXVI. Sed ipse paucos dies conmoratus apud C. Flaminium in agro Arretino, dum vicinitatem antea sollicitatam armis exornat, cum fascibus atque aliis imperi insignibus in castra ad Manlium contendit. haec ubi Romae conperta sunt, senatus Catilinam et Manlium hostis iudicat, ceterae multitudini diem statuit, ante quam sine fraude liceret ab armis discedere praeter rerum capitalium condemnatis. praeterea decernit, uti consules dilectum habeant, Antonius cum exercitu Catilinam persequi maturet, Cicero urbi praesidio sit.

Ea tempestate mihi imperium populi Romani multo maxume miserabile visum est. quoi quom ad occasum ab ortu solis omnia domita armis parerent, domi otium atque divitiae, quae prima mortales putant, adfluerent, fuere tamen cives, qui seque remque publicam obstinatis animis perditum irent.

das, weil ich die auf meinen Namen gemachten Schulden nicht aus persönlichem Besitz bezahlen könnte – auch fremde Schulden würde Orestillas Freigebigkeit aus ihren und ihrer Tochter Mitteln decken –, sondern weil ich unwürdige Leute mit Ehren überhäuft sah, mich selbst aber wegen eines unberechtigten Verdachtes ausgestoßen fühlte. Aus diesem Grunde habe ich ein Ziel verfolgt, das mich hoffen läßt, den Rest meiner Ehre zu retten, und das bei meiner schlimmen Lage durchaus ehrenhaft ist. – Ich wollte Dir mehr schreiben, da bekomme ich die Meldung, daß man einen Gewaltstreich gegen mich plant. Nun empfehle ich Dir Orestilla und übergebe sie Deinem Schutz; bewahre sie vor Unrecht, bei Deinen Kindern bitte ich darum. Leb wohl!"

Er selbst hält sich ein paar Tage bei Gaius Flaminius im Gebiete von Arretium auf und bewaffnet inzwischen die schon früher aufgehetzte Nachbarschaft; dann eilt er mit den Rutenbündeln und den übrigen Abzeichen der Feldherrnwürde ins Lager zu Manlius. Sowie man das in Rom erfährt, erklärt der Senat Catilina und Manlius zu Staatsfeinden; für die übrigen Verschworenen setzt er eine Frist fest, vor deren Ablauf sie straflos die Waffen niederlegen dürften mit Ausnahme derer, die wegen eines todeswürdigen Verbrechens bereits verurteilt waren. Dazu beauftragt er die Konsuln, Truppen auszuheben; Antonius soll mit einem Heere Catilina schleunigst verfolgen, Cicero den Schutz der Stadt übernehmen.

Damals war meiner Meinung nach das römische Reich in der jämmerlichsten Lage. Zwar gehorchten ihm von Sonnenaufgang bis Sonnenuntergang alle Lande, die man mit Waffengewalt bezwungen hatte; Ruhe und Reichtum, die höchsten Güter in den Augen der Menschen, gab es daheim im Überfluß – und doch fanden sich Bürger, die hartnäckig darauf ausgingen, sich und den Staat zugrunde zu richten.

namque duobus senati decretis ex tanta multitudine neque 5
praemio inductus coniurationem patefecerat neque ex castris
Catilinae quisquam omnium discesserat: tanta vis morbi atque
uti tabes plerosque civium animos invaserat.

XXXVII. Neque solum illis aliena mens erat, qui conscii
coniurationis fuerant, sed omnino cuncta plebes novarum rerum studio Catilinae incepta probabat. id adeo more suo vide- 2
batur facere. nam semper in civitate, quibus opes nullae sunt, 3
bonis invident, malos extollunt, vetera odere, nova exoptant,
odio suarum rerum mutari omnia student, turba atque seditionibus sine cura aluntur, quoniam egestas facile habetur
sine damno. sed urbana plebes, ea vero praeceps erat de mul- 4
tis causis. primum omnium, qui ubique probro atque petu- 5
lantia maxume praestabant, item alii per dedecora patrimo-
niis amissis, postremo omnes, quos flagitium aut facinus domo expulerat, ii Romam sicut in sentinam confluxerant.
deinde multi memores Sullanae victoriae, quod ex gregariis 6
militibus alios senatores videbant, alios ita divites, ut regio
victu atque cultu aetatem agerent, sibi quisque, si in armis
foret, ex victoria talia sperabat. praeterea iuventus, quae in 7
agris manuum mercede inopiam toleraverat, privatis atque
publicis largitionibus excita urbanum otium ingrato labori
praetulerat. eos atque alios omnis malum publicum alebat.
quo minus mirandum est homines egentis, malis moribus, 8

Denn trotz der zwei Senatsbeschlüsse hatte sich kein einziger aus der großen Menge durch die ausgesetzte Belohnung bewegen lassen, die Verschwörung zu verraten oder Catilinas Lager zu verlassen: so schrecklich war die Krankheit, wie eine Seuche hatte sie die meisten Bürger befallen.

Und nicht nur die Mitwisser der Verschwörung waren verblendet, sondern das ganze niedere Volk billigte in seinem Verlangen nach Umsturz die Pläne Catilinas. Gerade das entspricht ja, wie ich glaube, seiner Art. Denn immer sind im Staate die Besitzlosen neidisch auf die Gutgestellten; sie heben die schlechten Elemente auf den Schild, hassen das Althergebrachte, sehnen sich nach Neuem, wünschen aus Erbitterung über die eigene Lage einen allgemeinen Umschwung und leben sorglos von Tumult und Aufruhr; denn Armut ist ein leichter Besitz und hat nichts zu verlieren. Aber der Pöbel in der Stadt, der überstürzte sich erst recht aus vielen Gründen: zu allererst solche, die sich irgendwo durch Schimpf und Schande besonders hervortaten, ebenso andere, die ihr väterliches Erbe schändlich durchgebracht, alle schließlich, die eine Untat oder ein Verbrechen aus der Heimat fortgetrieben – sie waren in Rom wie in einem Sumpf zusammengeströmt. Auch dachten viele an Sullas Sieg; sie sahen, wie manche aus gemeinen Soldaten Senatoren geworden waren und andere so reich, daß sie wie Könige in Saus und Braus lebten, und so erwartete jeder, falls er die Waffen nähme, für sich die gleichen Vorteile bei einem Sieg. Die jungen Leute ferner, die auf dem Lande durch ihrer Hände Arbeit ein kümmerliches Dasein gefristet hatten, ließen sich durch private und öffentliche Spenden locken und zogen das müßige Leben in der Stadt der Landarbeit vor, die wenig lohnte. Sie und die anderen alle lebten vom Unglück des Staates. Kein Wunder, wenn mittellose Menschen mit

maxuma spe, rei publicae iuxta ac sibi consuluisse. praeterea, 9
quorum victoria Sullae parentes proscripti, bona erepta, ius
libertatis inminutum erat, haud sane alio animo belli even-
tum expectabant; ad hoc, quicumque aliarum atque senatus 10
partium erant, conturbari rem publicam quam minus valere
ipsi malebant. id adeo malum multos post annos in civitatem 11
revorterat.

XXXVIII. Nam postquam Cn. Pompeio et M. Crasso
consulibus tribunicia postestas restituta est, homines adulescentes summam potestatem nacti, quibus aetas animusque
ferox erat, coepere senatum criminando plebem exagitare,
dein largiundo atque pollicitando magis incendere, ita ipsi
clari potentesque fieri. contra eos summa ope nitebatur plera- 2
que nobilitas senatus specie pro sua magnitudine. namque, 3
uti paucis verum absolvam, post illa tempora quicumque rem
publicam agitavere, honestis nominibus, alii, sicuti populi
iura defenderent, pars, quo senatus auctoritas maxuma foret,
bonum publicum simulantes pro sua quisque potentia certabant. neque illis modestia neque modus contentionis erat: 4
utrique victoriam crudeliter exercebant.

XXXIX. Sed postquam Cn. Pompeius ad bellum maritu-
mum atque Mithridaticum missus est, plebis opes inminutae,

schlechtem Charakter und voll hoher Erwartungen auf den Staat ebensowenig Rücksicht nahmen wie auf sich selbst. Und die, deren Eltern durch Sullas Sieg geächtet waren, denen ihr Hab und Gut entrissen und ihr Recht als freie Bürger verkümmert war, sie erwarteten gewiß nicht mit anderer Gesinnung den Ausgang des Kampfes. Schließlich wollten alle, die zu einer anderen als zur Senatspartei gehörten, lieber den Staat zerrüttet sehen als selbst weniger Einfluß haben. So hatte dies schwere Unglück nach langen Jahren den Staat wiederum heimgesucht.

Im Konsulatsjahr des Gnaeus Pompeius und Marcus Crassus war nämlich die Amtsgewalt der Volkstribunen wiederhergestellt worden. Hatten nun junge Leute dies einflußreiche Amt erlangt, so begannen sie mit der Rücksichtslosigkeit, die ihrem Alter und ihrer Art entsprach, durch Vorwürfe gegen den Senat die Masse aufzuhetzen und dann durch Geschenke und Versprechungen sie noch mehr zu entflammen, sich selbst aber auf diese Weise Ansehen und Macht zu verschaffen. Gegen sie stemmte sich mit allen Mitteln der größte Teil des Adels, scheinbar für den Senat, in Wirklichkeit aber für die eigene Machtstellung. Denn, um mit wenigen Worten die Wahrheit zu sagen: seit jener Zeit kämpften alle, die das staatliche Leben beunruhigten, unter ehrenhaften Vorwänden; die einen taten so, als wollten sie des Volkes Rechte verteidigen, die anderen, als wollten sie das Ansehen des Senates möglichst steigern — das Allgemeinwohl schützten sie vor, und jeder kämpfte doch nur für den eignen Einfluß. Weder Maß noch Ziel kannten sie bei ihrem Kampfe; rücksichtslos suchten beide Parteien ihren Sieg auszunutzen.

Als man aber Gnaeus Pompeius in den Krieg gegen die Seeräuber und gegen Mithridates geschickt hatte, da minderte sich die Macht des Volkes, und der Einfluß der Opti-

paucorum potentia crevit. ii magistratus, provincias aliaque　2
omnia tenere; ipsi innoxii, florentes, sine metu aetatem agere
ceterosque iudiciis terrere, quo plebem in magistratu placi-
dius tractarent. sed ubi primum dubiis rebus novandi spes　3
oblata est, vetus certamen animos eorum adrexit.

Quod si primo proelio Catilina superior aut aequa manu　4
discessisset, profecto magna clades atque calamitas rem publicam oppressisset, neque illis, qui victoriam adepti forent,
diutius ea uti licuisset, quin defessis et exsanguibus, qui plus
posset, imperium atque libertatem extorqueret. fuere tamen　5
extra coniurationem complures, qui ad Catilinam initio profecti sunt. in iis erat Fulvius, senatoris filius, quem retractum
ex itinere parens necari iussit.

Isdem temporibus Romae Lentulus, sicuti Catilina prae-　6
ceperat, quoscumque moribus aut fortuna novis rebus idoneos credebat, aut per se aut per alios sollicitabat, neque solum civis, sed quoiusque modi genus hominum, quod modo
bello usui foret.

XL. Igitur P. Umbreno quoidam negotium dat, uti legatos
Allobrogum requirat eosque, si possit, inpellat ad societatem
belli, existumans publice privatimque aere alieno oppressos,
praeterea quod natura gens Gallica bellicosa esset, facile eos
ad tale consilium adduci posse. Umbrenus, quod in Gallia　2
negotiatus erat, plerisque principibus civitatum notus erat
atque eos noverat. itaque sine mora, ubi primum legatos in

maten wuchs. Sie hatten die Staatsämter, die Provinzen und alles andere fest in ihrer Hand; unbehelligt und in glänzenden Verhältnissen führten sie selbst ein sorgloses Leben und suchten die Gegenpartei durch Prozesse einzuschüchtern, um das Volk bei ihrer Amtsführung desto ruhiger regieren zu können. Sobald sich aber bei der schwierigen Lage des Staates eine Aussicht auf Umsturz bot, regte der alte Streit die Leidenschaft des Volkes wieder auf.

Wäre nun die erste Schlacht für Catilina siegreich oder wenigstens unentschieden verlaufen, so hätte den Staat gewiß ein schweres Unglück und Verderben betroffen; aber auch die Sieger hätten ihren Erfolg nicht länger nutzen können, nein, ein Stärkerer hätte den Erschöpften und Ausgebluteten Macht und Freiheit entwunden. Trotzdem gab es außer den Verschworenen noch viele, die gleich anfangs zu Catilina übergingen. Zu diesen gehörte Fulvius, eines Senators Sohn; ihn ließ der eigne Vater zurückholen und mit dem Tod bestrafen.

Zur gleichen Zeit suchte Lentulus in Rom nach Catilinas Weisung alle Leute, die ihm nach Charakter oder Vermögenslage für einen Umsturz geeignet schienen, persönlich oder durch andere aufzuhetzen, und nicht nur römische Bürger, sondern Menschen jeden Schlages, wenn sie nur zum Kriege tauglich waren.

So gab er einem Publius Umbrenus den Auftrag, die Gesandten der Allobroger aufzusuchen und sie möglichst zur Teilnahme am Kriege zu bewegen. Leicht glaubte er sie zu einem solchen Entschlusse bringen zu können, denn sie waren von privater und öffentlicher Verschuldung bedrängt, und der gallische Stamm war ja seiner ganzen Art nach kampfesfreudig. Weil Umbrenus in Gallien Handelsgeschäfte getrieben hatte, war er den meisten Stammeshäuptlingen bekannt und kannte sie auch selbst. Sowie er also die

foro conspexit, percontatus pauca de statu civitatis et quasi
dolens eius casum requirere coepit, quem exitum tantis malis
sperarent. postquam illos videt queri de avaritia magistra- 3
tuum, accusare senatum, quod in eo auxili nihil esset, miseriis suis remedium mortem exspectare, 'at ego' inquit 'vobis,
si modo viri esse voltis, rationem ostendam, qua tanta ista
mala effugiatis.' haec ubi dixit, Allobroges in maxumam 4
spem adducti Umbrenum orare, ut sui misereretur: nihil tam
asperum neque tam difficile esse, quod non cupidissume facturi essent, dum ea res civitatem aere alieno liberaret. ille eos 5
in domum D. Bruti perducit, quod foro propinqua erat neque aliena consili propter Semproniam; nam tum Brutus ab
Roma aberat. praeterea Gabinium arcessit, quo maior aucto- 6
ritas sermoni inesset. eo praesente coniurationem aperit, no-
minat socios, praeterea multos quoiusque generis innoxios,
quo legatis animus amplior esset. deinde eos pollicitos operam
suam domum dimittit.

XLI. Sed Allobroges diu in incerto habuere, quidnam
consili caperent. in altera parte erat aes alienum, studium 2
belli, magna merces in spe victoriae; at in altera maiores
opes, tuta consilia, pro incerta spe certa praemia. haec illis 3
volventibus tandem vicit fortuna rei publicae. itaque Q. Fa- 4
bio Sangae, quoius patrocinio civitas plurumum utebatur, rem
omnem, uti cognoverant, aperiunt. Cicero per Sangam con- 5
silio cognito legatis praecipit, ut studium coniurationis vehe-

Gesandten auf dem Forum zu Gesicht bekam, erkundigte er
sich gleich mit ein paar Worten nach den Verhältnissen ihrer
heimischen Gemeinde, und mit scheinbarem Bedauern über
ihre schlimme Lage fing er an, sie auszufragen, welchen Ausweg sie für ihre schwere Not erhofften. Kaum hört er, wie sie
über der Beamten Habsucht jammern, wie sie den Senat an-
klagen, bei dem es ja doch niemals Hilfe gäbe, und wie sie
für ihr Elend nur im Tode Rettung sehen, da ruft er: „So
will ich euch denn einen Weg zeigen, auf dem ihr aller bösen
Not entrinnen könnt – nur müßt ihr Männer sein!" Auf diese
Worte bitten ihn die Allobroger voll größter Hoffnung, sich
ihrer zu erbarmen; nichts sei so hart und nichts so schwer,
was sie nicht mit Freuden tun wollten, wenn es nur ihren
Staat von seiner Schuldenlast befreie. Er führt sie in das Haus
des Decimus Brutus, das ja nahe am Forum lag und wegen
der Sempronia nicht unbeteiligt war an der Verschwörung;
Brutus selbst war nämlich gerade nicht in Rom. Außerdem
läßt er Gabinius holen, um seinen Worten mehr Nachdruck
zu geben. In dessen Gegenwart entdeckt er ihnen die Verschwörung, nennt die Teilnehmer und auch noch viele Un-
beteiligte jeden Standes, um der Gesandten Mut zu heben.
Darauf versprechen sie ihre Hilfe, und er entläßt sie wieder.
    Lange waren die Allobroger im Zweifel, wozu sie sich
entschließen sollten. Auf der einen Seite standen Schulden,
Kriegslust und reicher Gewinn, falls man auf Sieg hoffen
durfte; auf der anderen aber größere Machtmittel, gefahr-
lose Politik und statt unsichrer Hoffnung sicherer Lohn. Bei
ihrer Erwägung siegte schließlich der Glücksstern unseres
Staates. So entdeckten sie dem Quintus Fabius Sanga, der
meist die Interessen ihres Staates in Rom vertrat, den ganzen
Anschlag, wie sie ihn erfahren hatten. Cicero, durch Sanga
von dem Plane unterrichtet, weist die Gesandten an, sie sollten große Anteilnahme für die Verschwörung heucheln,

menter simulent, ceteros adeant, bene polliceantur dentque operam, uti eos quam maxume manufestos habeant.

XLII. Isdem fere temporibus in Gallia citeriore atque ulteriore, item in agro Piceno, Bruttio, Apulia motus erat. namque illi, quos ante Catilina dimiserat, inconsulte ac veluti per dementiam cuncta simul agebant. nocturnis consiliis, armorum atque telorum portationibus, festinando, agitando omnia plus timoris quam periculi effecerant. ex eo numero compluris Q. Metellus Celer praetor ex senatus consulto causa cognita in vincula coniecerat, item in citeriore Gallia C. Murena, qui ei provinciae legatus praeerat.

XLIII. At Romae Lentulus cum ceteris, qui principes coniurationis erant, paratis, ut videbatur, magnis copiis constituerant, uti, quom Catilina in agrum Aefulanum cum exercitu venisset, L. Bestia tribunus plebis contione habita quereretur de actionibus Ciceronis bellique gravissumi invidiam optumo consuli inponeret: eo signo proxuma nocte cetera multitudo coniurationis suom quodque negotium exsequeretur. sed ea divisa hoc modo dicebantur: Statilius et Gabinius uti cum magna manu duodecim simul opportuna loca urbis incenderent, quo tumultu facilior aditus ad consulem ceterosque, quibus insidiae parabantur, fieret; Cethegus Ciceronis ianuam obsideret eumque vi adgrederetur, alius autem alium, sed filii familiarum, quorum ex nobilitate maxuma pars erat,

auch die übrigen Verschworenen besuchen, schöne Versprechungen machen und sich Mühe geben, um sie möglichst handgreiflich zu überführen.

Etwa um dieselbe Zeit entstanden im diesseitigen und jenseitigen Gallien, ebenso im Picenerland, in Bruttien und Apulien Unruhen. Denn die Leute, die Catilina vorausgeschickt hatte, suchten ohne Überlegung und wie irrsinnig alles auf einmal zu schaffen: durch nächtliche Beratungen, Transporte von Wehr und Waffen, durch das ganze hastige Treiben hatten sie mehr Furcht als wirkliche Gefahr erregt. Einige von ihnen ließ der Prätor Quintus Metellus Celer gemäß Senatsbeschluß nach gerichtlicher Untersuchung ins Gefängnis werfen; ebenso verfuhr im diesseitigen Gallien Gaius Murena, der in dieser Provinz als Legat den Oberbefehl führte.

In Rom aber hatte Lentulus zusammen mit den übrigen Häuptern der Verschwörung eine anscheinend bedeutende Streitmacht aufgestellt und folgenden Plan gefaßt: sowie Catilina mit seiner Truppe in die Gegend von Aefula gekommen sei, sollte der Volkstribun Lucius Bestia eine Volksversammlung einberufen, über Ciceros amtliche Maßnahmen Klage führen und die Mißstimmung über den schrecklichen Krieg auf den ausgezeichneten Konsul schieben; auf dies Signal sollte in der nächsten Nacht die übrige Masse der Verschworenen den Auftrag ausführen, der jedem einzelnen zugewiesen war. Die Rollen waren angeblich so verteilt: Statilius und Gabinius sollten mit einer großen Schar die Stadt an zwölf günstig gelegenen Stellen gleichzeitig in Brand stecken, um bei der allgemeinen Verwirrung desto leichter zum Konsul und den übrigen, denen der Anschlag galt, einen Zugang zu finden; Cethegus sollte Ciceros Haustür besetzen und ihn gewaltsam überfallen, und so der eine den, der andre jenen; die Söhne aber, die noch im El-

parentis interficerent; simul caede et incendio perculsis omnibus ad Catilinam erumperent. inter haec parata atque decreta Cethegus semper querebatur de ignavia sociorum: illos dubitando et dies prolatando magnas opportunitates conrumpere; facto, non consulto in tali periculo opus esse, seque, si pauci adiuvarent, languentibus aliis impetum in curiam facturum. natura ferox, vehemens, manu promptus erat, maxumum bonum in celeritate putabat.

XLIV. Sed Allobroges ex praecepto Ciceronis per Gabinium ceteros conveniunt. ab Lentulo, Cethego, Statilio, item Cassio postulant ius iurandum, quod signatum ad civis perferant: aliter haud facile eos ad tantum negotium inpelli posse. ceteri nihil suspicantes dant, Cassius semet eo brevi venturum pollicetur ac paulo ante legatos ex urbe proficiscitur. Lentulus cum iis T. Volturcium quendam Crotoniensem mittit, ut Allobroges, priusquam domum pergerent, cum Catilina data atque accepta fide societatem confirmarent. ipse Volturcio litteras ad Catilinam dat, quarum exemplum infra scriptum est.

'Qui sim, ex eo, quem ad te misi, cognosces. fac cogites, in quanta calamitate sis, et memineris te virum esse. consideres, quid tuae rationes postulent. auxilium petas ab omnibus, etiam ab infumis.' Ad hoc mandata verbis dat: quom ab senatu

ternhause lebten, meist junge Leute adliger Herkunft, sollten ihre Väter ermorden; wenn dann alle durch Mord und
Brand wie vor den Kopf geschlagen seien, sollte man zu Catilina durchbrechen. Während dieser Vorbereitungen und
Beschlüsse beklagte sich Cethegus immer wieder über die
Untätigkeit seiner Mitverschworenen: Durch ihr ewiges
Schwanken und Hinausschieben von einem Tag zum andern
versäumten sie die besten Gelegenheiten; handeln, nicht
beraten müsse man in so gefährlicher Lage; er selbst sei
bereit, trotz Schlappheit der anderen das Rathaus zu stürmen,
wenn ihn nur wenige unterstützten. Unbändig von Natur,
ein toller Draufgänger, wie er war, sah er den größten Vorteil im raschen Zupacken.

Die Allobroger kommen nun nach Ciceros Weisung durch
Vermittlung des Gabinius mit den übrigen zusammen. Von
Lentulus, Cethegus, Statilius, auch von Cassius verlangen
sie eine eidliche Verpflichtung, um sie in gesiegeltem Schreiben ihren Landsleuten zu überbringen; anders werde man
sie nicht leicht zu einem so wichtigen Schritt bewegen können. Die anderen stellen das Schreiben ohne Argwohn aus,
nur Cassius verspricht, er werde bald persönlich in ihr Land
kommen, und kurz vor den Gesandten verläßt er Rom. Lentulus schickt mit den Allobrogern einen gewissen Titus Volturcius aus Kroton als Begleiter, um sie vor ihrer Heimkehr
durch gegenseitigen Treuschwur mit Catilina den Bund be-
kräftigen zu lassen. Er selbst gibt dem Volturcius einen Brief
an Catilina mit, der diesen Wortlaut hat:

„Wer ich bin, wirst Du vom Überbringer dieses Briefes
erfahren. Bedenke ja, wie schlimm es mit Dir steht, und ver-
giß nicht, daß Du ein Mann bist! Überlege, was Deine Lage
erfordert! Hilfe mußt Du bei allen suchen, auch bei den Geringsten!" Dazu läßt er ihm mündlich sagen: er sei doch vom
Senat zum Staatsfeind erklärt worden, warum er also die

hostis iudicatus sit, quo consilio servitia repudiet? in urbe parata esse, quae iusserit; ne cunctetur ipse propius adcedere.

XLV. His rebus ita actis, constituta nocte, qua proficiscerentur, Cicero per legatos cuncta edoctus L. Valerio Flacco
et C. Pomptino praetoribus imperat, ut in ponte Mulvio per
insidias Allobrogum comitatus deprehendant. rem omnem
aperit, quoius gratia mittebantur; cetera, uti facto opus sit, ita
agant, permittit. illi, homines militares, sine tumultu praesi- 2
diis conlocatis, sicuti praeceptum erat, occulte pontem obsi-
dunt. postquam ad id loci legati cum Volturcio venerunt et 3
simul utrimque clamor exortus est, Galli cito cognito consilio sine mora praetoribus se tradunt, Volturcius primo co- 4
hortatus ceteros gladio se a multitudine defendit, deinde, ubi
a legatis desertus est, multa prius de salute sua Pomptinum
obtestatus, quod ei notus erat, postremo timidus ac vitae diffidens velut hostibus sese praetoribus dedit.

XLVI. Quibus rebus confectis omnia propere per nuntios
consuli declarantur. at illum ingens cura atque laetitia simul 2
occupavere. nam laetabatur intellegens coniuratione patefacta civitatem periculis ereptam esse; porro autem anxius
erat dubitans, in maxumo scelere tantis civibus deprehensis
quid facto opus esset: poenam illorum sibi oneri, inpunitatem
perdundae rei publicae fore credebat. igitur confirmato ani- 3
mo vocari ad sese iubet Lentulum, Cethegum, Statilium, Ga-

Sklaven ablehne? In der Stadt seien alle befohlenen Maßnahmen getroffen; er solle selbst unverzüglich anrücken.

Nachdem sich die Dinge so entwickelt haben, wird die Nacht zur Abreise bestimmt. Cicero, durch die Gesandten über alles aufs genaueste unterrichtet, gibt den Prätoren Lucius Valerius Flaccus und Gaius Pomptinus den Befehl, an der Mulvischen Brücke den Allobrogern und ihren Begleitern aufzulauern und sie festzunehmen. Er erklärt ihnen alles, was zu diesem Auftrag führte; im übrigen gibt er ihnen Vollmacht, so zu handeln, wie es die Lage erfordere. Als erfahrene Soldaten stellen sie befehlsgemäß in aller Stille Posten auf und besetzen unbemerkt die Brücke. Sobald die Gesandten mit Volturcius an die Stelle kommen und sich gleichzeitig auf beiden Seiten der Brücke lautes Geschrei erhebt, ergeben sich die Gallier augenblicklich den Prätoren, denn sie hatten rasch die Lage erfaßt. Volturcius wehrt sich zunächst mit dem Schwerte gegen die Übermacht und fordert auch die anderen dazu auf; dann, als er sich von den Gesandten im Stich gelassen sieht, bittet er erst Pomptinus, der ihm ja bekannt war, flehentlich um Schonung, schließlich ergibt er sich in Angst und ohne Hoffnung auf Rettung den Prätoren wie in Feindes Hand.

Nach diesen Vorgängen wird alles dem Konsul schleunigst durch Boten gemeldet. Diesen aber erfaßte schwere Sorge und Freude zugleich; denn er freute sich bei dem Gedanken, daß die Bürgerschaft durch die Entdeckung der Verschwörung aus ihrer gefährlichen Lage befreit sei. Dann wieder war er in banger Ungewißheit, was mit so angesehenen Bürgern geschehen solle, die bei dem schwersten Verbrechen ertappt waren. Ihre Bestrafung werde, so meinte er, ihm selbst zur Last fallen, Straflosigkeit müsse zum Untergang des Staates führen. Also ringt er sich zu einem festen Entschlusse durch und läßt Lentulus, Cethegus, Statilius und

binium itemque Caeparium Terracinensem, qui in Apuliam
ad concitanda servitia proficisci parabat. ceteri sine mora ve- 4
niunt; Caeparius, paulo ante domo egressus, cognito indicio
ex urbe profugerat. consul Lentulum, quod praetor erat, 5
ipse manu tenens in senatum perducit, reliquos cum custodi-
bus in aedem Concordiae venire iubet. eo senatum advocat 6
magnaque frequentia eius ordinis Volturcium cum legatis introducit, Flaccum praetorem scrinium cum litteris, quas
a legatis acceperat, eodem adferre iubet.

XLVII. Volturcius interrogatus de itinere, de litteris,
postremo quid aut qua de causa consili habuisset, primo fingere alia, dissimulare de coniuratione; post, ubi fide publica
dicere iussus est, omnia, uti gesta erant, aperit docetque se
paucis ante diebus a Gabinio et Caepario socium adscitum
nihil amplius scire quam legatos, tantummodo audire solitum ex Gabinio P. Autronium, Ser. Sullam, L. Vargun-
teium, multos praeterea in ea coniuratione esse. eadem Galli 2
fatentur ac Lentulum dissimulantem coarguunt praeter litteras sermonibus, quos ille habere solitus erat: ex libris Sibyl-
linis regnum Romae tribus Corneliis portendi; Cinnam atque
Sullam antea, se tertium esse, quoi fatum foret urbis potiri;
praeterea ab incenso Capitolio illum esse vigesumum annum, quem saepe ex prodigiis haruspices respondissent bello
civili cruentum fore. igitur perlectis litteris, quom prius omnes 3

Gabinius zu sich rufen, ebenso Caeparius aus Terracina, der gerade nach Apulien abgehen wollte, um dort die Sklaven aufzuhetzen. Die übrigen kommen unverzüglich; nur Caeparius, der kurz vorher sein Haus verlassen hatte, war auf die Kunde von der Entdeckung aus der Stadt geflüchtet. Der Konsul führte Lentulus, der ja Prätor war, selbst an der Hand in den Senat, die übrigen läßt er unter Bedeckung in den Tempel der Concordia kommen. Dahin beruft er den Senat und führt bei dichtbesetztem Hause Volturcius mit den Gesandten vor; den Prätor Flaccus läßt er die Kapsel mit den Briefen, die er von den Gesandten bekommen hatte, auch dorthin bringen.

Volturcius wird nun über seine Reise, über die Briefe, schließlich über Art und Ziel seines Anschlags verhört. Zuerst macht er allerlei Ausflüchte und will von einer Verschwörung nichts wissen; dann, unter Zusicherung der Straffreiheit zum Reden veranlaßt, entdeckt er den ganzen Verlauf des Unternehmens und gibt an, erst vor wenigen Tagen sei er von Gabinius und Caeparius als Teilnehmer gewonnen und wisse nicht mehr als die Gesandten, nur habe er von Gabinius öfter gehört, Publius Autronius, Servius Sulla, Lucius Vargunteius und noch viele andere seien bei dieser Verschwörung beteiligt. Dasselbe sagen die Gallier aus und überführen den Lentulus, der alles abstreiten will, durch seinen Brief und auch durch die Äußerungen, die er wiederholt getan hatte: nach den Sibyllinischen Büchern werde die Herrschaft in Rom drei Corneliern geweissagt. Cinna und Sulla hätten sie vor ihm gehabt, nun sei er der dritte, den das Schicksal zum Herrn über die Stadt bestimmt habe; außerdem sei dies Jahr das zwanzigste seit dem Brand des Kapitols, und das werde einen blutigen Bürgerkrieg bringen, wie die Opferschauer oft auf Grund von Vorzeichen vorausgesagt hätten. Nun werden die Briefe verlesen, nachdem zu-

signa sua cognovissent, senatus decernit, uti abdicato magistratu Lentulus itemque ceteri in liberis custodiis habeantur. itaque Lentulus P. Lentulo Spintheri, qui tum aedilis 4 erat, Cethegus Q. Cornificio, Statilius C. Caesari, Gabinius M. Crasso, Caeparius – nam is paulo ante ex fuga retractus erat – Cn. Terentio senatori traduntur.

XLVIII. Interea plebs coniuratione patefacta, quae primo cupida rerum novarum nimis bello favebat, mutata mente Catilinae consilia exsecrari, Ciceronem ad caelum tollere: veluti ex servitute erepta gaudium atque laetitiam agitabat. namque 2 alia belli facinora praedae magis quam detrimento fore, incendium vero crudele, inmoderatum ac sibi maxume calamitosum putabat, quippe quoi omnes copiae in usu cottidiano et cultu corporis erant.

Post eum diem quidam L. Tarquinius ad senatum adductus erat, quem ad Catilinam proficiscentem ex itinere retractum aiebant. is, quom se diceret indicaturum de coniuratione, 4 si fides publica data esset, iussus a consule, quae sciret, edicere, eadem fere quae Volturcius de paratis incendiis, de caede bonorum, de itinere hostium senatum docet: praeterea se missum a M. Crasso, qui Catilinae nuntiaret, ne eum Lentulus et Cethegus aliique ex coniuratione deprehensi terrerent, eoque magis properaret ad urbem adcedere, quo et ceterorum animos reficeret et illi facilius e periculo eriperentur.

vor jeder sein Siegel anerkannt hatte; dann beschließt der
Senat, Lentulus solle sein Amt niederlegen und ebenso wie
die übrigen in freier Haft gehalten werden. So wird denn
Lentulus dem Publius Lentulus Spinther, der damals Ädil
war, Cethegus dem Quintus Cornificius, Statilius dem Gaius
Caesar, Gabinius dem Marcus Crassus, Caeparius, der kurz
vorher auf der Flucht aufgegriffen war, dem Senator Gnaeus
Terentius übergeben.

Inzwischen hatte seit Aufdeckung der Verschwörung das
niedere Volk seinen Sinn geändert, das sich doch zunächst in
seinem Verlangen nach Umsturz allzusehr für einen Krieg
begeisterte. Es verwünschte Catilinas Pläne, hob Cicero in
den Himmel und war außer sich vor Glück und Freude, als
wäre es der Sklaverei entgangen. Denn es war der Meinung,
alle sonstigen Greuel des Krieges würden ihm mehr Vorteile
als Schaden bringen, Brandstiftung aber sei eine maßlose
Roheit und für die Masse selber höchst gefährlich, deren
ganzer Reichtum ja in der täglichen Nahrung und Bedeckung
ihres Leibes besteht.

Am Tag darauf wurde ein gewisser Lucius Tarquinius vor
den Senat gebracht, der, wie es hieß, auf der Reise zu Catilina unterwegs aufgegriffen war. Dieser erklärte sich zu Angaben über die Verschwörung bereit, falls ihm Straflosigkeit
zugesichert würde. Vom Konsul aufgefordert, alles zu sagen,
was er wisse, berichtet er dem Senat etwa dasselbe wie Volturcius über die geplante Brandstiftung, die Ermordung der
Optimaten und den Anmarsch der Feinde. Ferner sagt er aus,
Marcus Crassus habe ihn zu Catilina geschickt mit der Aufforderung, sich durch die Festnahme des Lentulus, Cethegus
und der anderen Verschworenen nicht einschüchtern zu
lassen, sondern seinen Marsch gegen die Stadt desto mehr zu
beeilen; so würde er den Mut der übrigen wieder aufrichten
und die Rettung der Freunde aus der Gefahr erleichtern.

sed ubi Tarquinius Crassum nominavit, hominem nobilem, 5
maxumis divitiis, summa potentia, alii rem incredibilem rati,
pars, tametsi verum existumabant, tamen quia in tali tempore tanta vis hominis magis leniunda quam exagitanda videbatur, plerique Crasso ex negotiis privatis obnoxii, concla-
mant indicem falsum esse, deque ea re postulant uti referatur.
itaque consulente Cicerone frequens senatus decernit Tar- 6
quini indicium falsum videri eumque in vinculis retinendum
neque amplius potestatem faciundam, nisi de eo indicaret,
quoius consilio tantam rem esset mentitus. erant eo tempore, 7
qui existumarent indicium illud a P. Autronio machinatum,
quo facilius appellato Crasso per societatem periculi reliquos
illius potentia tegeret. alii Tarquinium a Cicerone inmissum 8
aiebant, ne Crassus more suo suscepto malorum patrocinio
rem publicam conturbaret. ipsum Crassum ego postea prae- 9
dicantem audivi tantam illam contumeliam sibi ab Cicerone
inpositam.

II. Sed isdem temporibus Q. Catulus et C. Piso neque pre-
cibus neque pretio neque gratia Ciceronem inpellere potuere,
uti per Allobroges aut alium indicem C. Caesar falso nomina-
retur. nam uterque cum illo gravis inimicitias exercebat: Piso 2
oppugnatus in iudicio pecuniarum repetundarum propter
quoiusdam Transpadani supplicium iniustum, Catulus ex
petitione pontificatus odio incensus, quod extrema aetate,
maxumis honoribus usus, ab adulescentulo Caesare victus 3

Als aber Tarquinius den Namen des Crassus nannte, eines Adligen, der über ungeheuren Reichtum und gewaltigen Einfluß verfügte, da wollten es die einen überhaupt nicht glauben; andere waren zwar von der Wahrheit überzeugt, meinten aber, unter diesen Umständen einen so einflußreichen Mann eher beschwichtigen als reizen zu müssen, und sehr viele waren von Crassus wirtschaftlich abhängig — daher riefen sie alle wie aus einem Munde, der Zeuge sei ein Lügner, und sie verlangten, die Sache dem Senate zur Verhandlung vorzulegen. Und so entscheidet auf Ciceros Umfrage der zahlreich versammelte Senat, des Tarquinius Aussage sei offensichtlich unwahr, er solle in Haft gehalten werden und keine Möglichkeit zu einer weiteren Anzeige haben, bis er den Anstifter dieser gemeinen Lüge nenne. Damals glaubten manche, die Anzeige sei von Publius Autronius ersonnen worden, um durch Nennung von Crassus' Namen die übrigen bei der gemeinsamen Gefahr desto leichter mit seinem Einfluß zu decken. Andere sagten, Tarquinius sei von Cicero angestiftet worden: Crassus solle sich nicht nach seiner Gewohnheit zum Anwalt der üblen Elemente aufwerfen und so den Staat gefährden können. Ich selbst habe später einmal gehört, wie Crassus öffentlich erklärte, diesen bösen Schimpf habe ihm Cicero angetan.

Doch zur gleichen Zeit konnten Quintus Catulus und Gaius Piso weder mit Bitten noch mit Geld, noch mit Gefälligkeit Cicero dazu bringen, daß er durch die Allobroger oder einen anderen Zeugen den Gaius Caesar fälschlich anzeigen ließ. Beide nämlich lebten mit diesem in erbitterter Feindschaft: Piso wurde von ihm vor Gericht auf Schadenersatz verklagt wegen der ungerechten Hinrichtung eines Transpadaners, Catulus haßte ihn seit seiner Bewerbung um das höchste Priesteramt; denn in hohem Alter, nach Bekleidung der bedeutendsten Staatsämter hatte er vor dem

discesserat. res autem opportuna videbatur, quod is privatim
egregia liberalitate, publice maxumis muneribus grandem
pecuniam debebat. sed ubi consulem ad tantum facinus   4
inpellere nequeunt, ipsi singillatim circumeundo atque emen-
tiundo, quae se ex Volturcio aut Allobrogibus audisse dicerent, magnam illi invidiam conflaverant, usque eo, ut nonnulli equites Romani, qui praesidi causa cum telis erant circum
aedem Concordiae, seu periculi magnitudine seu animi mobi-
litate inpulsi, quo studium suom in rem publicam clarius
esset, egredienti ex senatu Caesari gladio minitarentur.

L. Dum haec in senatu aguntur et dum legatis Allobrogum et T. Volturcio, conprobato eorum indicio, praemia decernuntur, liberti et pauci ex clientibus Lentuli divorsis itineribus opifices atque servitia in vicis ad eum eripiundum solli-
citabant, partim exquirebant duces multitudinum, qui pretio
rem publicam vexare soliti erant. Cethegus autem per nun-   2
tios familiam atque libertos suos, lectos et exercitatos, orabat
in audaciam, ut grege facto cum telis ad sese inrumperent.

Consul, ubi ea parari cognovit, dispositis praesidiis, ut res   3
atque tempus monebat, convocato senatu refert, quid de iis
fieri placeat, qui in custodiam traditi erant. sed eos paulo ante
frequens senatus iudicaverat contra rem publicam fecisse.
tum D. Iunius Silanus primus sententiam rogatus, quod eo   4
tempore consul designatus erat, de iis, qui in custodiis teneban-
tur, et praeterea de L. Cassio, P. Furio, P. Umbreno, Q. An-

jungen Caesar weichen müssen. Die Gelegenheit schien günstig, da Caesar durch glänzende Freigebigkeit als Privatmann und durch riesige Spenden als Beamter tief verschuldet war. Doch sie konnten den Konsul nicht zu einer solchen Schandtat bewegen; so liefen sie selbst bei den einzelnen herum, streuten falsche Gerüchte aus, die sie von Volturcius oder den Allobrogern gehört haben wollten, und erregten dadurch gewaltigen Haß gegen ihn. Das ging so weit, daß einige römische Ritter, die bewaffnet als Wache beim Concordiatempel standen, wegen des schwer gefährdeten Staates oder auch wegen ihres leicht erregbaren Temperamentes Caesar beim Verlassen des Senates mit dem Schwert bedrohten, um ihre Vaterlandsliebe recht deutlich zu beweisen.

So fanden im Senat jene Verhandlungen statt, und den Gesandten der Allobroger und Titus Volturcius wurden Belohnungen zuerkannt, da sich ihre Aussagen als richtig erwiesen hatten. Inzwischen liefen Freigelassene und einige von den Schützlingen des Lentulus überall herum und suchten Handwerker und Sklavenvolk auf den Gassen zu seiner gewaltsamen Befreiung aufzureizen; manche wandten sich an Bandenführer, die immer bereit waren, für Geld das staatliche Leben zu beunruhigen. Cethegus aber ließ durch Boten seine Sklaven und Freigelassenen, lauter auserlesene und geübte Leute, zur Kühnheit auffordern, sie sollten sich zusammenrotten und mit Waffengewalt zu ihm durchbrechen.

Sobald der Konsul von diesen Vorbereitungen erfuhr, stellte er Wachen auf, wie es Zeit und Umstände erforderten, rief den Senat zusammen und fragte an, was mit den Verhafteten geschehen solle. Kurz zuvor hatte der zahlreich versammelte Senat entschieden, sie hätten Hochverrat begangen. Decimus Junius Silanus, als erwählter Konsul des nächsten Jahres zuerst um seine Meinung gefragt, hatte dann beantragt, an den Verhafteten und außerdem an Lucius Cas-

nio, si deprehensi forent, supplicium sumundum decreverat;
isque postea permotus oratione C. Caesaris pedibus in sententiam Ti. Neronis iturum se dixit, quod de ea re praesidiis
additis referundum censuerat. sed Caesar, ubi ad eum ven- 5
tum est, rogatus sententiam a consule huiusce modi verba locutus est:

LI. 'Omnis homines, patres conscripti, qui de rebus dubiis
consultant, ab odio, amicitia, ira atque misericordia vacuos esse
decet. haud facile animus verum providet, ubi illa officiunt, 2
neque quisquam omnium lubidini simul et usui paruit. ubi in-
tenderis ingenium, valet; si lubido possidet, ea dominatur, 3
animus nihil valet. magna mihi copia est memorandi, patres 4
conscripti, quae reges atque populi ira aut misericordia inpulsi male consuluerint. sed ea malo dicere, quae maiores
nostri contra lubidinem animi sui recte atque ordine fecere.
bello Macedonico, quod cum rege Perse gessimus, Rhodio- 5
rum civitas magna atque magnifica, quae populi Romani
opibus creverat, infida et advorsa nobis fuit. sed postquam
bello confecto de Rhodiis consultum est, maiores nostri, ne
quis divitiarum magis quam iniuriae causa bellum inceptum
diceret, inpunitos eos dimisere. item bellis Punicis omnibus, 6
quom saepe Carthaginienses et in pace et per indutias multa
nefaria facinora fecissent, numquam ipsi per occasionem talia
fecere: magis, quid se dignum foret, quam, quid in illos iure

sius, Publius Furius, Publius Umbrenus und Quintus Annius die Todesstrafe zu vollstrecken, wenn sie gefaßt würden. Später aber erklärte er, durch Gaius Caesars Rede umgestimmt, er werde der Meinung des Tiberius Nero beitreten; der hatte nämlich beantragt, den Fall unter Heranziehung von Wachen zu verhandeln. Als aber die Reihe an Caesar kam, hielt dieser, vom Konsul um seine Meinung gefragt, etwa folgende Rede.

„Senatoren! Alle Menschen, die über schwierige Fälle beraten, müssen frei sein von Haß und Gunst, von Groll und Mitleid. Nicht leicht sieht unser Geist das Richtige, wenn solche Regungen entgegenwirken, und noch nie hat einer der Leidenschaft und seinem wahren Vorteil zugleich gedient. Spannt man die Kraft des Geistes an, so ist er mächtig; wenn aber die Leidenschaft von ihm Besitz ergreift, so bleibt sie Herrin, die Vernunft vermag nichts. Ich hätte reichen Stoff, Senatoren, euch Fälle zu erzählen, wo Könige und Völker von Zorn oder Mitleid hingerissen sich schlecht beraten haben. Aber ich will lieber von Fällen berichten, wo unsere Vorfahren gegen die Eingebungen der Leidenschaft richtig und wohlüberlegt gehandelt haben. Im Mazedonischen Kriege mit König Perseus stand die große, blühende Gemeinde von Rhodos, die durch Roms Hilfe stark geworden war, treulos und feindselig gegen uns. Als es aber nach Kriegsende zur Beratung über die Rhodier kam, ließen unsre Vorfahren die Gegner ungestraft laufen; es sollte niemand sagen, der Krieg sei mehr um der Bereicherung als um des beleidigten Rechtes willen begonnen worden. Ebenso war es in allen Punischen Kriegen: obwohl die Karthager immer wieder im Frieden und während des Waffenstillstands viele Schandtaten begingen, haben unsre Väter doch niemals die Gelegenheit benutzt, Gleiches mit Gleichem zu vergelten; sie fragten mehr danach, was ihrer würdig sei, als was sie jenen

fieri posset, quaerebant. hoc item vobis providendum est, 7
patres conscripti, ne plus apud vos valeat P. Lentuli et ceterorum scelus quam vostra dignitas, neu magis irae vostrae
quam famae consulatis. nam si digna poena pro factis eorum 8
reperitur, novom consilium adprobo; sin magnitudo sceleris
omnium ingenia exsuperat, his utendum censeo, quae legibus
conparata sunt.

Plerique eorum, qui ante me sententias dixerunt, conpo- 9
site atque magnifice casum rei publicae miserati sunt. quae
belli saevitia esset, quae victis adciderent, enumeravere: rapi
virgines, pueros; divelli liberos a parentum conplexu; matres
familiarum pati, quae victoribus conlubuissent; fana atque
domos spoliari; caedem, incendia fieri; postremo armis, ca-
daveribus, cruore atque luctu omnia conpleri. sed, per deos 10
inmortalis, quo illa oratio pertinuit? an uti vos infestos con-
iurationi faceret? scilicet, quem res tanta et tam atrox non
permovit, eum oratio adcendet. non ita est, neque quoiquam 11
mortalium iniuriae suae parvae videntur, multi eas gravius
aequo habuere. sed alia aliis licentia est, patres conscripti. 12
qui demissi in obscuro vitam habent, si quid iracundia deliquere, pauci sciunt, fama atque fortuna eorum pares sunt;
qui magno imperio praediti in excelso aetatem agunt, eorum
facta cuncti mortales novere. ita in maxuma fortuna minuma 13
licentia est; neque studere neque odisse, sed minume irasci

mit Fug und Recht antun könnten. Das müßt auch ihr im Auge behalten, Senatoren; das Verbrechen des Publius Lentulus und der übrigen darf bei euch nicht schwerer wiegen als euer guter Name, und ihr dürft nicht mehr an euern Groll als an eure Ehre denken. Findet sich nun eine ihren Taten entsprechende Strafe, so stimme ich der ungewöhnlichen Maßnahme bei; übersteigt aber die Schwere des Verbrechens alle Begriffe, so beantrage ich die Mittel anzuwenden, die durch die Gesetze festgelegt sind.

Die meisten meiner Vorredner haben in wohlgesetzten und eindrucksvollen Worten die schlimme Lage des Staates beklagt; die Greuel des Krieges, das Los der Besiegten haben sie im einzelnen geschildert: da würden Jungfrauen und Knaben geraubt, Kinder aus den Armen der Eltern gerissen, ehrbare Frauen würden den Gelüsten der Sieger preisgegeben, Heiligtümer und Wohnstätten geplündert; es gäbe Mord und Brand, schließlich sei alles von Waffen und Leichen, Blut und Jammer erfüllt. Aber, um Himmels willen, was bezweckten denn diese Reden? etwa euch gegen die Verschwörung aufzubringen? Natürlich, wen ein so schweres und entsetzliches Verbrechen nicht im Innersten erschüttert, den wird wohl eine Rede in Flammen setzen! O nein! keinem Menschen erscheint ihm zugefügtes Unrecht gering, viele tragen schwerer daran als recht und billig. Aber, Senatoren, nicht alle haben die gleiche Freiheit des Handelns. Wenn Leute, die in Niedrigkeit und Dunkel ihr Leben fristen, etwas im Jähzorn versehen haben, so wissen es nur wenige; die Beachtung, die sie finden, und ihre Lebensstellung sind gleich unbedeutend; die aber mit großer Macht ausgestattet auf der Höhe des Lebens stehen, deren Taten kennt alle Welt. Daher ist mit der höchsten Lebensstellung die geringste Freiheit verbunden; man darf weder Zuneigung noch Haß äußern, am wenigsten aber Zorn. Was bei ge-

decet; quae apud alios iracundia dicitur, ea in imperio super- 14
bia atque crudelitas appellatur. equidem ego sic existumo, 15
patres conscripti, omnis cruciatus minores quam facinora illorum esse. sed plerique mortales postrema meminere et in
hominibus inpiis sceleris eorum obliti de poena disserunt, si
ea paulo severior fuit.

D. Silanum, virum fortem atque strenuom, certo scio, 16
quae dixerit, studio rei publicae dixisse, neque illum in tanta
re gratiam aut inimicitias exercere: eos mores eamque modestiam viri cognovi. verum sententia eius mihi non crudelis 17
— quid enim in talis homines crudele fieri potest? — sed aliena
a re publica nostra-videtur. nam profecto aut metus aut in- 18
iuria te subegit, Silane, consulem designatum genus poenae
novom decernere. de timore supervacaneum est disserere, 19
quom praesertim diligentia clarissumi viri consulis tanta praesidia sint in armis. de poena possum equidem dicere, id quod 20
res habet, in luctu atque miseriis mortem aerumnarum requiem, non cruciatum esse; eam cuncta mortalium mala dis-
solvere; ultra neque curae neque gaudio locum esse.

Sed, per deos inmortalis, quam ob rem in sententiam non 21
addidisti, uti prius verberibus in eos animadvorteretur? an
quia lex Porcia vetat? at aliae leges item condemnatis civibus 22
non animam eripi, sed exsilium permitti iubent. an quia gravius est verberari quam necari? quid autem acerbum aut 23

wöhnlichen Sterblichen Jähzorn genannt wird, das heißt bei
Regierenden Übermut und Grausamkeit. Ich für meine
Person, Senatoren, denke so: alle Folterqualen sind zu gering für die Schandtaten dieser Menschen. Aber die meisten
Leute denken auf die Dauer nur an das, was zuletzt geschah,
sie vergessen bei Verbrechern schließlich ihren Frevel und
reden nur noch von der Strafe, wenn sie ein wenig zu streng
ausfiel.

Von Decimus Silanus, diesem tapferen und energischen
Manne, weiß ich gewiß: was er gesagt hat, hat er nur aus Interesse für den Staat gesagt, und in einem so schweren Falle
läßt er weder Gunst noch Feindschaft walten; so ist die
Charakterfestigkeit und Besonnenheit des Mannes, wie ich
sie kenne. Doch ist sein Antrag in meinen Augen zwar nicht
grausam – denn welche Maßnahme gegen solche Leute
könnte grausam sein? – wohl aber dem Wesen unsres Staates
nicht entsprechend. Denn gewiß hat entweder deine Besorgnis oder ihre Schandtat dich, Silanus, als künftigen Konsul
dazu veranlaßt, eine neue Art von Strafe zu beantragen.
Über Besorgnis zu reden erübrigt sich, zumal da dank der
Umsicht unseres ausgezeichneten Konsuls ein so starkes
Truppenaufgebot unter Waffen steht. Von der Strafe aber
kann ich für meine Person sagen, was in der Natur der Sache
liegt: bei Not und Elend ist der Tod eine Erholung von Qualen, keine Strafe; er macht allem menschlichen Jammer ein
Ende, denn drüben gibt's weder Freud noch Leid.

Aber, bei den Göttern, warum hast du nicht zu deinem
Antrag hinzugefügt, man solle sie vorher noch mit Ruten
peitschen? etwa weil es das Porcische Gesetz verbietet? Aber
ebenso ordnen andere Gesetze an, verurteilten Bürgern
nicht das Leben zu nehmen, sondern ihnen die Verbannung
freizustellen. Oder weil Peitschenhiebe härter sind als der
Tod? Was kann denn zu hart und grausam sein bei Men-

nimis grave est in homines tanti facinoris convictos? sin quia 24
levius est, qui convenit in minore negotio legem timere, quom
eam in maiore neglexeris?

At enim quis reprehendet, quod in parricidas rei publicae 25
decretum erit? tempus, dies, fortuna, quoius lubido gentibus
moderatur. illis merito accidet, quicquid evenerit; ceterum 26
vos, patres conscripti, quid in alios statuatis, considerate. om- 27
nia mala exempla ex rebus bonis orta sunt. sed ubi imperium
ad ignaros eius aut minus bonos pervenit, novom illud exemplum ab dignis et idoneis ad indignos et non idoneos transfertur. Lacedaemonii devictis Atheniensibus triginta viros 28
inposuere, qui rem publicam eorum tractarent. ii primo coe- 29
pere pessumum quemque et omnibus invisum indemnatum
necare: ea populos laetari et merito dicere fieri. post, ubi 30
paulatim licentia crevit, iuxta bonos et malos lubidinose interficere, ceteros metu terrere: ita civitas servitute oppressa 31
stultae laetitiae gravis poenas dedit. nostra memoria victor 32
Sulla quom Damasippum et alios eius modi, qui malo rei
publicae creverant, iugulari iussit, quis non factum eius lau-
dabat? homines scelestos et factiosos, qui seditionibus rem
publicam exagitaverant, merito necatos aiebant. sed ea res
magnae initium cladis fuit. nam uti quisque domum aut vil- 33

schen, die eines solchen Verbrechens überführt sind? Oder
gar, weil es die leichtere Strafe ist – wie reimt es sich dann
zusammen, in einem weniger wesentlichen Punkte das Gesetz zu fürchten, während man es bei einem wichtigeren
nicht beachtet?

Aber – so höre ich einwenden – wer wird denn dieses Vorgehen gegen Vaterlandsverräter tadeln? Die Umstände, die
Zeit, das Schicksal, dessen Laune die Völker lenkt. Jene
Übeltäter trifft ihr Schicksal mit vollem Recht; indes überlegt euch, Senatoren, was ihr damit auch gegen andere beschließt. Alle üblen Maßregeln sind einst aus guten Handlungen hervorgegangen. Kommt nun einmal die Macht an
unwissende oder weniger ehrenhafte Männer, dann geht dies
neue Verfahren von Strafwürdigen, wo es am rechten Platze
ist, auf solche über, die es nicht verdient haben und wo es
nicht am Platze ist. Die Lacedämonier setzten nach dem
Sieg über die Athener dreißig Männer ein, die ihren Staat
verwalten sollten. Die begannen damit, die schlimmsten
Bösewichter, die allgemein verhaßt waren, ohne Urteils-
spruch hinrichten zu lassen; das Volk jubelte darüber und
meinte, denen sei recht geschehen. Später aber, als ihre Willkür allmählich zunahm, brachten sie nach ihrer Laune Gute
wie Schlechte ohne Unterschied ums Leben, die übrigen
hielten sie durch ein Schreckensregiment in Schach: so wurde
das Volk geknechtet und hatte seine törichte Freude schwer
zu büßen. Oder ein Beispiel aus unseren Tagen: als der siegreiche Sulla den Damasippus und andere Leute seines Schlages hinrichten ließ, die durch das Unglück des Staates groß
geworden waren, wer billigte da nicht sein Vorgehen? Verbrecher und Unruhestifter, die durch ihre Meuterei des
Staates Ruhe störten, hatten nach aller Ansicht ein verdien-
tes Ende gefunden. Aber das war der Anfang einer furcht-
baren Schlächterei: denn sowie einer das Haus oder den

lam, postremo vas aut vestimentum aliquoius concupiverat,
dabat operam, uti is in proscriptorum numero esset. ita illi, 34
quibus Damasippi mors laetitiae fuerat, paulo post ipsi trahebantur, neque prius finis iugulandi fuit, quam Sulla omnis
suos divitiis explevit. atque haec ego non in M. Tullio neque 35
his temporibus vereor, sed in magna civitate multa et varia ingenia sunt. potest alio tempore, alio consule, quoi item exer- 36
citus in manu sit, falsum aliquid pro vero credi: ubi hoc
exemplo per senatus decretum consul gladium eduxerit, quis
illi finem statuet aut quis moderabitur?

Maiores nostri, patres conscripti, neque consili neque au- 37
daciae umquam eguere; neque illis superbia obstabat, quo
minus aliena instituta, si modo proba erant, imitarentur. arma 38
atque tela militaria ab Samnitibus, insignia magistratuum ab
Tuscis pleraque sumpserunt. postremo, quod ubique apud
socios aut hostis idoneum videbatur, cum summo studio domi exsequebantur: imitari quam invidere bonis malebant.
sed eodem illo tempore Graeciae morem imitati verberibus 39
animadvortebant in civis, de condemnatis summum supplicium sumebant. postquam res publica adolevit et multitudine
civium factiones valuere, circumveniri innocentes, alia huius- 40
ce modi fieri coepere, tum lex Porcia aliaeque leges paratae
sunt, quibus legibus exsilium damnatis permissum est. hanc 41
ego causam, patres conscripti, quo minus novom consilium
capiamus, in primis magnam puto. profecto virtus atque sa- 42

Landsitz, zuletzt auch nur das Gerät oder die Kleidung eines anderen gern sein eigen nennen wollte, bemühte er sich, ihn auf die Liste der Geächteten zu bringen. Die einst über Damasippus' Tod gejubelt hatten, wurden nun bald selbst zur Hinrichtung geschleppt, und das Morden fand kein Ende, bis Sulla alle seine Anhänger mit Reichtum vollgestopft hatte. Das befürchte ich nun freilich nicht von Marcus Tullius und nicht von unseren Zeiten; aber in einem großen Staatswesen gibt es viele und verschiedene Köpfe. Es kann zu andrer Zeit, unter einem anderen Konsul, der gleichfalls ein Heer zur Hand hat, etwas Falsches für richtig gehalten werden: hat dann der Konsul nach dem heutigen Beispiel, durch einen Senatsbeschluß ermächtigt, das Schwert gezogen, wer wird ihm eine Grenze setzen? wer wird ihm in den Arm fallen?

Unseren Vorfahren, Senatoren, hat es niemals an Klugheit oder Mut gefehlt; auch hat sie ihr Selbstgefühl nie daran gehindert, fremde Einrichtungen sich zum Muster zu nehmen, wenn sie nur gut waren. Schutz- und Trutzwaffen für den Krieg haben sie von den Samnitern, die Abzeichen der Beamten meist von den Etruskern übernommen; kurz, was ihnen irgendwo bei Freund oder Feind brauchbar erschien, das suchten sie mit großem Eifer in der Heimat durchzusetzen: nachmachen wollten sie das Gute lieber als es nur beneiden. Zur gleichen Zeit verhängten sie nach griechischem Brauch die Prügelstrafe über Bürger, Verurteilte ließen sie hinrichten. Als aber der Staat gewachsen war und bei der Zunahme der Bevölkerung mächtige politische Parteien entstanden, als man nun auch Unschuldige verfolgte und andere Gewalttaten dieser Art beging, da wurde das Porcische Gesetz nebst anderen geschaffen, die den Verurteilten den Ausweg der Verbannung zuerkannten. Darin sehe ich einen ganz besonders triftigen Grund für uns, Senatoren, keine ungewohnte Maßregel zu ergreifen. Gewiß war mehr Tatkraft

pientia maior illis fuit, qui ex parvis opibus tantum imperium fecere, quam in nobis, qui ea bene parta vix retinemus.

Placet igitur eos dimitti et augeri exercitum Catilinae? 43 minume. sed ita censeo: publicandas eorum pecunias, ipsos in vinculis habendos per municipia, quae maxume opibus valent: neu quis de iis postea ad senatum referat neve cum populo agat; qui aliter fecerit, senatum existumare eum contra rem publicam et salutem omnium facturum.'

LII. Postquam Caesar dicundi finem fecit, ceteri verbo alius alii varie adsentiebantur. at M. Porcius Cato rogatus sententiam huiusce modi orationem habuit:

'Longe alia mihi mens est, patres conscripti, quom res atque 2 pericula nostra considero, et quom sententias nonnullorum ipse mecum reputo. illi mihi disseruisse videntur de poena 3 eorum, qui patriae, parentibus, aris atque focis suis bellum paravere; res autem monet cavere ab illis magis quam, quid in illos statuamus, consultare. nam cetera maleficia tum per- 4 sequare, ubi facta sunt; hoc, nisi provideris, ne accidat, ubi evenit, frustra iudicia inplores: capta urbe nihil fit reliqui victis.

Sed, per deos inmortalis, vos ego appello, qui semper do- 5 mos, villas, signa, tabulas vostras pluris quam rem publicam fecistis: si ista, quoiuscumque modi sunt, quae amplexamini,

und staatsmännische Weisheit bei jenen Männern, die aus kleinen Anfängen dies Riesenreich geschaffen haben, als bei uns, die wir das Wohlerworbene kaum behaupten können.

Beschließen wir also, diese Leute laufen zu lassen und Catilinas Heer zu verstärken? Durchaus nicht, sondern mein Antrag lautet so: Ihr Vermögen soll beschlagnahmt werden, sie selbst sind in Landstädten, die über die meiste Macht verfügen, in festem Gewahrsam zu halten, und niemand darf künftig ihre Sache dem Senat vorlegen oder vor die Volksversammlung bringen; wer dagegen handelt, den soll der Senat für einen Staatsfeind und Gegner der allgemeinen Wohlfahrt erklären."

Als Caesar seine Rede beendet hatte, stimmten die übrigen bald dem einen, bald dem andern mit einem kurzen Worte zu. Marcus Porcius Cato aber, um seine Meinung gefragt, hielt etwa folgende Rede:

„Ich bin durchaus andrer Ansicht, Senatoren, wenn ich unsere gefahrvolle Lage bedenke und mir den Antrag mancher Leute durch den Kopf gehen lasse. Diese haben doch wohl über die Bestrafung von Verbrechern gesprochen, die gegen Vaterland und Eltern, gegen Altar und Herd zum Kriege geschürt haben; die Lage mahnt uns aber, uns eher vor ihnen zu schützen als über Maßnahmen gegen sie zu beraten. Denn alle anderen Schandtaten mag man dann verfolgen, wenn sie begangen sind; anders steht es mit diesem Verbrechen: wenn man es nicht von vornherein verhütet, so wird man, ist's einmal geschehen, vergebens sich an die Gerichte wenden; ist die Stadt einmal erobert, dann bleibt den Besiegten nichts mehr übrig.

Aber, bei den Göttern, an euch wende ich mich, denen Stadtpaläste und Landsitze, Bildwerke und Gemälde immer wichtiger waren als der Staat: wollt ihr all das zweifelhafte Zeug, das ihr ins Herz geschlossen habt, für euch erhalten,

retinere, si voluptatibus vostris otium praebere voltis, expergiscimini aliquando et capessite rem publicam. non agitur de 6
vectigalibus neque de sociorum iniuriis: libertas et anima
nostra in dubio est. saepenumero, patres conscripti, multa 7
verba in hoc ordine feci, saepe de luxuria atque avaritia
nostrorum civium questus sum, multosque mortalis ea causa
advorsos habeo. qui mihi atque animo meo nullius umquam 8
delicti gratiam fecissem, haut facile alterius lubidini male
facta condonabam. sed ea tametsi vos parvi pendebatis, tamen 9
res publica firma erat, opulentia neglegentiam tolerabat. nunc 10
vero non id agitur, bonisne an malis moribus vivamus, neque
quantum aut quam magnificum imperium populi Romani
sit, sed haec, quoiuscumque modi videntur, nostra an nobis-
cum una hostium futura sint.

Hic mihi quisquam mansuetudinem et misericordiam no- 11
minat. iam pridem equidem nos vera vocabula rerum amisi-
mus: quia bona aliena largiri liberalitas, malarum rerum audacia fortitudo vocatur, eo res publica in extremo sita est.
sint sane, quoniam ita se mores habent, liberales ex sociorum 12
fortunis, sint misericordes in furibus aerari: ne illi sanguinem
nostrum largiantur et, dum paucis sceleratis parcunt, bonos
omnis perditum eant.

Bene et conposite C. Caesar paulo ante in hoc ordine de 13
vita et morte disseruit, credo falsa existumans ea, quae de in-
feris memorantur: divorso itinere malos a bonis loca taetra,
inculta, foeda atque formidulosa habere. itaque censuit pe- 14

wollt ihr euer vergnügtes Leben in Ruhe weiterführen, so
wacht doch endlich einmal auf und stürzt euch in die Politik! Es handelt sich nicht um Steuern noch um Kränkung
von Bundesgenossen: unsre Freiheit, unser Leben steht auf
dem Spiel! Oftmals, Senatoren, habe ich hier im Senate ausführlich gesprochen, immer wieder habe ich den Luxus und
die Geldgier unsrer Mitbürger gegeißelt, und viele Menschen sind mir deshalb feind. Ich hätte mir und meiner Neigung niemals den geringsten Fehltritt nachgesehen, und so
konnte ich auch fremder Leidenschaft nicht leicht Verfehlungen zugute halten. Ihr habt zwar meine Worte stets gering geachtet, doch der Staat blieb unerschüttert, in seiner
Machtfülle konnte er eure Gleichgültigkeit ertragen. Jetzt
aber handelt es sich nicht darum, ob unsre Sitten gut sind
oder schlecht, auch nicht um Größe oder Glanz der Römer-
herrschaft, sondern darum allein: soll all unser Hab und Gut,
wie man's auch ansehn mag, künftig unser Eigentum bleiben
oder samt unserm Leben in die Hand der Feinde fallen?
Da redet mir noch einer von Milde und Mitleid! Schon
längst haben wir verlernt, die Dinge beim rechten Namen zu
nennen: fremdes Gut verschenken heißt Freigebigkeit,
frecher Mut zu bösen Streichen Tapferkeit; deshalb steht
der Staat am Rande des Abgrundes. Gut, mögen sie freigebig
sein mit dem Besitz der Bundesgenossen, mögen sie nach-
sichtig sein gegen Diebe der Staatsgelder, da's heute nun einmal so Sitte ist — aber sie sollen nicht unser Blut vergeuden
und nicht drauf ausgehen, alle anständigen Menschen zu
verderben, um ein paar Verbrecher zu schonen!
 Mit schönen und wohlgesetzten Worten hat Gaius Caesar soeben hier im Senate über Leben und Tod gesprochen;
er hält wohl für Märchen, was man sich von der Unterwelt
erzählt, wo die bösen Menschen weit fort von den Guten an
ganz entsetzlichen und grauenhaften Stätten hausen. Daher

cunias eorum publicandas, ipsos per municipia in custodiis
habendos, videlicet timens, ne, si Romae sint, aut a popularibus coniurationis aut a multitudine conducta per vim eri-
piantur; quasi vero mali atque scelesti tantummodo in urbe 15
et non per totam Italiam sint, aut non ibi plus possit audacia,
ubi ad defendundum opes minores sunt. quare vanum equi- 16
dem hoc consilium est, si periculum ex illis metuit; si in tanto
omnium metu solus non timet, eo magis refert me mihi atque vobis timere. qua re, quom de P. Lentulo ceterisque sta- 17
tuetis, pro certo habetote vos simul de exercitu Catilinae et
de omnibus coniuratis decernere. quanto vos adtentius ea 18
agetis, tanto illis animus infirmior erit; si paulum modo vos
languere viderint, iam omnes feroces aderunt.

Nolite existumare maiores nostros armis rem publicam ex 19
parva magnam fecisse. si ita esset, multo pulcherrumam eam 20
nos haberemus: quippe sociorum atque civium, praeterea armorum atque equorum maior copia nobis quam illis est. sed 21
alia fuere, quae illos magnos fecere, quae nobis nulla sunt:
domi industria, foris iustum imperium, animus in consulundo
liber, neque delicto neque lubidini obnoxius. pro his nos ha- 22
bemus luxuriam atque avaritiam, publice egestatem, privatim opulentiam. laudamus divitias, sequimur inertiam. inter
bonos et malos discrimen nullum, omnia virtutis praemia
ambitio possidet. neque mirum: ubi vos separatim sibi quis- 23
que consilium capitis, ubi domi voluptatibus, hic pecuniae

sein Antrag, ihr Vermögen einzuziehen und sie selbst in ver-
schiednen Landstädten gefangen zu halten; offenbar fürchtet
Caesar, in Rom würden sie von den Spießgesellen der Verschwörung oder von einer gedungenen Bande gewaltsam befreit — als ob es Bösewichter und Verbrecher nur in der
Hauptstadt und nicht in ganz Italien gäbe oder die Frechheit
dort nicht mehr vermöchte, wo die Mittel zur Abwehr geringer sind! Sinnlos ist also ganz gewiß sein Vorschlag, wenn
er Gefahr bei ihnen fürchtet; hat er aber bei der allgemeinen
schweren Sorge als einziger keine Furcht, dann muß ich um so
mehr für euch und für mich selbst in Sorge sein. Drum seid
euch völlig klar darüber: wenn ihr über Publius Lentulus
und die übrigen das Urteil fällt, so entscheidet ihr zugleich
über Catilinas Heer und alle Verschwörer. Je entschlossener
ihr dabei handelt, um so mehr wird ihnen der Mut sinken;
sehen sie euch nur ein wenig schlapp, dann werden sie gleich
alle trotzig zur Stelle sein.

Glaubt doch nicht, unsre Vorfahren hätten nur mit Waffengewalt den Staat nach kleinen Anfängen groß gemacht.
Wäre es so, dann müßte er jetzt in der allerglücklichsten
Lage sein; denn Bundesgenossen und Bürger, dazu Waffen
und Pferde haben wir viel mehr als sie. Nein, andre Kräfte
waren es, die sie groß gemacht haben, die uns aber völlig
fehlen: daheim reger Fleiß, draußen gerechtes Regiment,
ein unbefangener Sinn bei der Beratung, durch keine Schuld
und keine Leidenschaft gebunden. Dafür haben wir Luxus
und Geldgier eingetauscht, im Staate Armut, im Haus des
einzelnen Überfluß. Wir preisen den Reichtum und lieben
die Faulheit. Es gibt keinen Unterschied mehr zwischen gut
und böse, allen Lohn der Tüchtigkeit nimmt ehrsüchtiges
Strebertum für sich in Anspruch. Kein Wunder: jeder von
euch faßt seine Entschlüsse nur zum eignen Vorteil, daheim
seid ihr auf Vergnügungen, hier im Senate nur auf Geld oder

aut gratiae servitis, eo fit, ut impetus fiat in vacuam rem publicam.

Sed ego haec omitto. coniuravere nobilissumi cives patriam incendere, Gallorum gentem infestissumam nomini Romano ad bellum arcessunt, dux hostium cum exercitu supra caput est; vos cunctamini etiam nunc et dubitatis, quid intra moenia deprensis hostibus faciatis? misereamini censeo – deliquere homines adulescentuli per ambitionem – atque etiam armatos dimittatis: ne ista vobis mansuetudo et misericordia, si illi arma ceperint, in miseriam convortat. scilicet res ipsa aspera est, sed vos non timetis eam. immo vero maxume. sed inertia et mollitia animi alius alium exspectantes cunctamini, videlicet dis inmortalibus confisi, qui hanc rem publicam saepe in maxumis periculis servavere. non votis neque suppliciis muliebribus auxilia deorum parantur: vigilando, agundo, bene consulundo prospere omnia cedunt. ubi socordiae te atque ignaviae tradideris, nequiquam deos inplores: irati infestique sunt.

Apud maiores nostros A. Manlius Torquatus bello Gallico filium suum, quod is contra imperium in hostem pugnaverat, necari iussit, atque ille egregius adulescens inmoderatae fortitudinis morte poenas dedit; vos de crudelissumis parricidis quid statuatis, cunctamini? videlicet cetera vita eorum huic sceleri obstat. verum parcite dignitati Lentuli, si ipse pudicitiae, si famae suae, si dis aut hominibus umquam ullis peper-

Einfluß bedacht – so kommt es, daß ein Angriff auf den herrenlosen Staat erfolgen kann.

Doch genug davon! Verschworen haben sich Bürger vom hohen Adel, ihre Vaterstadt in Brand zu stecken; das Galliervolk, todfeind allem, was Römer heißt, hetzen sie zum Kriege auf; der feindliche Führer sitzt uns mit einem Heere auf dem Nacken – ihr aber zögert noch und wißt nicht recht, was ihr mit solchen in der Stadt ergriffnen Feinden machen sollt? Ich dächte doch, ihr müßtet Mitleid haben – ein paar blutjunge Kerle haben sich ja aus reinem Ehrgeiz vergangen! – und ihr müßtet sie gar bewaffnet ziehen lassen: daß sich nur nicht eure Milde da und euer Mitleid bald in Leid verwandelt, wenn sie zu den Waffen greifen! Gewiß ist unsre Lage bitter ernst, aber ihr habt ja keine Angst davor. Ganz im Gegenteil, schreckliche Angst habt ihr! Doch aus Trägheit und geistiger Schwäche wartet ihr einer auf den andern und kommt zu keinem Entschluß, offenbar im Vertrauen auf die unsterblichen Götter, die unsern Staat so oft in Stunden höchster Not gerettet haben. Nein, nicht durch weibisches Flehen und Händeringen gewinnt man die Hilfe der Götter: Wachsamkeit, Tatkraft und kluge Überlegung, das führt alles zum guten Erfolg. Überläßt man sich sorgloser Trägheit, dann ruft man vergebens die Götter an; sie bleiben abweisend und grollen.

Bei unseren Vorfahren ließ Aulus Manlius Torquatus im Gallierkrieg seinen eignen Sohn hinrichten, weil er befehlswidrig mit dem Feind gekämpft hatte, und dieser junge Held mußte seine unbändige Tapferkeit mit dem Tode büßen; ihr aber zögert noch mit eurem Urteil über blutgierige Hochverräter? Offenbar steht ihr sonstiges Leben mit diesem Verbrechen nicht im Einklang. Nun, so schont nur den edlen Lentulus, wenn er selber für Schamgefühl und seinen guten Ruf, für Götter oder Menschen jemals Schonung zeigte;

cit. ignoscite Cethegi adulescentiae, nisi iterum patriae bel- 33
lum fecit. nam quid ego de Gabinio, Statilio, Caepario loquar? quibus si quicquam umquam pensi fuisset, non ea con- 34
silia de re publica habuissent. postremo, patres conscripti, si 35
mehercule peccato locus esset, facile paterer vos ipsa re con-
rigi, quoniam verba contemnitis. sed undique circumventi
sumus. Catilina cum exercitu faucibus urget; alii intra moenia atque in sinu urbis sunt hostes; neque parari neque consuli quicquam potest occulte: quo magis properandum est.

Quare ego ita censeo: quom nefario consilio sceleratorum 36
civium res publica in maxuma pericula venerit, iique indicio
T. Volturci et legatorum Allobrogum convicti confessique
sint caedem, incendia aliaque se foeda atque crudelia facinora
in civis patriamque paravisse, de confessis, sicuti de manu-
festis rerum capitalium, more maiorum supplicium sumundum.'

LIII. Postquam Cato adsedit, consulares omnes itemque
senatus magna pars sententiam eius laudant, virtutem animi
ad caelum ferunt, alii alios increpantes timidos vocant. Cato
clarus atque magnus habetur; senati decretum fit, sicuti ille
censuerat.

Sed mihi multa legenti, multa audienti, quae populus Ro- 2
manus domi militiaeque, mari atque terra praeclara facinora
fecit, forte lubuit adtendere, quae res maxume tanta negotia

nehmt freundlich Rücksicht auf Cethegus' Jugend, wenn er wirklich zum erstenmal die Waffen gegen die Heimat erhob. Und Gabinius, Statilius, Caeparius – soll ich über sie ein Wort verlieren? Hätte jemals etwas ihr Gewissen belastet, so hätten sie gewiß nicht solche Pläne gegen den Staat geschmiedet. Doch ich komme zum Schlusse, Senatoren. Dürften wir uns jetzt noch einen Fehler erlauben, so ließe ich es mir weiß Gott gefallen, ihr würdet durch die Erfahrung selbst belehrt, da euch Worte ja doch nichts bedeuten. Aber von allen Seiten sind wir bedroht, Catilina sitzt uns mit seinem Heer an der Kehle; andre Feinde sind schon innerhalb der Mauern, ja im Herzen der Stadt; keine Maßnahmen, keine Beratungen sind mehr geheimzuhalten: um so mehr tut Eile not.

Darum stelle ich folgenden Antrag: Der gemeine Anschlag verbrecherischer Bürger hat den Staat in schwerste Gefahr gestürzt; durch die Aussage des Titus Volturcius und der Gesandten der Allobroger sind sie überführt, Mord, Brand und andere unmenschlich grausame Verbrechen gegen Mitbürger und Heimat geplant zu haben. Sie sind geständig – also sollen sie wie auf frischer Tat ertappte Schwerverbrecher nach dem Brauch der Väter zum Tode verurteilt werden."

Cato setzt sich nieder. Alle ehemaligen Konsuln und auch ein großer Teil des Senats stimmen seinem Antrag zu und rühmen seine Mannhaftigkeit über alle Maßen; gegenseitig beschimpfen sie sich und werfen sich Feigheit vor. Cato ist der gefeierte Held des Tages; sein Antrag wird zum Senatsbeschluß erhoben. –

Viel las ich und viel hörte ich von glänzenden Taten des Römervolks in Kriegs- und Friedenszeiten, zu Wasser und zu Lande; dabei lockte es mich unwillkürlich, drauf zu achten, was wohl am meisten solche Leistungen ermöglicht

sustinuisset. sciebam saepenumero parva manu cum magnis ₃
legionibus hostium contendisse; cognoveram parvis copiis
bella gesta cum opulentis regibus, ad hoc saepe fortunae vio-
lentiam toleravisse, facundia Graecos, gloria belli Gallos ante
Romanos fuisse. ac mihi multa agitanti constabat paucorum ₄
civium egregiam virtutem cuncta patravisse, eoque factum,
uti divitias paupertas, multitudinem paucitas superaret. sed ₅
postquam luxu atque desidia civitas conrupta est, rursus res
publica magnitudine sua imperatorum atque magistratuum
vitia sustentabat ac, sicuti effeta partu, multis tempestatibus
haud sane quisquam Romae virtute magnus fuit. sed
memoria mea ingenti virtute, divorsis moribus fuere viri ₆
duo, M. Cato et C. Caesar. quos quoniam res obtulerat, silentio
praeterire non fuit consilium, quin utriusque naturam et mores, quantum ingenio possum, aperirem.

LIV. Igitur iis genus, aetas, eloquentia prope aequalia
fuere, magnitudo animi par, item gloria, sed alia alii. Caesar ₂
beneficiis ac munificentia magnus habebatur, integritate vitae Cato. ille mansuetudine et misericordia clarus factus, huic
severitas dignitatem addiderat. Caesar dando, sublevando, ₃
ignoscundo, Cato nihil largiundo gloriam adeptus est. in altero miseris perfugium erat, in altero malis pernicies. illius
facilitas, huius constantia laudabatur. postremo Caesar in ani- ₄
mum induxerat laborare, vigilare; negotiis amicorum inten-

hätte. Wohl wußte ich, sie hatten oft mit kleiner Mannschaft gegen starke Feindesmacht gekämpft, mit unbedeutenden Mitteln hatten sie, wie mir bekannt war, gegen mächtige Könige Krieg geführt, dazu des Schicksals Tücke oft ertragen; in gewandter Rede waren ihnen die Griechen voraus, im Kriegsruhm die Gallier. Und bei reiflichem Nachdenken wurde mir klar: nur weniger Bürger unerhörte Tatkraft hat dies alles durchgesetzt, und deshalb war auch Armut dem Reichtum, eine kleine Schar der großen Masse überlegen. Als aber später Üppigkeit und Müßiggang das Volk verdorben hatte, da konnte wiederum der Staat durch seine innere Größe die Fehler seiner Heerführer und Beamten überstehen; gleichsam erschöpft im Gebären, brachte Rom freilich in langen Jahren keinen einzigen wahrhaft großen Mann hervor. Zu meiner Zeit jedoch lebten zwei Männer, die hervorragend tüchtig, aber ganz verschieden geartet waren: Marcus Cato und Gaius Caesar. Da mich die Erzählung auf sie geführt hat, will ich es nicht stillschweigend versäumen, Anlage und Charakter beider Männer, so gut mir's eben möglich ist, zu schildern.

An adliger Herkunft, Alter, Redegewandtheit standen sie sich ziemlich nahe, gleich war ihre Seelengröße und ihr Ruhm, doch in verschiedner Art. Spenden und Freigebigkeit verdankte Caesar seinen Ruf, Cato der Reinheit seines Lebenswandels. Der eine war durch Milde und Barmherzigkeit berühmt geworden, dem andern hatte sein strenges Urteil Ansehen verschafft. Caesar erlangte Ruhm durch Geben, Helfen, Verzeihen, Cato dadurch, daß er niemals schenkte. Bei dem einen fanden Unglückliche eine Zuflucht, beim andern Bösewichter ihr Verderben. Hier rühmte man freundliche Gefälligkeit, dort Unerbittlichkeit. Caesar schließlich hatte sich vorgenommen, tätig und wachsam zu sein; mit den Interessen seiner Freunde eifrig beschäftigt, vernachlässigte

tus sua neglegere, nihil denegare, quod dono dignum esset;
sibi magnum imperium, exercitum, bellum novom exopta-
bat, ubi virtus enitescere posset. at Catoni studium modestiae,   5
decoris, sed maxume severitatis erat; non divitiis cum divite   6
neque factione cum factioso, sed cum strenuo virtute, cum
modesto pudore, cum innocente abstinentia certabat; esse
quam videri bonus malebat: ita, quo minus petebat gloriam,
eo magis illum adsequebatur.

LV. Postquam, ut dixi, senatus in Catonis sententiam discess-
sit, consul optumum factu ratus noctem, quae instabat, antecapere, ne quid eo spatio novaretur, tresviros, quae ad supplicium postulabantur, parare iubet. ipse praesidiis dispositis   2
Lentulum in carcerem deducit; idem fit ceteris per praetores.

Est in carcere locus, quod Tullianum appellatur, ubi paulu-   3
lulum ascenderis ad laevam, circiter duodecim pedes humi
depressus; eum muniunt undique parietes atque insuper   4
camera lapideis fornicibus iuncta; sed incultu, tenebris, odore
foeda atque terribilis eius facies est. in eum locum postquam   5
demissus est Lentulus, vindices rerum capitalium, quibus
praeceptum erat, laqueo gulam fregere. ita ille patricius ex   6
gente clarissuma Corneliorum, qui consulare imperium
Romae habuerat, dignum moribus factisque suis exitium
vitae invenit. de Cethego, Statilio, Gabinio, Caepario eodem
modo supplicium sumptum est.

er die eigenen; nichts, was ihm schenkenswert erschien, vermochte er abzuschlagen; für sich ersehnte er große Macht, ein Heer und einen ganz neuen Krieg, wo seine Fähigkeiten sich im rechten Glanze zeigen könnten. Cato dagegen war ein Freund der Selbstbeherrschung, der Ehrbarkeit, besonders aber ernster Strenge. Nicht suchte er den Reichen im Reichtum, den Parteimann in Parteileidenschaft zu überbieten; nein, mit dem tatkräftigen Manne wetteiferte er in Tüchtigkeit, mit dem ehrenhaften in gutem Anstand, mit dem unbescholtenen in unsträflicher Lebensführung; lieber wollte er gut sein als gut scheinen: je weniger er also den Ruhm suchte, um so mehr wurde er ihm von selbst zuteil.

Der Senat war, wie gesagt, der Meinung Catos beigetreten; darauf hielt es der Konsul für das beste, die bevorstehende Nacht nicht abzuwarten, um in dieser Zeit nicht neue Unruhen entstehen zu lassen. So befiehlt er denn den Kerkermeistern, alle notwendigen Vorbereitungen zur Hinrichtung zu treffen; er läßt Wachen aufstellen und führt selbst Lentulus ins Gefängnis; dasselbe geschieht mit den übrigen durch die Prätoren.

Wenn man im Staatsgefängnis links ein wenig emporsteigt, ist dort ein Raum, Tullianum genannt, etwa zwölf Fuß unter der Erde; ihn sichern von allen Seiten Mauern und oben ein Gewölbe, von steinernen Bogen getragen. Durch Schmutz, Finsternis, Gestank ist sein Eindruck ganz entsetzlich. Lentulus wurde in diesen Raum hinabgestoßen, und mit dem Strang erdrosselten ihn die Henker, deren Amt dies war, als Rächer todeswürdiger Verbrechen. So fand dieser Patrizier aus dem altberühmten Geschlechte der Cornelier, ein Mann, der einst in Rom das Konsulamt bekleidet hatte, ein Ende, würdig seiner Art und seiner Taten. An Cethegus, Statilius, Gabinius, Caeparius wurde in gleicher Weise die Todesstrafe vollstreckt.

LVI. Dum ea Romae geruntur, Catilina ex omni copia, quam et ipse adduxerat et Manlius habuerat, duas legiones instituit, cohortis pro numero militum conplet. deinde, ut 2 quisque voluntarius aut ex sociis in castra venerat, aequaliter distribuerat, ac brevi spatio legiones numero hominum expleverat, quom initio non amplius duobus milibus habuisset. sed ex omni copia circiter pars quarta erat militaribus armis 3 instructa; ceteri, ut quemque casus armaverat, sparos aut lanceas, alii praeacutas sudis portabant. sed postquam Antonius 4 cum exercitu adventabat, Catilina per montis iter facere, modo ad urbem, modo Galliam vorsus castra movere, hostibus occasionem pugnandi non dare. sperabat propediem magnas copias sese habiturum, si Romae socii incepta patravissent. interea servitia repudiabat, quoius initio ad eum magnae co- 5 piae concurrebant, opibus coniurationis fretus, simul alienum suis rationibus existumans videri causam civium cum servis fugitivis communicavisse.

LVII. Sed postquam in castra nuntius pervenit Romae coniurationem patefactam, de Lentulo et Cethego ceterisque, quos supra memoravi, supplicium sumptum, plerique, quos ad bellum spes rapinarum aut novarum rerum studium inlexerat, dilabuntur; reliquos Catilina per montis asperos magnis itineribus in agrum Pistoriensem abducit eo consilio, uti per tramites occulte perfugeret in Galliam Transalpinam. at Q. 2 Metellus Celer cum tribus legionibus in agro Piceno praesidebat, ex difficultate rerum eadem illa existumans, quae

Während dieser Vorgänge in Rom bildet Catilina aus der ganzen Mannschaft, die er selbst mitgebracht oder bei Manlius angetroffen hatte, zwei Legionen; die Kohorten füllt er auf nach der Zahl seiner Soldaten. Freiwillige oder Mitverschworene, die ins Lager kamen, verteilte er dann alle gleichmäßig und hatte so in kurzer Zeit die Legionen wenigstens der Zahl nach aufgefüllt, während er anfangs nicht mehr als zweitausend Mann gehabt hatte. Aber von der ganzen Truppe war nur ungefähr der vierte Teil mit regelrechten Kriegswaffen ausgerüstet; die übrigen trugen Jagdspieße oder Lanzen, manche gar nur zugespitzte Pfähle, wie der Zufall jeden gerade bewaffnet hatte. Als aber Antonius mit seinem Heer allmählich näher kam, marschierte Catilina durchs Gebirge, rückte bald auf die Hauptstadt, bald auf Gallien zu, ohne den Feinden Gelegenheit zum Kampf zu geben. Er hoffte in den nächsten Tagen bedeutende Verstärkung zu bekommen, wenn die Freunde in Rom ihre Pläne verwirklicht hätten. Inzwischen wies er alles Sklavenvolk ab, das anfangs massenhaft bei ihm zusammenströmte, denn er verließ sich auf die Machtmittel der Verschwörung; auch mußte, wie er meinte, seinen Absichten schon der bloße Anschein schaden, als verquicke er die Sache römischer Bürger mit der entlaufener Sklaven.

Sobald aber im Lager die Nachricht eintrifft, in Rom sei die Verschwörung entdeckt, an Lentulus, Cethegus und den anderen vorhin Genannten sei die Todesstrafe vollzogen, da laufen die meisten auseinander, die nur die Hoffnung auf Raub und Freude am Umsturz zum Kriege verlockt hatte. Den Rest führt Catilina in Eilmärschen durch rauhes Gebirge in die Gegend von Pistoria, um auf Fußwegen unbemerkt ins gallische Land jenseits der Alpen zu entkommen. Quintus Metellus Celer aber stand mit drei Legionen im Gebiete von Picenum; bei der schwierigen Lage Catilinas sah er

supra diximus, Catilinam agitare. igitur ubi iter eius ex per- 3
fugis cognovit, castra propere movit ac sub ipsis radicibus
montium consedit, qua illi descensus erat in Galliam prope-
ranti. neque tamen Antonius procul aberat, utpote qui magno 4
exercitu locis aequioribus expeditus in fuga sequeretur. sed 5
Catilina, postquam videt montibus atque copiis hostium sese
clausum, in urbe res advorsas, neque fugae neque praesidi
ullam spem, optumum factu ratus in tali re fortunam belli
temptare, statuit cum Antonio quam primum confligere.
itaque contione advocata huiusce modi orationem habuit: 6

LVIII. 'Compertum ego habeo, milites, verba virtutem
non addere, neque ex ignavo strenuom neque fortem ex ti-
mido exercitum oratione imperatoris fieri. quanta quoiusque 2
animo audacia natura aut moribus inest, tanta in bello patere
solet. quem neque gloria neque pericula excitant, nequiquam
hortere: timor animi auribus officit. sed ego vos, quo pauca 3
monerem, advocavi, simul uti causam mei consili aperirem.

Scitis equidem, milites, socordia atque ignavia Lentuli 4
quantam ipsi nobisque cladem adtulerit, quoque modo, dum
ex urbe praesidia opperior, in Galliam proficisci nequiverim.
nunc vero quo loco res nostrae sint, iuxta mecum omnes in- 5
tellegitis. exercitus hostium duo, unus ab urbe, alter a Gallia 6
obstant; diutius in his locis esse, si maxume animus ferat, fru-

dessen Pläne, die ich eben nannte, alle schon voraus. Kaum hatte er also durch Überläufer von seinem Marsch erfahren, da brach er schleunigst auf und lagerte sich unmittelbar am Fuße des Gebirges, wo der andere bei seiner Flucht nach Gallien herabkommen mußte. Doch auch Antonius war nicht fern; mit einem großen Heer verfolgte er nämlich im ebenen Gelände rasch die Flüchtigen. Jetzt sieht Catilina, wie's mit ihm steht: von Bergen und feindlichen Truppen ist er ringsum eingeschlossen, in Rom hat er kein Glück, auf Flucht oder auf Verstärkung darf er nicht mehr hoffen – da hält er es fürs beste, in solcher Lage das Kriegsglück zu versuchen, und er beschließt, sich dem Antonius möglichst bald zum Kampf zu stellen. Er rief also seine Truppen zusammen und hielt etwa folgende Rede:

„Ich weiß genau, Soldaten, Worte erwirken keinen Heldenmut, und durch des Feldherrn Rede kann aus dem schlaffen Heer kein schlagkräftiges, aus dem zaghaften kein tapferes werden. Wieviel Kühnheit einer nach seiner Art und seiner Gewöhnung im Herzen trägt, das pflegt sich ja im Krieg zu offenbaren. Wen nicht der Gedanke an Ruhm und nicht Gefahren mitreißen, den wird man vergeblich zu ermutigen suchen: die Angst im Herzen verschließt sein Ohr. Trotzdem berief ich euch hierher, um euch an manches zu erinnern, zugleich um euch die Gründe meines Planes klarzulegen.

Ihr wißt ja doch, Soldaten, welch schweres Unglück Lentulus durch seine schlappe Feigheit über sich und uns gebracht hat, und wie ich, immer auf Verstärkung aus der Hauptstadt wartend, nicht nach Gallien ziehen konnte. Wie weit es jetzt mit uns gekommen ist, das seht ihr ebenso wie ich. Zwei feindliche Heere versperren uns den Weg, das eine von Rom, das andere von Gallien her. Länger in dieser Gegend zu bleiben, verbietet uns auch beim besten Willen der

menti atque aliarum rerum egestas prohibet; quocumque ire 7
placet, ferro iter aperiundum est. quapropter vos moneo, uti 8
forti atque parato animo sitis et, quom proelium inibitis, me-
mineritis vos divitias, decus, gloriam, praeterea libertatem atque patriam in dextris vostris portare. si vincimus, omnia no- 9
bis tuta erunt: conmeatus abunde, municipia atque coloniae patebunt; si metu cesserimus, eadem illa advorsa fient,
neque locus neque amicus quisquam teget, quem arma non 10
texerint.

Praeterea, milites, non eadem nobis et illis necessitudo 11
inpendet: nos pro patria, pro libertate, pro vita certamus;
illis supervacaneum est pugnare pro potentia paucorum.
quo audacius adgredimini memores pristinae virtutis. licuit 12
vobis cum summa turpitudine in exsilio aetatem agere, po- 13
tuistis nonnulli Romae amissis bonis alienas opes exspectare:
quia illa foeda atque intoleranda viris videbantur, haec sequi 14
decrevistis. si haec relinquere voltis, audacia opus est: nemo 15
nisi victor pace bellum mutavit. nam in fuga salutem sperare, 16
quom arma, quibus corpus tegitur, ab hostibus avorteris, ea
vero dementia est. semper in proelio iis maxumum est pericu- 17
lum, qui maxume timent: audacia pro muro habetur.

Quom vos considero, milites, et quom facta vostra aestumo, 18
magna me spes victoriae tenet. animus, aetas, virtus vostra 19
me hortantur, praeterea necessitudo, quae etiam timidos fortis facit. nam multitudo hostium ne circumvenire queat, pro- 20
hibent angustiae loci. quod si virtuti vostrae fortuna inviderit, 21

Mangel an Verpflegung und sonstigem Bedarf; wohin wir auch ziehen wollen, mit dem Schwerte müssen wir uns Bahn brechen. Deshalb ermahne ich euch: seid mutig und entschlossen; und geht's in den Kampf, dann denkt dran, daß ihr Reichtum, Ehre, Ruhm, ja Freiheit und Vaterland in euern Fäusten tragt. Siegen wir heute, so ist uns alles sicher: Proviant gibt's dann im Überfluß, Landstädte und Siedlungen werden uns offen sein; sollten wir aber mutlos weichen, so wird gerade das Gegenteil geschehen; keine Gegend, kein Freund wird den schützen, den seine Waffen nicht geschützt haben.

Außerdem, Soldaten, sind die andern ja nicht in gleicher Not wie wir: wir fechten für Vaterland, Freiheit, Leben; ihr Kampf für weniger Männer Macht ist überflüssig. Desto beherzter greift nun an und denkt an eure frühere Tapferkeit! Es stand euch frei, ein schmachvolles Leben in der Verbannung hinzubringen, manche von euch konnten nach Verlust ihres Vermögens in Rom auf fremde Hilfe warten: doch das erschien euch schmählich und für Männer unerträglich, und so habt ihr euch entschlossen, unsern Fahnen zu folgen. Wollt ihr sie wieder verlassen, so gehört kühner Mut dazu: nur der Sieger kann Krieg mit Frieden vertauschen. Denn die Rettung in der Flucht zu suchen und dabei die Waffen, die uns selber schützen, abzukehren vom Feinde, das ist heller Wahnsinn! Immer droht im Kampfe denen die größte Gefahr, die sich am meisten fürchten: Kühnheit ist wie eine Mauer.

Wenn ich euch ansehe, Soldaten, und wenn ich eure Taten bedenke, dann erfüllt mich große Hoffnung auf Sieg. Eure Gesinnung, euer Alter, eure Tapferkeit ermutigen mich dazu, und auch die Not, die sogar Furchtsame zu Helden macht. Denn daß die Übermacht der Feinde uns umzingeln könnte, das verhütet die Enge des Geländes. Sollte

cavete inulti animam amittatis, neu capti potius sicuti pecora trucidemini quam virorum more pugnantes cruentam atque luctuosam victoriam hostibus relinquatis.'

LIX. Haec ubi dixit, paululum conmoratus signa canere iubet atque instructos ordines in locum aequom deducit. dein remotis omnium equis, quo militibus exaequato periculo animus amplior esset, ipse pedes exercitum pro loco atque copiis instruit. nam, uti planities erat inter sinistros montis et ab 2 dextra rupe aspera, octo cohortis in fronte constituit, reliquarum signa in subsidio artius conlocat. ab iis centuriones, om- 3 nis lectos et evocatos, praeterea ex gregariis militibus optumum quemque armatum in primam aciem subducit. C. Manlium in dextra, Faesulanum quendam in sinistra parte curare iubet. ipse cum libertis et colonis propter aquilam adsistit, quam bello Cimbrio C. Marius in exercitu habuisse dicebatur. at ex altera parte C. Antonius, pedibus aeger quod proe- 4 lio adesse nequibat, M. Petreio legato exercitum permittit. ille cohortis veteranas, quas tumulti causa conscripserat, in 5 fronte, post eas ceterum exercitum in subsidiis locat. ipse equo circumiens unum quemque nominans appellat, hortatur, rogat, ut meminerint se contra latrones inermis pro patria, pro liberis, pro aris atque focis suis certare. homo mili- 6 taris, quod amplius annos triginta tribunus aut praefectus au legatus aut praetor cum magna gloria in exercitu fuerat, ple-

aber eurer Tapferkeit das Glück nicht günstig sein, dann dürft ihr euer Leben nicht ungerächt verlieren, dürft euch nicht lieber fangen und wie das Vieh abschlachten lassen statt wie Männer zu kämpfen und den Feinden einen blutigen und tränenreichen Sieg zu überlassen."

Nach diesen Worten wartet er ein wenig, läßt dann das Signal blasen und führt die Reihen geordnet in die Ebene hinab. Dann läßt er sämtliche Pferde wegbringen, um alle der gleichen Gefahr auszusetzen und so seinen Soldaten den Mut zu stärken; er selbst ordnet zu Fuß das Heer, wie es dem Gelände und der Art seiner Truppen entsprach. Denn da sich die Ebene zwischen Bergen links und einer schroffen Felswand rechts erstreckte, stellt er acht Kohorten in die Front, die übrigen rückt er als Reserve dichter zusammen. Aus diesen holt er die Hauptleute, lauter ausgesuchte und altgediente Männer, in die erste Linie vor, dazu aus den gemeinen Soldaten die tüchtigsten, die gut bewaffnet waren. Dem Gaius Manlius überträgt er das Kommando auf dem rechten, einem Mann aus Faesulae auf dem linken Flügel; er selbst stellt sich mit Freigelassenen und Bürgern aus den Pflanzstädten neben der Fahne auf, die angeblich Gaius Marius im Cimbernkrieg bei seinem Heere hatte. Auf der Gegenseite übergibt Gaius Antonius dem Legaten Marcus Petreius das Heer, denn ein Fußleiden verbot ihm die Teilnahme am Kampfe. Dieser stellt die Veteranenkohorten, die er wegen der inneren Wirren aufgeboten hatte, an die Front, hinter sie das übrige Heer in Reserve. Er reitet selbst umher, redet jeden einzelnen beim Namen an und mahnt und bittet, das eine zu bedenken: gegen schlecht bewaffnete Räuber müßten sie für Vaterland und Kinder, für Altar und Herd jetzt kämpfen! Als alter Soldat, der über dreißig Jahre als Tribun, Präfekt, Legat oder Prätor mit großer Auszeichnung im Heer gedient hatte, kannte er die meisten persönlich und wußte von ihren

rosque ipsos factaque eorum fortia noverat: ea conmemorando militum animos adcendebat.

LX. Sed ubi omnibus rebus exploratis Petreius tuba signum dat, cohortis paulatim incedere iubet; idem facit hostium exercitus. postquam eo ventum est, unde a ferentariis 2 proelium conmitti posset, maxumo clamore cum infestis signis concurrunt; pila omittunt, gladiis res geritur. veterani 3 pristinae virtutis memores comminus acriter instare, illi haud timidi resistunt: maxuma vi certatur. interea Catilina cum 4 expeditis in prima acie vorsari, laborantibus succurrere, integros pro sauciis arcessere, omnia providere, multum ipse pugnare, saepe hostem ferire: strenui militis et boni imperatoris officia simul exsequebatur. Petreius, ubi videt Catilinam, 5 contra ac ratus erat, magna vi tendere, cohortem praetoriam in medios hostis inducit eosque perturbatos atque alios alibi resistentis interficit. deinde utrimque ex lateribus ceteros adgreditur. Manlius et Faesulanus in primis pugnantes cadunt. 6 Catilina, postquam fusas copias seque cum paucis relicuom 7 videt, memor generis atque pristinae suae dignitatis in confertissumos hostis incurrit ibique pugnans confoditur.

LXI. Sed confecto proelio, tum vero cerneres, quanta audacia quantaque animi vis fuisset in exercitu Catilinae. nam fere quem quisque vivos pugnando locum ceperat, eum 2 amissa anima corpore tegebat. pauci autem, quos medios cohors praetoria disiecerat, paulo divorsius, sed omnes tamen 3

Heldentaten: daran erinnerte er sie und suchte so den Mut der Krieger zu entflammen.

Alles war nun erkundet; da läßt Petreius mit der Trompete das Zeichen geben und seine Kohorten langsam vorrücken; dasselbe tut das feindliche Heer. Bald ist es so weit, daß die leichten Truppen den Kampf beginnen können, und mit lautem Geschrei prallen sie im Sturmangriff zusammen; ihre Speere werfen sie weg, mit den Schwertern wird gekämpft. Die Veteranen, ihrer alten Tapferkeit eingedenk, dringen im Handgemenge hitzig auf die Gegner ein; die wehren sich unverzagt; mit größter Erbitterung tobt der Kampf. Inzwischen ist Catilina mit seinem Stoßtrupp in vorderster Linie rastlos tätig: den Bedrängten eilt er zu Hilfe, frische Kräfte holt er als Ersatz für die Verwundeten herbei, für alles sorgt er, kämpft selbst auch tapfer mit und tötet manchen Feind: eines wackeren Soldaten und guten Führers Pflicht erfüllt er gleichermaßen. Petreius sieht, wie sich Catilina wider Erwarten mit aller Kraft verteidigt: da wirft er seine Leibgarde mitten in die Feinde, bringt sie in Verwirrung und schlägt nieder, was da oder dort noch Widerstand leistet. Dann greift er den Rest auf beiden Flanken an. Manlius und der Mann aus Faesulae fallen, in den ersten Reihen fechtend. Catilina sieht, seine Truppen sind geschlagen, und er selbst ist nur mit wenigen übrig – da stürmt er, eingedenk seiner Herkunft und seiner einstigen Stellung, in die dichtesten Haufen der Feinde und wird dort kämpfend niedergestoßen.

Erst jetzt, nach Beendigung der Schlacht, konnte man sehen, welche Kühnheit, welch gewaltiger Mut in Catilinas Heer einst herrschte; denn fast jeder deckte nach dem Tod mit seiner Leiche die Stelle, die er lebend im Kampfe eingenommen hatte. Wenige nur, von der Leibgarde beim Durchbruch durch die Mitte auseinandergesprengt, waren etwas weiter abseits gefallen, aber doch alle mit Wunden auf der

advorsis volneribus conciderant. Catilina vero longe a suis   4
inter hostium cadavera repertus est, paululum etiam spirans
ferociamque animi, quam habuerat vivos, in voltu retinens.
postremo ex omni copia neque in proelio neque in fuga quis-   5
quam civis ingenuos captus est: ita cuncti suae hostiumque   6
vitae iuxta pepercerant. neque tamen exercitus populi Ro-   7
mani laetam aut incruentam victoriam adeptus erat. nam
strenuissumus quisque aut occiderat in proelio aut graviter
volneratus discesserat. multi autem, qui e castris visundi aut   8
spoliandi gratia processerant, volventes hostilia cadavera amicum alii, pars hospitem aut cognatum reperiebant; fuere
item, qui inimicos suos cognoscerent. ita varie per omnem   9
exercitum laetitia, maeror, luctus atque gaudia agitabantur.

Brust. Catilina fand man fern von den Seinen unter den Leichen der Feinde; er atmete noch ein wenig und trug noch den Trotz in seinen Mienen, den er im Leben gezeigt hatte. Von der ganzen Mannschaft wurde schließlich kein einziger freigeborener Bürger im Kampfe oder auf der Flucht gefangen: so hatten alle ihr eignes wie der Feinde Leben gleich wenig geschont. Doch auch das Heer des Römervolkes hatte keinen frohen, keinen unblutigen Sieg erfochten; denn die Tapfersten waren im Kampf gefallen oder nur mit schweren Wunden davongekommen. Viele aber, die aus Neugier oder Beutelust vom Lager herbeikamen, fanden beim Umwenden der Leichen der Gegner bald einen persönlichen Freund, bald einen Gastfreund oder Verwandten; auch ihren Feind erkannten einige. So herrschte im ganzen Heere abwechselnd Jubel und tiefer Schmerz, Jammer und Herzensfreude.

BELLUM IUGURTHINUM

I. Falso queritur de natura sua genus humanum, quod in- 1
becilla atque aevi brevis forte potius, quam virtute, regatur.
nam contra reputando neque maius aliud neque praestabilius 2
invenias magisque naturae industriam hominum quam vim
aut tempus deesse. sed dux atque imperator vitae mortalium 3
animus est. qui ubi ad gloriam virtutis via grassatur, abunde
pollens potensque et clarus est neque fortuna eget, quippe
quae probitatem, industriam aliasque artis bonas neque dare
neque eripere quoiquam potest. sin captus pravis cupidinibus 4
ad inertiam et voluptates corporis pessum datus est, perniciosa lubidine paulisper usus, ubi per socordiam vires, tempus,
ingenium diffluxere, naturae infirmitas accusatur: suam quisque culpam auctores ad negotia transferunt. quod si homini- 5
bus bonarum rerum tanta cura esset, quanto studio aliena ac
nihil profutura multaque etiam periculosa petunt, neque re-
gerentur magis quam regerent casus, et eo magnitudinis pro-
cederent, ubi pro mortalibus gloria aeterni fierent.

DER KRIEG GEGEN JUGURTHA

Mit Unrecht beklagen sich die Menschen, ihre Natur werde bei ihrer Ohnmacht und kurzen Lebensdauer mehr vom blinden Zufall als von ihrer eigenen Kraft gelenkt. Denn bei einigem Nachdenken wird man finden, daß es im Gegenteil nichts Erhabeneres, nichts Herrlicheres gibt und daß es unsrer natürlichen Anlage weniger an Kraft und Zeit fehlt als am tatkräftigen Willen des einzelnen Menschen. Lenker aber und Leiter des menschlichen Lebens ist nur der Geist. Will dieser auf der Bahn der Tüchtigkeit dem Ruhm nachjagen, so hat er Kraft und Macht und Vorzüge in Fülle und bedarf des Glückes nicht; denn das kann Rechtlichkeit und Willenskraft und andre gute Eigenschaften keinem geben oder nehmen. Ist aber der Mensch im Banne böser Leidenschaften durch den kurzen Genuß verhängnisvoller Ausschweifung zu Schlaffheit und Sinnenlust herabgesunken und sind im trägen Nichtstun Kräfte, Zeit und Geistesgaben vergeudet, dann macht man die Schwäche der Natur verantwortlich; jeder schiebt die Schuld, die er doch ganz allein trägt, auf die Verhältnisse. Wenn die Menschen ebensoviel Sorge um das Gute hätten, wie sie sich eifrig um Verkehrtes und ganz Wertloses, ja vielfach sogar um Gefährliches bemühen, so würden sie weniger Sklaven als Herren ihres Geschickes sein und sich zu solcher Größe erheben, daß sie durch ihren Ruhm aus Sterblichen unsterblich würden.

II. Nam uti genus hominum conpositum ex corpore et ₁
anima est, ita res cunctae studiaque omnia nostra corporis
alia, alia animi naturam sequontur. igitur praeclara facies, ₂
magnae divitiae, ad hoc vis corporis et alia omnia huiusce
modi brevi dilabuntur, at ingeni egregia facinora, sicuti
anima, inmortalia sunt. postremo corporis et fortunae bono- ₃
rum, ut initium, sic finis est, omniaque orta occidunt et aucta
senescunt: animus incorruptus, aeternus, rector humani generis agit atque habet cuncta neque ipse habetur.

Quo magis pravitas eorum admiranda est, qui dediti cor- ₄
poris gaudiis per luxum et ignaviam aetatem agunt, ceterum
ingenium, quo neque melius neque amplius aliud in natura
mortalium est, incultu atque socordia torpescere sinunt,
quom praesertim tam multae variaeque sint artes animi, quibus summa claritudo paratur.

III. Verum ex iis magistratus et imperia, postremo om- ₁
nis cura rerum publicarum minume mihi hac tempestate cupiunda videntur, quoniam neque virtuti honos datur neque
illi, quibus per fraudem iis fuit uti, tuti aut eo magis honesti
sunt. nam vi quidem regere patriam aut parentis, quam- ₂
quam et possis et delicta corrigas, tamen inportunum est,
quom praesertim omnes rerum mutationes caedem, fugam
aliaque hostilia portendant. frustra autem niti neque aliud se ₃
fatigando, nisi odium, quaerere extremae dementiae est, nisi ₄

Wie der Mensch zusammengesetzt ist aus Körper und Geist, so richten sich alle unsre Vorzüge, all unser Dichten und Trachten nach der Natur des Körpers oder der des Geistes. Äußere Schönheit also, großer Reichtum, auch Körperkraft und alles andere der Art schwindet in kurzer Zeit dahin, aber glänzende Leistungen des Geistes sind unsterblich wie die Seele selbst. Kurz, alle körperlichen Vorzüge, alle Glücksgüter haben einen Anfang und ein Ende; alles, was entstanden ist, muß wieder untergehen, und was wächst, muß altern; der Geist aber, unzerstörbar und ewig, regiert das menschliche Sein, er bewegt und beherrscht alles, ohne selbst beherrscht zu werden.

Um so mehr muß man sich über die Unvernunft der Leute wundern, die, sinnlichen Genüssen hingegeben, in Ausschweifungen und Faulheit ihr Leben hinbringen, dagegen den Geist, das beste und herrlichste Gut der menschlichen Natur, ohne Pflege und gleichgültig verkümmern lassen — und dabei gibt es doch so viele und mannigfaltige geistige Leistungen, die zum Gipfel des Ruhmes führen!

Freilich erscheinen mir von diesen Leistungen Staatsämter und militärische Kommandos, überhaupt jede politische Betätigung heutzutage am wenigsten begehrenswert; dem wahren Verdienst wird ja kein Ehrenamt verliehen, und wer auf unehrlichem Wege dazu gekommen ist, der darf sich deshalb weder sicher noch besonders geachtet fühlen. Denn mit Gewalt das Vaterland oder die Väter zu regieren, selbst wenn man es vermöchte und dadurch Übelstände bessern könnte, ist doch mißlich, zumal da Staatsumwälzungen immer zu Blutvergießen, Landesverweisung und anderen schlimmen Folgen führen. Vergeblich aber sich abmühen und trotz aller Anstrengung nichts weiter als Haß ernten, das ist heller Wahnsinn; es müßte denn einer von dem ehrlosen und verderblichen Wunsch besessen sein, der Macht

forte quem inhonesta et perniciosa lubido tenet potentiae paucorum decus atque libertatem suam gratificari.

IV. Ceterum ex aliis negotiis, quae ingenio exercentur, in primis magno usui est memoria rerum gestarum. quoius de virtute quia multi dixere, praetereundum puto, simul ne per insolentiam quis existumet memet studium meum laudando extollere. atque ego credo fore qui, quia decrevi procul a re publica aetatem agere, tanto tamque utili labori meo nomen inertiae inponant, certe quibus maxuma industria videtur salutare plebem et conviviis gratiam quaerere. qui si reputaverint, et quibus ego temporibus magistratus adeptus sim et quales viri idem adsequi nequiverint et postea quae genera hominum in senatum pervenerint, profecto existumabunt me magis merito quam ignavia iudicium animi mei mutavisse maiusque commodum ex otio meo, quam ex aliorum negotiis, rei publicae venturum.

Nam saepe ego audivi Q. Maxumum, P. Scipionem, praeterea civitatis nostrae praeclaros viros solitos ita dicere, quom maiorum imagines intuerentur, vehementissume sibi animum ad virtutem adcendi. scilicet non ceram illam neque figuram tantam vim in sese habere, sed memoria rerum gestarum eam flammam egregiis viris in pectore crescere neque prius sedari, quam virtus eorum famam atque gloriam adaequaverit. at contra quis est omnium his moribus, quin divi-

einiger weniger die persönliche Ehre und Freiheit aufzuopfern.

Unter den übrigen geistigen Beschäftigungen ist die Geschichtsschreibung gewiß besonders wertvoll. Über ihre
Bedeutung haben sich schon viele geäußert, und so meine
ich darüber hinweggehen zu dürfen; es soll auch keiner denken, ich wolle aus bloßer Überheblichkeit meine Lieblings-
beschäftigung rühmend verherrlichen. Und doch glaube ich,
wegen meines Entschlusses, fern von politischer Betätigung
mein Leben zu verbringen, werden manche meine wichtige
und nützliche Arbeit als Müßiggang bezeichnen, gewiß wenigstens solche, die es als höchste Aufgabe ansehen, sich bei
der Masse beliebt zu machen und durch Speisungen ihre
Gunst zu gewinnen. Wollten diese Leute sich an die Zeiten
erinnern, als ich zu Staatsämtern kam, an die ausgezeichneten Männer, denen dies nicht geglückt ist, dann wieder an
die Sorte von Menschen, die später in den Senat gekommen
sind, sie würden wahrhaftig einsehen, daß ich aus lobens-
werten Gründen, nicht aus Trägheit meinen Lebensplan geändert habe und daß dem Staate mehr Vorteil aus meinem
sogenannten Müßiggang erwachsen wird als aus der Ge-
schäftigkeit der anderen.

Schon oft hörte ich, Quintus Maximus, Publius Scipio
und noch andre hervorragende Männer unsres Volkes hätten immer wieder geäußert: wenn sie die Wachsbilder ihrer
Ahnen betrachteten, fühlten sie sich aufs lebhafteste zu männlicher Tatkraft entflammt. Nicht das Wachs freilich und
nicht das Bildnis habe solche Wirkung, nein, beim Gedenken an die Taten lodere im Herzen edler Männer jene
Flamme empor, und sie komme nicht früher zur Ruhe, als
bis das eigene Verdienst Ruf und Ruhm der Vorfahren erreicht habe. Wie anders bei den heutigen Sitten: wo findet
sich da nur ein einziger, der sich nicht lieber an Reichtum

tiis et sumptibus, non probitate neque industria cum maioribus suis contendat? etiam homines novi, qui antea per virtutem soliti erant nobilitatem antevenire, furtim et per latro-
cinia potius quam bonis artibus ad imperia et honores nitun-
tur: proinde quasi praetura et consulatus atque alia omnia 8
huiusce modi per se ipsa clara et magnifica sint ac non perinde
habeantur, ut eorum, qui ea sustinent, virtus est. verum ego 9
liberius altiusque processi, dum me civitatis morum piget
taedetque. nunc ad inceptum redeo.

V. Bellum scripturus sum, quod populus Romanus cum 1
Iugurtha, rege Numidarum, gessit, primum quia magnum et
atrox variaque victoria fuit, dein quia tunc primum superbiae nobilitatis obviam itum est; quae contentio divina et hu- 2
mana cuncta permiscuit eoque vecordiae processit, ut studiis
civilibus bellum atque vastitas Italiae finem faceret. sed prius- 3
quam huiusce modi rei initium expedio, pauca supra repetam,
quo ad cognoscundum omnia illustria magis magisque in
aperto sint.

Bello Punico secundo, quo dux Carthaginiensium Hanni- 4
bal post magnitudinem nominis Romani Italiae opes maxume
adtriverat, Masinissa, rex Numidarum, in amicitiam recep-
tus a P. Scipione, quoi postea Africano cognomen ex virtute
fuit, multa et praeclara rei militaris facinora fecerat. ob quae
victis Carthaginiensibus et capto Syphace, quoius in Africa
magnum atque late imperium valuit, populus Romanus,

und Aufwand statt an Rechtlichkeit und Fleiß mit seinen Vorfahren zu messen sucht? Auch Leute ohne Ahnen, die früher gewöhnlich durch tüchtige Leistungen den alten Adel übertrafen, bemühen sich mehr wie Diebe und Straßenräuber als mit anständigen Mitteln um militärische Kommandos und Ehrenämter; sie tun so, als ob Prätur und Konsulat und alles andere der Art an sich schon etwas Herrliches und Großartiges sei und nicht vielmehr nach dem Wert der Träger dieser Ämter beurteilt werden müßte. Doch allzu freimütig habe ich gesprochen und zu weit bin ich gegangen in meinem Verdruß und Ekel über die sittlichen Zustände unseres Volkes; jetzt wende ich mich meiner Aufgabe wieder zu.

Den Krieg will ich beschreiben, den das römische Volk mit dem Numiderkönig Jugurtha geführt hat, vor allem, weil er schwer und blutig war und das Siegesglück oft wechselte, sodann, weil man da zum ersten Male der Anmaßung des Adels begegnete; dieser Parteikampf machte alle göttliche und menschliche Ordnung zuschanden und steigerte sich zu solchem Wahnsinn, daß erst der Krieg und Italiens Verwüstung dem inneren Zwist ein Ende bringen sollten. Bevor ich aber mit einer solchen Darstellung beginne, muß ich ein wenig zurückgreifen, um alles zum Verständnis klarer und einleuchtender zu machen.

Im zweiten Punischen Kriege, in dem der karthagische Feldherr Hannibal die Kraft Italiens seit Roms Entwicklung zur Großmacht am stärksten geschwächt hatte, war der Numiderkönig Masinissa von Publius Scipio, der später wegen seiner Verdienste den Beinamen Afrikanus bekam, zum Freund der Römer erklärt worden und hatte sich durch viele Heldentaten ausgezeichnet. Deshalb schenkte nach dem Sieg über die Karthager und nach der Gefangennahme des Syphax, der in Afrika ein gewaltiges, weit ausgedehntes

quascumque urbis et agros manu ceperat, regi dono dedit.
igitur amicitia Masinissae bona atque honesta nobis perman- 5
sit. sed imperi vitaeque eius finis idem fuit.

Dein Micipsa filius regnum solus obtinuit Mastanabale et 6
Gulussa fratribus morbo absumptis. is Adherbalem et Hiem- 7
psalem ex sese genuit Iugurthamque, filium Mastanabalis fratris, quem Masinissa, quod ortus ex concubina erat, priva-
tum dereliquerat, eodem cultu, quo liberos suos, domi habuit.

VI. Qui ubi primum adolevit, pollens viribus, decora fa- 1
cie, sed multo maxume ingenio validus, non se luxui neque
inertiae conrumpendum dedit, sed, uti mos gentis illius est,
equitare, iaculari, cursu cum aequalibus certare: et, quom
omnis gloria anteiret, omnibus tamen carus esse; ad hoc pleraque tempora in venando agere, leonem atque alias feras primus aut in primis ferire: plurumum facere et minumum ipse
de se loqui. quibus rebus Micipsa tametsi initio laetus fuerat, 2
existumans virtutem Iugurthae regno suo gloriae fore, tamen,
postquam hominem adulescentem exacta sua aetate et parvis
liberis magis magisque crescere intellegit, vehementer eo negotio permotus multa cum animo suo volvebat. terrebat eum 3
natura mortalium avida imperi et praeceps ad explendam
animi cupidinem, praeterea opportunitas suae liberorumque
aetatis, quae etiam mediocris viros spe praedae transvorsos
agit, ad hoc studia Numidarum in Iugurtham adcensa, ex

Reich besaß, das römische Volk dem König alle eroberten Städte und Ländereien. So blieb uns denn Masinissa ein zuverlässiger und ehrenwerter Freund. Aber das Ende seines Lebens bedeutete zugleich das Ende seines Reiches.

Später übernahm sein Sohn Micipsa allein die Herrschaft, denn seine Brüder Mastanabal und Gulussa waren von einer Krankheit hingerafft. Der hatte zwei Söhne, Adherbal und Hiempsal; dem Jugurtha aber, einem Sohn seines Bruders Mastanabal, den Masinissa als Kind eines Nebenweibes von der Thronfolge ausgeschlossen hatte, ließ er an seinem Hofe die gleiche standesgemäße Erziehung geben wie seinen eigenen Söhnen.

Als nun Jugurtha herangewachsen war, kraftvoll und wohlgestaltet, vor allem aber geistig hochbegabt, da überließ er sich nicht verderblichem Wohlleben und Faulenzen, sondern übte sich nach der Sitte seines Volkes im Reiten und Speerwerfen und Wettlaufen mit den Altersgenossen, und wenn er auch mehr Ruhm gewann als alle, hatten ihn doch alle gern; auch widmete er gar manchen Tag der Jagd, erlegte Löwen und andre wilde Tiere als erster oder doch als einer der ersten; sehr vieles tat er und sehr wenig sprach er von sich selbst. Gewiß freute sich Micipsa erst darüber, denn er meinte, die Tüchtigkeit Jugurthas werde seines Reiches Ruhm erhöhen; doch als er bei seinem vorgerückten Alter und der Jugend seiner Kinder sehen mußte, wie der junge Mensch immer mehr und mehr an Bedeutung gewann, da geriet er darüber in heftige Unruhe und machte sich viel böse Gedanken. Ihn schreckte die Herrschsucht der menschlichen Natur und der leidenschaftliche Hang zur Befriedigung ihrer Wünsche, dazu die lockende Versuchung bei seinem und der Kinder Alter, die auch mittelmäßige Geister in der Erwartung von Gewinn auf Abwege führt; schließlich die stürmische Begeisterung der Numider für

quibus, si talem virum dolis interfecisset, ne qua seditio aut bellum oriretur, anxius erat.

VII. His difficultatibus circumventus ubi videt neque   1 per vim neque insidiis oprimi posse hominem tam acceptum popularibus, quod erat Iugurtha manu promptus et adpetens gloriae militaris, statuit eum obiectare periculis et eo modo fortunam temptare.

Igitur bello Numantino Micipsa quom populo Romano   2 equitum atque peditum auxilia mitteret, sperans vel ostentando virtutem vel hostium saevitia facile eum occasurum, praefecit Numidis, quos in Hispaniam mittebat. sed ea res   3 longe aliter, ac ratus erat, evenit. nam Iugurtha, ut erat in-   4 pigro atque acri ingenio, ubi naturam P. Scipionis, qui tum Romanis imperator erat, et morem hostium cognovit, multo labore multaque cura, praeterea modestissume parendo et saepe obviam eundo periculis in tantam claritudinem brevi pervenerat, ut nostris vehementer carus, Numantinis maxumo terrori esset. ac sane, quod difficillumum in primis est, et   5 proelio strenuos erat et bonus consilio, quorum alterum ex providentia timorem, alterum ex audacia temeritatem adferre plerumque solet. igitur imperator omnis fere res asperas per   6 Iugurtham agere, in amicis habere, magis magisque eum in dies amplecti, quippe quoius neque consilium neque inceptum ullum frustra erat. hoc adcedebat munificentia animi   7

Jugurtha, die ihn fürchten ließ, es könnte ein Aufruhr oder gar ein Krieg entstehen, wenn er einen solchen Mann arglistig beseitigte.

Als er unter dem Druck dieser Schwierigkeiten sah, ein Mann, der bei seinen Landsleuten so beliebt war, könne nicht mit Gewalt und nicht mit List bezwungen werden, da beschloß er, ihn Gefahren preiszugeben und so das Schicksal zu versuchen; war doch Jugurtha persönlich tapfer und auf Kriegsruhm ganz versessen.

Als daher Micipsa im Numantinischen Kriege dem römischen Volke Reiterei und Fußtruppen zu Hilfe schickte, übergab er Jugurtha das Kommando über die nach Spanien gesandten Numider; er hoffte, dieser werde dort durch den glühenden Wunsch, Beweise seiner eignen Tapferkeit zu geben, oder durch die Grausamkeit der Feinde leicht ein Ende finden. Doch die Sache ging ganz anders aus, als er geglaubt hatte. Denn sowie Jugurtha bei seinem schnellen und scharfen Verstande den Charakter des damaligen Befehlshabers der Römer Publius Scipio und die Kampfesart der Feinde durchschaut hatte, war er durch unermüdliche Tätigkeit und großen Eifer, dazu durch pünktlichen Gehorsam und eine oft in Gefahren bewährte Unerschrockenheit bald so berühmt geworden, daß er der ausgesprochene Liebling unsrer Leute, der gefürchtete Schrecken der Numantiner wurde. Und wirklich war er, was doch ganz besonders schwierig ist, zugleich entschlossen im Kampf und umsichtig im Rat, zwei Vorzüge, von denen der eine meist Vorsicht in Furchtsamkeit, der andre Mut in Unbesonnenheit ausarten läßt. So ließ der Feldherr fast alle schwierigen Aufgaben durch Jugurtha ausführen, er schenkte ihm seine Freundschaft und schloß ihn von Tag zu Tag mehr ins Herz; denn kein Planen und kein Unternehmen schlug ihm jemals fehl. Dazu kam seine freigebige Art und sein aufge-

atque ingeni sollertia, quibus rebus sibi multos ex Romanis familiari amicitia coniunxerat.

VIII. Ea tempestate in exercitu nostro fuere conplures 1 novi atque nobiles, quibus divitiae bono honestoque potiores erant, factiosi domi, potentes apud socios, clari magis quam honesti, qui Iugurthae non mediocrem animum pollicitando adcendebant, si Micipsa rex occidisset, fore uti solus imperi Numidiae potiretur: in ipso maxumam virtutem, Romae omnia venalia esse. sed postquam Numantia deleta P. Scipio 2 dimittere auxilia et ipse revorti domum decrevit, donatum atque laudatum magnifice pro contione Iugurtham in prae- torium abduxit ibique secreto monuit, ut potius publice quam privatim amicitiam populi Romani coleret neu quibus largiri insuesceret: periculose a paucis emi, quod multorum esset. si permanere vellet in suis artibus, ultro illi et gloriam et regnum venturum: sin properantius pergeret, suamet ipsum pecunia praecipitem casurum.

IX. Sic locutus cum litteris eum, quas Micipsae redderet, 1 dimisit. earum sententia haec erat: 'Iugurthae tui in bello Nu- 2 mantino longe maxuma virtus fuit, quam rem tibi certo scio gaudio esse. nobis ob merita sua carus est: ut idem senatui et populo Romano sit, summa ope nitemur. tibi quidem pro nostra amicitia gratulor. en habes virum dignum te atque avo suo Masinissa.'

Igitur rex, ubi ea, quae fama acceperat, ex litteris impera- 3

weckter Geist, wodurch er sich viele Römer zu vertrauten Freunden gewann.

Zu dieser Zeit waren in unserem Heer mehrere Männer aus neuem und altem Adel, denen Reichtum mehr galt als Anstand und Ehre, herrschsüchtig daheim, anmaßend bei den Bundesgenossen, mehr bekannt als geachtet. Diese reizten Jugurtha, der gewiß schon kein bescheidener Geist war, durch immer neue Versprechungen: wenn König Micipsa tot sei, könne er allein Numidiens Herrscher werden; er selbst sei ein ganzer Kerl, und in Rom sei für Geld alles zu haben. Als aber Publius Scipio nach Numantias Zerstörung beschlossen hatte, seine Hilfstruppen zu entlassen und selbst in die Heimat zurückzukehren, beschenkte und rühmte er Jugurtha großzügig vor versammelter Mannschaft; dann nahm er ihn in sein Feldherrnzelt beiseite und gab ihm dort unter vier Augen gute Worte, er solle lieber durch Verdienste um den Staat als um einzelne des römischen Volkes Freundschaft pflegen und sich nicht daran gewöhnen, Leute zu bestechen; gefährlich sei es, wenigen abzukaufen, was vielen gehöre. Wolle er seiner bisherigen Haltung treu bleiben, so werde ihm Ruhm und Reich von selber zufallen; wenn er sich aber überstürze, werde er durch sein eigenes Geld jählings zugrunde gehen.

Nach solchen Worten entließ er ihn mit einem Briefe, den er Micipsa überbringen sollte; dies war sein Inhalt: „Dein Jugurtha hat im Krieg gegen Numantia höchsten Mannesmut bewährt; ich weiß gewiß, daß Dir dies Freude macht. Uns ist er wegen seiner Verdienste lieb und wert; daß er es auch dem Senat und Volk der Römer werde, soll unser eifrigstes Bestreben sein. Dich persönlich beglückwünsche ich als Dein alter Freund. Da hast Du einen Mann, der Deiner und seines Großvaters Masinissa wert ist."

Wie nun der König die ihm zugetragenen Gerüchte aus

toris ita esse cognovit, quom virtute tum gratia viri permotus
flexit animum suom et Iugurtham beneficiis vincere adgressus
est statimque eum adoptavit et testamento pariter cum filiis
heredem instituit.

Sed ipse paucos post annos morbo atque aetate confectus 4
quom sibi finem vitae adesse intellegeret, coram amicis et
cognatis itemque Adherbale et Hiempsale filiis dicitur huiusce modi verba cum Iugurtha habuisse:

X. 'Parvom ego te, Iugurtha, amisso patre, sine spe, sine 1
opibus in meum regnum accepi, existumans non minus me
tibi quam liberis, si genuissem, ob beneficia carum fore. neque 2
ea res falsum me habuit. nam, ut alia magna et egregia tua
omittam, novissume rediens Numantia meque regnumque
meum gloria honoravisti tuaque virtute nobis Romanos ex
amicis amicissumos fecisti. in Hispania nomen familiae reno-
vatum est; postremo, quod difficillumum inter mortalis est,
gloria invidiam vicisti.

Nunc, quoniam mihi natura finem vitae facit, per hanc 3
dexteram, per regni fidem moneo obtestorque te, uti hos, qui
tibi genere propinqui, beneficio meo fratres sunt, caros ha-
beas neu malis alienos adiungere quam sanguine coniunctos
retinere. non exercitus neque thesauri praesidia regni sunt, 4
verum amici, quos neque armis cogere neque auro parare

des Heerführers Brief bestätigt fand, ließ er sich durch die Tüchtigkeit und die Beliebtheit des Mannes bewegen, seinen Sinn zu ändern, und suchte Jugurtha durch freundliches Entgegenkommen zu gewinnen; er nahm ihn sofort an Kindes Statt an und setzte ihn zugleich im Testament mit seinen Söhnen zum Erben ein.

Als er aber einige Jahre später, durch Krankheit und Alter geschwächt, das Ende seines Lebens nahen fühlte, soll er in Gegenwart seiner Freunde und Verwandten und auch seiner Söhne Adherbal und Hiempsal etwa folgende Worte zu Jugurtha gesprochen haben:

„Ein kleines Kind warst du noch, Jugurtha, hoffnungslos und ohne Mittel, als ich dich nach dem Tode deines Vaters an meinen Hof nahm; ich war der Meinung, ich würde dir wegen meiner Wohltaten gerade so lieb sein, als wenn ich dein eigener Vater wäre. Und darin habe ich mich nicht getäuscht. Denn erst kürzlich hast du – um von deinen anderen großen und glänzenden Verdiensten nicht zu reden – bei deiner Rückkehr von Numantia mir und meinem Reiche Ehre gebracht und durch deine Tüchtigkeit die Römer, die schon unsre guten Freunde waren, zu unseren allerbesten Freunden gemacht; in Spanien lebte der Glanz unsres Namens wieder auf; schließlich hast du, was gewiß das Schwerste auf Erden ist, durch deinen Ruhm sogar die Mißgunst zum Schweigen gebracht.

Jetzt, wo nach dem Laufe der Natur mein Lebensende bevorsteht, bitte und beschwöre ich dich bei meiner Rechten und bei meinem königlichen Wort: hab' diese beiden lieb, die dir durch Geburt verwandt und durch meine Güte Brüder sind, ziehe nicht lieber Fremde an dich heran, statt dich an sie zu halten, die dir durch des Blutes Bande nahestehen. Nicht Heere und nicht Schätze sind die Stützen des Thrones, sondern Freunde, die man sich nicht mit Waffen er-

queas: officio et fide pariuntur. quis autem amicior quam 5
frater fratri? aut quem alienum fidum invenies, si tuis hostis
fueris? equidem ego vobis regnum trado firmum, si boni 6
eritis, sin mali, inbecillum. nam concordia parvae res cres-
cunt, discordia maxumae dilabuntur.

Ceterum ante hos te, Iugurtha, qui aetate et sapientia prior 7
es, ne aliter quid eveniat, providere decet. nam in omni certamine, qui opulentior est, etiamsi accipit iniuriam, tamen,
quia plus potest, facere videtur. vos autem, Adherbal et 8
Hiempsal, colite, observate talem hunc virum, imitamini
virtutem et enitimini, ne ego meliores liberos sumpsisse videar, quam genuisse'.

XI. Ad ea Iugurtha, tametsi regem ficta locutum intelle- 1
gebat et ipse longe aliter animo agitabat, tamen pro tempore
benigne respondit. Micipsa paucis post diebus moritur.

Postquam illi more regio iusta magnifice fecerant, reguli 2
in unum convenerunt, ut inter se de cunctis negotiis discep-
tarent. sed Hiempsal, qui minumus ex illis erat, natura ferox 3
et iam antea ignobilitatem Iugurthae, quia materno genere
inpar erat, despiciens, dextra Adherbalem adsedit, ne medius
ex tribus, quod apud Numidas honori ducitur, Iugurtha
foret. dein tamen, ut aetati concederet, fatigatus a fratre, 4
vix in partem alteram transductus est. ibi quom multa de 5

zwingen noch mit Gold erkaufen kann; durch treue Dienste werden sie gewonnen. Wer ist aber ein besserer Freund als der Bruder dem Bruder? Oder wirst du bei einem Fremden Treue finden, wenn du den Deinen feind geworden bist? Ich hinterlasse euch ein Reich, das fest gefügt ist, wenn ihr rechte Männer seid, ohnmächtig aber, wenn ihr versagen solltet. Denn durch Eintracht gedeiht auch ein kleiner Staat, durch Zwietracht aber bricht selbst der größte zusammen.

Du, Jugurtha, mußt als der ältere und reifere mehr als diese beiden hier darauf bedacht sein, daß es nicht schlimm ausgeht. Denn bei jedem Streit erscheint der Mächtigere, mag ihm auch Unrecht geschehen, doch als der Schuldige, eben weil er die größere Macht besitzt. Ihr aber, Adherbal und Hiempsal, erweist diesem ausgezeichneten Manne Achtung und Ehrerbietung, nehmt euch seine Tüchtigkeit zum Vorbild und verhütet mit ganzer Kraft den Anschein, als seien angenommene Kinder besser als meine eigenen."

Jugurtha durchschaute zwar die Unwahrhaftigkeit in den Worten des Königs und trug auch selbst ganz andere Gedanken in seinem Herzen; trotzdem gab er mit Rücksicht auf die gegenwärtige Lage eine freundliche Antwort. Micipsa starb nach einigen Tagen.

Man erwies ihm mit aller Pracht die letzten Ehren, wie es bei Königen Brauch ist; dann kamen die jungen Fürsten zusammen, um sich über alle Fragen miteinander zu verständigen. Hiempsal aber, der jüngste von ihnen, hatte eine trotzige Art und sah schon längst auf Jugurtha wegen seiner unedlen Abkunft hochmütig herab, weil er ihm mütterlicherseits nicht ebenbürtig war; so setzte er sich dem Adherbal zur Rechten, damit Jugurtha nicht in der Mitte von den dreien säße; denn dies gilt bei den Numidern als Ehrenplatz. Von seinem Bruder gedrängt, dem Alter nachzugeben, ließ er sich dann doch bewegen und rückte widerwillig auf

administrando imperio dissererent, Iugurtha inter alias res
iacit oportere quinquenni consulta et decreta omnia rescindi;
nam per ea tempora confectum annis Micipsam parum animo
valuisse. tum idem Hiempsal placere sibi respondit, nam   6
ipsum illum tribus proxumis annis adoptatione in regnum
pervenisse. quod verbum in pectus Iugurthae altius, quam quis-   7
quam ratus erat, descendit. itaque ex eo tempore ira et metu   8
anxius moliri, parare atque ea modo cum animo habere,
quibus Hiempsal per dolum caperetur. quae ubi tardius   9
procedunt neque lenitur animus ferox, statuit quovis modo
inceptum perficere.

XII. Primo conventu, quem ab regulis factum supra me-   1
moravi, propter dissensionem placuerat dividi thesauros fi-
nisque imperi singulis constitui. itaque tempus ad utramque   2
rem decernitur, sed maturius ad pecuniam distribuendam.
reguli interea in loca propinqua thesauris alius alio concessere. sed Hiempsal in oppido Thirmida forte eius domo   3
utebatur, qui proxumus lictor Iugurthae carus acceptusque
ei semper fuerat. quem ille casu ministrum oblatum promissis onerat inpellitque, uti tamquam sua visens domum eat,
portarum clavis adulterinas paret — nam verae ad Hiempsalem referebantur — ceterum, ubi res postularet, se ipsum cum
magna manu venturum. Numida mandata brevi conficit   4
atque, uti doctus erat, noctu Iugurthae milites introducit.

die andre Seite. Als sie nun hier ausführlich über die Verwaltung des Reiches sprachen, warf Jugurtha unter anderem die Bemerkung hin, alle Beschlüsse und Verordnungen der letzten fünf Jahre müßten aufgehoben werden, denn in dieser Zeit sei Micipsa durch seine Altersschwäche nicht ganz zurechnungsfähig gewesen. „Das ist auch meine Meinung", erwiderte Hiempsal, „denn in den letzten drei Jahren ist ja auch Jugurtha durch Adoption in die königliche Familie aufgenommen worden." Dies Wort drang Jugurtha tiefer ins Herz, als einer je gedacht hätte. Von Groll und Furcht gepeinigt, bewegte er seit dieser Zeit nur eins in seinem Innern, all sein Dichten und Trachten war darauf gerichtet, wie er Hiempsal überlisten könne. Als das zu langsam vorwärts ging und die Wut in seinem Herzen sich nicht legte, beschloß er, sein Vorhaben durchzuführen, es gehe, wie es wolle.

Bei der eben erwähnten ersten Zusammenkunft der jungen Fürsten hatte man wegen Meinungsverschiedenheit beschlossen, die Schätze zu teilen und jedem seinen bestimmten Teil des Reiches zuzuweisen. Für beide Maßnahmen wurde also ein Termin festgesetzt, zuerst jedoch für die Verteilung des Geldes. Inzwischen gingen die Prinzen jeder für sich in eine Ortschaft, die den Schatzkammern nahe lag. Hiempsal bewohnte zufällig in der Stadt Thirmida das Haus eines Mannes, der dem Jugurtha als sein treuster Trabant immer lieb und wert gewesen war. Den bot ihm der Zufall als Werkzeug dar; so machte er ihm reiche Versprechungen und veranlaßte ihn, unter dem Vorwande, er wolle nach seinem Eigentum sehen, ins Haus zu gehen und sich Nachschlüssel für die Türen zu verschaffen – denn die richtigen Schlüssel wurden immer dem Hiempsal übergeben – im übrigen werde er selbst zur rechten Zeit mit einer großen Schar dazukommen. Der Numider tat rasch, was ihm aufgetragen war, und ließ Jugurthas Soldaten gemäß der Wei-

qui postquam in aedis inrupere, divorsi regem quaerere, dor-   5
mientis alios, alios occursantis interficere, scrutari loca abdita,
clausa effringere, strepitu et tumultu omnia miscere, quom
interim Hiempsal reperitur occultans se tugurio mulieris an-
cillae, quo initio pavidus et ignarus loci perfugerat. Numidae
caput eius, uti iussi erant, ad Iugurtham referunt.

XIII. Ceterum fama tanti facinoris per omnem Africam   1
brevi divolgatur. Adherbalem omnisque, qui sub imperio
Micipsae fuerant, metus invadit. in duas partis discedunt
Numidae: plures Adherbalem sequontur, sed illum alterum
bello meliores. igitur Iugurtha quam maxumas potest copias   2
armat, urbis partim vi, alias voluntate imperio suo adiungit,
omni Numidiae imperare parat. Adherbal tametsi Romam   3
legatos miserat, qui senatum docerent de caede fratris et
fortunis suis, tamen fretus multitudine militum parabat armis contendere. sed ubi res ad certamen venit, victus ex   4
proelio profugit in provinciam ac deinde Romam contendit.

Tum Iugurtha patratis consiliis, postquam omnis Numi-   5
diae potiebatur, in otio facinus suom cum animo reputans
timere populum Romanum neque advorsus iram eius us-
quam nisi in avaritia nobilitatis et pecunia sua spem habere.
itaque paucis diebus cum auro et argento multo Romam le-   6
gatos mittit, quis praecipit, primum uti veteres amicos muneribus expleant, deinde novos adquirant, postremo, quaecum-

sung nachts in sein Haus. Kaum waren sie eingedrungen, da zerstreuten sie sich, um den Fürsten zu suchen; jeden, der im Schlafe lag oder ihnen entgegentrat, erschlugen sie, durchstöberten alle Winkel, sprengten alle verschlossenen Türen auf und brachten mit Lärm und Aufruhr alles durcheinander – da fand man schließlich Hiempsal in der Kammer einer Magd verborgen, wohin er sich gleich in seiner Angst und Unkenntnis der Örtlichkeit geflüchtet hatte. Die Numider überbrachten seinen Kopf Jugurtha, wie ihnen befohlen war.

Die Kunde von diesem schweren Frevel verbreitete sich rasch in ganz Afrika. Den Adherbal und alle, die unter Micipsas Herrschaft gestanden hatten, packte Furcht. In zwei Parteien spalteten sich die Numider: die Mehrzahl schloß sich Adherbal an, seinem Gegner aber jene, die im Krieg mehr leisteten. Also bewaffnete Jugurtha möglichst viele Truppen, nahm die einen Städte im Sturm, andere fügten sich freiwillig seiner Macht, und so war er auf dem besten Wege, Herr über ganz Numidien zu werden. Adherbal hatte zwar Gesandte nach Rom geschickt, um den Senat über die Ermordung seines Bruders und das eigne Mißgeschick zu unterrichten, doch machte er im Vertrauen auf die Stärke seiner Truppen den Versuch, die Sache mit den Waffen auszutragen. Als es zum Kampfe kam, wurde er besiegt und mußte fliehen; er eilte vom Schlachtfeld in die römische Provinz und dann nach Rom.

Nun hatte Jugurtha seine Pläne durchgesetzt und war Herr von ganz Numidien. Als er in Ruhe über seine Tat nachdachte, wurde ihm vor dem Volk der Römer bange, und die einzige Rettung vor ihrem Zorne sah er in der Habsucht des römischen Adels und in seinem eigenen Geld. Deshalb schickte er nach einigen Tagen Gesandte mit viel Gold und Silber nach Rom und wies sie an, sie sollten vor allem seine alten Freunde reich beschenken, sodann neue ge-

que possint, largiundo parare ne cunctentur. sed ubi Romam 7
legati venere et ex praecepto regis hospitibus aliisque, quorum ea tempestate in senatu auctoritas pollebat, magna munera misere, tanta conmutatio incessit, ut ex maxuma invidia in gratiam et favorem nobilitatis Iugurtha veniret. quo- 8
rum pars spe, alii praemio inducti singulos ex senatu ambiundo nitebantur, ne gravius in eum consuleretur. igitur 9
ubi legati satis confidunt, die constituto senatus utrisque datur. tum Adherbalem hoc modo locutum accepimus:

XIV. 'Patres conscripti, Micipsa pater meus moriens mihi 1
praecepit, uti regni Numidiae tantummodo procurationem
existumarem meam, ceterum ius et imperium eius penes
vos esse; simul eniterer domi militiaeque quam maxumo usui
esse populo Romano; vos mihi cognatorum, vos adfinium loco
ducerem: si ea fecissem, in vostra amicitia exercitum, divitias, munimenta regni me habiturum. quae quom praecepta 2
parentis mei agitarem, Iugurtha, homo omnium, quos terra
sustinet, sceleratissumus, contempto imperio vostro Masinissae me nepotem et iam ab stirpe socium atque amicum
populi Romani regno fortunisque omnibus expulit.

Atque ego, patres conscripti, quoniam eo miseriarum ven- 3
turus eram, vellem potius ob mea quam ob maiorum meorum beneficia posse me a vobis auxilium petere, ac maxume
deberi mihi beneficia a populo Romano, quibus non egerem,

winnen, kurz, durch Bestechung ungesäumt ihr Möglichstes versuchen. Als die Gesandten in Rom angekommen waren und nach des Königs Weisung seinen Gastfreunden und anderen einflußreichen Männern, die damals im Senat die erste Rolle spielten, kostbare Geschenke überreicht hatten, da trat ein solcher Wandel in der Stimmung ein, daß Jugurtha statt bitteren Hasses Gunst und Zuneigung beim Adel fand. Manche suchten, mit Versprechungen oder mit barem Geld gewonnen, durch Besuche bei einzelnen Senatoren darauf hinzuwirken, man solle nicht zu hart mit ihm verfahren. Wie nun die Gesandten ihrer Sache sicher zu sein glaubten, wurde an einem bestimmten Tage eine Senatssitzung für beide Parteien angesetzt. Da hielt Adherbal, wie ich festgestellt habe, etwa folgende Rede:

„Senatoren! Mein Vater Micipsa hat mir auf dem Sterbebette eingeschärft, nur in der Verwaltung des numidischen Reiches solle ich meine Aufgabe sehen, das eigentliche Hoheitsrecht aber stehe euch zu; auch solle ich mich mit aller Kraft bemühen, im Frieden wie im Kriege dem römischen Volke rechten Nutzen zu bringen, euch solle ich als meine Blutsfreunde, euch als meine Verwandten ansehen: handle ich so, dann würde ich in eurer Freundschaft Heeresmacht und Reichtum und die Stützen meines Thrones finden. Während ich nach diesen Lehren meines Vaters lebte, hat Jugurtha, der schlimmste Verbrecher, den die Erde trägt, eure Macht mißachtet und mich aus meinem Reiche und allen Besitzungen vertrieben, mich, Masinissas Enkel und den geborenen Bundesgenossen und Freund des Römervolkes.

Freilich, ihr Senatoren, da es mir einmal bestimmt war, so tief ins Unglück zu geraten, wollte ich lieber, ich könnte euch wegen meiner eigenen und nicht wegen der Verdienste meiner Vorfahren um Hilfe bitten; am liebsten sähe ich es, das römische Volk hätte mir Dienste zu verdanken, ohne daß

secundum ea, si desideranda erant, uti debitis uterer. sed 4
quoniam parum tuta per se ipsa probitas est, neque mihi in
manu fuit, Iugurtha qualis foret, ad vos confugi, patres conscripti, quibus, quod mihi miserrumum est, cogor prius oneri
quam usui esse.

Ceteri reges aut bello victi in amicitiam a vobis recepti 5
sunt aut in suis dubiis rebus societatem vostram adpetiverunt:
familia nostra cum populo Romano bello Carthaginiensi amicitiam instituit, quo tempore magis fides eius quam fortuna
petunda erat. quorum progeniem vos, patres conscripti, no- 6
lite pati me, nepotem Masinissae, frustra a vobis auxilium
petere.

Si ad impetrandum nihil causae haberem praeter miseran- 7
dam fortunam, quod paulo ante rex genere, fama atque copiis potens, nunc deformatus aerumnis, inops alienas opes
exspecto, tamen erat maiestatis populi Romani prohibere
iniuriam neque pati quoiusquam regnum per scelus crescere.
verum ego eis finibus eiectus sum, quos maioribus meis po- 8
pulus Romanus dedit, unde pater et avos meus una vobiscum
expulere Syphacem et Carthaginiensis. vostra beneficia mihi
erepta sunt, patres conscripti, vos in mea iniuria despecti estis.

Eheu me miserum! hucine, Micipsa pater, beneficia tua 9
evasere, ut, quem tu parem cum liberis tuis regnique participem fecisti, is potissumum stirpis tuae exstinctor sit? num-

ich seine nötig hätte; oder wenn ich sie wirklich erbitten
mußte, möchte ich wenigstens begründeten Anspruch darauf
erheben. Aber da ja anständige Gesinnung für sich allein
keine rechte Sicherheit bietet und Jugurthas Verhalten nicht
in meiner Hand lag, habe ich meine Zuflucht zu euch genommen, Senatoren, und ich muß euch nun zu meinem
größten Leidwesen eher zur Last fallen, als ich euch einen
Dienst erweisen kann.

Alle anderen Könige sind entweder nach einer Niederlage
von euch als Freunde angenommen worden, oder sie haben
sich in eigener Notlage um euer Bündnis bemüht, während
unsre Familie mit dem Römervolk im Punischen Kriege
Freundschaft geschlossen hat, zu einer Zeit, wo mehr das
Vertrauen auf Roms Treue als seine Lage dazu verlocken
konnte. Den Nachkommen dieser Familie, mich, Masinissas
Enkel, laßt doch nicht vergebens euern Schutz anrufen, Senatoren!

Hätte ich für meine Bitte keine andere Begründung als
mein jammervolles Schicksal – daß ich, eben noch ein König, mächtig durch Abstammung, Ansehen und Besitz, jetzt
von Leid entstellt und hilflos mich nach fremder Hilfe um-
sehn muß – so verlangte es doch die Würde und Hoheit des
römischen Volkes, Unrecht zu verhüten und keines Menschen Macht durch Verbrechen groß werden zu lassen. Nun
bin ich sogar aus dem Lande gejagt, das meinen Vorfahren
einst das römische Volk geschenkt hat, aus dem mein Vater
und mein Großvater mit euch im Bunde den Syphax und die
Karthager vertrieben haben. Eure Gaben hat man mir entrissen, Senatoren, euch hat man verhöhnt, als man mir Unrecht tat.

Ach, ich Ärmster! Ist das der Erfolg deiner Güte, mein
Vater Micipsa, daß der gerade, den du deinen Kindern gleichgestellt, den du zum Miterben deines Reiches gemacht hast,

quamne ergo familia nostra quieta erit? semperne in sanguine,
ferro, fuga vorsabitur? dum Carthaginienses incolumes fuere,   10
iure omnia saeva patiebamur: hostes ab latere, vos amici procul, spes omnis in armis erat. postquam illa pestis ex Africa
eiecta est, laeti pacem agitabamus, quippe quis hostis nullus
erat, nisi forte, quem vos iussissetis. ecce autem ex inpro-   11
viso Iugurtha, intoleranda audacia, scelere atque superbia
sese efferens, fratre meo atque eodem propinquo suo interfecto primum regnum eius sceleris sui praedam fecit, post,
ubi me isdem dolis nequit capere, nihil minus quam vim aut
bellum exspectantem in imperio vostro, sicut videtis, extor-
rem patria, domo, inopem et coopertum miseriis effecit, ut
ubivis tutius, quam in meo regno, essem.

Ego sic existumabam, patres conscripti, uti praedicantem   12
audiveram patrem meum: qui vostram amicitiam diligenter
colerent, eos multum laborem suscipere, ceterum ex omnibus
maxume tutos esse. quod in familia nostra fuit, praestitit, uti   13
in omnibus bellis adesset vobis: nos uti per otium tuti simus,
in vostra manu est, patres conscripti.

Pater nos duos fratres reliquit, tertium Iugurtham bene-   14
ficiis suis ratus est coniunctum nobis fore. alter eorum ne-
catus est, alterius ipse ego manus inpias vix effugi. quid agam?   15
aut quo potissumum infelix adcedam? generis praesidia om-

der Vernichter deines Stammes wird? Niemals also soll unsre
Familie zur Ruhe kommen? Immer soll sie von Blutvergießen, Krieg, Verbannung bedroht sein? Solange Karthago
noch mächtig war, da war es selbstverständlich, daß wir alle
Schrecken ertragen mußten: der Feind in der Flanke, ihr,
unsre Freunde, fern; nur auf unsre Waffen konnten wir uns
noch verlassen. Seitdem nun diese Pest von Afrikas Boden
getilgt war, genossen wir frohen Herzens den Frieden; es
gab ja keinen Feind mehr für uns, wenn ihr uns nicht gerade
einen bestimmtet. Aber seht, da kam unvermutet Jugurtha,
mit unerträglicher Frechheit und verbrecherischem Übermut sich brüstend, er ermordete meinen Bruder und damit
zugleich seinen eigenen Verwandten und machte zunächst
dessen Reich zur Beute seines Frevels; dann, als er mich
nicht in denselben Schlingen fangen konnte, als ich unter
dem Schutze eurer Herrschaft nichts weniger als Gewalttat oder Krieg erwartete, da hat er mich — ihr seht es ja — von
Haus und Hof vertrieben, hat mich aller Mittel beraubt und
mit Elend überhäuft, so daß ich mich überall sicherer fühlte
als in meinem eigenen Reiche.

Meine Ansicht war dieselbe, Senatoren, die ich meinen
Vater wiederholt aussprechen hörte: wer eure Freundschaft
sorgsam pflegt, der nimmt wohl viel Mühe auf sich, aber er
ist auch am allersichersten. Unsre Familie hat geleistet, was
in ihren Kräften stand, so daß sie euch in allen Kriegen Un-
terstützung bot; daß wir dafür im Frieden sicher leben können, das liegt in eurer Hand, ihr Senatoren.

Wir waren zwei Brüder, die mein Vater hinterließ; als
dritter, glaubte er, werde Jugurtha uns dank seiner Freundlichkeit verbunden bleiben. Der eine von ihnen ist ermordet,
des anderen frevelhafter Hand bin ich selber kaum entron-
nen. Was soll ich tun? wohin soll ich mich am besten in meinem Elend wenden? Aller Schutz, den meine Familie bot,

nia extincta sunt: pater, uti necesse erat, naturae concessit; fratri, quem minume decuit, propinquos per scelus vitam eripuit. adfinis, amicos, propinquos ceteros meos alium alia clades oppressit: capti ab Iugurtha pars in crucem acti, pars bestiis obiecti sunt, pauci, quibus relicta est anima, clausi in tenebris cum maerore et luctu morte graviorem vitam exigunt.

Si omnia, quae aut amisi aut ex necessariis advorsa facta 16 sunt, incolumia manerent, tamen, si quid ex inproviso mali accidisset, vos inplorarem, patres conscripti, quibus pro magnitudine imperi ius et iniurias omnis curae esse decet. nunc vero exsul patria, domo, solus atque omnium honesta- 17 rum rerum egens quo adcedam aut quos appellem? nationesne an reges, qui omnes familiae nostrae ob vostram amicitiam infesti sunt? an quoquam mihi adire licet, ubi non maiorum meorum hostilia monumenta pluruma sint? aut quisquam nostri misereri potest, qui aliquando vobis hostis fuit? po- 18 stremo Masinissa nos ita instituit, patres conscripti, ne quem coleremus nisi populum Romanum, ne societates, ne foedera nova acciperemus: abunde magna praesidia nobis in vostra amicitia fore; si huic imperio fortuna mutaretur, una occidundum nobis esse. virtute ac dis volentibus magni estis et 19 opulenti, omnia secunda et oboedientia sunt: quo facilius sociorum iniurias curare licet.

ist verloren: mein Vater mußte dem unvermeidlichen Gebote der Natur erliegen; dem Bruder hat ein Verwandter, der es doch am wenigsten durfte, verbrecherisch das Leben geraubt. Meine Angehörigen, Freunde, alle übrigen, die mir nahestanden, hat den einen hier, den andern da das Unglück betroffen: von Jugurtha ergriffen, wurden sie ans Kreuz geschlagen oder wilden Tieren vorgeworfen; die wenigen, denen man das Leben ließ, fristen im finsteren Kerker unter Wehklagen und Trauer ein Dasein, das härter ist als der Tod.

Besäße ich auch noch alles, was ich verloren habe, wäre alles Unheil, das ich von meinen nächsten Verwandten erdulden mußte, ungeschehen, so würde ich euch doch bei einem unvermuteten Schicksalsschlag um Hilfe flehen, Senatoren; denn bei der Macht eures Reiches ist es eure Aufgabe, über alles Recht und Unrecht zu wachen. Nun aber, von Haus und Hof vertrieben, verlassen und ohne Mittel zu einem standesgemäßen Leben – wohin soll ich mich wenden? Wen soll ich anrufen? Etwa fremde Völker oder Könige, die doch alle unsrer Familie wegen unsrer Freundschaft mit euch feind sind? Kann ich wohin gehen, wo nicht meine Vorfahren zahlreiche Spuren ihrer Feindschaft hinterlassen haben? Oder kann jemand Mitleid mit uns haben, der irgendeinmal euer Feind gewesen ist? Schließlich hat uns schon Masinissa eingeschärft, ihr Senatoren, wir sollten keinem anderen unsre Dienste weihen als dem römischen Volke, keine neuen Bündnisse, keine neuen Verträge sollten wir schließen: überreichen Schutz würden wir in eurer Freundschaft finden; wenn aber euerm Reiche hier das Glück den Rücken wende, dann müßten wir eben mit euch zusammen untergehen. Durch eure Tüchtigkeit und der Götter Gnade seid ihr groß und mächtig, alles gelingt euch, alles ist euch untertan; um so leichter seid ihr imstande, auf die Kränkungen eurer Verbündeten zu achten.

Tantum illud vereor, ne quos privata amicitia Iugurthae 20
parum cognita transvorsos agat. quos ego audio maxuma ope
niti, ambire, fatigare vos singulos, ne quid de absente in-
cognita causa statuatis: fingere me verba et fugam simulare,
quoi licuerit in regno manere. quod utinam illum, quoius in- 21
pio facinore in has miserias proiectus sum, eadem haec simu-
lantem videam et aliquando aut apud vos aut apud deos inmortalis rerum humanarum cura oriatur: ne ille, qui nunc sceleribus suis ferox atque praeclarus est, omnibus malis ex-
cruciatus inpietatis in parentem nostrum, fratris mei necis
mearumque miseriarum gravis poenas reddat. iam iam, fra- 22
ter animo meo carissume, quamquam tibi inmaturo et, unde
minume decuit, vita erepta est, tamen laetandum magis
quam dolendum puto casum tuom. non enim regnum, sed 23
fugam, exsilium, egestatem et omnis has, quae me premunt,
aerumnas cum anima simul amisisti. at ego infelix, in tanta
mala praecipitatus ex patrio regno, rerum humanarum spectaculum praebeo, incertus, quid agam, tuasne iniurias perse-
quar, ipse auxili egens, an regno consulam, quoius vitae necisque potestas ex opibus alienis pendet. utinam emori fortu- 24
nis meis honestus exitus esset neu vivere contemptus viderer,

Nur vor dem einen ist mir bange, der Gedanke an die persönliche Freundschaft mit Jugurtha könnte manchen, der sie nicht recht durchschaut, auf Abwege führen. Denn wie ich höre, setzen solche Leute alles in Bewegung, sie laufen herum und bestürmen jeden einzelnen von euch, daß ihr nur ja nicht über den abwesenden Jugurtha einen Beschluß faßt ohne richterliche Untersuchung; erlogen seien meine Worte, und meine Flucht sei nichts als Heuchelei, wo ich ja in meinem Reiche hätte bleiben dürfen. Ach, könnte ich doch den Menschen, dessen schändliche Verbrechen mich in dies Unglück gestürzt haben, einmal den gleichen Heuchler spielen sehen, und möchte doch bei euch oder bei den unsterblichen Göttern endlich einmal Teilnahme am Menschenschicksal wach werden: wahrhaftig, dann würde der Kerl, der jetzt mit seinen Verbrechen prahlt und Ruhm gewinnt, von bitterem Leid gepeinigt und müßte für den Undank gegen unsern Vater, für die Ermordung meines Bruders und für mein eignes Elend die verdiente schwere Buße zahlen. Schon jetzt, mein allerliebster Bruder, wird mir klar: mochte dir das Leben auch allzu früh entrissen werden und noch dazu von einem, der es ganz gewiß nicht durfte, trotzdem muß mich dein Los viel mehr erfreuen als betrüben. Denn nicht um deinen Thron bist du gekommen, nein, Flucht, Verbannung, Not und all die Kümmernisse, die mich quälen, blieben dir durch deinen Tod erspart. Ich Ärmster aber, vom stolzen Throne meiner Väter in solches Elend gestürzt, ich biete ein Schauspiel menschlichen Erlebens: unschlüssig bin ich, was ich tun soll, ob ich, selbst hilfsbedürftig, das dir angetane Unrecht rächen oder um mein eignes Reich mich kümmern soll – und dabei ist doch meine Gewalt über Leben und Tod nur von fremder Macht abhängig! Ja, wäre nur der Tod in meiner Lage ein ehrenvoller Ausgang, müßte ich nicht verächtlich scheinen, überhaupt zu leben, wenn ich, vom

si defessus malis iniuriae concessissem. nunc neque vivere lubet neque mori licet sine dedecore.

Patres conscripti, per vos, per liberos atque parentis vo- 25
stros, per maiestatem populi Romani, subvenite mihi misero,
ite obviam iniuriae, nolite pati regnum Numidiae, quod
vostrum est, per scelus et sanguinem familiae nostrae tabescere.'

XV. Postquam rex finem loquundi fecit, legati Iugurthae 1
largitione magis quam causa freti paucis respondent: Hiempsalem ob saevitiam suam ab Numidis interfectum, Adherbalem ultro bellum inferentem, postquam superatus sit, queri,
quod iniuriam facere nequivisset. Iugurtham ab senatu petere, ne se alium putarent, ac Numantiae cognitus esset, neu
verba inimici ante facta sua ponerent.

Deinde utrique curia egrediuntur. senatus statim con- 2
sulitur. fautores legatorum, praeterea senatus magna pars
gratia depravata Adherbalis dicta contemnere, Iugurthae virtutem extollere laudibus: gratia, voce, denique omnibus modis pro alieno scelere et flagitio, sua quasi pro gloria, nitebantur. at contra pauci, quibus bonum et aequom divitiis 3
carius erat, subveniundum Adherbali et Hiempsalis mortem
severe vindicandam censebant, sed ex omnibus maxume 4
Aemilius Scaurus, homo nobilis, inpiger, factiosus, avidus
potentiae, honoris, divitiarum, ceterum vitia sua callide occultans. is postquam videt regis largitionem famosam inpu- 5

Leid zermürbt, dem Unrecht weichen wollte! So aber mag ich nicht leben und kann nicht sterben ohne Schande.

Senatoren, um euretwillen, um eurer Kinder und Eltern, um der Würde des römischen Volkes willen, kommt mir in meiner Not zu Hilfe, tretet dem Unrecht entgegen und laßt nicht zu, daß das numidische Reich, das euch gehört, durch gemeinen Mord in unsrer Familie ein klägliches Ende findet."

Als der König seine Rede beendet hatte, erwiderten Jugurthas Gesandte, mehr im Vertrauen auf ihr Geld als ihre gute Sache, nur mit wenigen Worten: Hiempsal sei wegen seiner Grausamkeit von den Numidern getötet worden, Adherbal habe ohne Veranlassung den Krieg begonnen und beklage sich nun nach seiner Niederlage, daß ihm seine böse Absicht nicht geglückt sei. Jugurtha lasse den Senat bitten, ihn nicht anders einzuschätzen, als man ihn vor Numantia kennen lernte, und auf die Worte eines Feindes nicht mehr Wert zu legen als auf seine Taten.

Dann verlassen beide Parteien das Senatsgebäude, und sogleich beginnt man drinnen zu beraten. Die bestochenen Freunde der Gesandten, außerdem noch viele Senatoren, die durch persönlichen Einfluß gewonnen waren, äußerten sich geringschätzig über Adherbals Worte, Jugurthas Verdienste dagegen hoben sie in den Himmel. Kraft ihrer angesehenen Stellung, ihrer Redegabe, kurz, mit allen Mitteln kämpften sie für die verbrecherische Schandtat eines fremden Menschen, als gälte es nur ihrem eignen Ruhm. Die wenigen dagegen, denen Recht und Gerechtigkeit mehr bedeuteten als Reichtum, waren der Meinung, man müsse Adherbal zu Hilfe kommen und Hiempsals Ermordung streng bestrafen; unter allen aber am eifrigsten Aemilius Scaurus, ein Mann von altem Adel, rastlos tätig im politischen Getriebe, der zwar gierig war nach Macht, Ehre und Besitz, aber seine Fehler schlau zu verbergen wußte. Als er sah, wie offenkun-

dentemque, veritus, quod in tali re solet, ne polluta licentia invidiam adcenderet, animum a consueta lubidine continuit.

XVI. Vicit tamen in senatu pars illa, quae vero pretium 1 aut gratiam anteferebat. decretum fit, uti decem legati reg- 2 num, quod Micipsa obtinuerat, inter Iugurtham et Adherbalem dividerent. quoius legationis princeps fuit L. Opimius, homo clarus et tum in senatu potens, quia consul C. Graccho et M. Fulvio Flacco interfectis acerrume victoriam nobilitatis in plebem exercuerat. eum Iugurtha tametsi Ro- 3 mae in amicis habuerat, tamen accuratissume recepit, dando et pollicendo multa perfecit, uti fama, fide, postremo omnibus suis rebus commodum regis anteferret. reliquos le- 4 gatos eadem via adgressus plerosque capit, paucis carior fides quam pecunia fuit. in divisione, quae pars Numidiae 5 Mauretaniam adtingit, agro virisque opulentior, Iugurthae traditur; illam alteram specie quam usu potiorem, quae portuosior et aedificiis magis exornata erat, Adherbal possedit.

XVII. Res postulare videtur Africae situm paucis expo- 1 nere et eas gentis, quibuscum nobis bellum aut amicitia fuit, adtingere. sed quae loca et nationes ob calorem aut asperita- 2 tem, item solitudines minus frequentata sunt, de iis haud facile conpertum narraverim. cetera quam paucissumis absolvam.

dig und schamlos des Königs Bestechungsversuche waren, da fürchtete er, das unsaubere und freche Beginnen könnte – wie in solchen Fällen üblich – Haß erregen, und so hielt er die gewohnte Leidenschaft im Zaume.

Es siegte trotzdem im Senate die Partei, die Geld oder Gunst höher stellte als die Wahrheit. Man beschloß, zehn Abgesandte sollten das Reich, das Micipsa einst besessen hatte, zwischen Jugurtha und Adherbal teilen. Führer dieser Gesandtschaft war Lucius Opimius, ein angesehener Mann, der damals im Senat viel galt; denn nach Ermordung des Gaius Gracchus und Marcus Fulvius Flaccus hatte er als Konsul die Überlegenheit des Adels aufs schärfste gegen die Plebejer ausgenutzt. Jugurtha hatte ihn zwar in Rom zu seinen Freunden gezählt, trotzdem empfing er ihn mit ausgesuchter Höflichkeit und brachte ihn durch reiche Geschenke und Versprechungen dazu, Ehre und Gewissen, kurz, alle eigenen Interessen für des Königs Vorteil preiszugeben. Die übrigen Gesandten suchte er auf gleichem Wege zu gewinnen; die meisten bekam er so auf seine Seite, nur wenigen stand ihre Ehre höher als das Geld. Bei der Teilung wies man Jugurtha das Stück Numidiens zu, das an Mauretanien grenzt und reicher war an Ackerland und Menschen; den andern Teil, der mehr dem Aussehn als dem inneren Wert nach besser war, weil er mehr Häfen und mehr schöne Häuser hatte, den bekam Adherbal.

An dieser Stelle scheint es mir notwendig, eine kurze Beschreibung Afrikas zu geben und die Völker aufzuzählen, mit denen wir Kriege führten oder Freundschaft pflegten. Von den Gegenden und Stämmen freilich, die wegen des heißen Klimas und der Unwirtlichkeit, auch wegen ihrer weiten Wüsten kaum aufgesucht wurden, von denen kann ich nicht leicht etwas Zuverlässiges berichten; das übrige will ich so kurz wie möglich schildern.

In divisione orbis terrae plerique in parte tertia Africam   3
posuere, pauci tantum modo Asiam et Europam esse, sed
Africam in Europa. ea finis habet ab occidente fretum nostri   4
maris et Oceani, ab ortu solis declivem latitudinem, quem
locum Catabathmon incolae appellant. mare saevom, inpor-   5
tuosum. ager frugum fertilis, bonus pecori, arbori infecun-
dus. caelo terraque penuria aquarum. genus hominum sa-   6
lubri corpore, velox, patiens laborum; ac plerosque senectus
dissolvit, nisi qui ferro aut bestiis interiere, nam morbus haud
saepe quemquam superat. ad hoc malefici generis pluruma
animalia.

Sed qui mortales initio Africam habuerint quique postea   7
adcesserint aut quo modo inter se permixti sint, quamquam
ab ea fama, quae plerosque obtinet, divorsum est, tamen,
uti ex libris Punicis, qui regis Hiempsalis dicebantur, inter-
pretatum nobis est utique rem sese habere cultores eius terrae
putant, quam paucissumis dicam. ceterum fides eius rei penes auctores erit.

XVIII. Africam initio habuere Gaetuli et Libyes, asperi   1
incultique, quis cibus erat caro ferina atque humi pabulum,
uti pecoribus. ii neque moribus neque lege aut imperio   2
quoiusquam regebantur: vagi, palantes, quas nox coegerat,
sedes habebant. sed postquam in Hispania Hercules, sicuti   3
Afri putant, interiit, exercitus eius, conpositus ex variis gentibus, amisso duce ac passim multis sibi quisque imperium
petentibus brevi dilabitur. ex eo numero Medi, Persae et   4
Armenii navibus in Africam transvecti proxumos nostro mari
locos occupavere, sed Persae intra Oceanum magis, iique al-   5

Bei der Einteilung der Erde setzten die meisten Afrika an
dritte Stelle; einige nahmen nur zwei Erdteile an, Asien und
Europa, und rechneten Afrika zu Europa Afrikas Grenzen
sind nach Westen die Meerenge zwischen Mittelmeer und
Ozean, nach Osten die breite Abdachung, die die Bewohner
Katabathmos nennen. Das Meer ist stürmisch, arm an Häfen; der Boden geeignet für Ackerbau und gut zur Viehzucht, aber ohne Bäume; Himmel und Erde mangelt es an
Wasser. Die Menschen haben einen gesunden Körper, sind
behend und ausdauernd bei der Arbeit; die meisten rafft
erst das Alter hin, wenn sie nicht durch Waffen oder wilde
Tiere umgekommen sind; denn Krankheit überwältigt selten einen. Auch große Mengen giftiger Tiere gibt es dort.

Von den ältesten Bewohnern Afrikas, von den späteren
Einwanderern und der Art ihrer Vermischung will ich ganz
kurz berichten, wie es uns aus den punischen Werken, die
man dem König Hiempsal zuschrieb, überliefert ist und wie
die Bewohner dieses Landes sich die Sache denken, mag diese
Schilderung auch von dem allgemein verbreiteten Gerede
ganz verschieden sein. Aber die Verantwortung dafür müssen die Quellen tragen.

Afrika bewohnten ursprünglich Gätuler und Libyer, rohe
und ungebildete Menschen, die vom Fleische wilder Tiere
und von Pflanzen lebten wie das Vieh. Nicht Sitte noch Gesetz, auch keine Obrigkeit regierte sie; unstet und vereinzelt
streiften sie umher und ließen sich dort nieder, wo die Nacht
sie überraschte. Als aber Herkules in Spanien – wie die Afri-
kaner glauben – umgekommen war, da lief sein aus verschiedenen Stämmen aufgestelltes Heer rasch auseinander,
denn ihr Führer war tot, und wahllos suchten viele nun für
sich die Führung zu gewinnen. Von diesen fuhren Meder,
Perser, auch Armenier zu Schiff nach Afrika und nahmen
die dicht am Mittelmeer gelegene Gegend in Besitz, die Per-

veos navium invorsos pro tuguriis habuere, quia neque materia in agris neque ab Hispanis emundi aut mutandi copia erat: mare magnum et ignara lingua conmercio prohibebant. ii paulatim per conubia Gaetulos secum miscuere et, quia saepe temptantes agros alia, deinde alia loca petiverant, semet ipsi Numidas appellavere. ceterum adhuc aedificia Numidarum agrestium, quae mapalia illi vocant, oblonga, incurvis lateribus tecta quasi navium carinae sunt. Medis autem et Armeniis adcessere Libyes – nam ii propius mare Africum agitabant, Gaetuli sub sole magis, haud procul ab ardoribus – iique mature oppida habuere; nam freto divisi ab Hispania mutare res inter se instituerant. nomen eorum paulatim Libyes conrupere, barbara lingua Mauros pro Medis appellantes. sed res Persarum brevi adolevit, ac postea nomine Numidae, propter multitudinem a parentibus digressi, possedere ea loca, quae proxuma Carthaginem Numidia appellatur. deinde utrique alteris freti finitumos armis aut metu sub imperium suom coegere, nomen gloriamque sibi addidere, magis ii, qui ad nostrum mare processerant, quia Libyes quam Gaetuli minus bellicosi. denique Africae pars inferior pleraque ab Numidis possessa est, victi omnes in gentem nomenque imperantium concessere.

XIX. Postea Phoenices, alii multitudinis domi minuendae gratia, pars imperi cupidine, sollicitata plebe et aliis novarum

ser mehr das Land am Ozean. Umgedrehte Schiffe benutzten sie als Hütten, weil es im Land kein Bauholz gab und keine Möglichkeit, von den Spaniern welches zu kaufen oder einzutauschen; die Weite des Meeres und die Unkenntnis der Sprache machten ja den Handel hier unmöglich. Diese Leute vermischten sich durch Heiraten allmählich mit den Gätulern, und da sie auf der Suche nach Ackerland häufig bald in diese, bald in jene Gegend zogen, nannten sie sich selbst Nomadenvolk. Übrigens sind noch heute die Häuser dieser numidischen Bauern länglich, haben gewölbte Seitenwände, und ihre Dächer sehen einem Schiffskiel ähnlich; „Mapalia" ist die numidische Bezeichnung. Den Medern und Armeniern gesellten sich die Libyer zu – diese wohnten näher am Mittelmeer, die Gätuler dagegen mehr unter der Sonne, nicht weit von der heißen Zone – sie hatten auch frühzeitig Städte, denn nur durch eine Meerenge von Spanien getrennt, hatten sie Tauschhandel miteinander angefangen. Ihren Namen entstellten die Libyer allmählich und nannten sie in ihrer plumpen Sprache Mauren anstatt Meder. Die Macht der Perser aber wuchs in kurzer Zeit; später trennten sie sich wegen Übervölkerung von ihrem Stamme und besetzten unter dem Namen Numider die Gegend ganz nahe bei Karthago, die seitdem Numidien heißt. Danach zwangen beide Stammesgruppen, die sich gegenseitig stützten, ihre Nachbarn durch Waffengewalt oder Drohungen unter ihre Herrschaft und erwarben sich so einen angesehenen Namen; die besonders, die einst bis zum Mittelmeer vordrangen; denn die Libyer waren weniger streitbar als die Gätuler. Schließlich wurde fast die ganze afrikanische Küste von den Numidern besetzt, die Besiegten gingen alle in dem Volk und in dem Namen ihrer Überwinder auf.

Später gründeten die Phönizier Hippo, Hadrumetum, Leptis und andre Städte an der Meeresküste, teils um die

rerum avidis, Hipponem, Hadrumetum, Leptim aliasque
urbis in ora marituma condidere, eaeque brevi multum auctae pars originibus suis praesidio, aliae decori fuere. nam   2
de Carthagine silere melius puto quam parum dicere, quoniam alio properare tempus monet.

Igitur ad Catabathmon, qui locus Aegyptum ab Africa di-   3
vidit, secundo mari prima Cyrene est, colonia Theraeon, ac
deinceps duae Syrtes interque eas Leptis, deinde Philaenon
arae, quem locum Aegyptum vorsus finem imperi habuere
Carthaginienses, post aliae Punicae urbes. cetera loca usque   4
ad Mauretaniam Numidae tenent, proxumi Hispaniam
Mauri sunt. super Numidiam Gaetulos accepimus partim   5
in tuguriis, alios incultius vagos agitare, post eos Aethiopas   6
esse, dehinc loca exusta solis ardoribus.

Igitur bello Iugurthino pleraque ex Punicis oppida et finis   7
Carthaginiensium, quos novissume habuerant, populus Romanus per magistratus administrabat; Gaetulorum magna
pars et Numidae usque ad flumen Muluccham sub Iugurtha
erant; Mauris omnibus rex Bocchus imperitabat, praeter nomen cetera ignarus populi Romani itemque nobis neque bello
neque pace antea cognitus. de Africa et eius incolis ad neces-   8
situdinem rei satis dictum.

XX. Postquam diviso regno legati Africa decessere et Iu-   1
gurtha contra timorem animi praemia sceleris adeptum sese

Übervölkerung daheim zu mindern, andre taten es aus Herrschsucht und hatten erst die Masse und auch abenteuerlustige Kerle dazu angeregt; diese Orte standen rasch in hoher Blüte und brachten ihrer Mutterstadt bald Schutz, bald Ruhm und Ehre. Und Karthago? Die Zeit drängt, vorwärts zu eilen; so ist's wohl besser, gar nicht als zu kurz davon zu reden.

Vor Katabathmos also, der Grenze zwischen Ägypten und Afrika, liegt längs der Meeresküste erst Kyrene, eine Siedlung der Theräer, danach die beiden Syrten und zwischen ihnen Leptis, sodann Philaenon Arae, das die Grenze des Karthagerreiches vor Ägypten bildet, dahinter andre punische Städte. Das übrige Land bis nach Mauretanien halten die Numider besetzt; die nächsten Nachbarn der Spanier sind die Mauren. Südlich von Numidien sollen die Gätuler teils in Hütten wohnen, andere noch roher ein Nomadenleben führen; hinter diesen, heißt es, kommen die Äthiopen und dann Gegenden, die durch die Sonnenhitze ganz verbrannt sind.

Zur Zeit des Jugurthinischen Krieges ließ das Römervolk die meisten von den punischen Städten und das Gebiet der Karthager, das diese noch zuletzt besessen hatten, durch Beamte verwalten; ein großer Teil des Gätulerlandes und Numidiens bis zum Muluccha stand unter Jugurthas Herrschaft; über alle Mauren gebot König Bocchus, der das römische Volk nur dem Namen nach kannte und ebenso auch uns vorher weder im Kriege noch im Frieden bekannt geworden war. Über Afrika und seine Bewohner ist damit alles zum Zusammenhang Erforderliche zur Genüge dargestellt. —

Nach der Teilung des Reiches hatten die Gesandten Afrika verlassen. Jugurtha sah sich entgegen seinen Befürchtungen sogar belohnt für seinen Frevel, und die Behaup-

videt, certum esse ratus, quod ex amicis apud Numantiam
acceperat, omnia Romae venalia esse, simul et illorum pollicitationibus accensus, quos paulo ante muneribus expleverat,
in regnum Adherbalis animum intendit. ipse acer, bellicosus; 2
at is, quem petebat, quietus, inbellis, placido ingenio, opportunus iniuriae, metuens magis quam metuendus. igitur ex 3
inproviso finis eius cum magna manu invadit, multos mortalis cum pecore atque alia praeda capit, aedificia incendit,
pleraque loca hostiliter cum equitatu adcedit, deinde cum 4
omni multitudine in regnum suom convortit, existumans
Adherbalem dolore permotum iniurias suas manu vindica-
turum eamque rem belli causam fore. at ille, quod neque se 5
parem armis existumabat et amicitia populi Romani magis
quam Numidis fretus erat, legatos ad Iugurtham de iniuriis
questum misit. qui tametsi contumeliosa dicta rettulerant, prius
tamen omnia pati decrevit quam bellum sumere, quia temp-
tatum antea secus cesserat. neque eo magis cupido Iugurthae 6
minuebatur, quippe qui totum eius regnum animo iam invaserat. itaque non uti antea, cum praedatoria manu, sed 7
magno exercitu conparato bellum gerere coepit et aperte
totius Numidiae imperium petere. ceterum, qua pergebat, 8
urbis, agros vastare, praedas agere, suis animum, hostibus terrorem augere.

XXI. Adherbal ubi intellegit eo processum, uti regnum 1
aut reliquendum esset aut armis retinendum, necessario co-

tung seiner Freunde vor Numantia wurde ihm nun zur Gewißheit, in Rom sei für Geld alles zu haben. Noch dazu
durch die Versprechungen der Leute ermutigt, die er vor
kurzem reich beschenkt hatte, richtete er jetzt seinen Sinn
auf Adherbals Reich. Er selbst war energisch, eine Kampf-
natur, der andre aber, auf den er's abgesehen hatte, ein
Freund der Ruhe und des Friedens, sanftmütig, wehrlos
gegen Unrecht, mehr furchtsam als furchtbar. Also fiel Jugurtha unversehens mit einer großen Schar in sein Gebiet
ein, schleppte Menschen, Vieh und andre Beute mit sich
fort, steckte Häuser in Brand und durchstreifte plündernd
den größten Teil des Landes mit seiner Reiterei; dann
kehrte er mit allen Truppen wieder in sein Reich zurück in
der Erwartung, Adherbal werde voll Erbitterung das erlit-
tene Unrecht mit bewaffneter Hand rächen und ihm so Veranlassung zum Kriege geben. Der aber fühlte sich ihm im
Felde nicht gewachsen und verließ sich mehr auf die Freundschaft mit dem römischen Volke als auf die Numider; deshalb schickte er Gesandte an Jugurtha, um sich über das ihm
angetane Unrecht zu beschweren. Diese brachten ihm zwar
eine beleidigende Antwort, trotzdem beschloß er, sich lieber
alles gefallen zu lassen als zu den Waffen zu greifen, da der
erste Versuch so übel ausgegangen war. Aber dadurch wuchs
die Gier Jugurthas um so mehr, denn in Gedanken hatte er
Adherbals ganzes Reich schon eingenommen. Nicht wie zuvor mit einer plündernden Streifschar, sondern mit einem
großen, wohlgerüsteten Heer begann er nun den Krieg und
trachtete unverhohlen nach der Herrschaft über ganz Numidien. Wohin er vordrang, verwüstete er Städte und Felder, schleppte Beute weg und mehrte so bei den Seinen den
Kampfesmut, bei den Feinden den Schrecken.

Adherbal sah nun, daß ihm nur die Wahl blieb, sein Reich
ganz aufzugeben oder mit den Waffen zu behaupten; da rü-

pias parat et Iugurthae obvius procedit. interim haud longe ²
a mari prope Cirtam oppidum utriusque exercitus consedit,
et, quia diei extremum erat, proelium non inceptum. sed ubi
plerumque noctis processit, obscuro etiam tum lumine milites Iugurthini signo dato castra hostium invadunt, semisom-
nos partim, alios arma sumentis fugant funduntque. Adherbal cum paucis equitibus Cirtam profugit, et, ni multitudo
togatorum fuisset, quae Numidas insequentis moenibus pro-
hibuit, uno die inter duos reges coeptum atque patratum bellum foret. igitur Iugurtha oppidum circumsedit, vineis tur- ³
ribusque et machinis omnium generum expugnare adgreditur, maxume festinans tempus legatorum antecapere, quos
ante proelium factum ab Adherbale Romam missos audiverat.

Sed postquam senatus de bello eorum accepit, tres adu- ⁴
lescentes in Africam legantur, qui ambos reges adeant, senatus populique Romani verbis nuntient velle et censere eos ab
armis discedere, de controvorsiis suis iure potius, quam bello,
disceptare: ita seque illisque dignum esse.

XXII. Legati in Africam maturantes veniunt, eo magis, ¹
quod Romae, dum proficisci parant, de proelio facto et op-
pugnatione Cirtae audiebatur; sed is rumor clemens erat.
quorum Iugurtha accepta oratione respondit sibi neque ²
maius quicquam neque carius auctoritate senatus esse. ab
adulescentia ita se enisum, ut ab optumo quoque probaretur;

stete er notgedrungen ein Heer und trat Jugurtha entgegen. Einstweilen lagerten sich beider Truppen nicht weit vom Meere nahe bei der Stadt Cirta; weil der Tag zur Neige ging, kam es nicht mehr zum Kampfe. Als aber der größte Teil der Nacht verstrichen war, überfielen Jugurthas Soldaten auf ein gegebenes Zeichen noch in der Dunkelheit das feindliche Lager und schlugen die Gegner, die noch halb im Schlafe lagen oder zu den Waffen griffen, Hals über Kopf in die Flucht. Adherbal entkam mit einigen Reitern nach Cirta, und hätte hier nicht eine Menge römischer Bürger die nachdrängenden Numider an den Mauern abgewehrt, so wäre an einem Tage der Krieg zwischen den beiden Königen begonnen und beendet worden. Also schloß Jugurtha die Stadt ein und versuchte sie mit Sturmdächern, Türmen und Belagerungswerken aller Art zu erobern; dabei trieb er zur höchsten Eile, um den Gesandten zuvorzukommen, die von Adherbal schon vor dem Kampf, wie er gehört hatte, nach Rom geschickt waren.

Auf die Nachricht von diesem Kriege wurden vom Senat drei junge Männer nach Afrika abgeordnet; sie sollten beide Könige aufsuchen und ihnen feierlich verkünden, nach Willen und Beschluß des Senates und Volkes von Rom hätten sie die Waffen niederzulegen und ihre Streitigkeiten besser auf dem Rechtswege als durch Krieg zu entscheiden; so sei es ihrer und der Römer würdig.

Die Gesandten beschleunigten ihre Fahrt nach Afrika um so mehr, weil während der Vorbereitungen zur Abreise in Rom sich die Kunde verbreitete, eine Schlacht sei schon geschlagen und Cirta werde bestürmt; doch dies Gerücht war noch harmlos. Als Jugurtha ihre Botschaft angehört hatte, erwiderte er, nichts in der Welt sei ihm wichtiger und nichts teurer als der Wille des Senates. Von früher Jugend an habe er sich ehrlich drum bemüht, die Anerkennung der Besten

virtute, non malitia P. Scipioni, summo viro, placuisse; ob easdem artis a Micipsa, non penuria liberorum in regnum adoptatum esse. ceterum, quo plura bene atque strenue fecisset, eo animum suom iniuriam minus tolerare. Adherbalem dolis vitae suae insidiatum. quod ubi conperisset, sceleri eius obviam isse. populum Romanum neque recte neque pro bono facturum, si ab iure gentium sese prohibuerit. postremo de omnibus rebus legatos Romam brevi missurum. ita utrique digrediuntur. Adherbalis appellandi copia non fuit.

XXIII. Iugurtha ubi eos Africa decessisse ratus est neque propter loci naturam Cirtam armis expugnare potest, vallo atque fossa moenia circumdat, turris exstruit easque praesidiis firmat. praeterea dies noctisque aut per vim aut dolis temptare, defensoribus moenium praemia modo, modo formidinem ostentare, suos hortando ad virtutem adrigere: prorsus intentus cuncta parare.

Adherbal ubi intellegit omnis suas fortunas in extremo sitas, hostem infestum, auxili spem nullam, penuria rerum necessariarum bellum trahi non posse, ex iis, qui una Cirtam profugerant, duos maxume inpigros delegit: eos multa pollicendo ac miserando casum suom confirmat, uti per hostium munitiones noctu ad proxumum mare, dein Romam pergerent.

zu finden; durch tapfere Haltung, nicht durch Schlechtigkeit habe er den Beifall des großen Publius Scipio gewonnen, und wegen der gleichen Eigenschaften sei er von Micipsa, dem es doch nicht an Kindern fehlte, zum Mitregenten gemacht. Aber je mehr Beweise seiner Tüchtigkeit und seines Mutes er gegeben habe, um so weniger könne er sich Unrecht gefallen lassen. Adherbal habe ihm heimtückisch nach dem Leben getrachtet; sobald ihm dies bekannt geworden, habe er sich seinem verbrecherischen Plane widersetzt. Das römische Volk handle nicht richtig und nicht klug, wenn es ihn an der Ausübung des Völkerrechtes hindere. Übrigens wolle er wegen all dieser Fragen demnächst Gesandte nach Rom schicken. So gingen beide Teile auseinander; mit Adherbal zu sprechen, bot sich keine Möglichkeit.

Bald hatte sich Jugurtha von ihrer Abreise aus Afrika überzeugt. Cirta im Sturm zu nehmen, war wegen seiner Lage nicht möglich; so umschloß er die Mauern mit Wall und Graben, errichtete Türme und sicherte sie durch Besatzungen. Dazu versuchte er Tag und Nacht mit Gewalt oder mit List etwas zu erreichen; den Verteidigern der Mauern stellte er bald Belohnungen, bald Schreckbilder vor Augen, die Seinen wußte er durch Zuspruch zu tapferem Handeln mitzureißen, mit einem Worte, voller Eifer sorgte er für alles.

Adherbal sah jetzt klar: sein ganzes Schicksal war in äußerster Gefahr, der Feind war unerbittlich, auf Hilfe gab es nirgends Hoffnung, und aus Mangel am Nötigsten ließ sich der Krieg nicht auf die Dauer weiterführen — deshalb wählte er von denen, die sich jüngst mit ihm nach Cirta flüchteten, zwei recht beherzte Männer aus; die ermutigte er durch reiche Versprechungen und durch Klagen über sein Unglück, bei Nacht durch die feindlichen Befestigungen zum nächsten Punkt der Meeresküste und von da nach Rom zu eilen.

XXIV. Numidae paucis diebus iussa efficiunt. litterae Ad- 1
herbalis in senatu recitatae, quarum sententia haec fuit:

'Non mea culpa saepe ad vos oratum mitto, patres con- 2
scripti, sed vis Iugurthae subigit, quem tanta lubido exstin-
guendi me invasit, ut neque vos neque deos inmortalis in animo habeat, sanguinem meum quam omnia malit. itaque 3
quintum iam mensem socius et amicus populi Romani armis
obsessus teneor; neque mihi Micipsae, patris mei, beneficia
neque vostra decreta auxiliantur; ferro an fame acrius urgear,
incertus sum.

Plura de Iugurtha scribere dehortatur me fortuna mea, et 4
iam antea expertus sum parum fidei miseris esse. nisi tamen 5
intellego illum supra quam ego sum petere neque simul amicitiam vostram et regnum meum sperare. utrum gravius existumet, nemini occultum est. nam initio occidit Hiempsalem, 6
fratrem meum, deinde patrio regno me expulit. quae sane
fuerint nostrae iniuriae, nihil ad vos. verum nunc vostrum 7
regnum armis tenet, me, quem vos imperatorem Numidis
posuistis, clausum obsidet; legatorum verba quanti fecerit,
pericula mea declarant. quid est reliquom, nisi vis vostra, 8
quo moveri possit? nam ego quidem vellem, et haec, quae 9
scribo, et illa, quae antea in senatu questus sum, vana forent
potius, quam miseria mea fidem verbis faceret.

Die Numider richteten in wenigen Tagen ihren Auftrag aus. Adherbals Schreiben wurde im Senat verlesen; so war sein Inhalt:

„Nicht meine Schuld ist es, Senatoren, wenn ich euch so oft mit Bitten nahe, sondern Jugurthas Gewalttätigkeit zwingt mich dazu. Ihn befiel eine solche Gier, mich zu vernichten, daß er nicht an euch und nicht an die unsterblichen Götter denkt: mein Blut will er vor allem sehen. So werde ich, der Verbündete und Freund des Römervolkes, schon mehr als vier Monate mit Heeresmacht bedrängt und eingeschlossen; weder die Güte meines Vaters Micipsa noch eure Beschlüsse können mir helfen; ob ich vom Schwert, ob ich vom Hunger mehr zu leiden habe, weiß ich nicht.

Mehr von Jugurtha zu schreiben, warnt mich meine schlimme Lage, und schon früher mußte ich ja erfahren, daß Unglückliche wenig Glauben finden. Indes ich weiß genau: nicht nur auf meine Person hat er es abgesehen, und nicht auf eure Freundschaft und auf meinen Thron zugleich kann er sich Hoffnung machen. Was er davon für wichtiger hält, bleibt keinem rätselhaft. Denn erst ermordete er meinen Bruder Hiempsal, dann vertrieb er mich aus meinem angestammten Reich – das mochte freilich als ein Unrecht gelten, das nur mich betraf und euch nichts weiter anging. Aber euer Reich ist es jetzt, das er durch Waffengewalt in seiner Hand hat, und mich, den ihr doch einst den Numidern zum Herrscher eingesetzt, hält er nun durch Belagerung eingeschlossen. Wie wenig er auf eurer Abgesandten Worte gibt, stellt meine gefährliche Lage klar vor Augen. Was bleibt außer eurer Macht noch übrig, das auf ihn Eindruck machen könnte? Ich persönlich wünschte, mein heutiges Schreiben und alle meine früheren Klagen im Senate wären aus der Luft gegriffen, statt daß mein Elend erst meinen Worten Glauben schüfe.

Sed quoniam eo natus sum, ut Iugurthae scelerum ostentui essem, non iam mortem neque aerumnas, tantum modo
inimici imperium et cruciatus corporis deprecor. regno Numidiae, quod vostrum est, uti lubet, consulite: me manibus
inpiis eripite, per maiestatem imperi, per amicitiae fidem, si
ulla apud vos memoria remanet avi mei Masinissae.'

XXV. His litteris recitatis fuere, qui exercitum in Africam
mittundum censerent et quam primum Adherbali subveniundum: de Iugurtha interim uti consuleretur, quoniam legatis non paruisset. sed ab isdem illis regis fautoribus summa
ope enisum, ne tale decretum fieret. ita bonum publicum,
ut in plerisque negotiis solet, privata gratia devictum. legantur tamen in Africam maiores natu nobiles, amplis honoribus
usi. in quis fuit M. Scaurus, de quo supra memoravimus, con-
sularis et tum senatus princeps. ii, quod res in invidia erat,
simul et ab Numidis obsecrati, triduo navem ascendere. dein
brevi Uticam adpulsi litteras ad Iugurtham mittunt: quam
ocissume ad provinciam adcedat, seque ad eum ab senatu
missos.

Ille ubi accepit homines claros, quorum auctoritatem Romae pollere audiverat, contra inceptum suom venisse, primo
conmotus metu atque lubidine divorsus agitabatur: timebat
iram senatus, ni paruisset legatis; porro animus cupidine cae-

Doch ich bin nun einmal dazu geboren, einem Jugurtha zur Schaustellung seiner Verbrechen zu dienen; deshalb bitte ich schon nicht mehr, Tod und Mühsal, sondern nur meines Feindes Gewalttätigkeit und körperliche Qualen von mir fernzuhalten. Über das Reich Numidien, das euch gehört, verfügt nach euerm Belieben; nur mich errettet aus den Händen dieses Verbrechers, bei der Hoheit eures Reiches, bei eurer Freundestreue flehe ich darum, wenn noch die geringste Spur vom Andenken an meinen Großvater Masinissa bei euch lebt."

Nach Verlesung dieses Schreibens stellten einige den Antrag, man solle ein Heer nach Afrika schicken und so schnell wie möglich Adherbal Hilfe bringen; über Jugurthas Bestrafung solle man inzwischen beraten; denn er habe den Gesandten den Gehorsam verweigert. Aber wiederum wirkten die bekannten Freunde des Königs mit aller Kraft darauf hin, einen solchen Beschluß zu verhindern; so mußte das Wohl des Staates, wie es in den meisten Fällen zu gehen pflegt, vor den persönlichen Interessen zurücktreten. Doch wurden jetzt ältere Männer von Adel, die hohe Ehrenämter bekleidet hatten, nach Afrika abgeordnet. Unter ihnen war der früher erwähnte Marcus Scaurus, ein ehemaliger Konsul und jetzt der Erste im Senat. Weil die Sache Unwillen erregte und auch die Numider dringend darum baten, fuhren die Gesandten schon nach drei Tagen ab. Bald darauf landeten sie bei Utika und schickten ein Schreiben an Jugurtha, er solle schleunigst in die römische Provinz kommen, sie seien vom Senate an ihn abgesandt.

Erst schwankte er voll Unruhe hin und her zwischen Furcht und leidenschaftlichem Verlangen, als er erfuhr, erlauchte Männer, von deren mächtigem Einfluß in Rom er gehört hatte, seien eingetroffen, um seinen Plänen entgegenzutreten: er fürchtete den Zorn des Senates, falls er den Ge-

cus ad inceptum scelus rapiebat. vicit tamen in avido in- 8
genio pravom consilium. igitur exercitu circumdato summa 9
vi Cirtam inrumpere nititur, maxume sperans diducta manu
hostium aut vi aut dolis sese casum victoriae inventurum.
quod ubi secus procedit neque, quod intenderat, efficere pot- 10
est, ut, prius quam legatos conveniret, Adherbalis potiretur,
ne amplius morando Scaurum, quem plurumum metuebat,
incenderet, cum paucis equitibus in provinciam venit. ac ta- 11
metsi senati verbis graves minae nuntiabantur, quod ab op-
pugnatione non desisteret, multa tamen oratione consumpta
legati frustra discessere.

XXVI. Ea postquam Cirtae audita sunt, Italici, quorum 1
virtute moenia defensabantur, confisi deditione facta propter
magnitudinem populi Romani inviolatos sese fore, Adherbali suadent, uti seque et oppidum Iugurthae tradat, tantum
ab eo vitam paciscatur: de ceteris senatui curae fore. at ille, 2
tametsi omnia potiora fide Iugurthae rebatur, tamen, quia
penes eosdem, si advorsaretur, cogundi potestas erat, ita, uti
censuerant Italici, deditionem facit. Iugurtha in primis Ad- 3
herbalem excruciatum necat, deinde omnis puberes Numidas
atque negotiatores promiscue, uti quisque armatus obvius
fuerat, interficit.

XXVII. Quod postquam Romae cognitum est et res in 1
senatu agitari coepta, idem illi ministri regis interpellando ac

sandten den Gehorsam weigerte; dann wieder trieb ihn sein von Gier verblendeter Sinn zu dem begonnenen Verbrechen. Schließlich siegte in dem unersättlichen Menschen doch der Wille zum Bösen. So schloß er Cirta mit seinen Truppen ein und suchte mit aller Macht die Stadt zu stürmen, denn er hoffte zuversichtlich, bei Zersplitterung der feindlichen Kräfte werde er mit Gewalt oder List eine Möglichkeit zum Siege finden. Doch dieser Plan mißlang, und auch die Absicht, noch vor der Zusammenkunft mit den Gesandten sich Adherbals zu bemächtigen, ließ sich nicht erreichen; so erschien er denn mit einigen Reitern in der römischen Provinz; denn er wollte nicht durch längeres Zögern Scaurus reizen, den er am meisten fürchtete. Zwar wurden ihm im Auftrag des Senates schwere Drohungen überbracht, weil er von der Belagerung nicht lassen wollte, doch nach vielen unnütz verschwendeten Worten mußten die Gesandten ohne Erfolg wieder abziehen.

Dies erfuhr man in Cirta. Da rieten die Italiker, die die Mauern immer noch tapfer verteidigten, dem Adherbal, sich und die Stadt an Jugurtha auszuliefern; denn sie waren überzeugt, nach der Übergabe würden sie um des großen römischen Volkes willen unangetastet bleiben; nur das Leben solle er sich von ihm ausbedingen, für das übrige werde der Senat schon sorgen. Zwar glaubte Adherbal an alles eher als an Jugurthas Wort, weil aber eben die Italiker die Macht hatten, ihn zu zwingen, falls er sich widersetzte, ergab er sich nach ihrem Vorschlag. Jugurtha ließ vor allem Adherbal unter Martern hinrichten, dann alle erwachsenen Numider und alle Kaufleute ohne Unterschied erschlagen, soweit man sie mit Waffen angetroffen hatte.

Als man dies in Rom erfuhr und die Sache im Senat zur Sprache kam, suchten wieder jene bekannten Freunde des Königs Einwendungen zu machen, meist durch ihren per-

saepe gratia, interdum iurgiis trahundo tempus, atrocitatem
facti leniebant. ac ni C. Memmius, tribunus plebis designa- 2
tus, vir acer et infestus potentiae nobilitatis, populum Romanum edocuisset id agi, ut per paucos factiosos Iugurthae
scelus condonaretur, profecto omnis invidia prolatandis con-
sultationibus dilapsa foret: tanta vis gratiae atque pecuniae
regis erat. sed ubi senatus delicti conscientia populum timet, 3
lege Sempronia provinciae futuris consulibus Numidia atque
Italia decretae. consules declarati P. Scipio Nasica, L. Bestia 4
Calpurnius; Calpurnio Numidia, Scipioni Italia obvenit. 5
deinde exercitus, qui in Africam portaretur, scribitur,
stipendium aliaque quae bello usui forent, decernuntur.

XXVIII. At Iugurtha contra spem nuntio accepto, quippe 1
quoi Romae omnia venire in animo haeserat, filium et cum
eo duos familiaris ad senatum legatos mittit iisque uti illis,
quos Hiempsale interfecto miserat, praecipit, omnis mortalis
pecunia adgrediantur. qui postquam Romam adventabant, 2
senatus a Bestia consultus est. placeretne legatos Iugurthae
recipi moenibus, iique decrevere, nisi regnum ipsumque de-
ditum venissent, uti in diebus proxumis decem Italia dece-
derent. consul Numidis ex senatus decreto nuntiari iubet. ita 3
infectis rebus illi domum discedunt.

Interim Calpurnius parato exercitu legat sibi homines no- 4

sönlichen Einfluß, manchmal auch durch Zänkereien die
Verhandlungen zu verschleppen und so den schrecklichen
Eindruck der Tat zu mildern. Und hätte nicht der fürs
nächste Jahr gewählte Volkstribun Gaius Memmius, ein
energischer Mann und erbitterter Feind der mächtigen
Adelspartei, das römische Volk aufgeklärt, man beabsichtige
durch ein paar Parteileute dem Verbrechen Jugurthas Straflosigkeit zu erwirken – wahrhaftig, die ganze Erbitterung
wäre durch Verschleppen der Beratungen geschwunden; so
stark wirkte der Einfluß und das Geld des Königs. Wie aber
der Senat im Bewußtsein seiner Schuld vorm Volke Angst
bekam, wurden dem Sempronischen Gesetz gemäß Numidien und Italien den zukünftigen Konsuln als Wirkungskreis
bestimmt; zu Konsuln wählte man Publius Scipio Nasica
und Lucius Bestia Calpurnius; diesem fiel Numidien zu, dem
Scipio Italien. Dann wurde ein Heer ausgehoben, das nach
Afrika übergesetzt werden sollte; Sold und anderer Kriegsbedarf wurden bewilligt.

Diese Nachricht traf Jugurtha völlig unerwartet; denn in
seinem Herzen hatte sich die Meinung festgesetzt, in Rom
sei alles käuflich. Daher schickte er seinen Sohn und mit ihm
zwei vertraute Freunde als Gesandte an den Senat und gab
ihnen denselben Auftrag wie den anderen, die er nach
Hiempsals Ermordung geschickt hatte: sie sollten alle Leute
durch Geld zu gewinnen suchen. Als sie noch auf dem Wege
nach Rom waren, fragte Bestia beim Senate an, ob man Jugurthas Boten Einlaß in die Stadt gewähren dürfe; und der
Senat bestimmte, falls sie nicht mit der Absicht kämen, sein
Reich und den König selbst auszuliefern, hätten sie in den
nächsten zehn Tagen Italien zu verlassen. Der Konsul ließ
das den Numidern gemäß dem Senatsbeschluß mitteilen; so
mußten sie erfolglos wieder heimziehen.

Inzwischen stellte Calpurnius ein Heer auf und suchte

bilis, factiosos, quorum auctoritate, quae deliquisset, munita
fore sperabat. in quis fuit Scaurus, quoius de natura et habitu
supra memoravimus. nam in consule nostro multae bonae-   5
que artes animi et corporis erant, quas omnis avaritia prae-
pediebat: patiens laborum, acri ingenio, satis providens, belli
haud ignarus, firmissumus contra pericula et invidias.

Sed legiones per Italiam Regium atque inde Siciliam,   6
porro ex Sicilia in Africam transvectae. igitur Calpurnius ini-   7
tio paratis conmeatibus acriter Numidiam ingressus est multosque mortalis et urbis aliquot pugnando cepit.

XXIX. Sed ubi Iugurtha per legatos pecunia temptare bel-   1
lique, quod administrabat, asperitatem ostendere coepit, animus aeger avaritia facile convorsus est. ceterum socius et ad-   2
minister omnium consiliorum adsumitur Scaurus, qui tametsi
a principio, plerisque ex factione eius conruptis, acerrume regem inpugnaverat, tamen magnitudine pecuniae a bono honestoque in pravom abstractus est. sed Iugurtha primum   3
tantummodo belli moram redimebat, existumans sese aliquid interim Romae pretio aut gratia effecturum. postea vero
quam participem negoti Scaurum accepit, in maxumam spem
adductus recuperandae pacis statuit cum iis de omnibus pac-
tionibus praesens agere. ceterum interea fidei causa mittitur   4
a consule Sextius quaestor in oppidum Iugurthae Vagam.
quoius rei species erat acceptio frumenti, quod Calpurnius

sich angesehene Männer seiner Partei als Generäle aus,
durch deren Einfluß, wie er hoffte, etwaige Verfehlungen
gedeckt sein würden; zu ihnen gehörte Scaurus, von dessen
Wesen und Benehmen ich schon früher sprach. Denn unser
Konsul hatte zwar eine Fülle guter geistiger und körper-
licher Eigenschaften, doch seine Habgier überwog sie alle;
er war ausdauernd in Strapazen, hatte einen scharfen Geist
und rechte Umsicht, im Kriege war er wohlbewandert und
blieb unerschüttert bei Anfeindung und Gefahr.

Die Legionen wurden nun durch Italien nach Regium
und von da nach Sizilien geführt, von Sizilien weiter nach
Afrika übergesetzt. Calpurnius versah sich mit Proviant und
drang zunächst ungestüm in Numidien vor; dabei machte er
viele Gefangene und nahm einige Städte im Sturm.

Sobald aber Jugurtha begann, durch seine Gesandten Bestechungsversuche zu machen und dem Konsul die Schwierigkeit des Krieges vorzustellen, den er zu leiten hatte, da
ließ sich der Mann bei seiner krankhaften Habsucht leicht
umstimmen. Übrigens machte er Scaurus zum Vertrauten
und Helfer bei allen seinen Plänen; der hatte zwar anfangs,
als die meisten von seiner Partei schon bestochen waren, den
König noch aufs schärfste bekämpft, doch wurde er durch
die hohe Bestechungssumme aus anständiger und ehrenhaf-
ter Gesinnung zur Schlechtigkeit verführt. Jugurtha wollte
zunächst nur eine Verschleppung des Krieges erkaufen und
meinte, inzwischen immerhin doch etwas in Rom durch
Geld oder Gunst zu erreichen; nachdem er aber Scaurus als
Teilnehmer an dem Handel gewonnen hatte, hoffte er bestimmt wieder Frieden zu bekommen und nahm sich deshalb
vor, mit den Römern über alle Punkte persönlich zu verhandeln. Einstweilen wurde vom Konsul der Quästor Sextius
in Jugurthas Stadt Vaga geschickt, um Vertrauen zu schaffen. Als Vorwand diente die Übernahme des Getreides, das

palam legatis imperaverat, quoniam deditionis mora indutiae agitabantur. igitur rex, uti constituerat, in castra venit 5
ac pauca praesenti consilio locutus de invidia facti sui atque,
uti in deditionem acciperetur, reliqua cum Bestia et Scauro
secreta transigit. dein postero die quasi per saturam senten-
tiis exquisitis in deditionem accipitur. sed, uti pro consilio 6
imperatum erat, elephanti triginta, pecus atque equi multi
cum parvo argenti pondere quaestori traduntur. Calpurnius 7
Romam ad magistratus rogandos proficiscitur. in Numidia et
exercitu nostro pax agitabatur.

XXX. Postquam res in Africa gestas quoque modo actae 1
forent, fama divolgavit, Romae per omnis locos et conventus
de facto consulis agitari. apud plebem gravis invidia, patres
solliciti erant. probarentne tantum flagitium an decretum
consulis subvorterent, parum constabat. ac maxume eos potentia Scauri, quod is auctor et socius Bestiae ferebatur, a 2
vero bonoque inpediebat. at C. Memmius, quoius de liber- 3
tate ingeni et odio potentiae nobilitatis supra diximus, inter
dubitationem et moras senatus contionibus populum ad vindicandum hortari, monere, ne rem publicam, ne libertatem
suam desererent, multa superba et crudelia facinora nobilitatis ostendere: prorsus intentus omni modo plebis animum
incendebat.

Sed quoniam ea tempestate Romae Memmi facundia 4
clara pollensque fuit, decere existumavi unam ex tam multis

Calpurnius öffentlich von den Gesandten verlangt hatte; denn bis zum endgültigen Abschluß der Unterwerfung herrschte Waffenstillstand. Der König kam also ins römische Lager, wie er beschlossen hatte; vor dem Kriegsrat sprach er nur kurz über seine gehässige Tat und bat dann, man möchte seine Unterwerfung annehmen; das übrige verhandelte er mit Bestia und Scaurus allein. Am nächsten Tage wurde ganz regellos abgestimmt und seine Unterwerfung angenommen. An den Quästor aber wurden gemäß der Forderung im Kriegsrat dreißig Elefanten, viel Vieh und viele Pferde und eine kleine Geldsumme abgeliefert. Calpurnius ging zur Leitung der Beamtenwahlen nach Rom. In Numidien und bei unserem Heer herrschte Friede.

Kaum hatte das Gerücht die Ereignisse in Afrika und ihren Verlauf im einzelnen bekanntgemacht, da sprach man in Rom überall und bei allen Zusammenkünften vom Verhalten des Konsuls. Das Volk war gewaltig erbittert, der Senat in schwerer Sorge. Sollte man solch schändliches Benehmen gutheißen oder die Entscheidung des Konsuls umstoßen? Man war sich nicht recht klar darüber; vor allem des Scaurus' Einfluß – er galt ja als Bestias Ratgeber und Freund – hielt sie davon ab, nach Recht und Pflicht zu handeln. Doch während der Senat zögerte und schwankte, rief Gaius Memmius das Volk in öffentlichen Reden zur Rache auf; von seinem Freimut und seinem Haß gegen die Adelsmacht habe ich ja vorher schon gesprochen. Er mahnte, nicht den Staat und nicht die eigne Freiheit aufzugeben, viele hochmütige und grausame Taten des Adels zählte er auf, kurz, er suchte mit allem Nachdruck und auf alle Weise die Masse aufzuhetzen.

Weil damals Memmius in Rom als Redner einen guten Ruf und großen Einfluß hatte, scheint es mir angebracht, wenigstens eine von seinen vielen Reden vollständig aufzu-

orationem eius perscribere ac potissumum ea dicam, quae in contione post reditum Bestiae huiusce modi verbis disseruit:

XXXI. 'Multa me dehortantur a vobis, Quirites, ni studium rei publicae omnia superet: opes factionis, vostra patientia, ius nullum ac maxume quod innocentiae plus periculi quam honoris est. nam illa quidem piget dicere, his annis quindecim quam ludibrio fueritis superbiae paucorum, quam foede quamque inulti perierint vostri defensores, ut vobis animus ab ignavia atque socordia conruptus sit, qui ne nunc quidem obnoxiis inimicis exsurgitis atque etiam nunc timetis eos, quibus decet terrori esse. sed quamquam haec talia sunt, tamen obviam ire factionis potentiae animus subigit. certe ego libertatem, quae mihi a parente meo tradita est, experiar. verum id frustra an ob rem faciam, in vostra manu situm est, Quirites.

Neque ego vos hortor, quod saepe maiores vostri fecere, uti contra iniurias armati eatis. nihil vi, nihil secessione opus est: necesse est, suomet ipsi more praecipites eant. occiso Ti. Graccho, quem regnum parare aiebant, in plebem Romanam quaestiones habitae sunt; post C. Gracchi et M. Fulvi caedem item vostri ordinis multi mortales in carcere necati sunt: utriusque cladis non lex, verum lubido eorum finem fecit. sed sane fuerit regni paratio plebi sua restituere; quic-

zeichnen; am besten werde ich die Worte wiedergeben, die
er nach Bestias Rückkehr in der Volksversammlung sprach;
sie lauteten etwa so:

„Viele Gründe warnen mich eigentlich, vor euch zu reden, Mitbürger, aber meine Liebe zum Staat läßt mich über
alle Bedenken hinwegsehen: die Macht der Adelspartei,
eure Gleichgültigkeit, eine völlige Rechtlosigkeit und vor
allem die Erfahrung, daß Unbescholtenheit mehr Gefahr
als Ehre bringt. Nur widerwillig spreche ich davon, wie ihr
in den letzten fünfzehn Jahren der Spielball für eine an-
maßende Minderheit geworden seid, wie schmählich und
ungesühnt eure Vorkämpfer ums Leben kamen, wie ihr
selbst durch Feigheit und Schlaffheit herunterkamt – nicht
einmal jetzt, wo euren Feinden die Hände gebunden sind,
rafft ihr euch auf, auch jetzt noch habt ihr vor den Menschen
Angst, die vor euch zittern sollten! Mag's auch bei euch so
stehen, dennoch drängt es mich, der Übermacht des Adels
Trotz zu bieten. Ich will es wenigstens versuchen mit dem
Freimut, den mein Vater mir vererbte; freilich, ob ich es
vergeblich tue oder mit Erfolg, das, Mitbürger, liegt nur in
eurer Hand.

Gewiß nicht mute ich euch zu, das Unrecht mit der
Waffe abzuwehren, wie's eure Ahnen einst so oft getan;
keine Gewalt, kein Auszug aus der Stadt ist nötig, nach
ihrem eigenen Verfahren müssen sie zu Falle kommen. Nach
der Ermordung des Tiberius Gracchus, der, wie sie sagten,
König werden wollte, verhängte man strenge Untersuchungen gegen das Volk von Rom; nach Gaius Gracchus' und
Marcus Fulvius' Tode wurden wieder viele Menschen eures
Standes im Kerker hingerichtet – und beide Male hat nicht
das Gesetz, sondern die Laune der adligen Herren dem
Morden ein Ende gemacht. Mag man es immerhin Streben
nach der Königswürde nennen, wenn einer dem Volk zu

quid sine sanguine civium ulcisci nequitur, iure factum sit.

superioribus annis taciti indignabamini aerarium expilari,   9
reges et populos liberos paucis nobilibus vectigal pendere,
penes eosdem et summam gloriam et maxumas divitias esse.

tamen haec talia facinora inpune suscepisse parum habuere,
itaque postremo leges, maiestas vostra, divina et humana omnia hostibus tradita sunt. neque eos, qui ea fecere, pudet aut   10
paenitet, sed incedunt per ora vostra magnifici, sacerdotia et
consulatus, pars triumphos suos ostentantes: proinde quasi ea
honori, non praedae habeant. servi aere parati iniusta im-   11
peria dominorum non perferunt: vos, Quirites, in imperio
nati aequo animo servitutem toleratis? at qui sunt ii, qui rem   12
publicam occupavere? homines sceleratissumi, cruentis manibus, immani avaritia, nocentissumi et idem superbissumi,
quibus fides, decus, pietas, postremo honesta atque inhonesta
omnia quaestui sunt. pars eorum occidisse tribunos plebis,   13
alii quaestiones iniustas, plerique caedem in vos fecisse pro
munimento habent. ita quam quisque pessume fecit, tam   14
maxume tutus est. metum ab scelere suo ad ignaviam vostram
transtulere, quos omnis eadem cupere, eadem odisse, eadem
metuere in unum coegit. sed haec inter bonos amicitia, inter   15

seinem Recht verhelfen will; mag meinetwegen auch die Sühne
als berechtigt gelten, wo eine Rache ohne Bürgerblut nicht
möglich ist! In früheren Jahren mußtet ihr es in stummer
Empörung ansehen, wie man den Staatsschatz plünderte,
wie der Tribut von Königen und freien Völkern nur einem
kleinen Kreis adliger Herren zugute kam und dieselben
Leute das höchste Ansehn und das meiste Geld besaßen.
Trotzdem waren sie noch nicht zufrieden, solche Schandtaten ungestraft verübt zu haben, und so wurden schließlich
die Gesetze, die Würde eures Staates, alle göttliche und
menschliche Ordnung dem Landfeind ausgeliefert. Und dabei empfinden die Täter keine Scham und keine Reue; hochmütig stolzieren sie an euch vorüber, brüsten sich mit ihren
Priesterämtern und Konsulwürden, andre wieder mit ihren
Triumphen – gerade als wäre dies alles eine Ehre für sie und
nicht eine Gelegenheit sich zu bereichern! Sklaven, die man
für Geld kauft, lassen sich die ungerechte Behandlung ihrer
Gebieter nicht gefallen: ihr, meine Mitbürger, die geborenen
Herrscher, ihr wollt gleichmütig eure Sklavenketten tragen?
Aber was sind denn das für Leute, die sich die Herrschaft im
Staate angemaßt haben? Die schlimmsten Verbrecher mit
blutbefleckten Händen, maßlos in ihrer Habgier, mit Schuld
beladen und dabei voller Anmaßung, Kerle, die aus Treue,
Anstand, Pflichtgefühl, ja, aus allem, aus Ehre oder Schande,
ein Geschäft zu machen wissen. Manche erschlugen Volkstribunen, andre führten ungerecht Prozesse gegen euch, die
meisten überfielen euch mit Mord und Totschlag, und so
verschafften sie sich selber Sicherheit. Je schlimmer es einer
trieb, um so sicherer ist er. Die Furcht, die auf ihnen selbst
wegen ihrer Schandtaten lasten sollte, haben sie auf euch
Feiglinge übertragen, während die gleiche Gier, der gleiche
Haß, die gleiche Furcht sie alle geeint hat; eine solche Verbindung heißt unter Guten Freundschaft, unter Bösen Ver-

malos factio est. quod si tam vos libertatis curam haberetis, 16
quam illi ad dominationem adcensi sunt, profecto neque res
publica, sicuti nunc, vastaretur et beneficia vostra penes optumos, non audacissumos forent. maiores vostri parandi iuris 17
et maiestatis constituendae gratia bis per secessionem armati
Aventinum occupavere: vos pro libertate, quam ab illis ac-
cepistis, nonne summa ope nitemini? atque eo vehementius,
quo maius dedecus est parta amittere quam omnino non
paravisse.

Dicet aliquis: "quid igitur censes?" vindicandum in eos, 18
qui hosti prodidere rem publicam — non manu neque vi,
quod magis vos fecisse quam illis adcidisse indignum est,
verum quaestionibus et indicio ipsius Iugurthae. qui si dediti- 19
cius est, profecto iussis vostris oboediens erit; sin ea contemnit, scilicet existumabitis, qualis illa pax aut deditio sit,
ex qua ad Iugurtham scelerum inpunitas, ad paucos potentis
maxumae divitiae, ad rem publicam damna atque dedecora
pervenerint. nisi forte nondum etiam vos dominationis eorum 20
satietas tenet et illa quam haec tempora magis placent, quom
regna, provinciae, leges, iura, iudicia, bella atque paces,
postremo divina et humana omnia penes paucos erant, vos
autem, hoc est populus Romanus, invicti ab hostibus, imperatores omnium gentium, satis habebatis animam retinere.
nam servitutem quidem quis vostrum recusare audebat?

schwörung. Wenn ihr so für eure Freiheit sorgtet, wie die anderen für ihre Macht entflammt sind, dann würde wahrhaftig unser Staat nicht so zerrüttet, wie es jetzt geschieht, und eure Ämter würden den Besten, nicht den Frechsten übergeben. Um ihr Recht zu sichern und die Hoheit ihres Staates zu begründen, sind eure Vorfahren zweimal ausgezogen und haben bewaffnet den Aventin besetzt – und ihr wollt für die Freiheit, die sie euch vererbten, nicht mit aller Macht kämpfen? und zwar um so leidenschaftlicher, je größer die Schande ist, Erworbenes preiszugeben als es überhaupt nicht erworben zu haben.

Nun wird einer fragen: ,Welchen Antrag stellst du also?' Einschreiten soll man gegen die, die ihr Vaterland an den Feind verraten haben. Nicht mit der Faust freilich und nicht mit Gewalt, denn das würde euch als Tätern mehr Schande bringen als denen, die es trifft, sondern durch gerichtliches Verfahren und Jugurthas eigenes Geständnis. Wenn er sich wirklich auf Gnade und Ungnade ergibt, so wird er gewiß euern Befehlen Folge leisten; mißachtet er sie aber, dann könnt ihr euch ja vorstellen, was für ein Friede, was für eine Unterwerfung es ist, bei der sich für Jugurtha Straflosigkeit trotz seiner Schandtaten ergeben hat, für eine Minderheit von Machthabern ungeheure Bereicherung, für den Staat aber nur Schaden und Schande. Oder habt ihr etwa auch jetzt noch nicht ihre Gewaltherrschaft satt und zieht ihr unseren Zeiten die Vergangenheit vor, wo Königreiche, Provinzen, Gesetze, Rechte, Gerichte, Kriege und Friedensschlüsse, kurz alles, was Götter und Menschen angeht, wenigen Machthabern gehörte, ihr aber, das heißt das römische Volk, von Feinden nie besiegt, Herr über alle Völker, damit zufrieden sein mußtet, euer nacktes Leben zu fristen? Denn wer von euch wagte es, das Joch der Knechtschaft abzuschütteln?

Atque ego tametsi viro flagitiosissumum existumo inpune 21
iniuriam accepisse, tamen vos hominibus sceleratissumis
ignoscere, quoniam cives sunt, aequo animo paterer, ni misericordia in perniciem casura esset. nam et illis, quantum 22
inportunitatis habent, parum est inpune male fecisse, nisi
deinde faciundi licentia eripitur, et vobis aeterna sollicitudo
remanebit, quom intellegetis aut serviundum esse aut per
manus libertatem retinendam. nam fidei quidem aut con- 23
cordiae quae spes est? dominari illi volunt, vos liberi esse; facere illi iniurias, vos prohibere; postremo sociis nostris veluti
hostibus, hostibus pro sociis utuntur. potestne in tam divor- 24
sis mentibus pax aut amicitia esse?

Quare moneo hortorque vos, ne tantum scelus inpunitum 25
omittatis. non peculatus aerari factus est neque per vim sociis ereptae pecuniae, quae quamquam gravia sunt, tamen
consuetudine iam pro nihilo habentur: hosti acerrumo pro-
dita senatus auctoritas, proditum imperium vostrum est:
domi militiaeque res publica venalis fuit. quae nisi quaesita 26
erunt, nisi vindicatum in noxios, quid erit reliquom, nisi ut
illis, qui ea fecere, oboedientes vivamus? nam inpune, quae
lubet, facere, id est regem esse.

Neque ego vos, Quirites, hortor, ut malitis civis vostros 27
perperam quam recte fecisse, sed ne ignoscundo malis bonos

Zwar ist es meiner Ansicht nach für einen Mann besonders schmachvoll, erlittnes Unrecht hinzunehmen, ohne sich zu rächen; trotzdem würde ich eure Nachsicht gegen diese elenden Verbrecher gleichmütig ansehen – sie sind ja nun einmal eure Mitbürger – wenn nur Mitleid nicht zum Verderben führen müßte! Sie begnügen sich nämlich bei ihrer großen Frechheit nicht damit, ungestraft Böses getan zu haben, falls man ihnen nicht die Möglichkeit nimmt, es auch in Zukunft zu tun; und ihr werdet in ewiger Angst und Sorge leben, wenn ihr erkennt: man muß entweder Knecht sein oder die Freiheit mit der Faust behaupten. Gibt es denn noch eine Hoffnung auf Vertrauen oder Eintracht? Herrschen wollen sie, ihr wollt frei sein; sie Unrecht tun, ihr euch dagegen wehren; schließlich behandeln sie unsre Bundesgenossen wie Feinde, unsre Feinde wie Bundesgenossen. Kann es bei so verkehrter Gesinnung noch Frieden und Freundschaft geben?

Deshalb warne ich euch dringend: laßt eine so üble Schandtat nicht ungestraft hingehen. Nicht Veruntreuung von Staatsgeldern wurde begangen, nicht gewaltsame Erpressung an Bundesgenossen, Verbrechen, die trotz ihrer Schwere nach der heutigen Mode als Kleinigkeiten angesehen werden; nein, dem gefährlichsten Feinde wurde das Ansehn des Senates preisgegeben, preisgegeben wurde eure Macht, in Rom und draußen im Felde wurde euer Staat feilgehalten. Leitet man nicht eine Untersuchung ein, geht man nicht gegen die Schuldigen vor, was bleibt uns dann übrig, als daß wir diesen Verbrechern unser Leben lang untertänig sind? Denn ungestraft nach Belieben schalten und walten, das heißt doch König sein!

Aber ich möchte nicht etwa, daß ihr es lieber seht, wenn eure Mitbürger verkehrt statt richtig handeln; ihr sollt nur nicht darauf ausgehen, durch Nachsicht gegen üble Ele-

perditum eatis. ad hoc in re publica multo praestat benefici 28
quam malefici inmemorem esse: bonus tantum modo segnior
fit, ubi neglegas, at malus inprobior. ad hoc, si iniuriae non 29
sint, haut saepe auxili egeas.'

XXXII. Haec atque alia huiusce modi saepe dicundo 1
Memmius populo persuadet, uti L. Cassius, qui tum praetor erat, ad Iugurtham mitteretur eumque interposita fide
publica Romam duceret, quo facilius indicio regis Scauri et
reliquorum, quos pecuniae captae arcessebat, delicta pate-
fierent.

Dum haec Romae geruntur, qui in Numidia relicti a Be- 2
stia exercitui praeerant, secuti morem imperatoris sui pluruma et flagitiosissuma facinora fecere. fuere qui auro con- 3
rupti elephantos Iugurthae traderent, alii perfugas vendebant,
pars ex pacatis praedas agebant: tanta vis avaritiae in animos 4
eorum, veluti tabes, invaserat.

At Cassius praetor perlata rogatione a C. Memmio ac per- 5
culsa omni nobilitate ad Iugurtham proficiscitur eique ti-
mido et ex conscientia diffidenti rebus suis persuadet, quoniam se populo Romano dedisset, ne vim quam misericordiam eius experiri mallet. privatim praeterea fidem suam in-
terponit, quam ille non minoris quam publicam ducebat:
talis ea tempestate fama de Cassio erat.

XXXIII. Igitur Iugurtha contra decus regium cultu quam 1
maxume miserabili cum Cassio Romam venit. ac tametsi in 2

mente die anständigen Menschen zu verderben. Auch ist es
ja in einem Staate viel besser, eine gute Tat zu vergessen als
eine Übeltat; der Gute wird nur lässiger, wenn man ihn
nicht beachtet, der Böse aber noch bösartiger. Gäbe es dann
schließlich keine Rechtsverletzung mehr, so brauchte man
wohl kaum noch einzuschreiten."

Durch häufige Wiederholung dieser und ähnlicher Worte
brachte Memmius das Volk dazu, den damaligen Prätor
Lucius Cassius zu Jugurtha zu schicken; er sollte ihn unter
Zusicherung freien Geleites nach Rom führen, damit durch
des Königs Aussage die Vergehen des Scaurus und der übrigen, die man wegen Bestechlichkeit belangen wollte, um so
leichter geklärt würden.

Während dieser Vorgänge in Rom verübten die Heerführer, die von Bestia in Numidien zurückgelassen waren,
nach dem Vorbild ihres Feldherrn zahllose Schandtaten ge-
meinster Art. Manche ließen sich mit Gold bestechen, dem
Jugurtha seine Elefanten wieder auszuliefern, andre verkauften ihm die Überläufer, wieder andre holten sich Beute
aus Freundesland; so mächtig war die Habgier, die sie einer
Seuche gleich befallen hatte.

Gaius Memmius hatte zum größten Schrecken des gesamten Adels seinen Antrag durchgebracht, und der Prätor
Cassius reiste zu Jugurtha, der schon voller Angst und Schuldbewußtsein seiner Sache nicht mehr traute; ihm riet er dringend, er solle es lieber mit der Nachsicht als mit der Macht
des römischen Volks versuchen, dem er sich ja doch ergeben
habe. Persönlich gab er ihm außerdem sein Wort zum
Pfande, und das schätzte der König nicht geringer ein wie
das des Staates; in so gutem Ruf stand damals Cassius.

So kam denn Jugurtha gar nicht wie ein König in höchst
jämmerlichem Aufzuge mit Cassius nach Rom. Gewiß hatte
er schon selbst den rechten Mut, doch erst auf Zureden aller

ipso magna vis animi erat, confirmatus ab omnibus, quorum

potentia aut scelere cuncta ea gesserat, quae supra diximus,

C. Baebium, tribunum plebis, magna mercede parat, quoius

inpudentia contra ius et iniurias omnis munitus foret. at C. 3

Memmius advocata contione, quamquam regi infesta plebes

erat et pars in vincula duci iubebat, pars, nisi socios sceleris

sui aperiret, more maiorum de hoste supplicium sumi, digni-

tati quam irae magis consulens sedare motus et animos eorum

mollire, postremo confirmare fidem publicam per sese invio-

latam fore. post, ubi silentium coepit, producto Iugurtha 4

verba facit, Romae Numidiaeque facinora eius memorat,

scelera in patrem fratresque ostendit. quibus iuvantibus qui-

busque ministris ea egerit, quamquam intellegat populus Ro-

manus, tamen velle manufesta magis ex illo habere. si verum

aperiat, in fide et clementia populi Romani magnam spem

illi sitam; sin reticeat, non sociis saluti fore, sed se suasque

spes conrupturum.

XXXIV. Deinde, ubi Memmius dicundi finem fecit et 1

Iugurtha respondere iussus est, C. Baebius, tribunus plebis,

quem pecunia conruptum supra diximus, regem tacere iubet,

ac tametsi multitudo, quae in contione aderat, vehementer

adcensa terrebat eum clamore, voltu, saepe impetu atque aliis

Helfershelfer, die ihn durch ihren Einfluß oder durch ihre
Verbrechen bei all seinem vorher geschilderten frevelhaften
Tun unterstützt hatten, suchte er den Volkstribunen Gaius
Baebius mit einer großen Summe zu gewinnen; denn dessen Unverschämtheit sollte ihn vor allen gerechten und ungerechten Strafen schützen. Zwar war die Menge auf den
König sehr erbittert, und ein Teil forderte in der Volksversammlung, man solle ihn in Haft nehmen, ein andrer, man
solle ihn nach Brauch der Väter als Staatsfeind hinrichten
lassen, falls er nicht seine Mitschuldigen verriete; doch Gaius
Memmius dachte mehr an des römischen Volkes Ehre als an
seinen Groll. So suchte er die Erregung zu beschwichtigen
und den Leuten freundlich zuzureden; schließlich erklärte
er, soviel an ihm liege, werde man das Versprechen des freien
Geleites nicht verletzen. Als endlich Ruhe eingetreten war,
ließ er Jugurtha vorführen und ergriff das Wort; er schilderte
seine Schandtaten in Rom und in Numidien und wies auf
die Verbrechen hin, die er am Vater und an den Brüdern begangen hatte. „Wer deine Helfer und Spießgesellen dabei
waren“, so fuhr er fort, „das ist dem römischen Volke zwar
bekannt; doch will es noch größere Gewißheit aus deinem
eignen Munde haben. Sprichst du die Wahrheit, so kannst
du sicher auf des römischen Volkes Wort und seine Milde
hoffen; schweigst du dagegen, so wird es deinen Freunden
gar nichts nützen, dich selber aber und deine günstigen Aussichten wirst du zugrunde richten.“

Als Memmius gesprochen hatte und Jugurtha zur Erwiderung aufgefordert wurde, hieß der Volkstribun Gaius
Baebius den König schweigen; er hatte sich, wie schon erwähnt, mit Geld bestechen lassen. Die Leute in der Volksversammlung waren aufs höchste erbittert; wohl suchten sie
ihn durch Geschrei und drohende Gebärden einzuschüchtern, hie und da auch durch tätliche Angriffe und alle sonst

omnibus, quae ira fieri amat, vicit tamen inpudentia. ita po- 2
pulus ludibrio habitus ex contione discedit; Iugurthae Be-
stiaeque et ceteris, quos illa quaestio exagitabat, animi auges-
cunt.

XXXV. Erat ea tempestate Romae Numida quidam no- 1
mine Massiva, Gulussae filius, Masinissae nepos, qui, quia in
dissensione regum Iugurthae advorsus fuerat, dedita Cirta et
Adherbale interfecto profugus ex patria abierat. huic Sp. Al- 2
binus, qui proxumo anno post Bestiam cum Q. Minucio Rufo
consulatum gerebat, persuadet, quoniam ex stirpe Masinissae sit Iugurthamque ob scelera invidia cum metu urgeat,
regnum Numidiae ab senatu petat. avidus consul belli ge- 3
rundi movere quam senescere omnia malebat. ipsi provincia
Numidia, Minucio Macedonia evenerat. quae postquam 4
Massiva agitare coepit neque Iugurthae in amicis satis
praesidi est, quod eorum alium conscientia, alium mala fama et timor inpediebat, Bomilcari, proxumo ac maxume
fido sibi, imperat, pretio, sicuti multa confecerat, insidia-
tores Massivae paret ac maxume occulte, sin id parum
procedat, quovis modo Numidam interficiat. Bomilcar ma- 5
ture regis mandata exsequitur et per homines talis negoti
artifices itinera egressusque eius, postremo loca atque tempora cuncta explorat. deinde, ubi res postulabat, insidias tendit. igitur unus ex eo numero, qui ad caedem parati eran, 6
paulo inconsultius Massivam adgreditur. illum obtruncat,

üblichen Äußerungen der Wut, aber seine Unverschämtheit setzte sich doch durch. So hielt man das Volk zum
besten, bis es die Versammlung verließ. Dem Jugurtha aber
und Bestia und den anderen, die diese Untersuchung treffen sollte, wuchs der Mut.

Damals lebte in Rom ein Numider namens Massiva, ein
Sohn Gulussas, Masinissas Enkel; der war beim Thronstreit
der Könige gegen Jugurtha aufgetreten und hatte sich deshalb nach der Übergabe von Cirta und Adherbals Ermordung aus seiner Heimat geflüchtet. Ihn beredete Spurius Albinus, der im nächsten Jahr nach Bestia zusammen mit
Quintus Minucius Rufus Konsul war, er solle sich beim Senat um den Thron Numidiens bewerben; er stamme ja von
Masinissa ab, und Jugurtha sei wegen seiner Freveltaten
durch der Römer Haß und Angst belastet. Der Konsul, dem
der Krieg willkommen war, wollte lieber alles aufwühlen als
die Erregung allmählich zur Ruhe kommen lassen. Ihm
selbst war die Provinz Numidien, Minucius war Mazedonien zugefallen. Als nun Massiva wirklich begann, sein
Ziel zu verfolgen, da meinte Jugurtha bei seinen Gönnern
nicht genügend Schutz zu finden, denn den einen hemmte
sein böses Gewissen, einen anderen sein schlechter Ruf und
Angst; so trug er seinem nächsten und getreusten Freund
Bomilkar auf, er solle mit Geld, seinem altbewährten Mittel,
Meuchelmörder gegen Massiva dingen, am liebsten so geheim wie möglich; falls es nicht recht vorwärts gehe, solle er
den Numider irgendwie ums Leben bringen. Bomilkar
führte unverzüglich seines Königs Auftrag aus. Er ließ durch
Leute, die in derlei Geschäften Meister waren, Massivas
Kommen und Gehen, schließlich seinen Aufenthalt zu jeder
Stunde auskundschaften; dann, als der rechte Augenblick gekommen war, stellte er ihm eine Falle. Einer nun von denen,
die zum Mord gedungen, fiel etwas unbesonnen über Mas-

sed ipse deprehensus, multis hortantibus et in primis Albino
consule, indicium profitetur. fit reus magis ex aequo bonoque   7
quam ex iure gentium Bomilcar, comes eius, qui Romam
fide publica venerat. at Iugurtha, manufestus tanti sceleris,   8
non prius omisit contra verum niti, quam animadvortit supra
gratiam atque pecuniam suam invidiam facti esse. igitur,   9
quamquam in priore actione ex amicis quinquaginta vades
dederat, regno magis quam vadibus consulens clam in Numidiam Bomilcarem dimittit, veritus, ne reliquos popularis metus invaderet parendi sibi, si de illo supplicium sumptum
foret. et ipse paucis diebus eodem profectus est. iussus a senatu Italia decedere. sed postquam Roma egressus est, fertur   10
saepe eo tacitus respiciens postremo dixisse: 'urbem venalem
et mature perituram, si emptorem invenerit.'

XXXVI. Interim Albinus renovato bello conmeatum, sti-   1
pendium aliaque, quae militibus usui forent, maturat in Africam portare ac statim ipse profectus, uti ante comitia, quod
tempus haud longe aberat, armis aut deditione aut quovis
modo bellum conficeret. at contra Iugurtha trahere omnia   2
et alias, deinde alias morae causas facere, polliceri deditionem
ac deinde metum simulare, cedere instanti et paulo post, ne
sui diffiderent, instare: ita belli modo, modo pacis mora con-

siva her. Wohl erschlug er ihn, aber er selbst wurde ergriffen und erklärte sich auf vieles Zureden, besonders des Konsuls Albinus, zu einem Geständnis bereit. Man erhob Anklage gegen Bomilkar, mehr nach Recht und Billigkeit als nach dem Völkerrecht – er stand ja im Gefolge eines Mannes, der unter freiem Geleit nach Rom gekommen war. Gewiß war nun Jugurtha dieser schweren Schandtat offensichtlich überführt; trotzdem gab er es nicht auf, gegen die Wahrheit anzukämpfen, bis er merkte, der Abscheu über seine Tat sei mächtiger als Gunst und Geld. Obwohl er also bei der ersten Verhandlung fünfzig von seinen Freunden als Bürgen gestellt hatte, war er doch mehr um seinen Thron als um die Bürgen besorgt und schickte deshalb den Bomilkar heimlich nach Numidien; denn er war in Sorge, seine übrigen Landsleute könnten aus Furcht ihm künftig den Gehorsam weigern, wenn jener hingerichtet würde. Und er selbst reiste nach wenigen Tagen dorthin ab, als ihm vom Senat die Weisung wurde, Italien zu verlassen. Nach seinem Abzug aus Rom soll er immer wieder stumm zurückgeblickt und zuletzt gerufen haben: „Welch eine feile Stadt! Wie schnell wird sie zugrunde gehen, wenn sie einen Käufer findet!“

Inzwischen ließ Albinus Lebensmittel, Sold und anderen Kriegsbedarf für seine Soldaten schleunigst nach Afrika schaffen, da der Krieg wieder ausbrach; auch er selbst ging sofort ins Feld, denn er wollte noch vor den Konsulwahlen, die nahe bevorstanden, durch Waffengewalt oder Übergabe oder auf irgendeine andre Weise den Krieg zu Ende bringen. Jugurtha dagegen suchte alles zu verschleppen, fand Vorwände und immer neue Vorwände für sein Zögern, versprach Unterwerfung und heuchelte dann wieder Angst, wich vor dem andringenden Feind zurück und drang gleich darauf selber vor, um seinen Leuten das Vertrauen nicht zu nehmen; so trieb er sein Spiel mit dem Konsul, indem er

sulem ludificare. ac fuere qui tum Albinum haud ignarum 3
consili regis existumarent ñeque ex tanta properantia tam
facile tractum bellum socordia magis quam dolo crederent.
sed postquam dilapso tempore comitiorum dies adventabat, 4
Albinus Aulo fratre in castris pro praetore relicto Romam decessit.

XXXVII. Ea tempestate Romae seditionibus tribuniciis 1
atrociter res publica agitabatur. P. Lucullus et L. Annius, 2
tribuni plebis, resistentibus conlegis continuare magistratum
nitebantur, quae dissensio totius anni comitia inpediebat.

Ea mora in spem adductus Aulus, quem pro praetore in 3
castris relictum supra diximus, aut conficiundi belli aut terrore exercitus ab rege pecuniae capiundae milites mense Ianu-
ario ex hibernis in expeditionem evocat magnisque itineribus
hieme aspera pervenit ad oppidum Suthul, ubi regis thesauri
erant. quod quamquam et saevitia temporis et opportunitate 4
loci neque capi neque obsideri poterat — nam circum murum, situm in praerupti montis extremo, planities limosa
hiemalibus aquis paludem fecerat — tamen aut simulandi gratia, quo regi formidinem adderet, aut cupidine caecus ob
thesauros oppidi potiundi vineas agere, aggerem iacere aliaque, quae incepto usui forent, properare.

XXXVIII. At Iugurtha cognita vanitate atque inperitia 1

bald den Krieg und bald den Frieden verzögerte. Manche Leute meinten, Albinus sei damals in die Pläne des Königs eingeweiht gewesen; sie waren überzeugt, nach so großer Hast am Anfang sei der Krieg weniger durch Unfähigkeit als vielmehr in böser Absicht so leicht in die Länge gezogen worden. Als aber die Zeit verstrich und der Wahltag immer näher rückte, ließ Albinus seinen Bruder Aulus im Lager als seinen Stellvertreter zurück und ging nach Rom.

Zu dieser Zeit wurde der römische Staat durch Unruhen wegen des Tribunates schwer erschüttert. Die Volkstribunen Publius Lucullus und Lucius Annius boten alles auf, um trotz des Widerspruchs ihrer Kollegen die Dauer ihres Amtes zu verlängern, und dieser Zwist verhinderte die Wahlen eines ganzen Jahres.

Aulus war, wie gesagt, als Proprätor im Lager zurückgeblieben; in ihm weckte die Verzögerung, die nun entstand, die Hoffnung, er könne den Krieg beenden oder durch sein Heer den König einschüchtern und auf diese Weise Geld von ihm erpressen. So ließ er seine Soldaten im Januar aus den Winterquartieren ins Feld rücken und kam in Eilmärschen trotz des strengen Winters vor die Stadt Suthul, wo des Königs Schatzhäuser standen. Zwar konnte man den Ort wegen der stürmischen Jahreszeit und wegen seiner günstigen Lage weder einnehmen noch belagern – denn um die Mauer herum, die ganz oben am Rande eines steilen Berges errichtet war, hatten winterliche Regengüsse den schlammigen Boden in einen Sumpf verwandelt – trotzdem ließ er Sturmdächer heranführen, einen Wall aufwerfen und in aller Eile weitere Vorkehrungen für sein Unternehmen treffen, sei es nur zum Schein, um dem König noch mehr Angst zu machen, sei es in blinder Gier, die Stadt um ihrer Schätze willen zu erobern.

Jugurtha indes durchschaute das törichte Gebaren und die

legati subdole eius augere amentiam, missitare supplicantis
legatos, ipse quasi vitabundus per saltuosa loca et tramites
exercitum ductare. denique Aulum spe pactionis perpulit, 2
uti relicto Suthule in abditas regiones sese veluti cedentem
insequeretur: ita delicta occultiora fuere. interea per homines 3
callidos diu noctuque exercitum temptabat, centuriones du-
cesque turmarum, partim uti transfugerent, conrumpere, alii
signo dato locum uti desererent. quae postquam ex sententia 4
instruit, intempesta nocte de inproviso multitudine Numidarum Auli castra circumvenit. milites Romani, perculsi tu- 5
multu insolito, arma capere alii, alii se abdere, pars territos
confirmare, trepidare omnibus locis. vis magna hostium, caelum nocte atque nubibus obscuratum, periculum anceps;
postremo, fugere an manere tutius foret, in incerto erat. sed 6
ex eo numero, quos paulo ante conruptos diximus, cohors
una Ligurum cum duabus turmis Thracum et paucis gregariis militibus transiere ad regem, et centurio primi pili ter-
tiae legionis per munitionem, quam uti defenderet acceperat,
locum hostibus introeundi dedit, eaque Numidae cuncti inrupere. nostri foeda fuga, plerique abiectis armis, proxumum 7
collem occupaverunt. nox atque praeda castrorum hostis, 8
quo minus victoria uterentur, remorata sunt.

Deinde Iugurtha postero die cum Aulo in conloquio verba 9

Ungeschicklichkeit des Heerführers und suchte schlauerweise ihn in seinem Unsinn zu bestärken; er schickte immer wieder Gesandte, die um Schonung baten, während er selbst seine Truppen durch waldreiche Gegenden und Seitenwege marschieren ließ, als wolle er einer Schlacht ausweichen. Schließlich brachte er Aulus durch die Aussicht auf einen Vergleich dazu, von der Stadt Suthul abzuziehen und ihm wie einem Flüchtling in abgelegenes Gelände nachzufolgen. So blieben die Fehler zunächst verborgen. Inzwischen wußte er das römische Heer bei Tag und Nacht durch schlaue Kerle zu bearbeiten und bestach die Hauptleute und Reiterführer, zu ihm überzugehen oder auf ein Zeichen ihren Posten zu verlassen. Als dies alles nach Wunsch eingeleitet war, umzingelte er unversehens tief in der Nacht mit einer großen Schar Numider des Aulus Lager. Die römischen Soldaten, durch den ungewohnten Lärm erschreckt, griffen zu den Waffen, andere verbargen sich, ein Teil suchte den bestürzten Kameraden Mut zu machen, überall liefen sie in ängstlicher Verwirrung hin und her. Groß war die Menge der Feinde, der Himmel in Nacht und dunkle Wolken gehüllt, Gefahr drohte von zwei Seiten, schließlich wußte man nicht, ob Fliehen oder Bleiben sicherer sei. Von denen aber, die, wie gesagt, bestochen waren, ging eine Kohorte Ligurer mit zwei Schwadronen Thraziern und ein paar römischen Legionssoldaten zum König über, und der rangälteste Hauptmann der dritten Legion gab dem Feind die Möglichkeit, durch die Schanze einzudringen, die ihm zur Verteidigung zugewiesen war; hier brachen nun die Numider geschlossen ein. Unsere Leute retteten sich in schmählicher Flucht auf den nächsten Hügel, die meisten warfen die Waffen fort. Nacht und Plünderung im Lager hielten den Feind auf, seinen Sieg auszunutzen.

Am folgenden Tage erklärte Jugurtha in einer Unter-

facit: tametsi ipsum cum exercitu fame et ferro clausum te-
neret, tamen se memorem humanarum rerum, si secum foedus faceret, incolumis omnis sub iugum niissurum; praeterea
uti diebus decem Numidia decederet. quae quamquam gra- 10
via et flagiti plena erant, tamen, quia mortis metu mutaban-
tur, sicuti regi lubuerat, pax convenit.

XXXIX. Sed ubi ea Romae conperta sunt, metus atque 1
maeror civitatem invasere: pars dolere pro gloria imperi,
pars insolita rerum bellicarum timere libertati; Aulo omnes
infesti ac maxume, qui bello saepe praeclari fuerant, quod
armatus dedecore potius quam manu salutem quaesiverat.
ob ea consul Albinus ex delicto fratris invidiam ac deinde 2
periculum timens senatum de foedere consulebat et tamen
interim exercitui supplementum scribere, ab sociis et nomine Latino auxilia arcessere, denique omnibus modis festinare. senatus ita, uti par fuerat, decernit suo atque populi 3
iniussu nullum potuisse foedus fieri. consul inpeditus a tri- 4
bunis plebis, ne, quas paraverat, copias secum portaret, paucis diebus in Africam proficiscitur. nam omnis exercitus, uti
convenerat, Numidia deductus in provincia hiemabat. post- 5
quam eo venit, quamquam persequi Iugurtham et mederi
fraternae invidiae animo ardebat, cognitis militibus, quos

redung mit Aulus: zwar habe er ihn und sein Heer durch
Hunger und Schwert völlig in seiner Gewalt, doch wolle er
sie alle, eingedenk des Wechsels menschlicher Schicksale,
nur unters Joch schicken, ohne ihnen sonst etwas zuleide
zu tun, wenn sich Aulus zu einem Friedensvertrag mit ihm
entschließe; außerdem hätte er binnen zehn Tagen Numidien zu verlassen. Gewiß waren diese Bedingungen hart und
entehrend; weil man aber dadurch von der Todesangst sich
löste, wurde trotzdem ganz nach des Königs Wunsch der
Friede geschlossen.

Als man dies in Rom erfuhr, kam Furcht und Trauer über
die Bürger; die einen waren in schmerzlicher Sorge um des
Reiches Ehre, andre, mit den Wechselfällen des Krieges
nicht vertraut, fürchteten für Roms Unabhängigkeit. Über
Aulus waren alle empört, besonders Leute, die sich schon oft
im Kriege ausgezeichnet hatten: mit den Waffen in der
Hand hatte er ja seine Rettung lieber in schimpflicher Er-
gebung statt durch tapferen Kampf gesucht! Infolgedessen
brachte Albinus im Senate den Vertrag zur Sprache, denn
er fürchtete, aus seines Bruders Vergehen könne ihm Ge-
hässigkeit und dann Gefahr erwachsen; trotzdem hob er inzwischen für sein Heer Ersatz aus, forderte von den Bundesgenossen und den Latinern Hilfstruppen, kurz, er beeilte sich
auf jede Weise. Die Entscheidung des Senates lautete, wie
zu erwarten war: ohne seine und des Volks Genehmigung
dürfe kein Vertrag zustande kommen. Da dem Konsul von
den Volkstribunen verwehrt wurde, die aufgebrachten Truppen mitzunehmen, fuhr er nach ein paar Tagen allein nach
Afrika; denn das ganze Heer hatte vertragsgemäß Numidien
geräumt und überwinterte in der Provinz. Zwar brannte er
bei seiner Ankunft darauf, Jugurtha zu verfolgen und die Erbitterung gegen seinen Bruder zu beschwichtigen; doch bald
lernte er den Geist der Truppe kennen, die erst die Niederlage

praeter fugam soluto imperio licentia atque lascivia conruperat, ex copia rerum stattu sibi nihil agitandum.

XL. Interim Romae C. Mamilius Limetanus, tribunus   1
plebis, rogationem ad populum promulgat, uti quaereretur
in eos, quorum consilio Iugurtha senati decreta neglexisset,
quique ab eo in legationibus aut imperiis pecunias accepis-
sent, qui elephantos quique perfugas tradidissent, item qui
de pace aut bello cum hostibus pactiones fecissent. huic roga-   2
tioni partim conscii sibi, alii ex partium invidia pericula me-
tuentes, quoniam aperte resistere non poterant, quin illa et
alia talia placere sibi faterentur, occulte per amicos ac maxume per homines nominis Latini et socios Italicos inpedi-
menta parabant. sed plebes incredibile memoratu est, quam   3
intenta fuerit quantaque vi rogationem iusserit, magis odio
nobilitatis, quoi mala illa parabantur, quam cura rei publicae:
tanta lubido in partibus erat. igitur ceteris metu perculsis   4
M. Scaurus, quem legatum Bestiae fuisse supra docuimus,
inter laetitiam plebis et suorum fugam, trepida etiam tum
civitate, quom ex Mamilia rogatione tres quaesitores roga-
rentur, effecerat, uti ipse in eo numero crearetur. sed quae-   5
stio exercita aspere violenterque ex rumore et lubidine plebis: uti saepe nobilitatem, sic ea tempestate plebem ex secundis rebus insolentia ceperat.

und dann nach Lockerung der Disziplin ein ungebundenes und tolles Leben verdorben hatte, und so ergab sich aus der Lage der Dinge der Entschluß, jetzt nichts zu unternehmen. Inzwischen legte in Rom der Volkstribun Gaius Mamilius Limetanus dem Volk den Antrag vor, man solle eine Untersuchung einleiten gegen alle, auf deren Rat Jugurtha die Beschlüsse des Senats mißachtet habe, die als Gesandte oder Heerführer von ihm Geld genommen, die ihm Elefanten und die ihm Überläufer ausgeliefert, schließlich gegen alle, die über Krieg und Frieden mit dem Feind Verträge abgeschlossen hätten. Diesem Antrag suchten einige aus Schuldbewußtsein, andere aus Furcht vor Prozessen, die aus der Feindschaft der Parteien zu befürchten waren, Hindernisse in den Weg zu legen; doch taten sie dies insgeheim durch Freunde und besonders durch Latiner und italische Bundesgenossen, denn offen konnten sie sich nicht dem Vorschlag widersetzen, ohne ihr Einverständnis mit diesen und ähnlichen üblen Vorgängen zu verraten. Wie entschieden aber und mit welchem Nachdruck das Volk den Antrag genehmigte, ist kaum zu glauben, freilich mehr aus Haß gegen den Adel, dem diese Schläge zugedacht waren, als aus Fürsorge für den Staat; so leidenschaftlich war die Erregung unter den Parteien. Während nun alle anderen von Furcht gelähmt waren, hatte es Marcus Scaurus, der vorhin erwähnte ehemalige Legat Bestias, inmitten der lauten Freude der Plebejer und der Panik seiner Parteifreunde, bei der noch immer andauernden Unruhe der Bürgerschaft glücklich erreicht, daß er selbst einer der drei Untersuchungsrichter wurde, die auf Antrag des Mamilius gewählt werden sollten. Aber die Untersuchung wurde rücksichtslos und hart geführt, ganz nach dem lärmenden Beifall und der Laune der breiten Masse — wie's früher oft beim Adel war, so hatte jetzt das Volk bei seinen Erfolgen frecher Übermut gepackt.

XLI. Ceterum mos partium et factionum ac deinde om-   1
nium malarum artium paucis ante annis Romae ortus est
otio atque abundantia earum rerum, quae prima mortales
ducunt. nam ante Carthaginem deletam populus et senatus   2
Romanus placide modesteque inter se rem publicam tracta-
bant, neque gloriae neque dominationis certamen inter civis
erat: metus hostilis in bonis artibus civitatem retinebat. sed   3
ubi illa formido mentibus decessit, scilicet ea, quae res secundae amant, lascivia atque superbia, incessere. ita, quod   4
in advorsis rebus optaverant otium, postquam adepti sunt,
asperius acerbiusque fuit. namque coepere nobilitas digni-   5
tatem, populus libertatem in lubidinem vortere, sibi quisque
ducere, trahere, rapere. ita omnia in duas partis abstracta
sunt, res publica, quae media fuerat, dilacerata. ceterum no-   6
bilitas factione magis pollebat, plebis vis soluta atque dispersa
in multitudine minus poterat. paucorum arbitrio belli do-   7
mique agitabatur, penes eosdem aerarium, provinciae, magistratus, gloriae triumphique erant: populus militia atque
inopia urgebatur. praedas bellicas imperatores cum paucis
diripiebant: interea parentes aut parvi liberi militum, uti   8
quisque potentiori confinis erat, sedibus pellebantur.

Ita cum potentia avaritia sine modo modestiaque invadere,   9
polluere et vastare omnia, nihil pensi neque sancti habere,

Übrigens war das Unwesen der Parteien im Volk und
Adel mit all ihren üblen Gewohnheiten erst vor wenigen
Jahren in Rom entstanden, eine Folge des müßigen Lebens
und des Überflusses an allen Gütern, die die Menschen am
höchsten achten. Denn bis zur Zerstörung Karthagos führten Volk und Senat von Rom gemeinschaftlich die Staats-
geschäfte ohne Haß und Leidenschaft, und es gab keinen
Wettstreit um Rang oder Herrschaft unter den Bürgern;
Furcht vor dem Feinde hielt die Bürgerschaft in Zucht und
Sitte. Sobald aber dies Grauen nicht mehr das Herz be-
drückte, da begann freilich ein ungebundenes und über-
mütiges Treiben, wie es das Glück gern im Gefolge hat. So
wurde es mit der Ruhe, die sie sich in bösen Zeiten gewünscht hatten, jetzt nur noch schlimmer und drücken-
der, seitdem man sie besaß. Denn der Adel begann seine
Machtstellung, das Volk seine Freiheit in Willkür ausarten
zu lassen, jeder suchte für sich zu nehmen, zu raffen und
zu rauben. So wurde alles in zwei Parteien auseinandergerissen, der Staat aber, der einst beider Gemeingut war,
wurde elend zerfleischt. Übrigens hatte der Adel durch
seinen festen Parteiverband das Übergewicht, das Volk
aber, bei seiner Masse völlig zersplittert, konnte weniger
ausrichten. Nach der willkürlichen Entscheidung einiger
Leute wurde in Krieg und Frieden Politik gemacht, in
ihrer Hand lagen auch Staatsschatz, Provinzen, Ämter,
Ehren und Triumphe; das Volk wurde von Kriegsdienst
und Armut bedrückt, die Kriegsbeute rissen die Feldherren mit einigen Freunden an sich; inzwischen wurden
die Eltern oder kleinen Kinder der Soldaten von Haus
und Hof vertrieben, wenn sie einen mächtigeren Nachbar
hatten.

So drang mit der Macht eine Habgier ein, die maßlos und
unersättlich war; sie entweihte und zerstörte alles, nichts

quoad semet ipsa praecipitavit. nam ubi primum ex nobili-   10
tate reperti sunt, qui veram gloriam iniustae potentiae ante-
ponerent, moveri civitas et dissensio civilis, quasi permixtio
terrae, oriri coepit.

XLII. Nam postquam Ti. et C. Gracchus, quorum maio-   1
res Punico atque aliis bellis multum rei publicae addiderant,
vindicare plebem in libertatem et paucorum scelera pate-
facere coepere, nobilitas noxia atque eo perculsa modo per
socios ac nomen Latinum, interdum per equites Romanos,
quos spes societatis a plebe dimoverat, Gracchorum actionibus obviam ierat; et primo Tiberium, dein paucos post
annos eadem ingredientem Gaium, tribunum alterum, alterum triumvirum coloniis deducundis, cum M. Fulvio
Flacco ferro necaverat. et sane Gracchis cupidine victoriae   2
haud satis moderatus animus fuit. sed bono vinci satius est,   3
quam malo more iniuriam vincere. igitur ea victoria nobili-   4
tas ex lubidine sua usa multos mortalis ferro aut fuga exstin-
xit plusque in reliquom sibi timoris quam potentiae addidit.
quae res plerumque magnas civitatis pessum dedit, dum alteri alteros vincere quovis modo et victos acerbius ulcisci volunt. sed de studiis partium et omnis civitatis moribus si sin-   5
gillatim aut pro magnitudine parem disserere, tempus quam
res maturius me deseret. quam ob rem ad inceptum redeo.

achtete sie, nichts war ihr heilig, bis sie sich selber ins Verderben stürzte. Sobald sich nämlich im Adel Männer fanden, die wahren Ruhm einer ungerechten Machtstellung vorzogen, geriet die Bürgerschaft in Unruhe, und es entstand allmählich – dem Aufruhr der Elemente vergleichbar – eine Spaltung aller Bürger.

Denn Tiberius und Gaius Gracchus, deren Vorfahren im Punischen Kriege und in anderen Feldzügen viel zur Vergrößerung des Staates beigetragen hatten, begannen das Volk zur Freiheit aufzurufen und die Verbrechen der Oligarchen aufzudecken; da war der Adel, schuldbewußt und deshalb schwer betroffen, dem Vorgehen der Gracchen entgegengetreten, bald mit Hilfe von Bundesgenossen und Latinern, zuweilen auch durch römische Ritter, die die Hoffnung auf gute Verbindungen dem Volk entfremdet hatte. Zuerst hatte man Tiberius, wenige Jahre später Gaius, der dieselbe Bahn beschritt, zusammen mit Marcus Fulvius Flaccus im Kampf erschlagen, den einen als Tribunen, den anderen als Triumvirn zur Gründung neuer Kolonien. Gewiß hatten die Gracchen bei ihrem leidenschaftlichen Ringen um den Sieg zu wenig Mäßigung gezeigt; aber ein guter Mensch will lieber unterliegen als durch verwerfliche Mittel das Unrecht unterdrücken. Diesen Sieg nutzte nun der Adel aus, wie's ihm beliebte: viele brachte er durch Tod oder Verbannung beiseite und machte sich für die Zukunft wohl nicht mächtiger, aber um so mehr gefürchtet. Eine solche Politik hat schon oft große Staaten zugrunde gerichtet, wenn die eine Partei die andere um jeden Preis besiegen und sich an den Unterlegenen allzu grausam rächen will. Doch wollte ich über Parteiinteressen und Fragen der Gesamtpolitik bis ins einzelne und nach ihrer Wichtigkeit sprechen, so würde mir eher die Zeit als der Stoff ausgehen; deshalb kehre ich zu meinem Thema zurück.

XLIII. Post Auli foedus exercitusque nostri foedam fu- 1
gam Metellus et Silanus consules designati provincias inter
se partiverant, Metelloque Numidia evenerat, acri viro et,
quamquam advorso populi partium, fama tamen aequabili et
inviolata. is ubi primum magistratum ingressus est, alia om- 2
nia sibi cum conlega ratus, ad bellum, quod gesturus erat,
animum intendit. igitur diffidens veteri exercitui milites scri- 3
bere, praesidia undique arcessere, arma, tela, equos ét cetera
instrumenta militiae parare, ad hoc conmeatum adfatim, denique omnia, quae in bello vario et multarum rerum egenti
usui esse solent. ceterum ad ea patranda senatus auctoritate, 4
socii nomenque Latinum et reges ultro auxilia mittundo,
postremo omnis civitas summo studio adnitebatur. itaque 5
ex sententia omnibus rebus paratis conpositisque in Numidiam proficiscitur, magna spe civium quom propter artis bonas
tum maxume, quod advorsum divitias invictum animum gerebat et avaritia magistratuum ante id tempus in Numidia
nostrae opes contusae hostiumque auctae erant.

XLIV. Sed ubi in Africam venit, exercitus ei traditur a 1
Sp. Albino proconsule iners, imbellis, neque periculi neque
laboris patiens, lingua quam manu promptior, praedator
ex sociis et ipse praeda hostium sine imperio et modestia

Nach dem Friedensvertrag des Aulus und dem schmachvollen Abzug unsres Heeres hatten die neugewählten Konsuln Metellus und Silanus die Provinzen unter sich verteilt, und Numidien war Metellus zugefallen, einem energischen Manne, der zwar Gegner der Volkspartei war, aber doch einen stets gleichbleibenden und unbescholtenen Ruf genoß. Sobald er sein Amt angetreten hatte, wendete er seine ganze Aufmerksamkeit dem Kriege zu, den er gerade führen sollte; alle übrigen Aufgaben konnte er ja, wie er meinte, seinem Kollegen überlassen. Also hob er neue Truppen aus, denn zum alten Heere hatte er kein Vertrauen; er zog von allen Seiten Verstärkungen zusammen, beschaffte Waffen, Geschosse, Pferde und das übrige Kriegsgerät, dazu Proviant in großer Menge, kurz alles, was man in einem Krieg gewöhnlich braucht, der, an Wechselfällen reich, viele Mittel erfordert. Bei der Durchführung dieser Pläne unterstützten ihn der Senat durch Erteilung der nötigen Vollmacht, Bundesgenossen, Latiner und verbündete Könige durch freiwillige Absendung von Hilfstruppen, überhaupt die ganze Bürgerschaft mit ihrem regsten Eifer. Als nun alles nach Wunsch aufs beste vorbereitet war, ging Metellus nach Numidien ab, und die lebhaftesten Hoffnungen seiner Mitbürger begleiteten ihn, einmal wegen seiner sonstigen guten Eigenschaften, besonders aber, weil er gegen Geld sich völlig unzugänglich zeigte – durch die Habgier der führenden Männer war ja bisher in Numidien unsre Macht erschüttert, während die der Feinde nur gewachsen war.

Bei seiner Ankunft in Afrika wurde ihm vom Prokonsul Spurius Albinus ein Heer übergeben, das faul und feige war, keiner Gefahr und keiner Anstrengung gewachsen, mit dem Maule tapferer als mit der Faust, gewohnt, bei den eignen Verbündeten Beute zu machen, und doch selbst eine leichte Beute der Feinde, ohne Zucht und Ordnung gehalten. So

habitus. ita imperatori novo plus ex malis moribus sollicitu-   2
dinis quam ex copia militum auxili aut spei bonae adcedebat.

statuit tamen Metellus, quamquam et aestivorum tempus   3
comitiorum mora inminuerat et exspectatione eventus civium animos intentos putabat, non prius bellum adtingere,
quam maiorum disciplina milites laborare coegisset. nam Al-   4
binus, Auli fratris exercitusque clade perculsus, postquam
decreverat non egredi provincia, quantum temporis aestivorum in imperio fuit, plerumque milites stativis castris habebat, nisi quom odor aut pabuli egestas locum mutare sube-
gerat. sed neque muniebatur, neque more militari vigiliae   5
deducebantur. uti quoique lubebat, ab signis aberat. lixae
permixti cum militibus diu noctuque vagabantur et palantes
agros vastare, villas expugnare, pecoris et mancipiorum praedas certantes agere eaque mutare cum mercatoribus vino ad-
vecticio et aliis talibus, praeterea frumentum publice datum
vendere, panem in dies mercari: postremo, quaecumque dici
aut fingi queunt ignaviae luxuriaeque proba, ea in illo exercitu cuncta fuere et alia amplius.

XLV. Sed in ea difficultate Metellum nec minus quam in   1
rebus hostilibus magnum et sapientem virum fuisse conperior: tanta temperantia inter ambitionem saevitiamque mode-
ratum. namque edicto primum adiumenta ignaviae sustu-   2

erwuchs dem neuen Feldherrn aus der üblen Haltung seiner
Soldaten mehr Sorge, statt daß ihm ihre große Anzahl Hilfe
und Zuversicht geboten hätte. Zwar hatte die Verzögerung
der Wahlen die Zeit für den Sommerfeldzug wesentlich
verkürzt, auch konnte sich Metellus denken, wie gespannt
seine Mitbürger auf den Erfolg waren; trotzdem faßte er
den Entschluß, den Krieg nicht eher zu beginnen, als bis er
die Soldaten durch altrömische strenge Zucht gezwungen
hätte, wieder Strapazen zu ertragen. Denn Albinus hatte in
der Bestürzung über das Unglück seines Bruders Aulus und
seiner Truppen beschlossen, die Provinz nicht zu verlassen;
darum hielt er die Soldaten meist in den Standquartieren,
solange er im Sommer noch das Kommando führte, und nur
übler Geruch oder Futtermangel konnten ihn zu einem Orts-
wechsel nötigen. Aber man schanzte nicht, Posten wurden
nicht nach Kriegsbrauch aufgestellt; jeder entfernte sich
ganz nach Belieben von der Fahne. Marketender bummelten
zusammen mit Soldaten Tag und Nacht umher; bei ihren
Streifzügen verwüsteten sie die Felder, brachen in die
Gehöfte ein, trieben um die Wette Vieh und Sklaven als
Beute fort und tauschten diese bei Händlern gegen fremd-
ländischen Wein und andere derartige Waren ein; sodann
verkauften sie das vom Staat gelieferte Getreide und han-
delten sich Tag für Tag frisches Brot ein; kurz, was man
nur an Schandtaten der Liederlichkeit und Ausschweifung
erzählen oder sich ausdenken kann, das alles war bei diesem
Heer zu finden und noch manches andere dazu.

In dieser schwierigen Lage zeigte sich Metellus, wie man
berichtet, auch nicht minder groß und einsichtsvoll als im
Kampf gegen den Feind; mit solcher Mäßigung wußte er
zwischen nachsichtigem Streben nach Beliebtheit und
Strenge die rechte Mitte zu halten. Denn zuerst entfernte
er durch einen Tagesbefehl alles, was die Liederlichkeit

lisse: ne quisquam in castris panem aut quem alium cibum
coctum venderet, ne lixae exercitum insequerentur, ne miles
gregarius in castris neve in agmine servom aut iumentum haberet; ceteris arte modum statuisse. praeterea transvorsis
itineribus cottidie castra movere, iuxta, ac si hostes adessent,
vallo atque fossa munire, vigilias crebras ponere et eas ipse
cum legatis circumire, item in agmine in primis modo, modo
in postremis, saepe in medio adesse, ne quispiam ordine egre-
deretur, ut cum signis frequentes incederent, miles cibum et
arma portaret. ita prohibendo a delictis magis quam vindi-   3
cando exercitum brevi confirmavit.

XLVI. Interea Iugurtha, ubi, quae Metellus agebat, ex   1
nuntiis accepit, simul de innocentia eius certior Roma factus,
diffidere suis rebus ac tum demum veram deditionem facere
conatus est. igitur legatos ad consulem cum suppliciis mittit,   2
qui tantummodo ipsi liberisque vitam peterent, alia omnia
dederent populo Romano. sed Metello iam antea experimen-   3
tis cognitum erat genus Numidarum infidum, ingenio mobili, novarum rerum avidum esse. itaque legatos alium ab   4
alio divorsos adgreditur ac paulatim temptando, postquam
opportunos sibi cognovit, multa pollicendo persuadet, uti
Iugurtham maxume vivom, sin id parum procedat, necatum sibi traderent. ceterum palam, quae ex voluntate forent,
regi nuntiare iubet.

förderte: niemand durfte im Lager Brot oder andere zubereitete Speise verkaufen, kein Troß dem Heere folgen; kein gemeiner Soldat durfte im Lager oder auf dem Marsch einen Sklaven oder ein Lasttier halten; auch den übrigen Mißständen setzte er enge Grenzen. Außerdem ließ er in Kreuz- und Quermärschen täglich das Lager verlegen und es mit Wall und Graben sichern, als wäre der Feind in der Nähe; er stellte überall Posten aus und machte persönlich mit seinen Offizieren bei ihnen die Runde. Ebenso war er auf dem Marsche bald an der Spitze, bald am Ende, oft auch in der Mitte, daß nicht etwa einer aus der Reihe trete, daß sie geschlossen bei den Fahnen marschierten und der Soldat Proviant und Gepäck selber trage. Er verhütete also lieber die Möglichkeit zu Verfehlungen als daß er strafte und schuf sich so in Kürze wieder ein kriegstüchtiges Heer.

Inzwischen hörte Jugurtha durch seine Kundschafter von den Maßnahmen des Metellus, zugleich bekam er aus Rom zuverlässige Nachricht über dessen Unbestechlichkeit — da verzweifelte er an seiner Sache und begann nun erst ernstlich an Übergabe zu denken. So schickte er denn Gesandte mit Zeichen der Unterwerfung an den Konsul; sie sollten nur für ihn selbst und seine Kinder um Erhaltung des Lebens bitten, alles andere dem römischen Volke anheimstellen. Doch Metellus hatte schon aus früheren Erfahrungen erkannt, wie treulos das Volk der Numider war, wie wankelmütig und stets zu Unruhen geneigt. Darum nahm er sich jeden Gesandten besonders vor und suchte sie erst vorsichtig auszuhorchen; sobald er sie seinen Vorschlägen geneigt fand, machte er ihnen reiche Versprechungen und wußte sie so zu überreden, ihm den Jugurtha am liebsten lebendig oder, wenn das nicht glücken wollte, tot auszuliefern. Offiziell aber gab er ihnen eine Botschaft für den König, die dessen Erwartungen entsprach.

Deinde ipse paucis diebus intento atque infesto exercitu 5
in Numidiam procedit, ubi contra belli faciem tuguria plena
hominum, pecora cultoresque in agris erant. ex oppidis et
mapalibus praefecti regis obvii procedebant parati frumentum
dare, conmeatum portare, postremo omnia, quae imperarentur, facere. neque Metellus idcirco minus, sed pariter ac si 6
hostes adessent munito agmine incedere, late explorare omnia, illa deditionis signa ostentui credere et insidiis locum
temptari. itaque ipse cum expeditis cohortibus, item fundi- 7
torum et sagittariorum delecta manu apud primos erat, in
postremo C. Marius legatus cum equitibus curabat, in utrumque latus auxiliarios equites tribunis legionum et praefectis
cohortium dispertiverat, ut cum eis permixti velites, quocumque adcederent, equitatus hostium propulsarent. nam in 8
Iugurtha tantus dolus tantaque peritia locorum et militiae
erat, ut, absens an praesens, pacem an bellum gerens perni-
ciosior esset, in incerto haberetur.

XLVII. Erat haud longe ab eo itinere, quo Metellus per- 1
gebat, oppidum Numidarum nomine Vaga, forum rerum
venalium totius regni maxume celebratum, ubi et incolere et
mercari consueverant Italici generis multi mortales. huc con- 2
sul simul temptandi gratia, si paterentur, et ob opportunitates loci, praesidium inposuit. praeterea imperavit frumentum et alia, quae bello usui forent, conportare, ratus, id
quod res monebat, frequentiam negotiatorum et con-

Dann rückte er nach ein paar Tagen mit einem zu Kampf und Angriff wohlgerüsteten Heere in Numidien ein; dort bot sich ein ganz andres Bild als sonst im Kriege: die Hütten waren voll Menschen, das Vieh und die Bauern auf den Feldern. Aus den Städten und Dörfern kamen ihm die Beamten des Königs entgegen und erboten sich, Getreide zu liefern, die Lebensmittel zu transportieren, überhaupt alle seine Befehle auszuführen. Aber Metellus war deshalb nicht weniger vorsichtig, sondern marschierte in gesichertem Zuge, als wäre der Feind in der Nähe; er ließ weit und breit alles aufklären, hielt jene Zeichen der Unterwerfung für bloßen Schein und war überzeugt, man suche Gelegenheit zu einem Überfall. Deshalb blieb er selbst mit den leichten Kohorten sowie mit einer auserlesenen Schar von Schleuderern und Bogenschützen an der Spitze, die Nachhut deckte der Legat Gaius Marius mit der Reiterei, auf beide Flanken hatte er die berittenen Hilfstruppen unter dem Befehl der Legionstribunen und Kohortenführer verteilt; denn die unter die Truppen gemischten Leichtbewaffneten sollten die feindlichen Reiterschwärme überall zurücktreiben, wo sie auch angreifen mochten. Jugurtha war ja so schlau, er hatte so gute Kenntnis von Gelände und Kriegführung, daß man nicht wissen konnte, ob er in der Ferne oder in der Nähe, im Frieden oder im Kriege mehr zu fürchten sei.

Nicht weit von der Straße, auf der Metellus vorrückte, lag eine numidische Stadt namens Vaga, der besuchteste Handelsplatz des ganzen Reiches, wo viele Italiker sich niederzulassen und Handel zu treiben pflegten. Hierhin legte der Konsul eine Besatzung; er wollte versuchen, ob man sich das gefallen ließe, auch reizte ihn die günstige Lage der Stadt. Dazu befahl er, Getreide und anderen Kriegsbedarf dorthin zu schaffen, denn er meinte – dieser Gedanke lag sehr nahe – die große Menge der Kaufleute und die Zufuhr

meatu iuvaturum exercitum et iam paratis rebus munimento fore.

Inter haec negotia Iugurtha inpensius modo legatos 3 supplices mittere, pacem orare, praeter suam liberorumque vitam omnia Metello dedere. quos item uti priores consul 4 inlectos ad proditionem domum dimittebat, regi pacem, quam postulabat, neque abnuere neque polliceri et inter eas moras promissa legatorum exspectare.

XLVIII. Iugurtha ubi Metelli dicta cum factis conposuit 1 ac se suis artibus temptari animadvortit, quippe quoi verbis pax nuntiabatur, ceterum re bellum asperrumum erat, urbs maxuma alienata, ager hostibus cognitus, animi popularium temptati, coactus rerum necessitudine statuit armis certare. igitur explorato hostium itinere, in spem victoriae adductus 2 ex opportunitate loci, quam maxumas potest copias omnium generum parat ac per tramites occultos exercitum Metelli antevenit.

Erat in ea parte Numidiae, quam Adherbal in divisione 3 possederat, flumen oriens a meridie nomine Muthul, a quo aberat mons ferme milia viginti tractu pari, vastus ab natura et humano cultu. sed ex eo medio quasi collis orie-batur, in inmensum pertingens, vestitus oleastro ac murtetis aliisque generibus arborum, quae humi arido atque harenoso gignuntur. media autem planities deserta penuria aquae prae- 4

werde sein Heer unterstützen und die bereits beschafften Vorräte sichern.

Während dieser Vorgänge schickte Jugurtha nur noch dringlicher Gesandte, die voller Demut um Frieden baten; außer seinem und seiner Kinder Leben stellte er alles dem Metellus anheim. Auch diese verführte der Konsul wie die früheren zum Verrat und schickte sie dann wieder heim; dem König gab er auf sein Friedensgesuch weder eine ablehnende noch eine zusagende Antwort. So gewann er Zeit und wartete die Erfüllung der Versprechungen ab, die ihm die Gesandten gemacht hatten.

Jugurtha aber verglich des Metellus Worte mit seinen Taten und merkte, daß man ihn mit seinen eigenen Kunstgriffen zu fangen suchte; denn mit Worten kündigte man ihm Frieden an, während in Wirklichkeit der schärfste Kriegszustand herrschte; seine bedeutendste Stadt war in fremde Hände geraten, sein Land vom Feinde erkundet, seine Untertanen suchte man zu verführen – da beschloß er unter dem Zwang der Verhältnisse, die Entscheidung mit den Waffen zu suchen. Sobald er also die Marschrichtung der Feinde festgestellt und infolge des günstigen Geländes Hoffnung auf Sieg gewonnen hatte, zog er möglichst viele Truppen aller Art zusammen und überholte das Heer des Metellus auf versteckten Seitenwegen.

In dem Stück Numidiens, das bei der Teilung dem Adherbal zugefallen war, gab es einen von Süden her kommenden Fluß namens Muthul; ungefähr 30 km davon entfernt lief in gleicher Richtung ein Gebirgszug, öde von Natur und ohne Anbau von Menschenhand. In seiner Mitte etwa erhob sich eine Kuppe, die sich gewaltig weit ausdehnte, bedeckt mit wilden Ölbäumen, Myrtengesträuch und anderen Baumarten, die auf trockenem und sandigem Boden gedeihen. Die Ebene dazwischen war infolge Wassermangels

ter flumini propinqua loca: ea consita arbustis pecore atque
cultoribus frequentabantur.

IL. Igitur in eo colle, quem transvorso itinere porrectum   1
docuimus, Iugurtha extenuata suorum acie consedit. elephantis et parti copiarum pedestrium Bomilcarem praefecit eumque edocet, quae ageret. ipse propior montem cum omni
equitatu et peditibus delectis suos conlocat. dein singulas   2
turmas et manipulos circumiens monet atque obtestatur, uti
memores pristinae virtutis et victoriae sese regnumque suom
ab Romanorum avaritia defendant: cum iis certamen fore,
quos antea victos sub iugum miserint; ducem illis, non animum mutatum; quae ab imperatore decuerint, omnia suis
provisa: locum superiorem, ut prudentes cum inperitis, ne
pauciores cum pluribus aut rudes cum belli melioribus manum consererent. proinde parati intentique essent signo dato   3
Romanos invadere: illum diem aut omnis labores et victorias
confirmaturum aut maxumarum aerumnarum initium fore.
ad hoc viritim, uti quemque ob militare facinus pecunia aut   4
honore extulerat, conmonefacere benefici sui et eum ipsum
aliis ostentare, postremo pro quoiusque ingenio pollicendo,
minitando, obtestando alium alio modo excitare, quom interim Metellus ignarus hostium monte degrediens cum exer-

unfruchtbar bis auf die Gegend unmittelbar am Flusse; die
war mit Strauchwerk bewachsen und von Vieh und Bauern
belebt.

Auf der Erhebung nun, die sich nach meiner Beschreibung
quer hinüber zog, stellte Jugurtha seine Truppen in weit
ausgedehnter Linie auf; das Kommando über die Elefanten
und einen Teil des Fußvolks übertrug er Bomilkar und gab
ihm die nötigen Verhaltungsmaßregeln. Er selbst ging mit
der ganzen Reiterei und dem Kern der Fußtruppen näher
am Berge in Stellung. Dann ritt er an die einzelnen Schwadronen und Fähnlein heran und ermahnte sie mit allem Nachdruck, sie sollten eingedenk ihrer alten Tapferkeit und ihrer
Siege ihn und sein Reich vor Roms Habgier schützen: mit
denselben Leute müßten sie kämpfen, die sie schon vor kurzem besiegt und unters Joch geschickt hätten. „Einen neuen
Führer haben die Feinde", so rief er, „aber keinen neuen
Mut! Was von einem Feldherrn zu erwarten ist, das habe
ich alles für meine Leute vorgesehen: ihr habt eine vorteilhafte Stellung auf höherem Gelände, wohl vorbereitet sollt
ihr euch mit ahnungslosen Feinden messen, ihr braucht nicht
in der Minderzahl mit einer Übermacht, nicht als ungeübte
Rekruten gegen Männer zu kämpfen, die mehr Kriegserfahrung haben. Seid also kampfbereit und entschlossen, auf ein
Zeichen über die Römer herzufallen. Dieser Tag wird alle
eure Mühen und eure Erfolge krönen oder er wird der Anfang des größten Elends sein." Auch erinnerte er jeden einzelnen, den er wegen seiner militärischen Leistungen durch
ein Geldgeschenk oder eine Ehrung ausgezeichnet hatte, an
sein Wohlwollen und stellte gerade solche Leute den anderen als Vorbild hin, kurz, er suchte sie alle, jeden nach seiner
Art, durch Versprechen, Drohen oder dringendes Bitten
aufzumuntern – da sah man inzwischen Metellus, der nichts
vom Feinde ahnte, mit seinem Heer vom Berge herunter-

citu conspicatur. primo dubius, quidnam insolita facies osten-   5
deret — nam inter virgulta equi Numidaeque consederant,
neque plane occultati humilitate arborum et tamen incerti,
quidnam esset, quom natura loci tum dolo ipsi atque signa
militaria obscurati — dein brevi cognitis insidiis paulisper agmen constituit. ibi conmutatis ordinibus in dextro latere,   6
quod proxumum hostis erat, triplicibus subsidiis aciem in-
struxit, inter manipulos funditores et sagittarios dispertit,
equitatum omnem in cornibus locat ac pauca pro tempore
milites hortatus aciem, sicuti instruxerat, transvorsis princi-
piis in planum deducit.

L. Sed ubi Numidas quietos neque colle degredi animad-   1
vortit, veritus ex anni tempore et inopia aquae, ne siti con-
ficeretur exercitus, Rutilium legatum cum expeditis cohortibus et parte equitum praemisit ad flumen, uti locum castris
antecaperet, existumans hostis crebro impetu et transvorsis
proeliis iter suom remoraturos et, quoniam armis diffiderent,
lassitudinem et sitim militum temptaturos. deinde ipse pro   2
re atque loco, sicuti monte descenderat, paulatim procedere,
Marium post principia habere, ipse cum sinistrae alae equitibus esse, qui in agmine principes facti erant.

At Iugurtha, ubi extremum agmen Metelli primos suos   3

steigen. Zunächst war er im Zweifel, was dieser ungewohnte
Anblick zu bedeuten habe — denn zwischen Gestrüpp
standen die Numider mit ihren Pferden, durch die niedrigen
Bäume zwar nicht ganz verdeckt, aber man wußte doch
nicht recht, was das wäre, da sie selbst und ihre Feldzeichen
durch das Gelände und besonders durch geschickte Tar-
nung unkenntlich gemacht waren — aber dann merkte er
bald den geplanten Überfall und ließ seinen Zug eine Weile
haltmachen. Nun änderte er die Aufstellung und ordnete auf
der rechten Flanke, die dem Feinde am nächsten war, sein
Heer in drei Gefechtslinien, zwischen die Manipeln verteilte er die Schleuderer und Bogenschützen und stellte die
gesamte Reiterei an den Flügeln auf; nur mit wenigen Worten — denn die Zeit drängte — sprach er seinen Leuten Mut
zu und führte das Heer dann so, wie er es aufgestellt hatte,
mit einer Seitenschwenkung in die Ebene hinab.

Doch die Numider blieben ruhig und kamen vom Hügel
nicht herunter. Als Metellus das sah, befürchtete er, seine
Truppen könnten bei der heißen Jahreszeit und dem Was-
sermangel elend verdursten, und schickte deshalb den Legaten Publius Rutilius mit leichtbewaffneten Kohorten und
einem Teil seiner Reiter an den Fluß voraus, um vor allem
einen Platz fürs Lager zu besetzen; denn er nahm an, die
Feinde würden durch häufige Vorstöße und Flanken-
angriffe seinen Vormarsch aufzuhalten suchen und mit der
Erschöpfung und dem Durste seiner Leute rechnen, da sie ja
zu ihren Waffen doch kein rechtes Vertrauen hatten. Dann
rückte er in der gleichen Ordnung wie beim Abstieg vom
Gebirge langsam vor, je nachdem es Zeit und Umstände
erlaubten; Marius ließ er hinter der ersten Linie, er selbst
stand bei den Reitern des linken Flügels, die jetzt auf dem
Marsche die Spitze bildeten.

Kaum aber sah Jugurtha, daß die Nachhut von Metellus'

praetergressum videt, praesidio quasi duum milium peditum
montem occupat, qua Metellus descenderat, ne forte ceden-
tibus advorsariis receptui ac post munimento foret. dein repente signo dato hostis invadit. Numidae alii postremos cae- 4
dere, pars a sinistra ac dextra temptare, infensi adesse atque
instare, omnibus locis Romanorum ordines conturbare.
quorum etiam, qui firmioribus animis obvii hostibus fuerant,
ludificati incerto proelio ipsi modo eminus sauciabantur,
neque contra feriundi aut conserundi manum copia erat.
ante iam docti ab Iugurtha equites, ubi Romanorum turma 5
insequi coeperat, non confertim neque in unum sese reci-
piebant, sed alius alio quam maxume divorsi. ita numero 6
priores, si ab persequendo hostis deterrere nequiverant, dis-
iectos ab tergo aut lateribus circumveniebant; sin opportunior fugae collis quam campi fuerat, ea vero consueti Numidarum equi facile inter virgulta evadere, nostros asperitas et
insolentia loci retinebat.

LI. Ceterum facies totius negoti varia, incerta, foeda atque 1
miserabilis: dispersi a suis pars cedere, alii insequi; neque
signa neque ordines observare; ubi quemque periculum ceperat, ibi resistere ac propulsare; arma, tela, equi, viri, hostes

Heer an seiner ersten Linie schon vorbeigezogen war, da besetzte er den Berg dort, wo Metellus herabgestiegen war, mit etwa 2000 Mann Fußvolk; es sollte sich doch nicht etwa den Gegnern hier beim Rückzug eine Zuflucht und später eine gute Deckung bieten. Dann gab er plötzlich das Zeichen und ging auf den Feind los. Ein Teil der Numider hieb auf die Nachhut ein, andre griffen an der linken und an der rechten Flanke an, voll Erbitterung kamen sie angestürmt und drangen vor, überall suchten sie die Reihen der Römer in Unordnung zu bringen. Auch wer sich von diesen dem Feind mit größerem Mut entgegengestellt hatte, wurde durch den ungewissen Kampf genarrt; denn nur sie allein bekamen von weitem ihre Wunden, ohne die Möglichkeit zu haben, auch selber dreinzuschlagen oder in Nahkampf zu geraten. Sobald eine römische Schwadron die Verfolgung begann, zogen sich die Reiter nach Jugurthas schon vorher erlassener Anweisung nicht geschlossen zurück und nicht auf einen einzigen Punkt, sondern der eine hierhin, der andre dahin, möglichst weit voneinander getrennt. So zersplitterten sie den Feind und suchten ihn dann durch ihre Übermacht im Rücken oder in den Flanken zu umzingeln, falls es ihnen nicht gelang, ihn vom Verfolgen abzubringen. War aber der Hügel besser für die Flucht geeignet als das weite Feld, so entkamen die Pferde der Numider, die daran gewöhnt waren, dort erst recht mit Leichtigkeit durch das Gestrüpp, während unsre Leute das schwierige und ungewohnte Gelände zurückhielt.

Übrigens bot der ganze Kampf ein schwankendes und unklares Bild voller Grauen und Jammer: versprengt von den Ihren wandten sich die einen zur Flucht, andre nahmen die Verfolgung auf; man blieb nicht bei den Fahnen, nicht in Reih und Glied, jeder wehrte sich und drängte vorwärts, wo ihn gerade die Gefahr überrascht hatte; Waffen und Geschosse, Rosse und Menschen, Feind und Freund, alles ge-

atque cives permixti; nihil consilio neque imperio agi, fors
omnia regere. itaque multum diei processerat, quom etiam   2
tum eventus in incerto erat.

Denique omnibus labore et aestu languidis Metellus, ubi   3
videt Numidas minus instare, paulatim milites in unum con-
ducit, ordines restituit et cohortis legionarias quattuor advorsum pedites hostium conlocat. eorum magna pars superioribus
locis fessa consederat. simul orare et hortari milites, ne defi-   4
cerent neu paterentur hostis fugientis vincere: neque illis castra esse neque munimentum ullum, quo cedentes tenderent;
in armis omnia sita.

Sed ne Iugurtha quidem interea quietus erat: circumire,   5
hortari, renovare proelium et ipse cum delectis temptare omnia, subvenire suis, hostibus dubiis instare, quos firmos cognoverat, eminus pugnando retinere.

LII. Eo modo inter se duo imperatores, summi viri, certa-   1
bant, ipsi pares, ceterum opibus disparibus. nam Metello vir-   2
tus militum erat, locus advorsus, Iugurthae alia omnia praeter milites opportuna denique Romani, ubi intellegunt ne-   3
que sibi perfugium esse neque ab hoste copiam pugnandi
fieri – et iam die vesper erat – advorso colle, sicuti praeceptum fuerat, evadunt. amisso loco Numidae fusi fugatique: 4

riet durcheinander; nichts geschah nach Plan oder Befehl, der blinde Zufall regierte alles. So war schon ein großer Teil des Tages verstrichen, und noch immer blieb der Ausgang zweifelhaft.

Schließlich waren alle von Strapazen und Hitze erschöpft. Metellus sah, daß die Angriffe der Numider schwächer wurden: da zog er seine Leute nach und nach auf einen Punkt zusammen, brachte ihre Reihen wieder in Ordnung und stellte vier Kohorten von einer Legion dem feindlichen Fußvolk entgegen; das hatte sich zum größten Teil ermüdet auf den Anhöhen niedergelassen. Zugleich beschwor er seine Soldaten, sie sollten doch nicht den Mut verlieren und dem fliehenden Feinde nicht den Sieg überlassen: sie selbst hätten ja kein Lager, keinen festen Platz, wohin sie sich beim Rückzug durchkämpfen könnten; nur in den Waffen liege ihre Rettung.

Aber auch Jugurtha blieb inzwischen nicht müßig: er ging von Mann zu Mann, redete ihnen gut zu, fing den Kampf von neuem an und machte persönlich mit seinen besten Leuten alle möglichen Versuche; er eilte den Seinen zu Hilfe, ging auf den Feind los, wo er wankte, und wo er ihn unerschüttert fand, da suchte er ihn durch Kampf aus der Ferne festzuhalten.

So maßen sich die beiden ausgezeichneten Heerführer, die persönlich einander gewachsen waren, freilich mit ungleichen Mitteln. Denn Metellus hatte tapfere Soldaten, doch das Gelände war für ihn ungünstig; für Jugurtha war alles andre vorteilhaft, nur seine Leute taugten nichts. Als die Römer schließlich sahen, sie hätten keinen Zufluchtsort und der Feind biete ihnen keine Gelegenheit zum Kampfe — auch war es schon Abend geworden —, da stürmten sie befehlsgemäß die Anhöhe hinauf. Die Numider mußten ihre Stellung aufgeben und wurden völlig geschlagen; nur wenige

pauci interiere, plerosque velocitas et regio hostibus ignara
tutata sunt.

Interea Bomilcar, quem elephantis et parti copiarum pe-   5
destrium praefectum ab Iugurtha supra diximus, ubi eum
Rutilius praetergressus est, paulatim suos in aequom locum
deducit ac, dum legatus ad flumen, quo praemissus erat, festinans pergit, quietus, uti res postulabat, aciem exornat
neque remittit, quid ubique hostis ageret, explorare. post-   6
quam Rutilium consedisse iam et animo vacuom accepit simulque ex Iugurthae proelio clamorem augeri, veritus, ne legatus cognita re laborantibus suis auxilio foret, aciem, quam
diffidens virtuti militum arte statuerat, quo hostium itineri
officeret, latius porrigit eoque modo ad Rutili castra procedit.

LIII. Romani ex inproviso pulveris vim magnam animad-   1
vortunt. nam prospectum ager arbustis consitus prohibebat.
et primo rati humum aridam vento agitari, post, ubi aequa-
bilem manere et, sicuti acies movebatur, magis magisque ad-
propinquare vident, cognita re properantes arma capiunt ac
pro castris, sicuti imperabatur, consistunt. deinde, ubi pro-   2
pius ventum est, utrimque magno clamore concurritur. Nu-   3
midae tantummodo remorati, dum in elephantis auxilium putant, postquam eos inpeditos ramis arborum atque ita dis-
iectos circumveniri vident, fugam faciunt ac plerique abiectis

fielen, die meisten rettete ihre Schnelligkeit und das Glück, daß der Feind das Gelände nicht kannte.

Inzwischen führte Bomilkar seine Scharen allmählich in die Ebene hinab, sobald Rutilius an ihm vorbeimarschiert war; ihn hatte Jugurtha, wie gesagt, über die Elefanten und einen Teil des Fußvolkes gesetzt. Während der römische Legat schnell den Fluß zu erreichen suchte, an den er vorausgeschickt war, ordnete Bomilkar in aller Ruhe seine Reihen, wie es die Lage erforderte, und ließ unablässig die sämtlichen Bewegungen des Feindes aufklären. Bald erfuhr er, Rutilius habe sich bereits gelagert und sei unbeschäftigt; zugleich kam die Nachricht, der Lärm von Jugurthas Kampfplatz werde immer stärker – da fürchtete er, der Legat könne die Sachlage durchschauen und seinen bedrängten Leuten zu Hilfe kommen; deshalb ließ er seine Linien, die er aus Mißtrauen gegen die Tapferkeit der Soldaten dicht zusammengezogen hatte, weiter ausschwärmen, um dem Feinde den Weg zu verlegen, und rückte so bis zum Lager des Rutilius vor.

Die Römer bemerkten plötzlich eine große Staubwolke; denn die Baumpflanzungen, mit denen das Feld bewachsen war, verhinderten den freien Ausblick. Und zuerst glaubten sie, die trockene Erde werde vom Winde hochgetrieben; als sie dann aber sahen, wie die Staubwolke sich gleich blieb und mit dem Vorrücken der Truppe immer näher und näher kam, da erkannten sie den wahren Sachverhalt, griffen in aller Eile zu den Waffen und stellten sich befehlsgemäß vorm Lager auf. Sobald man näher gekommen war, gingen sie von beiden Seiten mit lautem Geschrei aufeinander los. Die Numider hielten nur so lange stand, als sie von den Elefanten Hilfe erhofften, doch als sie sahen, wie diese durch die Zweige der Bäume behindert und so auseinandergejagt und umzingelt wurden, da ergriffen sie die Flucht. Die meisten warfen

armis collis aut noctis, quae iam aderat, auxilio integri abeunt.
elephanti quattuor capti, relicui omnes numero quadraginta 4
interfecti.

At Romani, quamquam itinere atque opere castrorum et 5
proelio fessi lassique, tamen, quod Metellus amplius opinione
morabatur, instructi intentique obviam procedunt. nam
dolus Numidarum nihil languidi neque remissi patieba- 6
tur. ac primo obscura nocte, postquam haud procul inter se 7
erant, strepitu velut hostes adventare, alteri apud alteros formidinem simul et tumultum facere, et paene inprudentia
admissum facinus miserabile, ni utrimque praemissi equites
rem exploravissent. igitur pro metu repente gaudium muta- 8
tur: milites alius alium laeti appellant, acta edocent atque
audiunt, sua quisque fortia facta ad caelum fert. quippe res
humanae ita sese habent: in victoria vel ignavis gloriari licet,
advorsae res etiam bonos detrectant.

LIV. Metellus in isdem castris quadriduo moratus saucios 1
cum cura reficit, meritos in proeliis more militiae donat, univorsos in contione laudat atque agit gratias, hortatur, ad cetera, quae levia sunt, parem animum gerant: pro victoria satis iam pugnatum, reliquos labores pro praeda fore. tamen 2
interim transfugas et alios opportunos, Iugurtha ubi gentium
aut quid agitaret, cum paucisne esset an exercitum haberet,
ut sese victus gereret, exploratum misit. at ille sese in loca sal- 3

ihre Waffen weg und entkamen unversehrt unter dem
Schutze der Anhöhe oder der schon einbrechenden Nacht.
Von den Elefanten wurden vier gefangen, die übrigen alle,
vierzig an der Zahl, getötet.

Die Römer waren zwar vom Marsche und von der Schanzarbeit am Lager und vom Kampfe völlig ermüdet, trotzdem zogen sie dem Metellus in voller Ordnung und kampfbereit entgegen, weil er wider Erwarten lange ausblieb; denn
die Verschlagenheit der Numider ließ keine Lässigkeit oder
Abspannung zu. Beide Heere waren nicht mehr weit voneinander entfernt, da kamen sie im Dunkel der Nacht mit
Getöse wie Feinde angezogen, sie erregten sich gegenseitig
Angst und Verwirrung, und fast wäre es aus Übereilung zu
einem kläglichen Zwischenfall gekommen, hätten nicht die
von beiden Seiten vorausgeschickten Reiter die Sache aufgeklärt. Nun wandelte sich die Furcht sehr schnell in Freude:
die Soldaten begrüßten einander frohen Herzens und erzählten sich gegenseitig ihr Erleben, jeder hob seine Heldentaten in den Himmel. Denn so ist es ja im Leben der Menschen: im Siege darf selbst der Feigling prahlen, Unglück
aber macht auch die Tapferen klein.

Metellus blieb im gleichen Lager vier Tage lang; die Verwundeten betreute er sorgfältig, verdiente Kämpfer beschenkte er nach Kriegsgebrauch, allen sagte er vor versammelter Mannschaft Lob und Dank und mahnte sie, beim
Rest des Krieges gleichen Mut zu zeigen; das sei ja nur noch
eine Kleinigkeit. Für den Sieg sei schon genug gekämpft; die
weitere Kampfesarbeit gelte nur der Beute. Doch schickte
er inzwischen Überläufer und andre geeignete Leute auf
Kundschaft, wo denn nur eigentlich Jugurtha stecke und
was er plane, ob er nur wenige Begleiter oder eine ganze
Armee bei sich habe und wie er sich nach seiner Niederlage
benehme. Der aber hatte sich in waldreiches und durch die

tuosa et natura munita receperat ibique cogebat exercitum
numero hominum ampliorem, sed hebetem infirmumque,
agri ac pecoris magis quam belli cultorem. id ea gratia eve-   4
niebat, quod praeter regios equites nemo omnium Numida
ex fuga regem sequitur. quo quoiusque animus fert, eo discedunt, neque id flagitium militiae ducitur: ita se mores habent.

Igitur Metellus, ubi videt regis etiam tum animum ferocem   5
esse, bellum renovari, quod, nisi ex illius lubidine, geri non
posset, praeterea iniquom certamen sibi cum hostibus, minore detrimento illos vinci quam suos vincere, statuit non
proeliis neque in acie, sed alio more bellum gerundum. itaque   6
in loca Numidiae opulentissuma pergit, agros vastat, multa
castella et oppida temere munita aut sine praesidio capit in-
cenditque, puberes interfici iubet, alia omnia militum praedam esse. ea formidine multi mortales Romanis dediti obsi-
des, frumentum et alia, quae usui forent, adfatim praebita;
ubicumque res postulabat, praesidium inpositum. quae
negotia multo magis quam proelium male pugnatum ab suis
regem terrebant; quippe, quoius spes omnis in fuga sita erat,
sequi cogebatur et, qui sua loca defendere nequiverat, in
alienis bellum gerere. tamen ex copia, quod optumum
videbatur, consilium capit: exercitum plerumque in isdem
locis opperiri iubet, ipse cum delectis equitibus Metellum

Lage gesichertes Gelände zurückgezogen und brachte dort
ein Heer zusammen, das wohl zahlenmäßig stärker war, doch
ohne Schneid und Kraft, an Feldarbeit und Viehzucht mehr
gewöhnt als an den Krieg. Dies erklärte sich so, daß außer
der berittenen Leibgarde des Königs ihm kein einziger von
den Numidern auf seiner Flucht gefolgt war. Wohin es eben
jeden treibt, dahin laufen sie auseinander, und das wird nicht
als ein Vergehen gegen die Kriegszucht gerechnet; so ist nun
einmal dort die Landessitte.

Metellus sah also, des Königs Trotz sei auch jetzt noch
ungebrochen, ein neuer Krieg beginne, den man ganz nach
des Feindes Belieben führen müsse, dazu werde sein Kampf
mit dem Gegner ungleich sein, denn eine Niederlage koste
jenen weniger Verluste als ein Sieg den Seinen – da beschloß
er, nicht mit Gefechten und in regelrechtem Kampfe, sondern auf andre Weise den Krieg zu führen. Also rückte er in
die reichsten Gegenden Numidiens vor, die Felder verwüstete er, viele Burgen und Städte, die nur schlecht befestigt
oder ohne Besatzung waren, nahm er ein und brannte sie
nieder, die Männer ließ er erschlagen und gab alles übrige
seinen Soldaten zur Beute. Aus Angst vor gleichem Schicksal
wurden den Römern viele Geiseln überlassen, Getreide und
andrer Kriegsbedarf im Überfluß geboten; wo es die Lage
nötig machte, wurde eine Besatzung eingelegt. Diese Maßnahmen schreckten den König viel mehr als eine Schlacht,
die von den Seinen schlecht geschlagen: er, dessen ganze
Hoffnung auf der Flucht beruhte, war ja nun gezwungen,
dem Feind zu folgen; er, der sein günstiges Gelände nicht
behaupten konnte, mußte nun im ungünstigen kämpfen.
Trotzdem faßte er einen Entschluß, der ihm im Augenblick
der beste schien: den größten Teil seiner Truppen ließ er
am gleichen Platze warten; er selbst folgte mit auserwählten
Reitern dem Metellus, blieb unbemerkt, weil er auf Seiten-

sequitur, nocturnis et aviis itineribus ignoratus Romanos
palantis repente adgreditur. eorum plerique inermes cadunt, 10
multi capiuntur, nemo omnium intactus profugit, et
Numidae, priusquam ex castris subveniretur, sicuti iussi erant,
in proxumos collis discedunt.

LV. Interim Romae gaudium ingens ortum cognitis Me- 1
telli rebus, ut seque et exercitum more maiorum gereret,
in advorso loco victor tamen virtute fuisset, hostium agro potiretur, Iugurtham, magnificum ex Albini socordia, spem sa-
lutis in solitudine aut fuga coegisset habere. itaque senatus ob 2
ea feliciter acta dis inmortalibus supplicia decernere, civitas,
trepida antea et sollicita de belli eventu, laeta agere, de Metello fama praeclara esse.

Igitur eo intentior ad victoriam niti, omnibus modis festi- 3
nare, cavere tamen, necubi hosti opportunus fieret, memi-
nisse post gloriam invidiam sequi. ita quo clarior erat, eo ma- 4
gis anxius erat neque post insidias Iugurthae effuso exercitu
praedari; ubi frumento aut pabulo opus erat, cohortes cum
omni equitatu praesidium agitabant; exercitus partem ipse,
relicuos Marius ducebat. sed igni magis quam praeda ager 5
vastabatur. duobus locis haud longe inter se castra facie- 6
bant; ubi vi opus erat, cuncti aderant; ceterum, quo fuga 7
atque formido latius cresceret, divorsi agebant.

Eo tempore Iugurtha per collis sequi, tempus aut locum 8

wegen nur bei Nacht marschierte, und überfiel plötzlich um-
herziehende Römer. Die meisten von ihnen wurden ohne
Gegenwehr niedergemacht, viele gefangen, kein einziger ist
unverletzt entkommen. Die Numider aber zogen sich befehlsgemäß auf die nächsten Höhen zurück, bevor man aus
dem Lager Hilfe bringen konnte.

Inzwischen gab es in Rom lauten Jubel. Man hatte von
Metellus' Vorgehen erfahren, wie er sich und seine Truppen
in altrömischem Geiste halte, wie er trotz ungünstiger Stellung doch durch seine Tapferkeit Sieger geblieben und
feindliches Land erobert, wie er den durch Albinus' Schlaffheit übermütigen Jugurtha gezwungen habe, seine Rettung
in der Einsamkeit oder in der Flucht zu suchen. So beschloß
der Senat wegen dieser glücklichen Erfolge Dankfeste für die
unsterblichen Götter; die Bürgerschaft, vorher in unruhiger
Sorge wegen des Krieges Ausgang, war jetzt frohen Mutes,
über Metellus aber hörte man nur Lob und Preis.

Um so mehr spannte dieser nun mit aller Kraft auf einen
Sieg, war in jeder Weise tätig und dabei doch stets besorgt,
dem Gegner nirgends eine Blöße zu geben; er wußte ja:
des Ruhms Gefährte ist der Neid. Mit dem Wachsen seines
Ruhmes wurde denn auch seine Vorsicht größer, und seit
Jugurthas hinterlistigem Überfall ließ er sein Heer nicht
mehr zerstreut auf Beute gehen; wenn man Getreide oder
Futter brauchte, so mußten Kohorten mit der ganzen Reiterei Bedeckung bilden; einen Teil des Heeres führte er
selbst, die übrigen Marius; doch mehr durch Feuer ließ er
nun das Land verwüsten als durch Plünderung. An zwei
Stellen nicht weit voneinander pflegten sie ihr Lager auf-
zuschlagen. War ein Gewaltstreich nötig, so waren sie
vereint zur Stelle; sonst fochten sie getrennt, um Flucht und
Schrecken desto weiter zu verbreiten.

Inzwischen folgte ihnen Jugurtha über die Höhen und

pugnae quaerere, qua venturum hostem audierat, pabulum et aquarum fontis, quorum penuria erat, conrumpere, modo se Metello, interdum Mario ostendere, postremos in agmine temptare ac statim in collis regredi, rursus aliis, post aliis minitari, neque proelium facere neque otium pati, tantummodo hostem ab incepto retinere.

LVI. Romanus imperator ubi se dolis fatigari videt neque 1 ab hoste copiam pugnandi fieri, urbem magnam et in ea parte, qua sita erat, arcem regni nomine Zamam statuit oppugnare, ratus, id quod negotium poscebat, Iugurtham laborantibus suis auxilio venturum ibique proelium fore. at ille, 2 quae parabantur, a perfugis edoctus, magnis itineribus Metellum antevenit. oppidanos hortatur, moenia defendant, additis auxilio perfugis, quod genus ex copiis regis, quia fallere nequibat, firmissumum erat. praeterea pollicetur in tempore semet cum exercitu adfore.

Ita conpositis rebus in loca quam maxume occulta disce- 3 dit ac post paulo cognoscit Marium ex itinere frumentatum cum paucis cohortibus Siccam missum, quod oppidum primum omnium post malam pugnam ab rege defecerat. eo cum 4 delectis equitibus noctu pergit et iam egredientibus Romanis in porta pugnam facit, simul magna voce Siccensis hortatur, uti cohortis ab tergo circumveniant: fortunam illis praeclari

suchte die rechte Zeit oder den rechten Ort zum Kampfe.
Wo des Feindes Kommen nach seiner Nachricht zu erwarten war, da ließ er Futtervorräte und Wasserquellen vernichten; denn daran war an sich schon Mangel. Bald zeigte er sich dem Metellus, ein andermal dem Marius, die Nachtruppen beunruhigte er auf ihrem Marsche und zog sich gleich wieder auf die Höhen zurück, bald bedrohte er wiederum die einen, dann die anderen, zum Kampf ließ er's nicht kommen und hielt auch keine Ruhe – nur suchte er den Feind von seinen Plänen fernzuhalten.

Roms Feldherr sah, man wolle ihn durch listiges Spiel ermüden, ohne daß der Feind ihm eine Möglichkeit zum Kampfe bot; da entschloß er sich, die große Stadt Zama zu bestürmen, die in dieser Gegend das Bollwerk des Reiches war; denn nach seiner Meinung mußte dann Jugurtha notgedrungen seinen Leuten in ihrer Bedrängnis zu Hilfe eilen und ihm dort eine Schlacht liefern. Der aber erfuhr durch Überläufer von diesem Plan und kam dem Metellus mit Eilmärschen zuvor. Er drängte die Städter zur Verteidigung ihrer Mauern und verstärkte sie durch Überläufer; die durften ja nicht wieder treulos werden und waren so die zuverlässigsten Leute aus des Königs Truppen. Außerdem versprach er, zur rechten Zeit persönlich mit seinem Heer zur Stelle zu sein.

Nach diesen Vorbereitungen zog er sich in möglichst abgelegene Gegenden zurück und erfuhr bald darauf, Marius sei vom Marsche aus mit einigen Kohorten nach Sicca geschickt worden, um Proviant zu holen; diese Stadt war nach der unglücklichen Schlacht zu allererst vom König abgefallen. Dorthin eilte er nachts mit dem Kern seiner Reiterei und griff die Römer beim Auszug aus der Stadt noch am Tore an; zugleich forderte er die Leute von Sicca mit lauter Stimme auf, die römischen Kohorten im Rücken zu fassen;

facinoris casum dare; si id fecerint, postea sese in regno, illos
in libertate sine metu aetatem acturos. ac ni Marius signa in-   5
ferre atque evadere oppido properavisset, profecto cuncti
aut magna pars Siccensium fidem mutavissent: tanta mobili-
tate sese Numidae gerunt. sed milites Iugurthini, paulisper   6
ab rege sustentati, postquam maiore vi hostes urgent, paucis
amissis profugi discedunt.

    LVII. Marius ad Zamam pervenit. id oppidum in campo   1
situm magis opere quam natura munitum erat, nullius ido-
neae rei egens, armis virisque opulentum. igitur Metellus pro   2
tempore atque loco paratis rebus cuncta moenia exercitu circumvenit, legatis imperat, ubi quisque curaret. deinde signo   3
dato undique simul clamor ingens oritur, neque ea res Numidas terret: infensi intentique sine tumultu manent, proelium
incipitur. Romani pro ingenio quisque pars eminus glande   4
aut lapidibus pugnare, alii succedere ac murum modo sub-
fodere, modo scalis adgredi, cupere proelium in manibus facere. contra ea oppidani in proxumos saxa volvere, sudis,   5
pila, praeterea picem sulphure et taeda mixtam ardentia mittere. sed ne illos quidem, qui procul manserant, timor animi   6
satis muniverat; nam plerosque iacula tormentis aut manu
emissa volnerabant, parique periculo, sed fama inpari boni
atque ignavi erant.

    LVIII. Dum apud Zamam sic certatur, Iugurtha ex in-   1

das Schicksal gebe ihnen Gelegenheit zu einer herrlichen Tat; gehorchten sie, dann könnte er selbst als Herrscher, sie aber als freie Männer künftig ein furchtloses Leben führen. Und hätte Marius nicht in aller Eile angegriffen und die Stadt verlassen, so wären gewiß sämtliche Bewohner von Sicca oder doch ein großer Teil von ihnen abgefallen; so wankelmütig sind die Numider. Aber Jugurthas Soldaten ließen sich nur kurze Zeit von ihrem König halten und liefen dann mit geringen Verlusten auseinander, als der Feind stürmischer auf sie losging.

Marius kam vor Zama an. Diese Stadt lag in einer Ebene und war mehr durch Kunst als durch Natur befestigt, mit allem Kriegsbedarf gut versehen, reich an Waffen und Truppen. Metellus traf nun seine Vorbereitungen, wie es Zeit und Örtlichkeit verlangten, umkreiste dann die ganze Stadt mit seinem Heere und wies jedem Legaten den Platz an, wo er befehligen solle. Dann gab er das Zeichen, und auf allen Seiten erhob sich gleichzeitig lautes Kampfgeschrei; aber die Numider ließen sich dadurch nicht schrekken. Erbittert und kampfbereit hielten sie sich ohne Lärm, und die Schlacht begann. Die Römer fochten jeder auf seine Weise, manche aus der Ferne mit Bleikugeln oder Steinen, andre rückten nahe heran und suchten die Mauer zu untergraben oder Leitern anzulegen und wünschten so zum Nahkampf zu kommen. Die Leute in der Stadt dagegen wälzten Steinblöcke auf die Vordersten, warfen Pfähle und Spieße hinab, dazu ein Gemisch von heißem Pech und Schwefel und Harz. Aber auch die Ferngebliebenen hatte ihre Angst nicht recht gesichert; denn die meisten verwundeten Geschosse, die mit Maschinen oder mit der Hand geschleudert wurden, und so war die Gefahr für Tapfere und Feige gleich und nur die Ehre ungleich.

Während man so vor Zama kämpfte, überfiel Jugurtha

proviso castra hostium cum magna manu invadit: remissis, qui in praesidio erant, et omnia magis quam proelium exspectantibus portam inrumpit. at nostri repentino metu perculsi sibi quisque pro moribus consulunt: alii fugere, alii arma capere. magna pars volnerati aut occisi. ceterum ex omni multitudine non amplius quadraginta memores nominis Romani grege facto locum cepere paulo quam alii editiorem neque inde maxuma vi depelli quiverunt, sed tela eminus missa remittere, pauci in pluribus minus frustrari; sin Numidae propius adcessissent, ibi vero virtutem ostendere et eos maxuma vi caedere, fundere atque fugare. interim Metellus quom acerrume rem gereret, clamorem hostilem a tergo accepit, dein converso equo animadvortit fugam ad se vorsum fieri, quae res indicabat popularis esse. igitur equitatum omnem ad castra propere misit ac statim C. Marium cum cohortibus sociorum eumque lacrumans per amicitiam perque rem publicam obsecrat, ne quam contumeliam remanere in exercitu victore neve hostis inultos abire sinat. ille brevi mandata efficit. at Iugurtha munimento castrorum inpeditus, quom alii super vallum praecipitarentur, alii in angustiis ipsi sibi properantes officerent, multis amissis in loca munita sese recepit. Metellus infecto negotio, postquam nox aderat, in castra cum exercitu revortitur.

LIX. Igitur postero die, priusquam ad oppugnandum egre-

plötzlich mit einer großen Schar das feindliche Lager; die Wachen waren sorglos und erwarteten alles andere als einen Kampf, und so brach er ins Tor ein. Unsre Leute suchten sich in jähem Erschrecken selbst zu helfen, jeder auf seine Art: die einen liefen davon, andre griffen zur Waffe, ein großer Teil wurde verwundet oder erschlagen. Und von der ganzen Masse dachten kaum vierzig an ihr altes Römertum; in geschlossenem Zuge gewannen sie eine Stellung, die ein wenig die der andren überragte, und konnten von da auch mit größter Gewalt nicht vertrieben werden; die von fern geworfenen Geschosse schleuderten sie zurück, und die Wenigen gegenüber einer Mehrzahl schossen selten fehl. Kamen ihnen aber die Numider näher, dann zeigten sie erst recht ihren Mut und schlugen mit aller Kraft auf sie ein, trieben sie auseinander und jagten sie in die Flucht. Inzwischen hörte während des heißesten Kampfes Metellus hinter sich Geschrei der Feinde; er riß sein Pferd herum und merkte, die Fliehenden eilten auf ihn zu, ein Zeichen, daß es seine Leute waren. So schickte er schleunigst die ganze Reiterei zum Lager und gleich dahinter Gaius Marius mit den Kohorten der Verbündeten; den bat er mit Tränen in den Augen bei ihrer Freundschaft und bei ihrem Vaterlande, er solle keinen Schimpf auf dem siegreichen Heere sitzen, keinen Feind ungestraft entkommen lassen. Marius erfüllte sofort seinen Auftrag. Jugurtha aber wurde durch die Lagerschanzen aufgehalten und konnte sich nur unter schweren Verlusten in eine befestigte Stellung zurückziehen; denn manche seiner Leute stürzten über den Wall hinab, andre waren beim Gedränge durch ihre Hast sich selbst im Wege. Metellus kehrte bei Einbruch der Nacht mit seinen Truppen ins Lager zurück, ohne seine Absicht erreicht zu haben.

So ließ er am nächsten Tage noch vor dem Aufbruch zum

deretur, equitatum omnem in ea parte, qua regis adventus
erat, pro castris agitare iubet, portas et proxuma loca tribunis
dispertit, deinde ipse pergit ad oppidum atque, uti superiore
die, murum adgreditur. interim Iugurtha ex occulto repente
nostros invadit: qui in proxumo locati fuerant, paulisper ter- 2
riti perturbantur, relicui cito subveniunt. neque diutius Nu- 3
midae resistere quivissent, ni pedites cum equitibus permixti
magnam cladem in congressu facerent. quibus illi freti non,
uti equestri proelio solet, sequi, dein cedere, sed advorsis
equis concurrere, inplicare ac perturbare aciem: ita expeditis peditibus suis hostis paene victos dare.

LX. Eodem tempore apud Zamam magna vi certabatur. 1
ubi quisque legatus aut tribunus curabat, eo acerrume niti,
neque alius in alio magis quam in sese spem habere, pariter-
que oppidani agere: oppugnare aut parare omnibus locis,
avidius alteri alteros sauciare quam semet tegere, clamor per- 2
mixtus hortatione, laetitia, gemitu, item strepitus armorum
ad caelum ferri, tela utrimque volare. sed illi, qui moenia 3
defensabant, ubi hostes paulum modo pugnam remiserant,
intenti proelium equestre prospectabant. eos, uti quaeque 4
Iugurthae res erant, laetos modo, modo pavidos animadvor-
teres; ac, sicuti audiri a suis aut cerni possent, monere alii,
alii hortari, aut manu significare aut niti corporibus et ea huc
et illuc, quasi vitabundi aut iacientes tela, agitare. quod ubi 5
Mario cognitum est – nam is in ea parte curabat – consulto

Sturm seine ganze Reiterei vor dem Lager auf der Seite Stellung nehmen, wo das Kommen des Königs zu erwarten war; die Tore und die nächsten Plätze übergab er den Tribunen, er selbst rückte vor die Stadt und berannte wie tags zuvor die Mauern. Da fiel Jugurtha aus seinem Versteck plötzlich über unsre Leute her, die vordersten erschraken und kamen etwas in Unordnung, die übrigen eilten schnell zu Hilfe. Aber sie hätten dem Numider doch nicht länger widerstehen können, hätte nicht das unter die Reiter gemischte Fußvolk ihm beim Zusammenstoß eine große Schlappe beigebracht. Auf diese verließen sich nun die Reiter und setzten dem Feinde nicht wie sonst bei Reitergefechten nach, um sich dann wieder zurückzuziehen, sondern sie ritten gerade auf ihn los und brachten seine Reihen völlig in Verwirrung; so hätten sie schon mit ihrem leichten Fußvolk fast den Feind geschlagen.

Zur gleichen Zeit wurde bei Zama schwer gekämpft. Wo gerade ein Legat oder ein Tribun befehligte, dort war der Ansturm am schärfsten, keiner verließ sich auf einen anderen mehr als auf sich selbst. Aber ebenso machten es die Städter: Angriff und Abwehr überall, jeder brannte mehr darauf, den andern zu verwunden als sich selbst zu decken, ein lautes Stimmgewirr, vermischt mit Zuruf, Jubel, Wehklagen, dazu Waffenlärm drang bis zum Himmel, Geschosse flogen hin und her. Aber sobald der Feind nur ein wenig im Kampfe nachließ, schauten die Verteidiger der Mauern voller Spannung nach dem Reitertreffen in der Ferne aus. Sie machten bald einen frohen, bald einen ängstlichen Eindruck, wie gerade Jugurthas Lage war; als wenn sie von ihren Leuten gehört oder gesehen werden könnten, warnten die einen, andre ermunterten oder gaben Zeichen mit der Hand oder machten mit dem Körper Bewegungen und drehten ihn hierhin und dorthin, als wollten sie ausweichen oder Geschosse werfen. Kaum bemerkte das Marius – denn er befehligte an

lenius agere ac diffidentiam rei simulare, pati Numidas sine
tumultu regis proelium visere. ita illis studio suorum adstric-   6
tis repente magna vi murum adgreditur. et iam scalis egressi
milites prope summa ceperant, quom oppidani concurrunt,
lapides, ignem, alia praeterea tela ingerunt. nostri primo re-   7
sistere, deinde, ubi unae atque alterae scalae conminutae, qui
supersteterant, adflicti sunt, ceteri, quoquo modo potuere,
pauci integri, magna pars volneribus confecti, abeunt. deni-   8
que utrimque proelium nox diremit.

LXI. Metellus postquam videt frustra inceptum, neque   1
oppidum capi neque Iugurtham, nisi ex insidiis aut suo loco,
pugnam facere et iam aestatem exactam esse, ab Zama discedit et in iis urbibus, quae ad se defecerant satisque munitae
loco aut moenibus erant, praesidia inponit. ceterum exerci-   2
tum in provinciam, quae proxuma est Numidiae, hiemandi
gratia conlocat.

Neque id tempus ex aliorum more quieti aut luxuriae   3
concedit, sed, quoniam armis bellum parum procedebat, insidias regi per amicos tendere et eorum perfidia pro armis
uti parat. igitur Bomilcarem, qui Romae cum Iugurtha fuerat   4
et inde vadibus datis clam de Massivae nece iudicium fugerat,
quod ei per maxumam amicitiam maxuma copia fallundi
erat, multis pollicitationibus adgreditur. ac primo efficit, uti

dieser Stelle –, da griff er absichtlich weniger heftig an und tat so, als hätte er kein rechtes Vertrauen mehr, ließ auch die Numider ungestört dem Kampf ihres Königs zusehen. Während diese nun durch die eifrige Teilnahme für ihre Leute ganz gefesselt waren, machte er plötzlich mit aller Gewalt einen Sturm auf die Mauer. Schon waren die Soldaten auf Leitern hinaufgeklettert und hatten die Zinnen fast erreicht, da stürmten die Städter herbei und schleuderten Steine, Feuerbrände und andre Geschosse auf sie hinab. Zunächst konnten unsre Soldaten sich noch wehren; als aber dann die eine und andre Leiter brach und die oben Stehenden herabstürzten, retteten sich die übrigen, so gut sie konnten, nur wenige unversehrt, zum großen Teile schwer verwundet. Die Nacht erst setzte dem Kampf auf beiden Seiten ein Ende.

So mußte Metellus das Mißlingen seines Planes erleben, die Stadt war nicht zu nehmen, Jugurtha kämpfte nur vom Versteck aus oder in günstigem Gelände, auch der Sommer ging zur Neige; da zog er von Zama weg und legte Besatzungen in die Städte, die zu ihm abgefallen und durch ihre Lage oder durch Mauern recht gesichert waren. Das übrige Heer brachte er zum Überwintern in die Teile der römischen Provinz, die Numidien zunächst lagen.

Aber Metellus brachte diese Zeit nicht wie andere in Ruhe und Wohlleben hin; er bemühte sich vielmehr, dem König durch seine Freunde Fallen zu legen und ihre Treulosigkeit als Waffe zu gebrauchen; denn mit wahren Waffen war in diesem Krieg zu wenig auszurichten. Also suchte er Bomilkar durch reiche Versprechungen zu gewinnen, der ja doch als vertrautester Freund am besten die Gelegenheit zum Hintergehen fand; dieser war mit Jugurtha in Rom gewesen und hatte sich nach Stellung von Geiseln einer Verurteilung wegen Massivas Ermordung heimlich durch die Flucht ent-

ad se conloquundi gratia occultus veniat. deinde fide data, si
Iugurtham vivom aut necatum sibi tradidisset, fore, ut illi
senatus inpunitatem et sua omnia concederet, facile Numidae
persuadet, quom ingenio infido, tum metuenti, ne, si pax ₅
cum Romanis fieret, ipse per condiciones ad supplicium traderetur.

LXII. Is, ubi primum opportunum fuit, Iugurtham an- ₁
xium ac miserantem fortunas suas adcedit. monet atque lacrumans obtestatur, uti aliquando sibi liberisque et genti Numidarum optume meritae provideat: omnibus proeliis sese
victos, agrum vastatum, multos mortalis captos, occisos, regni
opes conminutas esse; satis saepe iam et virtutem militum et
fortunam temptatam: caveat, ne illo cunctante Numidae sibi
consulant. his atque talibus aliis ad deditionem regis animum ₂
inpellit. mittuntur ad imperatorem legati, qui Iugurtham ₃
imperata facturum dicerent ac sine ulla pactione sese regnumque suom in illius fidem tradere. Metellus propere cunc- ₄
tos senatorii ordinis ex hibernis adcersi iubet: eorum et aliorum, quos idoneos ducebat, consilium habet. ita more maio- ₅
rum ex consili decreto per legatos Iugurthae imperat argenti
pondo ducenta milia, elephantos omnis, equorum et armorum
aliquantum. quae postquam sine mora facta sunt, iubet om- ₆
nis perfugas vinctos adduci. eorum magna pars, uti iussum ₇
erat, adducti; pauci, quom primum deditio coepit, ad regem
Bocchum in Mauretaniam abierant. igitur Iugurtha, ubi ar- ₈

zogen. Zunächst erreichte Metellus, daß der andre zu einer Besprechung heimlich zu ihm kam. Dann gab er ihm sein Wort: wenn er ihm Jugurtha lebend oder tot in die Hände spiele, würde ihn der Senat begnadigen und im Besitze aller seiner Güter lassen. So konnte er den Numider leicht auf seine Seite bringen; denn der war ein treuloser Kerl und mußte noch dazu befürchten, bei einem Frieden mit Rom bedingungsgemäß zur Bestrafung ausgeliefert zu werden.

Bei der ersten passenden Gelegenheit ging er zu Jugurtha, der sorgenvoll über sein Unglück klagte; er mahnte und beschwor ihn unter Tränen, er solle doch endlich einmal an sich selbst und seine Kinder denken und an das Numidervolk, das es so sehr verdiene. In allen Schlachten seien sie besiegt, ihr Land verwüstet, viele Menschen gefangen und erschlagen, des Reiches Mittel erschöpft; oft genug sei schon die Tapferkeit seiner Soldaten und das Glück auf die Probe gestellt – er solle sich vorsehen, daß nicht etwa die Numider bei seinem ewigen Zögern für sich auf eigene Faust sorgten! Durch solche und ähnliche Vorstellungen dieser Art brachte er den König zu dem Entschluß, sich zu ergeben. Es gingen zum römischen Feldherrn Gesandte mit der Erklärung, Jugurtha wolle gehorchen und bedingungslos sich und sein Reich auf Gnade und Ungnade ihm ausliefern. Metellus ließ sofort alle Römer vom Senatorenrang aus den Winterquartieren herbeirufen und beriet sich mit diesen und anderen Männern, die er für geeignet hielt. Dann forderte er von Jugurtha – laut Ratsbeschluß, wie es die Väter taten – durch Abgesandte 200000 Pfund Silber, alle Elefanten und eine große Menge Pferde und Waffen. Als dies unverzüglich geliefert war, befahl er, alle Überläufer ihm in Fesseln vorzuführen. Ein großer Teil wurde ihm befehlsgemäß übergeben, nur wenige waren gleich bei Beginn der Übergabe nach Mauretanien zu König Bocchus geflüchtet. So

mis virisque et pecunia spoliatus est, quom ipse ad imperandum Tisidium vocaretur, rursus coepit flectere animum suom et ex mala conscientia digna timere. denique multis diebus 9
per dubitationem consumptis, quom modo taedio rerum advorsarum omnia bello potiora duceret, interdum secum ipse
reputaret, quam gravis casus in servitium ex regno foret, multis magnisque praesidiis nequiquam perditis de integro bellum sumit.

Et Romae senatus de provinciis consultus Numidiam Me- 10
tello decreverat.

LXIII. Per idem tempus Uticae forte C. Mario per ho- 1
stias dis supplicanti magna atque mirabilia portendi haruspex
dixerat: proinde, quae animo agitabat, fretus dis ageret, fortunam quam saepissume experiretur: cuncta prospere eventura. at illum iam antea consulatus ingens cupido exagitabat, 2
ad quem capiundum praeter vetustatem familiae alia omnia
abunde erant: industria, probitas, militiae magna scientia,
animus belli ingens, domi modicus, lubidinis et divitiarum
victor, tantummodo gloriae avidus.

Sed is natus et omnem pueritiam Arpini altus, ubi pri- 3
mum aetas militiae patiens fuit, stipendiis faciundis, non
Graeca facundia neque urbanis munditiis sese exercuit: ita
inter artis bonas integrum ingenium brevi adolevit. ergo, ubi 4
primum tribunatum militarem a populo petit, plerisque faciem eius ignorantibus, facile factis notus per omnis tribus

war nun Jugurtha ohne Waffen, ohne Mannschaften und
ohne Geld; persönlich wurde er zur Entgegennahme von
Befehlen nach Tisidium beschieden – da schlug seine Stimmung wieder um, und bei seinem bösen Gewissen fing er an,
die verdiente Strafe zu befürchten. Erst zögerte er unentschlossen viele Tage; bald hielt er voll Gram über sein Mißgeschick alles für erträglicher als Krieg, dann wieder dachte
er darüber nach, wie schwer ein Sturz vom Throne in die
Knechtschaft sei, schließlich nahm er nach vergeblichem
Opfer so vieler, wertvoller Hilfsmittel den Krieg von neuem
auf.

In Rom hatte der Senat bei der Beratung über die Provinzen Numidien wieder dem Metellus zugesprochen.

Um diese Zeit hatte in Utica dem Gaius Marius bei
einem Dankopfer für die Götter der Priester eine große und
wunderbare Zukunft angekündigt; er solle also alle seine
Pläne in Vertrauen auf die Götter ausführen, sein Glück
recht oft versuchen; alles werde gut gelingen. Ihn erfüllte
schon längst eine glühende Sehnsucht nach der Konsuls-
würde, zu der er bis auf eine alte Ahnenreihe alle anderen
Vorzüge im Überfluß besaß: Fleiß, Rechtlichkeit, reiches
militärisches Wissen; auch war er im Felde tapfer, anspruchs-
los daheim, über Genußsucht und Geldgier erhaben, nur
auf Ruhm versessen.

In Arpinum war er geboren und hatte seine ganze Jugend dort verlebt; sowie er das kriegsfähige Alter erreichte,
bildete er sich im Heeresdienste aus, nicht in griechischer
Beredsamkeit oder feiner Lebensart der Hauptstadt. So reifte
bei edler Tätigkeit seine unverdorbene Begabung schnell
heran. Wie er sich nun zum erstenmal beim Volke um die
Stelle eines Kriegstribunen bewarb, da kannten ihn die meisten zwar noch nicht von Angesicht, doch durch seine Taten
war er ihnen wohl vertraut und wurde in allen Bezirken ge-

declaratur. deinde ab eo magistratu alium, post alium sibi 5
peperit semperque in potestatibus eo modo agitabat, ut
ampliore, quam gerebat, dignus haberetur. tamen is ad id 6
locorum talis vir – nam postea ambitione praeceps datus
est – consulatum adpetere non audebat. etiam tum alios
magistratus plebs, consulatum nobilitas inter se per manus 7
tradebat. novos nemo tam clarus neque tam egregiis factis
erat, quin indignus illo honore et is quasi pollutus haberetur.

LXIV. Igitur ubi Marius haruspicis dicta eodem intendere 1
videt, quo cupido animi hortabatur, ab Metello petundi gratia missionem rogat. quoi quamquam virtus, gloria atque alia
optanda bonis superabant, tamen inerat contemptor animus
et superbia, commune nobilitatis malum. itaque primum con- 2
motus insolita re mirari eius consilium et quasi per amicitiam
monere, ne tam prava inciperet neu super fortunam animum
gereret: non omnia omnibus cupiunda esse, debere illi res
suas satis placere: postremo caveret id petere a populo Romano, quod illi iure negaretur. postquam haec atque alia ta- 3
lia dixit neque animus Mari flectitur, respondit, ubi primum
potuisset per negotia publica, facturum sese, quae peteret.
ac postea saepius eadem postulanti fertur dixisse, ne festina- 4
ret abire: satis mature illum cum filio suo consulatum peti-
turum. is eo tempore contubernio patris ibidem militabat,

wählt. Dann erwarb er sich nach diesem Amt ein zweites und wieder ein neues und führte sich in seinen Ämtern immer so, daß man ihn des nächsten höheren für würdig hielt. Trotzdem wagte der bis dahin so ausgezeichnete Mann — erst später brachte ihn ja sein Ehrgeiz zu Fall — noch keine Bewerbung um das Konsulat. Auch verlieh damals noch das Volk wohl die anderen Ämter, das Konsulat aber gab der Adel unter sich von Hand zu Hand. Ein ahnenloser Mann mochte noch so berühmt sein, mochte noch so Glänzendes geleistet haben, man hielt ihn doch dieser Ehre nicht für wert und diesen geradezu für unrein.

Wie nun Marius sah, die Worte des Priesters wiesen ihm das gleiche Ziel wie die Sehnsucht seines Herzens, da wollte er sich um das Konsulat bewerben und bat Metellus deshalb um Entlassung. Dieser hatte zwar im Überfluß Tapferkeit, Ehre und andere Vorzüge, die ein rechter Mann sich wünschen muß, doch lebten in ihm auch die gewohnten Fehler des Adels: Geringschätzung und falscher Stolz. So äußerte er, betroffen über die auffallende Bitte, zunächst sein Erstaunen über diese Absicht und warnte ihn mit der Miene eines guten Freundes, doch nicht so Verkehrtes anzufangen und sich über seinen Stand nicht zu erheben. Es könnten nun einmal nicht alle alles haben, und so müsse er mit seiner Lage sich begnügen; auch solle er sich hüten, das vom römischen Volke zu erbitten, was man ihm mit Recht verweigern würde. Doch diese und ähnliche Vorstellungen vermochten den Marius nicht umzustimmen; so gab er ihm die Antwort, er werde seinen Wunsch erfüllen, sobald es ihm der Dienst erlaube. Und später soll er ihm auf seine wiederholte gleiche Forderung erklärt haben, er möge doch mit seiner Abreise nicht so eilen; es sei noch früh genug, wenn er sich mit seinem Sohne um das Konsulat bewerbe. Der stand damals im Gefolge seines Vaters Metellus mit im Felde und war erst etwa

annos natus circiter viginti. quae res Marium quom pro honore, quem adfectabat, tum contra Metellum vehementer ad-
cenderat. ita cupidine atque ira, pessumis consultoribus, gras- 5
sari: neque facto ullo neque dicto abstinere, quod modo am-
bitiosum foret; milites, quibus in hibernis praeerat, laxiore
imperio quam antea habere; apud negotiatores, quorum
magna multitudo Uticae erat, criminose simul et magnifice
de bello loqui: dimidia pars exercitus si sibi permitteretur,
paucis diebus Iugurtham in catenis habiturum; ab imperatore consulto trahi, quod homo inanis et regiae superbiae imperio nimis gauderet. quae omnia illis eo firmiora videbantur, 6
quia diuturnitate belli res familiaris conruperant et animo cu-
pienti nihil satis festinatur.

LXV. Erat praeterea in exercitu nostro Numida quidam 1
nomine Gauda, Mastanabalis filius, Masinissae nepos, quem
Micipsa testamento secundum heredem scripserat, morbis
confectus et ob eam causam mente paulum inminuta. quoi 2
Metellus petenti, more regum ut sellam iuxta poneret, item
postea custodiae causa turmam equitum Romanorum, utrumque negaverat: honorem, quod eorum more foret, quos populus Romanus reges appellavisset, praesidium, quod con-
tumeliosum in eos foret, si equites Romani satellites Numidae traderentur. hunc Marius anxium adgreditur atque hor- 3
tatur, ut contumeliarum in imperatorem cum suo auxilio
poenas petat. hominem ob morbos animo parum valido se-

zwanzig Jahre alt! Diese Äußerung steigerte nur Marius'
Verlangen nach der erhofften Ehrenstelle, brachte ihn aber
auch gewaltig gegen Metellus auf. So ging er nun mit Leidenschaft und Haß zu Werke, gewiß den schlimmsten Helfern;
vor keiner Tat, vor keinem Wort scheute er zurück, wenn es
nur seiner Ehrsucht dienen konnte; seine Soldaten, die er im
Winterquartier befehligte, hielt er weniger straff als zuvor,
und bei den Kaufleuten, deren es viele in Utica gab, sprach
er gehässig zugleich und prahlerisch vom Kriege: wenn man
ihm auch nur die Hälfte der Truppen überließe, dann wolle
er in wenig Tagen den Jugurtha in Ketten haben; der Feldherr verschleppe den Krieg absichtlich, denn der eitle
Mensch mit seinem königlichen Stolze habe allzu große
Freude am Befehlen. Das alles erschien den Kaufleuten um
so wahrer, weil sie durch den langen Krieg schon ganze Vermögen eingebüßt hatten – und einem habgierigen Menschen
geht's nie schnell genug!

Da war zudem in unserem Heere ein Numider, Gauda
geheißen, Mastanabals Sohn und Masinissas Enkel, den
Micipsa in seinem Testament als zweiten Erben eingesetzt
hatte; er war durch Krankheiten geplagt und deshalb etwas
geistig zurückgeblieben. Seine Bitten an Metellus, wie ein
andrer König den Sessel neben ihn stellen zu dürfen, und
später um ein Geschwader römischer Reiter als Leibwache,
hatte dieser beide abgeschlagen: den Ehrensitz, weil er nach
alten Brauch nur denen zukäme, die das römische Volk mit
dem Königstitel ausgezeichnet habe, die Leibwache, weil es
eine Schande für römische Reiter sei, wenn sie einem Numider als Trabanten beigegeben würden. Der war darüber
arg verstimmt, und so wandte sich Marius an ihn und legte
ihm nahe, für diese Kränkung sich mit seiner Hilfe am Feldherrn zu rächen. Den kränklichen und geistesschwachen
Menschen bestärkte er durch gern gehörte Worte in seinem

cunda oratione extollit: illum regem, ingentem virum, Masinissae nepotem esse; si Iugurtha captus aut occisus foret, imperium Numidiae sine mora habiturum; id adeo mature posse evenire, si ipse consul ad id bellum missus foret. itaque et illum et equites Romanos, milites et negotiatores, alios ipse, plerosque pacis spes inpellit, uti Romam ad suos necessarios aspere in Metellum de bello scribant, Marium imperatorem poscant. sic illi a multis mortalibus honestissuma suffragatione consulatus petebatur. simul ea tempestate plebs, nobilitate fusa per legem Mamiliam, novos extollebat. ita Mario cuncta procedere.

LXVI. Interim Iugurtha, postquam omissa deditione bellum incipit, cum magna cura parare omnia, festinare: cogere exercitum, civitatis, quae ab se defecerant, formidine aut ostentando praemia adfectare; conmunire suos locos, arma, tela aliaque, quae spe pacis amiserat, reficere aut conmercari; servitia Romanorum adlicere et eos ipsos, qui in praesidiis erant, pecunia temptare: prorsus nihil intactum neque quietum pati, cuncta agitare.

Igitur Vagenses, quo Metellus initio Iugurtha pacificante praesidium inposuerat, fatigati regis suppliciis neque antea voluntate alienati, principes civitatis inter se coniurant. nam volgus, uti plerumque solet et maxume Numidarum, ingenio mobili, seditiosum atque discordiosum erat, cupidum nova-

Selbstgefühl: er sei doch ein König, ein bedeutender Mann und Enkel eines Masinissa! Sobald Jugurtha gefangen sei oder tot, dann werde ihm sofort das Reich Numidien gehören; und das könne sogar bald geschehen, wenn nur Marius selbst als Konsul mit der Führung dieses Kriegs beauftragt würde. Daher ließen sich dieser Numider und römische Ritter, Soldaten oder Kaufleute durch den Eindruck der Persönlichkeit des Marius, meist aber durch die Hoffnung auf Frieden veranlassen, an ihre römischen Angehörigen abfällig über Metellus und seine Kriegführung zu schreiben und Marius als Feldherrn zu fordern. So warben viele Leute mit ehrenvollster Empfehlung für sein Konsulat; zugleich bemühte sich das Volk gerade jetzt, wo der Adel durch das Mamilische Gesetz eingeschüchtert war, ahnenlose Männer zur Macht zu bringen. Also ging für Marius alles nach Wunsch.

Inzwischen begann Jugurtha statt sich zu ergeben von neuem den Krieg und traf mit großer Sorgfalt und Eile alle nötigen Maßnahmen: er zog ein Heer zusammen, die abgefallenen Gemeinden suchte er durch Drohungen oder durch Hinweis auf Belohnungen wieder auf seine Seite zu bringen, er befestigte günstige Stellungen, ließ Wehr und Waffen und was er sonst noch in der Hoffnung auf Frieden preisgegeben hatte, neu anfertigen oder wieder kaufen; römische Sklaven zog er an sich und suchte sogar die Besatzungen durch Geld zu gewinnen; kurz, er ließ nichts unversucht, nichts ruhig, alles brachte er in Bewegung.

In Vaga, wohin Metellus gleich bei Beginn der Friedensverhandlungen mit Jugurtha eine Besatzung gelegt hatte, verschworen sich die Vornehmsten der Gemeinde, mürbe gemacht durch des Königs Bitten, zumal sie vorher nicht freiwillig von ihm abgefallen waren. Der Pöbel — wie es ja gewöhnlich ist und besonders bei den Numidern — war wankelmütig, zu Aufruhr und Abfall bereit, ein Freund des

rum rerum, quieti et otio advorsum. dein conpositis inter se
rebus in diem tertium constituunt, quod is festus celebratus-
que per omnem Africam ludum et lasciviam magis quam formidinem ostentabat. sed ubi tempus fuit, centuriones tribu- 3
nosque militaris et ipsum praefectum oppidi T. Turpilium
Silanum alius alium domos suas invitant. eos omnis praeter
Turpilium inter epulas obtruncant. postea milites palantis
inermos, quippe in tali die ac sine imperio, adgrediuntur
idem plebes facit, pars edocti ab nobilitate, alii studio talium 4
rerum incitati, quis acta consiliumque ignorantibus tumultus
ipse et res novae satis placebant.

LXVII. Romani milites, inproviso metu incerti ignarique, 1
quid potissumum facerent, trepidare: arce oppidi, ubi signa
et scuta erant, praesidium hostium, portae ante clausae fuga
prohibebant. ad hoc mulieres puerique pro tectis aedifici-
orum saxa et alia, quae locus praebebat, certatim mittere. ita 2
neque caveri anceps malum neque a fortissumis infirmissumo
generi resisti posse: iuxta boni malique, strenui et inbelles
inulti obtruncari. in ea tanta asperitate, saevissumis Numidis 3
et oppido undique clauso, Turpilius praefectus unus ex omnibus Italicis intactus profugit. id misericordiane hospitis an
pactione aut casu ita evenerit, parum conperimus, nisi, quia
illi in tanto malo turpis vita integra fama potior fuit, inpro-
bus intestabilisque videtur.

Umsturzes, jeder Ruhe, jedem Frieden abgeneigt. Nach Abschluß aller Besprechungen bestimmten sie den dritten Tag zur Ausführung; denn der ließ als ein in ganz Afrika gefeierter Festtag eher fröhlichen Scherz erwarten als Gefahr. Kaum war aber die Zeit gekommen, da luden sie die Centurionen und Kriegstribunen und auch den Stadtkommandanten Titus Turpilius Silanus einzeln in dies und jenes Haus ein; sie alle außer Turpilius erschlugen sie beim Mahle. Dann fiel man über die Soldaten her, die sich natürlich an solch einem Tage waffenlos und ohne Offiziere umhertrieben. Und der Pöbel tat eifrig mit, vom Adel veranlaßt oder durch die Lust an solchem Treiben angereizt, wie Leute, denen auch ohne Kenntnis der Vorgänge und ihres Zweckes der bloße Lärm und Umsturz Freude macht.

Die römischen Soldaten liefen ängstlich herum, bei der unerwarteten Gefahr völlig ratlos, was sie zunächst tun sollten. Von der Stadtburg, wo ihre Fahnen und Schilde lagen, hielten feindliche Wachen sie fern, von der Flucht die zuvor geschlossenen Tore; dazu standen vorn auf den Dächern der Häuser Weiber und Kinder und schleuderten große Steine und was der Platz sonst bot um die Wette herab. So konnte man die von zwei Seiten drohende Gefahr nicht meiden und sich bei aller Tapferkeit gegen das schwache Geschlecht nicht wehren; ohne Unterschied wurden brave Kerle und schlechte, mutige und feige wehrlos niedergeschlagen. In dieser schlimmen Lage, bei den wütenden Angriffen der Numider und der ringsum eingeschlossenen Stadt entkam der Kommandant Turpilius allein von allen Italikern unverwundet. Ob ihm das durch Mitleid seines Hauswirtes gelungen, ob durch Verrat oder durch Zufall, konnte ich nicht recht erfahren; nur das eine, daß er als völlig ehrlos gilt; denn in diesem großen Unglück erschien ihm ein Leben in Schande besser als ein unbefleckter Ruf.

LXVIII. Metellus postquam de rebus Vagae actis compe- 1
rit, paulisper maestus ex conspectu abit. deinde, ubi ira et
aegritudo permixta sunt, cum maxuma cura ultum ire iniurias festinat. legionem, cum qua hiemabat, et quam pluru- 2
mos potest Numidas equites pariter cum occasu solis expedi-
tos educit et postera die circiter hora tertia pervenit in quan-
dam planitiem locis paulo superioribus circumventam. ibi mi- 3
lites fessos itineris magnitudine et iam abnuentis omnia docet
oppidum Vagam non amplius mille passuum abesse, decere
illos reliquom laborem aequo animo pati, dum pro civibus
suis, viris fortissumis atque miserrumis, poenas caperent;
praeterea praedam benigne ostentat. sic animis eorum ad- 4
rectis equites in primo late, pedites quam artissume ire et
signa occultare iubet.

LXIX. Vagenses ubi animum advortere ad se vorsum exer- 1
citum pergere, primo, uti erat res, Metellum esse rati portas
clausere; deinde, ubi neque agros vastari et eos, qui primi
aderant, Numidas equites vident, rursum Iugurtham arbi-
trati cum magno gaudio obvii procedunt. equites peditesque 2
repente signo dato alii volgum effusum oppido caedere, alii
ad portas festinare, pars turris capere: ira atque praedae spes
amplius quam lassitudo posse. ita Vagenses biduom modo 3
ex perfidia laetati: civitas magna et opulens cuncta poenae
aut praedae fuit. Turpilius, quem praefectum oppidi unum 4

Metellus war auf die Kunde von den Vorgängen in Vaga sehr niedergeschlagen und entzog sich eine Zeitlang den Blicken der Menschen; als dann die Wut sich mit dem Kummer mischte, ging er mit größter Sorgfalt und Eile daran, sich für diese Niedertracht zu rächen. Seine Legion aus dem Winterquartier und möglichst viel numidische Reiter ließ er gleich bei Sonnenuntergang ohne Gepäck abrücken und kam am nächsten Tage früh etwa um die dritte Stunde in ein von mäßigen Anhöhen eingeschlossenes ebenes Gelände. Hier waren seine Soldaten vom weiten Weg erschöpft und wollten keinesfalls weiter; da sagte er ihnen, die Stadt Vaga sei nicht mehr als eineinhalb Kilometer entfernt, ihre Ehre erfordere es jetzt, den Rest der Mühen willig zu ertragen, um für ihre tapferen und vielgeplagten Kameraden Rache zu nehmen; auch stellte er ihnen großzügig die Beute in Aussicht. So machte er seinen Leuten wieder Mut und ließ dann zunächst die Reiter sich an der Spitze ausbreiten, das Fußvolk aber möglichst geschlossen marschieren und die Feldzeichen verbergen.

Sobald die Einwohner von Vaga das Anrücken eines Heeres bemerkten, da glaubten sie zunächst, es sei Metellus — wie es auch wirklich der Fall war — und schlossen ihre Tore; doch dann sahen sie, es wurden keine Felder verwüstet und die vordersten im Zuge waren numidische Reiter; also rechneten sie wieder auf Jugurtha und zogen ihm mit großer Freude entgegen. Plötzlich aber schlugen auf ein Zeichen Reiterei und Fußvolk auf das Volk ein, das aus der Stadt herausströmte, andre stürmten die Tore, wieder andere besetzten die Türme — Wut und Beutegier waren doch stärker als die Erschöpfung. So hatten sich die Einwohner von Vaga nach ihrem treulosen Verrat nur zwei Tage freuen dürfen; die große, reiche Stadt verfiel ganz der Rache oder doch der Plünderung. Der Stadtkommandant Turpilius war, wie

ex omnibus profugisse supra ostendimus, iussus a Metello
causam dicere, postquam sese parum expurgat, condemnatus
verberatusque capite poenas solvit. nam is civis ex Latio
erat.

LXX. Per idem tempus Bomilcar, quoius inpulsu Iugur- 1
tha deditionem, quam metu deseruit, inceperat, suspectus
regi et ipse eum suspiciens novas res cupere, ad perniciem
eius dolum quaerere, die noctuque fatigare animum. denique 2
omnia temptando socium sibi adiungit Nabdalsam, hominem
nobilem, magnis opibus, clarum acceptumque popularibus
suis, qui plerumque seorsum ab rege exercitum ductare et
omnis res exsequi solitus erat, quae Iugurthae fesso aut maioribus adstricto superaverant; ex quo illi gloria opesque inven-
tae. igitur utriusque consilio dies insidiis statuitur; cetera, 3
uti res posceret, ex tempore parari placuit. Nabdalsa ad exer- 4
citum profectus, quem inter hiberna Romanorum iussus
habebat, ne ager inultis hostibus vastaretur. is postquam 5
magnitudine facinoris perculsus ad tempus non venit metus-
que rem inpediebat, Bomilcar, simul cupidus incepta patrandi et timore soci anxius, ne omisso vetere consilio novom
quaereret, litteras ad eum per homines fidelis mittit, in quis
mollitiam socordiamque viri accusare, testari deos, per quos
iuravisset, monere, ne praemia Metelli in pestem convor-
teret: Iugurthae exitium adesse, ceterum, suane an Metelli

gesagt, als allereinziger entkommen; von Metellus zur Verantwortung gezogen, konnte er seine Unschuld nicht genügend klären, und so wurde er verurteilt, ausgepeitscht und dann enthauptet; denn er war nur ein Bürger aus Latium.

Bomilkar, auf dessen Rat Jugurtha die später wieder ängstlich aufgegebene Unterwerfung eingeleitet hatte, wurde damals dem Könige verdächtig; doch auch er selbst traute dem andern nicht und sann darum auf Verrat, suchte ihn auf hinterlistige Weise umzubringen und quälte Tag und Nacht sich mit diesen Plänen ab. Schließlich gewann er bei all seinen Versuchen Nabdalsa zum Genossen, einen reichen Adligen, bei seinen Landsleuten angesehen und beliebt. Der führte meist getrennt vom Könige seine eigne Truppe und pflegte alle Arbeit zu erledigen, die dem erschöpften oder durch wichtigere Fragen beanspruchten Jugurtha zu viel geworden war; Ansehen und Reichtum hatte er sich so erworben. Die beiden setzten nun gemeinsam einen Tag fest zum geplanten Überfall; alles übrige sollte nach der Lage sich ganz aus dem Augenblick ergeben. Nabdalsa ging zum Heere, das er auf Jugurthas Verlangen inmitten der römischen Winterquartiere befehligte; das Land sollte ja nicht ungestraft vom Feind verwüstet werden. Durch die Größe der Untat entmutigt, fand er sich zur abgemachten Zeit nicht ein, und seine Furcht drohte schon den Plan zu hindern; Bomilkar aber wollte sein Beginnen unbedingt zu Ende führen und mußte doch wegen seines Freundes Angst befürchten, der könne den alten Plan aufgeben und einen neuen fassen. Deshalb schickte er ihm durch Vertraute einen Brief, in dem er seine Schwäche und seinen Unverstand beklagte, die Götter zu Zeugen rief, bei denen er geschworen habe, und ihn mahnte, er solle doch Metellus' Lohn sich nicht zum Unglück werden lassen. Jugurthas Ende stehe jetzt bevor; ob er durch ihre oder durch Metellus' Tapferkeit ums Leben

virtute periret, id modo agitari: proinde reputaret cum animo
suo, praemia an cruciatum mallet.

LXXI. Sed quom eae litterae adlatae, forte Nabdalsa exer- 1
cito corpore fessus in lecto quiescebat, ubi cognitis Bomil- 2
caris verbis primo cura, deinde, uti aegrum animum solet,
somnus cepit. erat ei Numida quidam negotiorum curator, 3
fidus acceptusque et omnium consiliorum, nisi novissumi,
particeps. qui postquam adlatas litteras audivit et ex consue- 4
tudine ratus opera aut ingenio suo opus esse in tabernaculum
introiit, dormiente illo epistulam super caput in pulvino temere positam sumit ac perlegit, dein propere cognitis insidiis
ad regem pergit. Nabdalsa paulo post experrectus ubi neque 5
epistulam repperit et rem omnem, uti acta erat, cognovit,
primo indicem persequi conatus, postquam id frustra fuit,
Iugurtham placandi gratia adcedit; dicit, quae ipse paravisset
facere, perfidia clientis sui praeventa; lacrumans obtestatur
per amicitiam perque sua antea fideliter acta, ne super tali
scelere suspectum sese haberet.

LXXII. Ad ea rex, aliter atque animo gerebat, placide 1
respondit. Bomilcare aliisque multis, quos socios insidiarum
cognoverat, interfectis iram oppresserat, ne qua ex eo negotio seditio oreretur. neque post id locorum Iugurthae dies 2
aut nox ulla quieta fuit: neque loco neque mortali quoiquam
aut tempori satis credere, civis hostisque iuxta metuere, cir-
cumspectare omnia et omni strepitu pavescere, alio atque

komme, das allen sei nun die Frage; also solle er überlegen, ob ihm Lohn oder Todesstrafe lieber sei.

Als dieser Brief eintraf, ruhte Nabdalsa gerade, durch körperliche Anstrengung ermüdet, auf seinem Lager aus; nach dem Lesen von Bomilkars Worten war er erst besorgt, dann überkam ihn Schlaf, wie es bei trüber Gemütsstimmung zu gehen pflegt. Nun hatte er als Führer seiner Geschäfte einen Numider, einen treuen und angenehmen Mann, der in alle seine Pläne eingeweiht war, nur in den letzten nicht. Der hörte vom Kommen eines Briefes und ging sofort ins Zelt; denn er meinte, wie gewöhnlich bedürfe man seiner Hilfe oder seines Rates. Sein Herr schlief und hatte den Brief unvorsichtig neben seinen Kopf aufs Kissen gelegt; also nahm er ihn und las ihn bis zu Ende durch. Dabei begriff er den verräterischen Plan und lief schleunigst zum König. Nabdalsa erwachte bald darauf, fand den Brief nicht mehr vor und erfuhr den ganzen Hergang; erst versuchte er dem Angeber nachzulaufen, als dies erfolglos blieb, ging er zu Jugurtha, um ihn zu beruhigen. Er erklärte, seinem eigenen Vorhaben sei sein Diener treulos zuvorgekommen; unter Tränen flehte er ihn an bei seiner Freundschaft und bei der bisher bewiesenen Treue, ihm ein so schweres Verbrechen doch nicht zuzutrauen.

Der König antwortete freundlich, ganz anders, als er wirklich bei sich dachte. Bomilkar und viele andere, die er als Teilnehmer an dem Verrat erkannte, wurden hingerichtet; dann unterdrückte er seinen Zorn, um aus diesem Vorfall nicht einen Aufruhr entstehen zu lassen. Doch seit der Zeit fand Jugurtha weder Tag noch Nacht etwas Ruhe. Keinem Orte, keinem Menschen, keinem Augenblick konnte er recht trauen, Untertanen und Feinde fürchtete er in gleicher Weise, überall spähte er herum und bei jedem Geräusch fuhr er zusammen, nachts lag er heute hier und mor-

alio loco, saepe contra decus regium, noctu requiescere, interdum somno excitus adreptis armis tumultum facere: ita formidine quasi vecordia exagitari.

LXXIII. Igitur Metellus, ubi de casu Bomilcaris et indi- 1
cio patefacto ex perfugis cognovit, rursus tamquam ad integrum bellum cuncta parat festinatque.

Marium fatigantem de profectione, simul et invitum et 2
offensum sibi parum idoneum ratus, domum dimittit. et Ro- 3
mae plebes litteris, quae de Metello ac Mario missae erant,
cognitis volenti animo de ambobus acceperant. imperatori 4
nobilitas, quae antea decori fuit, invidiae esse; at illi alteri
generis humilitas favorem addiderat. ceterum in utroque
magis studia partium quam bona aut mala sua moderata.
praeterea seditiosi magistratus volgum exagitare, Metellum 5
omnibus contionibus capitis arcessere, Mari virtutem in
maius celebrare. denique plebes sic accensa, uti opifices 6
agrestesque omnes, quorum res fidesque in manibus sitae
erant, relictis operibus frequentarent Marium et sua necessaria post illius honorem ducerent. ita perculsa nobilitate post 7
multas tempestates novo homini consulatus mandatur. et postea populus a tribuno plebis T. Manlio Mancino rogatus,
quem vellet cum Iugurtha bellum gerere, frequens Marium
iussit. sed paulo ante senatus Metello Numidiam decreverat: ea res frustra fuit.

LXXIV. Eodem tempore Iugurtha amissis amicis, quorum 1
plerosque ipse necaverat, ceteri formidine pars ad Romanos,

gen dort, oft ohne allen königlichen Prunk, zuweilen fuhr er
aus dem Schlafe auf, packte seine Waffen und schlug Lärm.
So wurde er von einer geradezu wahnwitzigen Angst umher-
gehetzt.

Metellus erfuhr inzwischen von Überläufern den Sturz
Bomilkars und die Entdeckung des Verrates; darum traf er
eiligst alle Vorbereitungen wie zu einem neuen Kriege.

Den Marius schickte er auf seine immer erneute Bitte um
Entlassung heim; denn nur mehr einen widerwilligen und erbitterten Mann sah er in ihm, von dem er keine Unterstüt-
zung hoffen durfte. Das Volk in Rom aber hatte mit Vergnügen die Berichte über Metellus und Marius gehört. Der
Feldherr wurde wegen seines Adels angefeindet, der ihm bis
dahin Ehre gebracht; den andren machte seine niedre Herkunft noch beliebter. Bei beiden übrigens war nur die Parteileidenschaft entscheidend, nicht ihre persönlichen Vorzüge
oder Mängel. Außerdem hetzten unruhige Beamte die Masse
auf, brachten in allen Versammlungen die schwersten Beschuldigungen gegen Metellus vor, während sie Marius'
Verdienste weit übertrieben. Schließlich war das Volk für
ihn begeistert: alle Handwerker und Bauern, deren Vermögen und Kredit auf ihrer Hände Arbeit ruhte, ließen ihre
Geschäfte liegen und drängten sich um Marius und vergaßen über seiner Verehrung ihre eigenen Interessen. So
wurde der Adel eingeschüchtert und nach langen Jahren
wieder einmal einem ahnenlosen Mann das Konsulat übertragen. Und als dann das Volk vom Volkstribunen Titus
Manlius Mancinus befragt wurde, wer den Krieg gegen Jugurtha führen solle, da entschied es sich mit großer Mehrheit für Marius. Kurz zuvor hatte der Senat dem Metellus
Numidien zugedacht; dieser Beschluß war jetzt zunichte.

Jugurtha zeigte sich damals völlig unentschlossen: Freunde
hatte er nicht mehr, denn sehr viele hatte er selbst beseitigen

alii ad regem Bocchum profugerant, quom neque bellum
geri sine administris posset et novorum fidem in tanta perfidia veterum experiri periculosum duceret, varius incertus-
que agitabat. neque illi res neque consilium aut quisquam
hominum satis placebat: itinera praefectosque in dies mutare, modo advorsum hostis, interdum in solitudines pergere;
saepe in fuga ac post paulo in armis spem habere; dubitare,
virtuti an fidei popularium minus crederet: ita, quocumque
intenderat, res advorsae erant.

Sed inter eas moras repente sese Metellus cum exercitu   2
ostendit. Numidae ab Iugurtha pro tempore parati instruc-
tique, dein proelium incipitur. qua in parte rex pugnae ad-   3
fuit, ibi aliquamdiu certatum, ceteri eius omnes milites primo
congressu pulsi fugatique. Romani signorum et armorum aliquanto numero, hostium paucorum potiti. nam ferme Numidis in omnibus proeliis magis pedes quam arma tuta sunt.

LXXV. Ea fuga Iugurtha inpensius modo rebus suis dif-   1
fidens cum perfugis et parte equitatus in solitudines, dein
Thalam pervenit, in oppidum magnum atque opulentum,
ubi plerique thesauri filiorumque eius multus pueritiae cultus erat. quae postquam Metello conperta sunt, quamquam   2
inter Thalam flumenque proxumum in spatio milium quinquaginta loca arida atque vasta esse cognoverat, tamen spe
patrandi belli, si eius oppidi potitus foret, omnis asperitates

lassen, die anderen waren aus Angst zu den Römern oder zu König Bocchus geflüchtet; auch konnte er ja ohne Hilfskräfte keinen Krieg führen, und mit der Treue neuer Freunde einen Versuch zu machen, hielt er bei der schrecklichen Treulosigkeit der alten für bedenklich. Keine Maßnahme, kein Plan, auch kein Mensch konnte ihm recht zusagen; Marschpläne und Führer wechselte er tagtäglich, bald rückte er gegen den Feind, zuweilen wieder in einsame Gegenden; oft setzte er alle Hoffnung auf Flucht, gleich darauf wieder auf bewaffneten Widerstand; dabei wußte er selbst nicht, ob er dem Mute oder der Treue seiner Leute weniger trauen dürfe – alles also, wohin er seine Schritte wandte, war ihm widerwärtig.

Doch während dieses Zögerns erschien plötzlich Metellus mit seinem Heere. Die Numider wurden von Jugurtha gleich zum Angriff aufgestellt, soweit es die Zeit erlaubte; dann begann der Kampf. Wo der König selbst mitfocht, dort hielt er wohl eine Zeitlang an, alle seine übrigen Leute aber wurden gleich beim ersten Zusammenstoß geschlagen und liefen davor. Die Römer erbeuteten eine große Menge Feldzeichen und Waffen, Feinde wurden nur wenig gefangen; denn den Numidern bringen bei allen Kämpfen meist ihre Füße mehr Sicherheit als ihre Waffen.

Durch diese Niederlage verzweifelte Jugurtha nur noch mehr an seiner Sache. Mit Überläufern und einem Teil der Reiterei warf er sich durch die Wüste in die stattliche und reiche Stadt Thala, wo der größte Teil seines Besitzes lag und seine jungen Söhne einen glänzenden Hofstaat hielten. Dies erfuhr Metellus. Er hatte zwar gehört, zwischen Thala und dem nächsten Flusse sei auf eine Strecke von 75 Kilometern nur wasserarmes, wüstes Land, trotzdem nahm er sich vor, alle Schwierigkeiten zu meistern und selbst die Natur zu bezwingen; denn nach Eroberung dieser Stadt hoffte

supervadere ac naturam etiam vincere adgreditur. igitur 3
omnia iumenta sarcinis levari iubet, nisi frumento dierum
decem, ceterum utris modo et alia aquae idonea portari.
praeterea conquirit ex agris quam plurumum potest domiti 4
pecoris eoque inponit vasa quoiusque modi, sed pleraque lig-
nea, conlecta ex tuguriis Numidarum. ad hoc finitumis im- 5
perat, qui se post regis fugam Metello dederant, quam plurumum quisque aquae portaret. diem locumque, ubi praesto
forent, praedicit; ipse ex flumine, quam proxumam oppido 6
aquam esse supra diximus, iumenta onerat. eo modo in-
structus ad Thalam proficiscitur.

Deinde, ubi ad id loci ventum, quo Numidis praeceperat, 7
et castra posita munitaque sunt, tanta repente caelo missa vis
aquae dicitur, ut ea modo exercitui satis superque foret. prae- 8
terea conmeatus spe amplior, quia Numidae, sicuti plerique
in nova deditione, officia intenderant. ceterum milites reli- 9
gione pluvia magis usi, eaque res multum animis eorum addidit. nam rati sese dis inmortalibus curae esse. deinde postero die contra opinionem Iugurthae ad Thalam perve-
niunt. oppidani, qui se locorum asperitate munitos credide- 10
rant, magna atque insolita re perculsi, nihilo segnius bellum
parare; idem nostri facere.

LXXVI. Sed rex nihil iam infectum Metello credens, 1
quippe qui omnia, arma, tela, locos, tempora, denique naturam ipsam ceteris imperitantem industria vicerat, cum liberis
et magna parte pecuniae ex oppido noctu profugit. neque

er den Krieg glücklich beenden zu können. Er befahl also, allen Lasttieren das Gepäck abzunehmen bis auf einen Getreidevorrat für zehn Tage, sonst sollten sie nur Schläuche und andere Wasserbehälter tragen. Dazu ließ er von den Feldern möglichst viel zahmes Vieh zusammentreiben, und dies belud er mit mancherlei Gefäßen, meist aus Holz, die man aus den Hütten der Numider geholt hatte. Auch gebot er den Leuten der Umgegend, die sich nach des Königs Niederlage dem Metellus ergeben hatten, möglichst viel Wasser herbeizuschaffen; Tag und Ort gab er im voraus an, wo sie sich einzufinden hätten. Er selbst belud seine Lasttiere mit Wasser aus dem erwähnten, der Stadt sehr nahen Flusse. So ausgerüstet marschierte er auf Thala zu.

Als man nun an die den Numidern bestimmte Stelle kam und ein festes Lager aufgeschlagen hatte, soll plötzlich eine so gewaltige Wasserflut vom Himmel sich ergossen haben, daß diese schon fürs Heer vollauf genügte. Auch die Zufuhr übertraf alles Erwarten, denn die Numider hatten mehr, als zu erwarten war, ihre Pflicht getan, wie es bei frischer Unterwerfung üblich ist. Übrigens benutzten die Soldaten aus frommem Glauben lieber das Regenwasser, und das stärkte ihren Mut gewaltig; von den unsterblichen Göttern meinten sie ja nun betreut zu werden. Am nächsten Tage kamen sie wider Jugurthas Erwarten vor Thala an. Die Städter, die sich durch die Unwirtlichkeit der Gegend sicher fühlten, erschraken wohl über die gewaltige und ungewohnte Leistung, rüsteten sich aber deshalb nicht lässiger zum Kampf; das gleiche taten unsre Leute.

Der König aber war nun überzeugt, nichts sei für Metellus unmöglich, denn alles, Wehr und Waffen, Ort und Zeit, ja sogar die allmächtige Natur selbst hatte er sich mit Entschlossenheit untertänig gemacht; darum entfloh er mit seinen Kindern und einem großen Teil seines Vermögens nachts

postea in ullo loco amplius uno die aut una nocte moratus:
simulabat sese negoti gratia properare, ceterum proditionem
timebat, quam vitare posse celeritate putabat: nam talia consilia per otium et ex opportunitate capi.

At Metellus, ubi oppidanos proelio intentos, simul oppi- 2
dum et operibus et loco munitum videt, vallo fossaque moenia circumvenit. dein duobus locis ex copia maxume idoneis 3
vineas agere, superque eas aggerem iacere et super aggerem
inpositis turribus opus et administros tutari; contra haec
oppidani festinare, parare; prorsus ab utrisque nihil reliquom 4, 5
fieri. denique Romani, multo ante labore proeliisque
fatigati, post dies quadraginta, quam eo ventum erat,
oppido modo potiti: praeda omnis ab perfugis conrupta. 6
ii postquam murum arietibus feriri resque suas adflictas
vident, aurum atque argentum et alia, quae prima ducuntur,
domum regiam conportant: ibi vino et epulis onerati
illaque et domum et semet igni conrumpunt et, quas victi
ab hostibus poenas metuerant, eas ipsi volentes pependere.

LXXVII. Sed pariter cum capta Thala legati ex oppido 1
Lepti ad Metellum venerant orantes, uti praesidium prae-
fectumque eo mitteret: Hamilcarem quendam, hominem
nobilem, factiosum, novis rebus studere, advorsum quem
neque imperia magistratuum neque leges valerent; ni id festi-

aus der Stadt. Und künftig hielt er sich nirgends länger auf
als einen Tag oder eine Nacht, angeblich aus Eile wegen
wichtiger Geschäfte. In Wirklichkeit aber fürchtete er
Verrat, dem er, wie er meinte, nur durch Schnelligkeit entgehen konnte; denn solche Anschläge würden nur in Ruhe
und bei günstiger Gelegenheit versucht.

Wie nun Metellus sah, die Einwohner seien zum Kampf
bereit, die Stadt selbst durch Schanzarbeit und natürliche
Lage geschützt, da umgab er die Mauern mit Wall und
Graben, dann ließ er an zwei Punkten, die von allen am
besten geeignet waren, Sturmdächer vorschieben, außerdem
einen Damm aufwerfen und darauf Türme stellen, um die
Belagerungsarbeit und seine Leute zu sichern. Dagegen
trafen die Städter eiligst alle Vorbereitungen; kurz, auf
beiden Seiten ließ man nichts ungeschehen. Schließlich
eroberten die Römer, durch die vielen überstandenen
Strapazen und Gefechte schwer erschöpft, erst vierzig Tage
nach ihrem Kommen nur die leere Stadt: die ganze Beute
war von Überläufern vernichtet. Denn kaum sahen diese
die Mauern durch Sturmböcke erschüttert und ihre Lage
hoffnungslos verloren, da trugen sie Gold und Silber und
anderen wertvollen Besitz in den Palast des Königs; hier
aßen und tranken sie sich voll und verbrannten dann alle
zusammengeschleppten Schätze und samt dem Hause auch
sich selbst — so zahlten sie freiwillig schon die Strafe, die sie
besiegt von ihren Freinden zu befürchten hatten.

Gleichzeitig mit der Einnahme von Thala waren Gesandte aus der Stadt Leptis zu Metellus gekommen; sie baten, dorthin eine Besatzung mit einem Befehlshaber zu
schicken. Ein gewisser Hamilcar, ein unruhiger Mensch adliger Herkunft, sinne auf Empörung, und keine Befehlsgewalt der Behörde, keine Gesetze könnten sich gegen ihn
behaupten; wenn man nicht damit eile, kämen sie selbst und

naret, in summo periculo suam salutem, illorum socios fore.
nam Leptitani iam inde a principio belli Iugurthini ad Be-   2
stiam consulem et postea Romam miserant amicitiam societa-
temque rogatum. deinde, ubi ea inpetrata, semper boni fi-   3
delesque mansere et cuncta a Bestia, Albino Metelloque imperata nave fecerant. itaque ab imperatore facile, quae pete-   4
bant, adepti: emissae eo cohortes Ligurum quattuor et C. Annius praefectus.

LXXVIII. Id oppidum ab Sidoniis conditum est, quos ac-   1
cepimus profugos ob discordias civilis navibus in eos locos
venisse, ceterum situm inter duas Syrtis, quibus nomen ex re
inditum. nam duo sunt sinus prope in extrema Africa, in-   2
pares magnitudine, pari natura; quorum proxuma terrae
praealta sunt, cetera, uti fors tulit, alta alia, alia in tempestate
vadosa. nam ubi mare magnum esse et saevire ventis coepit,   3
limum harenamque et saxa ingentia fluctus trahunt: ita facies locorum cum ventis simul mutatur. Syrtes ab tractu
nominatae. eius civitatis lingua modo convorsa conubio Nu-   4
midarum, legum cultusque pleraque Sidonica, quae eo facilius retinebant, quod procul ab imperio regis aetatem agebant. inter illos et frequentem Numidiam multi vastique   5
loci erant.

LXXIX. Sed quoniam in eas regiones per Leptitanorum   1
negotia venimus, non indignum videtur egregium atque mira-
bile facinus duorum Carthaginiensium memorare: eam rem
nos locus admonuit. qua tempestate Carthaginienses plera-   2

somit Roms Verbündete in die größte Gefahr. Die Bewohner von Leptis hatten nämlich gleich zu Beginn des Krieges gegen Jugurtha zum Konsul Bestia und später nach Rom geschickt, um Freundschaft und Bündnis zu erbitten. Nach Erfüllung ihres Wunsches waren sie dann immer wohlgesinnt und treu geblieben und hatten alles eifrig ausgeführt, was von Bestia, Albinus und Metellus ihnen aufgetragen. So wurde ihnen ihre Bitte jetzt vom Feldherrn gern gewährt: er legte vier Kohorten Ligurer dorthin unter Gaius Annius' Kommando.

Diese Stadt wurde durch die Einwohner von Sidon gegründet, die nach meinen Quellen wegen Zwistigkeiten in der Bürgerschaft als Flüchtlinge zu Schiff in diese Gegend gekommen waren; sie liegt zwischen den beiden Syrten, die ihren Namen nach ihrer wirklichen Beschaffenheit bekamen. Denn es sind zwei Buchten fast am äußersten Ende von Afrika, verschieden groß, aber gleich in ihrer Art; der Küste zunächst sind sie sehr tief, sonst wie es der Zufall bringt, bei einer Witterung tief, bei andrer seicht. Denn sobald das Meer anfängt bei Stürmen hochzugehen und zu toben, schleppen die Wogen Schlamm und Sand und mächtige Felsstücke mit sich fort; so ändert sich die Gestalt des Meeresgrundes bei jedem Sturme. Von diesem Fortschwemmen heißen sie Syrten. Bei den Bewohnern ist nur die Sprache durch Verheiratung mit Numidern anders geworden, Gesetze und Einrichtungen blieben meist wie in Sidon; dies konnten sie um so leichter beibehalten, weil sie fern vom Herrschersitze des Numiderkönigs lebten. Zwischen ihnen und dem bewohnten Teil Numidiens lagen weite Wüsten.

Da wir durch die Sache der Bewohner von Leptis in diese Gegenden geraten sind, ist es wohl nicht unangebracht, von der glänzenden und bewundernswerten Leistung zweier Karthager zu erzählen, an die uns der Ort erinnert. Zu der

que Africa imperitabant, Cyrenenses quoque magni atque opulenti fuere. ager in medio harenosus, una specie: neque flumen 3
neque mons erat, qui finis eorum discerneret. quae res eos
in magno diuturnoque bello inter se habuit. postquam utrim- 4
que legiones, item classes saepe fusae fugataeque et alteri alteros aliquantum adtriverant, veriti, ne mox victos victoresque
defessos alius adgrederetur, per indutias sponsionem faciunt,
uti certo die legati domo proficiscerentur: quo in loco inter
se obvii fuissent, is communis utriusque populi finis haberetur. igitur Carthagine duo fratres missi, quibus nomen Phi- 5
laenis erat, maturavere iter pergere. Cyrenenses tardius iere.
id socordiane an casu adciderit, parum cognovi. ceterum solet 6
in illis locis tempestas haud secus atque in mari retinere. nam
ubi per loca aequalia et nuda gignentium ventus coortus ha-
renam humo excitavit, ea magna vi agitata ora oculosque in-
plere solet; ita prospectu inpedito morari iter.

Postquam Cyrenenses aliquanto posteriores se esse vident 7
et ob rem conruptam domi poenas metuont, criminari Carthaginiensis ante tempus domo digressos, conturbare rem, denique omnia malle quam victi abire. sed quom Poeni aliam 8
condicionem, tantummodo aequam, peterent, Graeci opti-
onem Carthaginiensium faciunt, ut vel illi, quos finis populo

Zeit, als die Karthager über den größten Teil von Afrika
herrschten, waren auch die Einwohner von Kyrene mächtig
und reich. Das Gebiet zwischen beiden Völkern war voller
Sand und ohne Abwechslung; kein Fluß, kein Berg war da,
der ihre Grenzen unterschieden hätte. Dies verwickelte die
beiden in einen harten, langen Krieg. Als auf beiden Seiten
Heere und auch Flotten oft schwer geschlagen waren und
sie sich gegenseitig gewaltig geschwächt hatten, da packte sie
die Furcht, bald könnte ein Dritter über die Sieger und Besiegten bei ihrer Erschöpfung herfallen; während eines Waffenstillstands trafen sie deshalb folgende Verabredung: an
einem bestimmten Tage sollten Abgesandte aus ihrer Heimat aufbrechen, und die Stelle, wo sie sich begegneten, sollte
als die gemeinsame Grenze beider Völker gelten. So wurden
denn aus Karthago zwei Brüder abgeschickt, die Philänus
hießen; in großer Eile machten sie sich auf den Weg. Die
Leute aus Kyrene gingen langsamer; ob das aus Nachlässigkeit geschah oder durch höhere Gewalt, konnte ich nicht
recht erfahren. Der Sturm pflegt ja in diesen Gegenden
nicht weniger aufzuhalten als auf dem Meere. Denn sowie
im ebenen und baumlosen Gelände sich ein Wind erhebt und
den Sand vom Boden aufwirbelt, wird er gewöhnlich mit
großer Gewalt fortgetrieben und füllt Mund und Augen;
so hindert er die Aussicht und erschwert das Wandern.

Als nun die Männer aus Kyrene merkten, wie weit sie
zurückgeblieben waren, da fürchteten sie daheim Bestrafung
wegen ihres schlecht erfüllten Auftrags; so beschuldigten sie
die Karthager, sie seien vorzeitig zu Hause weggegangen,
zogen die ganze Sache ins Unklare und setzten schließlich
alles dran, nicht als Besiegte heimzukehren. Die Punier
verlangten einen anderen Vorschlag, wenn er nur billig sei;
da stellten die Griechen den Karthagern die Wahl: entweder
sollten sie sich dort lebendig begraben lassen, wo sie für ihr

suo peterent, ibi vivi obruerentur, vel eadem condicione sese,
quem in locum vellent, processuros. Philaeni condicione pro- 9
bata seque vitamque suam rei publicae condonavere: ita
vivi obruti. Carthaginienses in eo loco Philaenis fratribus 10
aras consecravere aliique illis domi honores instituti. nunc ad
rem redeo.

LXXX. Iugurtha postquam amissa Thala nihil satis fir- 1
mum contra Metellum putat, per magnas solitudines cum
paucis profectus pervenit ad Gaetulos, genus hominum fe-
rum incultumque et eo tempore ignarum nominis Romani.
eorum multitudinem in unum cogit ac paulatim consuefacit 2
ordines habere, signa sequi, imperium observare, item alia
militaria facere. praeterea regis Bocchi proxumos magnis 3
muneribus et maioribus promissis ad studium sui perducit,
quis adiutoribus regem adgressus inpellit, uti advorsus Romanos bellum incipiat. id ea gratia facilius proniusque fuit, 4
quod Bocchus initio huiusce belli legatos Romam miserat
foedus et amicitiam petitum, quam rem opportunissumam 5
incepto bello pauci inpediverant caeci avaritia, quis omnia
honesta atque inhonesta vendere mos erat. et iam antea 6
Iugurthae filia Bocchi nupserat. verum ea necessitudo apud
Numidas Maurosque levis ducitur, quia singuli pro opibus quisque quam plurumas uxores, denas alii, alii pluris habent, sed reges eo amplius. ita animus multitudine 7

Volk die Grenzen wünschten, oder sie selbst würden unter
der gleichen Bedingung weiterziehen, wie weit sie wollten.
Die Brüder Philänus nahmen den Vorschlag an und weihten
sich und ihr Leben dem Staate; so wurden sie lebendig begraben. Die Karthager stifteten an diesem Platz Altäre für
die beiden Brüder, und noch andere Ehrungen erwies man
ihnen in der Heimat. – Nun kehre ich zu meiner Erzählung
zurück.

Jugurtha sah nach dem Verlust von Thala keine rechte
Sicherheit mehr vor Metellus; so zog er mit wenig Leuten
durch weite öde Strecken und kam zu den Gätulern, derben
und rohen Menschen, die damals nicht einmal dem Namen
nach die Römer kannten. Von denen brachte er eine große
Menge zusammen und gewöhnte sie allmählich daran, in
Reih und Glied zu kämpfen, den Fahnen zu folgen, aufs
Kommando zu achten und auch sonst soldatischen Dienst zu
tun. Dazu suchte er Freunde des Königs Bocchus durch
reiche Geschenke und noch reichere Versprechungen auf
seine Seite zu bringen; mit ihrer Hilfe machte er sich an den
König heran und drängte ihn zum Beginn eines Krieges
gegen Rom. Das war schon deshalb um so leichter und aus-
sichtsreicher, weil Bocchus beim Anfang dieses Krieges Gesandte nach Rom geschickt hatte, um Bündnis und Freundschaft zu erbitten. Aber so günstig dies auch für den Kriegs-
beginn gewesen wäre, so hatten es doch einige Leute von
Habgier verblendet hintertrieben, Leute, die aus allem, aus
Ehre oder Schande ein Geschäft zu machen pflegten. Auch
hatte schon vorher eine Tochter des Bocchus sich mit Jugurtha vermählt; freilich gilt eine solche Verbindung nicht
viel bei den Numidern und Mauren; denn jeder hat nach
seinen Mitteln möglichst viele Frauen, der eine zehn, der
andre mehr, die Könige aber eine noch viel größere Menge.
So wird die Neigung durch die große Zahl zersplittert; keine

distrahitur: nulla pro socia obtinet, pariter omnes viles sunt.

LXXXI. Igitur in locum ambobus placitum exercitus con- 1
veniunt. ibi fide data et accepta Iugurtha Bocchi animum
oratione adcendit: Romanos iniustos, profunda avaritia, communis omnium hostis esse; eandem illos causam belli cum
Boccho habere, quam secum et cum aliis gentibus, lubidinem imperitandi, quis omnia regna advorsa sint: tum sese,
paulo ante Carthaginiensis, item regem Persen, post, uti
quisque opulentissumus videatur, ita Romanis hostem fore.
his atque aliis talibus dictis ad Cirtam oppidum iter consti- 2
tuunt, quod ibi Metellus praedam captivosque et inpedi-
menta locaverat. ita Iugurtha ratus aut capta urbe operae 3
pretium fore aut, si Romanus auxilio suis venisset, proelio sese certaturos. nam callidus id modo festinabat, Bocchi 4
pacem inminuere, ne moras agitando aliud quam bellum
mallet.

LXXXII. Imperator postquam de regum societate cogno- 1
vit, non temere neque, uti saepe iam victo Iugurtha consueverat, omnibus locis pugnandi copiam facit. ceterum haud
procul ab Cirta castris munitis reges opperitur, melius esse
ratus cognitis Mauris, quoniam is novos hostis adcesserat, ex
commodo pugnam facere.

Interim Roma per litteras certior fit provinciam Numi- 2
diam Mario datam. nam consulem factum ante acceperat.
quibus rebus supra bonum aut honestum perculsus neque

behauptet sich als wirkliche Gefährtin, alle werden gleich gering geachtet.

Die Heere kamen also an einem Platz zusammen, der beiden genehm war. Dort schwur man sich gegenseitig Treue, und Jugurtha suchte Bocchus durch seine Worte aufzuhetzen. „Die Römer sind ungerecht", so rief er, „unersättlich in ihrer Habgier, die Feinde der ganzen Welt. Sie haben den gleichen Grund zum Kriege mit Bocchus wie mit uns und anderen Völkern, nämlich Herrschsucht; jegliches Königtum ist ihnen verhaßt. Jetzt sind wir ihr Feind, vor kurzem waren es die Karthager, ebenso König Perseus, und künftig wird jeder ein Feind der Römer sein, der ihnen groß und mächtig scheint." Nach diesen und ähnlichen Worten beschlossen sie einen Zug nach der Stadt Cirta; denn dorthin hatte Metellus Beute und Gefangene und das Gepäck geschafft. Jugurtha meinte, die Einnahme der Stadt werde die Mühe lohnen oder es müsse zum Kampfe kommen, wenn der Römer seinen Leuten Hilfe bringe. Denn in seiner Schlauheit ging er nur darauf aus, des Königs Bocchus Friedensaussicht schnell zu stören; bei längerem Zögern könne ihm die Lust zum Kriege sonst vergehen.

Roms Feldherr erfuhr von dem Bündnis der Könige. Da ließ er es nicht aufs Geratewohl und nicht in jeder beliebigen Gegend zum Kampfe kommen, wie er es sonst bei seinen vielen Siegen über Jugurtha getan hatte. Er erwartete vielmehr nicht weit von Cirta in einem festen Lager die Könige; denn ihm schien es besser, zuvor einmal die Mauren kennenzulernen, die ja als neuer Feind hinzugekommen waren, und dann erst bei guter Gelegenheit die Schlacht zu schlagen.

Indes bekam er aus Rom die briefliche Nachricht, Numidien sei dem Marius als Provinz verliehen; von dessen Wahl zum Konsul hatte er vorher schon gehört. Er wurde dadurch mehr erschüttert als es recht und billig war; seine Tränen

lacrumas tenere neque moderari linguam, vir egregius in aliis artibus nimis molliter aegritudinem pati. quam rem alii 3 in superbiam vortebant, alii bonum ingenium contumelia adcensum esse, multi, quod iam parta victoria ex manibus eriperetur. nobis satis cognitum est illum magis honore Mari, quam iniuria sua excruciatum neque tam anxie laturum fuisse, si adempta provincia alii quam Mario traderetur.

LXXXIII. Igitur eo dolore inpeditus et, quia stultitiae 1 videbatur alienam rem periculo suo curare, legatos ad Bocchum mittit postulatum, ne sine causa hostis populo Romano fieret: habere tum magnam copiam societatis amicitiaeque coniungundae, quae potior bello esset, et, quamquam opibus suis confideret, tamen non debere incerta pro certis mutare. omne bellum sumi facile, ceterum aegerrume desinere; non in eiusdem potestate initium eius et finem esse: incipere quoivis, etiam ignavo licere, deponi, quom victores velint. proinde sibi regnoque suo consuleret neu florentis res suas cum Iugurthae perditis misceret.

Ad ea rex satis placide verba facit: sese pacem cupere, 2 sed Iugurthae fortunarum misereri; si eadem illi copia fieret, omnia conventura. rursus imperator contra postulata 3 Bocchi nuntios mittit: ille probare partim, alia abnuere. eo modo saepe ab utroque missis remissisque nuntiis tempus

konnte er nicht zurückhalten noch sich in seinen Worten
mäßigen, und der Mann, der sonst so energisch war, ließ
sich allzu unmännlich von seiner Erbitterung hinreißen.
Dies deuteten manche als gekränkten Stolz, andre meinten,
der aufrechte Mann sei durch die Beschimpfung erbost, die
er damit erfuhr, viele erklärten sich seine Wut daraus, daß ihm
der schon errungene Sieg nun aus der Hand gerissen würde.
Für mich steht fest, ihn schmerzte mehr des Marius Ehrung
als die ihm selber angetane Kränkung, und nicht so bitter
hätte er's getragen, wenn die Provinz, die man ihm nahm,
einem anderen als gerade Marius überlassen worden wäre.

Dieser Verdruß hemmte ihn in seinem Handeln, auch
hielt er es für töricht, mit eigener Verantwortung zu regeln,
was nun eines anderen Sache war – so schickte er Boten zu
Bocchus mit der Mahnung, doch nicht grundlos den Römern
feind zu werden. Jetzt habe er die schönste Gelegenheit,
Bündnis und Freundschaft zu schließen, was gewiß besser
sei als Krieg. ,,Magst du auch noch so sehr auf deine Macht
vertrauen", ließ er ihm sagen, ,,so darfst du eine ungewisse
Zukunft doch nicht eintauschen für das, was dir gewiß ist.
Jeder Krieg ist leicht begonnen, aber nur mit großer Mühe
abzuschließen; sein Anfang und sein Ende liegt nicht in der
Macht desselben Mannes; anfangen kann ihn jeder, auch
ein Feigling, beizulegen ist er nur, wenn es der Sieger will.
So denke nur an dich und an dein Reich, verbinde dich in
deinem Glück nicht mit Jugurtha, der ja doch verloren!"

Darauf antwortete der König ganz freundlich, er selbst
wünsche Frieden, aber Jugurthas Schicksal gehe ihm zu Herzen; werde dem ein gleiches Angebot gemacht, dann käme
gewiß eine Einigung zustande. Wieder schickte Roms Feldherr Boten mit Gegenforderungen zu Bocchus; der billigte
manches, anderes lehnte er ab. So wurden wiederholt von
beiden Seiten Boten hin und her gesandt, die Zeit ging hin,

procedere, et ex Metelli voluntate bellum intactum trahi.

LXXXIV. At Marius, ut supra diximus, cupientissuma 1
plebe consul factus, postquam ei provinciam Numidiam populus iussit, antea iam infestus nobilitati, tum vero multus
atque ferox instare, singulos modo, modo univorsos laedere,
dictitare sese consulatum ex victis illis spolia cepisse, alia
praeterea magnifica pro se et illis dolentia. interim, quae bello 2
opus erant, prima habere: postulare legionibus supplementum, auxilia a populis et regibus arcessere, praeterea ex
Latio sociisque fortissumum quemque, plerosque militiae,
paucos fama cognitos, accire et ambiundo cogere homines
emeritis stipendiis secum proficisci. neque illi senatus, quam- 3
quam advorsus erat, de ullo negotio abnuere audebat. ceterum
supplementum etiam laetus decreverat, quia neque plebi
militia volenti putabatur et Marius aut belli usum aut studia
volgi amissurus. sed ea res frustra sperata: tanta lubido cum
Mario eundi plerosque invaserat. sese quisque praeda locu- 4
pletem fore, victorem domum rediturum, alia huiusce modi
animis trahebant, et eos non paulum oratione sua Marius
adrexerat. nam postquam omnibus, quae postulaverat, de- 5
cretis milites scribere volt, hortandi causa simul et nobilitatem, uti consueverat, exagitandi contionem populi advo-
cavit. deinde hoc modo disseruit:

und nach Metellus' Wunsch wurde der Krieg hinausgezogen, ohne daß man etwas unternahm.

Marius nun war, wie gesagt, auf dringendes Verlangen der Masse Konsul geworden; schon vorher war er ein erbitterter Feind des Adels, jetzt aber verfolgte er ihn erst recht in häufigen, scharfen Angriffen, nachdem ihm das Volk die Provinz Numidien zugewiesen hatte. Bald beleidigte er einzelne, bald den ganzen Adel; immer wieder sagte er, sein Konsulat habe er als äußeres Zeichen seines Sieges über sie errungen, und tat noch manche Äußerung, die für ihn rühmlich, für die anderen aber kränkend war. Dabei sorgte er in erster Linie für alles, was zum Kriege nötig: er verlangte Ersatztruppen für die Legionen, zog Streitkräfte ein von freien Völkern und Königen, dazu holte er aus Latium und den Bundesgenossen die tapfersten Leute zusammen, die er meist vom Kriege her, manchmal auch nur nach ihrem Rufe kannte, und durch persönliche Fühlung gewann er sogar ausgediente Leute, mit ihm ins Feld zu ziehen. Und mochte ihm der Senat auch noch so abgeneigt sein, so wagte er doch nichts ihm abzuschlagen; ja, den Ersatz des Heeres hatte er ihm sogar gern bewilligt, denn man glaubte, der Kriegsdienst sei dem Volke nicht erwünscht und Marius werde entweder die Mittel für den Krieg oder die Gunst der Masse verlieren. Doch diese Hoffnung war umsonst; so große Begeisterung hatte die meisten gepackt, mit Marius ins Feld zu ziehen. Wohl stellte sich ein jeder vor, er sei mit Beute beladen und kehre siegreich heim und was man sonst sich dabei denken mochte; auch wußte Marius die Leute durch seine Worte mächtig mitzureißen. Denn als er nach Bewilligung all seiner Forderungen die Truppen ausheben wollte, rief er das Volk zu einer Versammlung, um ihm Mut zu machen, zugleich auch nach seiner Gewohnheit den Adel heftig anzugreifen. So etwa hat er hier gesprochen:

LXXXV. 'Scio ego, Quirites, plerosque non isdem arti- 1
bus imperium a vobis petere et, postquam adepti sunt, gerere: primo industrios, supplices, modicos esse, dein per
ignaviam et superbiam aetatem agere. sed mihi contra ea videtur: nam, quo pluris est univorsa res publica quam consu- 2
latus aut praetura, eo maiore cura illam administrari quam
haec peti debere. neque me fallit, quantum cum maxumo 3
vostro beneficio negoti sustineam. bellum parare simul et
aerario parcere, cogere ad militiam eos, quos nolis offendere,
domi forisque omnia curare et ea agere inter invidos, occursantis, factiosos opinione, Quirites, asperius est. ad hoc, alii 4
si deliquere, vetus nobilitas, maiorum fortia facta, cognatorum et adfinium opes, multae clientelae, omnia haec praesidio adsunt: mihi spes omnes in memet sitae, quas necesse est
virtute et innocentia tutari. nam alia infirma sunt. et illud in- 5
tellego, Quirites, omnium ora in me convorsa esse, aequos
bonosque favere – quippe mea bene facta rei publicae procedunt – nobilitatem locum invadundi quaerere. quo mihi 6
acrius adnitundum est, uti neque vos capiamini et illi frustra
sint. ita ad hoc aetatis a pueritia fui, uti omnis labores et peri- 7
cula consueta habeam. quae ante vostra beneficia gratuito 8
faciebam, ea uti accepta mercede deseram, non est consilium,
Quirites. illis difficile est in potestatibus temperare, qui per 9

„Ich weiß, Mitbürger, sehr viele zeigen bei der Bewerbung um ein Kommando nicht die gleichen Eigenschaften wie später bei seiner Führung: erst sind sie fleißig, zurückhaltend, bescheiden, dann verläuft ihr Leben in Trägheit und Anmaßung. Ich aber denke völlig anders; denn wie der ganze Staat viel höher steht als ein Konsulat oder eine Prätur, so muß man auch seiner Verwaltung mehr Sorge widmen als der Bewerbung um jene Ämter. Ich bin mir auch im klaren, welch schwere Verantwortung ich mit dem hohen Amte übernehme, das ich eurer Freundlichkeit verdanke. Den Krieg vorbereiten und zugleich die Staatskasse schonen, Leute zum Kriegsdienst drängen, die man nicht vor den Kopf stoßen will, daheim und im Felde für alles sorgen und das mitten unter Leuten zu betreiben, die mißgünstig, widerspenstig, herrschsüchtig sind – das, meine Mitbürger, ist schwerer als man denkt. Dazu noch eins: wenn andre sich etwas zuschulden kommen ließen, dann sind ihr alter Adel, der Ahnen Heldentaten, die Mittel von Brüdern und Verwandten, zahlreiche Schützlinge, all diese Kräfte zu ihrem Schutze da; für mich liegt alle Hoffnung in mir selbst, die ich mir nur durch Tüchtigkeit und Unbescholtenheit erhalten kann; denn alles andre gibt mir keinen Halt. Auch sehe ich, Mitbürger, aller Augen sind auf mich gerichtet; wer recht und billig denkt, der will mir wohl – denn meine guten Dienste helfen ja dem Staat – während der Adel nur nach Möglichkeiten sucht, mich anzugreifen. Um so schärfer muß ich darauf sehen, daß ihr euch nicht fangen laßt und jene sich in ihrer Absicht täuschen. Bis zu dieser Stunde war ich ja von Jugend an so eingestellt, daß ich mich stets an Mühen und Gefahren aller Art gewöhnte. Was ich vor Übertragung eures Amtes ohne Dank getan, Mitbürger, das jetzt nach eurer Anerkennung schimpflich aufzugeben, ist nicht meine Absicht. Den anderen fällt es schwer, im Amt

ambitionem sese probos simulavere: mihi, qui omnem aetatem in optumis artibus egi, bene facere iam ex consuetudine in naturam vortit.

Bellum me gerere cum Iugurtha iussistis, quam rem no- 10 bilitas aegerrume tulit. quaeso, reputate cum animis vostris, num id mutare melius sit, si quem ex illo globo nobilitatis ad hoc aut aliud tale negotium mittatis, hominem veteris prosapiae ac multarum imaginum et nullius stipendi: scilicet ut in tanta re ignarus omnium trepidet, festinet, sumat aliquem ex populo monitorem offici sui. ita plerumque evenit, ut, quem 11 vos imperare iussistis, is imperatorem alium quaerat. atque 12 ego scio, Quirites, qui, postquam consules facti sunt, et acta maiorum et Graecorum militaria praecepta legere coeperint: praeposteri homines, nam gerere quam fieri tempore posterius, re atque usu prius est.

Conparate nunc, Quirites, cum illorum superbia me, ho- 13 minem novom. quae illi audire aut legere solent, eorum partem vidi, alia egomet gessi; quae illi litteris, ea ego militando didici. nunc vos existumate, facta an dicta pluris sint. con- 14 temnunt novitatem meam, ego illorum ignaviam; mihi fortuna, illis probra obiectantur. quamquam ego naturam unam 15 et communem omnium existumo, sed fortissumum quemque generosissumum. ac si iam ex patribus Albini aut Bestiae 16 quaeri posset, mene an illos ex se gigni maluerint, quid re-

das rechte Maß zu halten, die nur während der Bewerbung sich den Schein rechtschaffner Leute gaben; mir ist anständiges Handeln schon durch die Gewohnheit zur Natur geworden, der ich mein ganzes Leben lang in guter Art mich übte.

Krieg mit Jugurtha zu führen habt ihr mir befohlen, und der Adel ist darüber sehr verärgert. Nun überlegt euch doch bitte, ob es nicht besser wäre, dies zu ändern und einen aus der Adelsclique zu dieser oder einen andren solchen Aufgabe zu schicken, einen Mann aus alter Sippschaft und mit vielen Ahnen, doch ohne Kriegserfahrung – mit dem Erfolg natürlich, daß der gänzlich Ahnungslose in so wichtiger Sache ängstlich zaudert, sich überhastet, sich schließlich einen aus dem Volke holt, der ihm nachhelfen kann in seiner Pflicht. So muß sich der, den ihr zum Feldherrn wähltet, meist selber einen andern Feldherrn suchen! Ich persönlich, meine Mitbürger, ich kenne Leute, die erst nach ihrer Wahl zum Konsul begonnen haben, die Geschichte der Vorzeit und griechische Bücher über Kriegskunst zu lesen: verdrehte Menschen, denn gewiß muß man erst etwas werden und kann dann erst handeln, tatsächlich aber muß die praktische Übung doch vorausgehn!

Vergleicht nun, Mitbürger, mit jenen stolzen Herren mich, den Neuling ohne Ahnen! Was sie meist nur hören oder lesen, das habe ich erlebt oder selber ausgeführt; was sie aus Büchern wissen, das hab' ich im Feld gelernt. Jetzt urteilt selbst, ob Taten oder Worte mehr bedeuten! Sie verachten meine bürgerliche Abstammung, ich ihre Lässigkeit; mir wirft man meinen niederen Stand vor, ihnen ihr schmachvolles Verhalten. Indes ich meine, von Geburt sind wir Menschen alle gleich, nur der Tatkräftige hat den wahren Adel. Und wenn man jetzt die Väter eines Albinus oder eines Bestia fragen könnte, ob sie lieber mich oder jene zu Söhnen

sponsuros creditis nisi sese liberos quam optumos voluisse?
quod si iure me despiciunt, faciant idem maioribus suis, 17
quibus, uti mihi, ex virtute nobilitas coepit. invident honori 18
meo: ergo invideant labori, innocentiae, periculis etiam meis,
quoniam per haec illum cepi. verum homines conrupti su- 19
perbia ita aetatem agunt, quasi vostros honores contemnant;
ita hos petunt, quasi honeste vixerint. ne illi falsi sunt, qui 20
divorsissumas res pariter exspectant, ignaviae voluptatem et
praemia virtutis. atque etiam, quom apud vos aut in senatu 21
verba faciunt, pleraque oratione maiores suos extollunt:
eorum fortia facta memorando clariores sese putant. quod 22
contra est. nam quanto vita illorum praeclarior, tanto horum
socordia flagitiosior. et profecto ita se res habet: maiorum 23
gloria posteris quasi lumen est, neque bona neque mala eorum in occulto patitur. huiusce rei ego inopiam fateor, Qui- 24
rites, verum, id quod multo praeclarius est, meamet facta
mihi dicere licet. nunc videte, quam iniqui sint. quod ex 25
aliena virtute sibi adrogant, id mihi ex mea non concedunt,
scilicet quia imagines non habeo, et quia mihi nova nobilitas
est, quam certe peperisse melius est quam acceptam conru-
pisse.

Equidem ego non ignoro, si iam mihi respondere velint, 26
abunde illis facundam et conpositam orationem fore. sed in
maxumo vostro beneficio quom omnibus locis meque vosque

haben möchten – was würden sie wohl andres antworten als das: sie hätten möglichst tüchtige Kinder haben wollen? Lehnen sie mich also mit Recht ab, dann sollen sie mit ihren Vorfahren dasselbe tun, denen ihr Adel – wie bei mir – erst aus ihrer Tüchtigkeit entstand. Sie mißgönnen mir meine Ehre: so mögen sie mir auch meine Arbeit, meine Unbescholtenheit, meine Gefahren mißgönnen, denn durch diese habe ich das Ehrenamt bekommen. Aber, durch ihren Hochmut verblendet, leben diese Leute so, als verachteten sie eure Ehrenstellen, und doch bewerben sie sich darum, als hätten sie anständig gelebt! Sie sind wahrhaftig im Irrtum, wenn sie die verschiedensten Vorteile zugleich erwarten: die Freude des Nichtstuns und die Belohnungen für männliche Tatkraft. Und auch wenn sie vor euch oder im Senate sprechen, feiern sie in vielen großen Worten ihre Ahnen; durch den Lobpreis von deren Heldentaten glauben sie selbst berühmter zu werden. Das Gegenteil ist richtig; denn je glänzender der Ahnen Leben war, um so schmachvoller ist ihre eigne Schlappheit. So ist es wirklich: der Ruhm der Vorfahren ist für die Nachgeborenen wie ein helles Licht, weder ihre Vorzüge noch ihre Fehler läßt er im Dunkel. Ein solcher Ruhm freilich fehlt mir, ich muß es gestehen, Mitbürger; aber ich darf von meinen eignen Taten sprechen, und das ist viel schöner. Nun seht, wie ungerecht diese Leute sind: was sie sich selbst vom fremden Verdienst anmaßen, das wollen sie mir von meinem eignen nicht zugestehen – natürlich, ich habe ja noch keine Ahnenbilder, mein Adel ist noch jung; und doch ist es gewiß besser, ihn sich erworben als ihn geerbt und dann geschändet zu haben.

Freilich weiß ich recht gut: wenn sie mir jetzt erwidern wollten, würden ihnen gewandte und wohlgesetzte Worte vollauf zu Gebote stehen. Aber trotzdem möchte ich, von euch mit eurem höchsten Amte ausgezeichnet, jetzt nicht

maledictis lacerent, non placuit reticere, ne quis modestiam
in conscientiam duceret. nam me quidem ex animi mei sen- 27
tentia nulla oratio laedere potest: quippe vera necesse est
bene praedicent, falsa vita moresque mei superant. sed quo- 28
niam vostra consilia accusantur, qui mihi summum honorem
et maxumum negotium inposuistis, etiam atque etiam reputate, num eorum paenitendum sit. non possum fidei causa 29
imagines neque triumphos aut consulatus maiorum meorum
ostentare, at, si res postulet, hastas, vexillum, phaleras, alia
militaria dona, praeterea cicatrices advorso corpore. hae sunt 30
meae imagines, haec nobilitas, non hereditate relicta, ut illa
illis, sed quae ego meis plurumis laboribus et periculis quae-
sivi.

Non sunt conposita verba mea: parvi id facio. ipsa se vir- 31
tus satis ostendit. illis artificio opus est, ut turpia facta oratione tegant. neque litteras Graecas didici: parum placebat 32
eas discere, quippe quae ad virtutem doctoribus nihil pro-
fuerant. at illa multo optuma rei publicae doctus sum: ho- 33
stem ferire, praesidia agitare, nihil metuere nisi turpem famam, hiemem et aestatem iuxta pati, humi requiescere,
eodem tempore inopiam et laborem tolerare. his ego prae- 34
ceptis milites hortabor neque illos arte colam, me opulenter
neque gloriam meam, laborem illorum faciam. hoc est utile, 35
hoc civile imperium. namque quom tute per mollitiem agas,

schweigen, wo sie immer wieder mich und euch mit Schmähungen herunterreißen; sonst könnte einer meine maßvolle
Zurückhaltung als Schuldbewußtsein deuten. Mich persönlich kann ja doch nach meiner tiefsten Überzeugung
keiner durch ein Wort verletzen; denn was wahr ist, müssen sie rühmend anerkennen, Verleumdung wird mein Leben und mein Charakter widerlegen. Aber da man euern Beschluß beklagt, mit dem ihr mir die höchste Ehre und die
bedeutsamste Aufgabe übertragen habt, so überlegt euch
immer wieder, ob ihr das nicht noch bereuen müßt! Gewiß
kann ich zu meiner Beglaubigung keine Ahnenbilder, keine
Triumphe oder Konsulate meiner Vorfahren aufweisen,
wohl aber, wenn man es verlangen sollte, Lanzen, eine
Fahne, Ehrenzeichen und andre kriegerische Auszeichnungen, dazu Narben vorn auf der Brust. Das sind meine
Ahnenbilder, das ist mein Adel, doch nicht durch Erbschaft
hinterlassen, wie bei jenen, sondern all das habe ich mir
selbst durch reiche Mühe und Gefahr erworben.

Nicht fein gefügt sind meine Worte – darauf leg' ich keinen Wert. Verdienst zeigt sich genügend durch sich selber;
die dort haben aber Künsteleien nötig, um ihre Schandtaten
durch Worte zu verhüllen. Auch Griechisch habe ich nicht
gelernt: ich hatte keine rechte Freude es zu lernen, denn
ihnen, die es konnten, hat's zur Tapferkeit nichts beigetragen. Was aber für den Staat das allerbeste ist, das habe ich
gelernt: einen Feind erschlagen, Posten stehen, nichts fürchten als den üblen Ruf, Frost und Hitze gleichmäßig ertragen, auf bloßer Erde schlafen, zur selben Stunde Not und
Mühe auf sich nehmen. Das sind meine Grundsätze, nach
denen ich die Soldaten zu mahnen weiß; nicht will ich sie
knapp halten und mir selber gütlich tun, nicht mir den
Ruhm zuschreiben, ihnen bloß die Arbeit lassen. So ist es ein
ersprießliches Kommando, wie sich's gegen Bürger ziemt.

exercitum supplicio cogere, id est dominum, non imperatorem esse. haec atque talia maiores vostri faciundo seque rem- 36
que publicam celebravere. quis nobilitas freta, ipsa dissimi- 37
lis moribus, nos illorum aemulos contemnit et omnis honores
non ex merito, sed quasi debitos a vobis repetit. ceterum ho- 38
mines superbissumi procul errant. maiores eorum omnia,
quae licebat, illis reliquere, divitias, imagines, memoriam sui
praeclaram; virtutem non reliquere neque poterant: ea sola
neque datur dono neque accipitur.

Sordidum me et incultis moribus aiunt, quia parum scite 39
convivium exorno neque histrionem ullum neque pluris
preti coquom quam vilicum habeo. quae mihi lubet confiteri, Quirites. nam ex parente meo et ex aliis sanctis viris ita 40
accepi: munditias mulieribus, viris laborem convenire, om-
nibusque bonis oportere plus gloriae quam divitiarum esse;
arma, non supellectilem decori esse. quin ergo, quod iuvat, 41
quod carum aestumant, id semper faciant: ament, potent;
ubi adulescentiam habuere, ibi senectutem agant, in conviviis, dediti ventri et turpissumae parti corporis; sudorem, pul-
verem et alia talia relinquant nobis, quibus illa epulis iucun-
diora sunt. verum non ita est. nam ubi se flagitiis dedecora- 42
vere turpissumi viri, bonorum praemia ereptum eunt. ita 43
iniustissume luxuria et ignavia, pessumae artes, illis, qui

Denn selbst ein üppiges Leben führen, das Heer jedoch mit schweren Strafen drillen, das heißt Tyrann, nicht Feldherr sein. Durch dies und ähnliches Verhalten haben eure Ahnen sich und ihren Staat berühmt gemacht. Darauf stützt sich nun der Adel, der ihnen doch in seiner Art so gar nicht ähnlich ist; uns, die wir ihnen nacheifern, verachtet er, und alle Ehrenämter beansprucht er von euch — freilich nicht als Ergebnis von Verdiensten, sondern geradezu wie eine Schuld gefordert. Aber da irren sich diese Kerle in ihrer übergroßen Einbildung gewaltig. Ihre Vorfahren haben ihnen alles hinterlassen, was nur möglich war: Reichtum und Ahnenbilder und ihr ruhmvolles Andenken; Tüchtigkeit haben sie ihnen nicht vererbt und konnten es auch nicht, denn sie allein kann man nicht schenken oder sich schenken lassen.

Geizig nennen sie mich und ungehobelt, weil ich nicht recht verstehe mein Gastmahl geschmackvoll herzurichten, weil ich mir keinen Possenreißer halte und keinen Koch, der teurer ist als ein Verwalter. Das will ich gerne zugestehen, meine Mitbürger. Denn von meinem Vater und anderen ehrwürdigen Männern habe ich es so gehört: Putz zieme Weibern, Arbeit Männern, und anständige Leute müßten mehr Ruhm als Reichtum haben; Waffen seien ihr Schmuck, nicht glänzender Hausrat. Nun gut, mögen sie immer tun, was ihnen Freude macht und was sie schätzen, mögen sie lieben und zechen und dort auch ihr Alter verbringen, wo sie ihre Jugend verlebten: bei Gelagen, dem Bauche frönend und niedrigster Sinnenlust; Schweiß und Staub und anderes der Art mögen sie uns überlassen, denen das lieber ist als Tafelfreuden. Aber das wollen sie nicht; denn wenn diese schändlichen Kerle sich mit Lastern beschmutzt haben, dann gehen sie darauf aus, braven Männern ihren Lohn zu nehmen. So geschieht das größte Unrecht: Üppigkeit und Faulheit, diese schlimmsten Übel, schaden denen nichts, die

coluere eas, nihil officiunt, rei publicae innoxiae cladi sunt.

Nunc quoniam illis, quantum mei mores, non illorum 44 flagitia poscebant, respondi, pauca de re publica loquar. pri- 45 mum omnium de Numidia bonum habete animum, Quirites. nam, quae ad hoc tempus Iugurtham tutata sunt, omnia removistis: avaritiam, inperitiam atque superbiam. deinde exercitus ibi est locorum sciens, sed mehercule magis strenuos quam felix; nam magna pars eius avaritia aut temeri- 46 tate ducum adtrita est. quam ob rem vos, quibus militaris 47 aetas est, adnitimini mecum et capessite rem publicam, neque quemquam ex calamitate aliorum aut imperatorum superbia metus ceperit. egomet in agmine aut in proelio consultor idem et socius periculi vobiscum adero meque vosque in omnibus rebus iuxta geram. et profecto dis iuvantibus om- 48 nia matura sunt: victoria, praeda, laus. quae si dubia aut procul essent, tamen omnis bonos rei publicae subvenire decebat. etenim nemo ignavia inmortalis factus est, neque quis- 49 quam parens liberis, uti aeterni forent, optavit, magis uti boni honestique vitam exigerent. plura dicerem, Quirites, 50 si timidis virtutem verba adderent. nam strenuis abunde dictum puto.'

LXXXVI. Huiusce modi oratione habita Marius, post- 1 quam plebis animos adrectos videt, propere conmeatu, stipendio, armis aliisque utilibus navis onerat, cum his A. Manlium legatum proficisci iubet. ipse interea milites scribere, 2

ihnen frönen, dem schuldlosen Staate aber bringen sie Verderben.

So habe ich ihnen eine Antwort gegeben, wie sie die Schilderung meiner Lebensweise, doch gewiß nicht das Maß ihrer Schandtaten erforderte; nun will ich noch einiges über die Lage des Staates sagen. Vor allem eins: wegen Numidiens habt guten Mut, meine Mitbürger! Denn was den Jugurtha bisher geschützt hat, das habt ihr alles beseitigt: Habsucht, Unerfahrenheit und jetzt auch Hochmut. Dann steht ein Heer dort, das die Gegend kennt, aber weiß Gott mehr Tapferkeit als Glück besaß; denn ein großer Teil wurde durch die Habsucht oder Unbesonnenheit der Führer aufgerieben. Drum bietet mit mir alle Kräfte auf, die ihr noch Waffen tragen könnt, und nehmt euch eures Staates eifrig an; keiner lasse sich durch das Mißgeschick der anderen oder durch der Feldherrn Hochmut schrecken. Ich selber werde bei Marsch und Kampf als Berater zugleich und als Freund in der Gefahr stets bei euch sein, und mich und euch will ich in allen Lagen gleich behandeln. Denn wahrlich, mit der Götter Hilfe sind uns alle Früchte reif: Sieg, Beute, Ruhm. Und wäre dies auch ungewiß oder in weiter Ferne, so forderte es doch die Ehre jedes braven Mannes, seinem Staate beizustehen. Denn durch Feigheit ist noch niemand unsterblich geworden, und nie hat ein Vater seinen Kindern ewiges Leben gewünscht, wohl aber eine gute und ehrenvolle Lebensführung. Mehr würde ich euch sagen, meine Mitbürger, wenn bloße Worte den Furchtsamen Mut machen könnten; denn für Tapfere ist, glaube ich, übergenug gesagt."

Marius sah, wie durch Worte solcher Art der Mut des Volkes wuchs; so ließ er denn die Schiffe schleunigst mit Proviant, Sold, Waffen und anderem Kriegsbedarf beladen und mit ihnen den Legaten Aulus Manlius in See stechen.

non more maiorum neque ex classibus, sed, uti quoiusque
lubido erat, capite censos plerosque. id factum alii inopia bo- 3
norum, alii per ambitionem consulis memorabant, quod ab
eo genere celebratus auctusque erat et homini potentiam
quaerenti egentissumus quisque opportunissumus, quoi neque
sua cara, quippe quae nulla sunt, et omnia cum pretio honesta videntur.

Igitur Marius cum aliquanto maiore numero, quam de- 4
cretum erat, in Africam profectus paucis diebus Uticam ad-
vehitur. exercitus ei traditur a P. Rutilio legato. nam Metel- 5
lus conspectum Mari fugerat, ne videret ea, quae audita
animus tolerare nequiverat.

LXXXVII. Sed consul expletis legionibus cohortibusque 1
auxiliariis in agrum fertilem et praeda onustum proficiscitur,
omnia ibi capta militibus donat; dein castella et oppida natura et viris parum munita adgreditur, proelia multa, ceterum levia, alia aliis locis facere. interim novi milites sine metu 2
pugnae adesse, videre fugientis capi aut occidi, fortissumum
quemque tutissumum, armis libertatem, patriam parentisque
et alia omnia tegi, gloriam atque divitias quaeri. sic brevi 3
spatio novi veteresque coaluere, et virtus omnium aequalis
facta.

At reges, ubi de adventu Mari cognoverunt, divorsi in lo- 4
cos difficilis abeunt. ita Iugurthae placuerat, speranti mox

Er selbst hob inzwischen neue Truppen aus, aber nicht nach altem Herkommen und nicht nach Vermögensklassen, sondern jeden, der Lust hatte, meist aus dem vermögenslosen Volke. Dies geschah – so meinten manche – weil es wenig reiche Bürger gab; andre glaubten, der Konsul wolle sich beliebt machen, denn von solchen Leuten war ihm zu Ansehn und Ehren verholfen, und einem auf Macht erpichten Manne sind die Ärmsten grade am willkommensten, die ihr Besitz nicht kümmert, weil sie keinen haben, und denen alles, was Gewinn bringt, ehrenhaft erscheint.

So fuhr Marius mit viel mehr Truppen, als man ihm bewilligt hatte, nach Afrika und landete nach wenigen Tagen bei Utika. Das Heer wurde ihm vom Legaten Publius Rutilius übergeben; denn Metellus mied des Marius Anblick, um nicht das sehen zu müssen, was er nicht einmal hatte ruhig hören können.

Der Konsul machte nun seine Legionen und Hilfskohorten wieder vollzählig und rückte in fruchtbares und beutereiches Land; alles, was man dort erfaßte, überließ er den Soldaten. Dann griff er Burgen und Städte an, die durch Lage und Besatzung nicht recht gesichert waren; hier und dort lieferte er mancherlei meist leichte Kämpfe. Indessen fochten die neuen Soldaten ohne Furcht; sie sahen ja: feige Ausreißer wurden gefangen oder niedergemacht, der Tapferste gerade war am sichersten, nur mit den Waffen schützte man Freiheit, Heimat, Eltern und alle andern Güter, konnte man Ruhm und Geld gewinnen. So wuchsen die neuen und die alten Krieger bald zusammen, und keiner blieb an Tapferkeit zurück.

Auf die Nachricht von Marius' Kommen trennten sich die Könige und zogen sich in schwer zugängliche Gegenden zurück. So hatte es Jugurtha vorgeschlagen in der Hoffnung, der Feind würde sich bald zerstreuen und sich dann leicht

effusos hostis invadi posse, Romanos, sicuti plerosque remoto
metu laxius licentiusque futuros.

LXXXVIII. Metellus interea Romam profectus contra 1
spem suam laetissumis animis accipitur, plebi patribusque,
postquam invidia decesserat, iuxta carus.

Sed Marius inpigre prudenterque suorum et hostium 2
res pariter adtendere: cognoscere, quid boni utrisque aut contra esset, explorare itinera regum, consilia et insidias eorum
antevenire, nihil apud se remissum neque apud illos tutum
pati. itaque et Gaetulos et Iugurtham ex sociis nostris prae- 3
das agentis saepe adgressus in itinere fuderat ipsumque regem haud procul ab oppido Cirta armis exuerat. quae post- 4
quam gloriosa modo neque belli patrandi cognovit, statuit
urbis, quae viris aut loco pro hostibus et advorsum se oppor-
tunissumae erant, singulas circumvenire: ita Iugurtham aut
praesidiis nudatum iri, si ea pateretur, aut proelio certa-
turum. nam Bocchus nuntios ad eum saepe miserat: velle 5
populi Romani amicitiam; ne quid ab se hostile timeret. id 6
simulaveritne, quo inprovisus gravior adcideret, an mo-
bilitate ingeni pacem atque bellum mutare solitus, parum
exploratum est.

LXXXIX. Sed consul, uti statuerat, oppida castellaque 1
munita adire, partim vi, alia metu aut praemia ostentando
avortere ab hostibus. ac primo mediocria gerebat, existu- 2

überfallen lassen, die Römer würden gleich den meisten anderen lässiger und ungebundener sein, wenn sie erst nichts zu fürchten hätten.

Metellus war inzwischen nach Rom gegangen; wider sein Erwarten wurde er dort mit größter Freude aufgenommen und war bei Volk und Senatoren gleich beliebt, nachdem sich aller Haß beruhigt hatte.

Marius aber beobachtete mit Eifer und Umsicht seine und der Feinde Lage gleichermaßen; er stellte fest, was beiden nützlich und zuwider war, die Bewegungen der Könige ließ er erkunden, suchte ihren Plänen und Anschlägen zuvorzukommen und duldete bei seinen Leuten keine Lässigkeit, bei jenen kein Gefühl der Sicherheit. So hatte er die Gätuler und Jugurtha oft unterwegs angegriffen und in die Flucht geschlagen, als sie bei unseren Bundesgenossen Beute machten; den König selbst hatte er nicht weit von der Stadt Cirta gezwungen, die Waffen wegzuwerfen. Doch bald erkannte er: das brachte wohl Ruhm, vermochte aber das Ende des Krieges nicht herbeizuführen; deshalb beschloß er, die Städte eine nach der andern einzuschließen, die durch Besatzung oder Lage für den Feind sehr günstig, für ihn selbst aber höchst nachteilig waren – lasse dies Jugurtha zu, so werde er seiner Stützpunkte beraubt oder er müsse sich zum Kampf entschließen. Denn Bocchus hatte oft Boten zu ihm geschickt: er wünsche des römischen Volkes Freundschaft, von ihm habe Marius nichts Böses zu befürchten. Ob er dies nur zum Scheine sagte, um ihn bei einem unerwarteten Angriff um so heftiger zu schlagen, oder ob er's tat, weil er in seinem Wankelmut stets zwischen Krieg und Frieden schwankte, das ist mit Sicherheit nicht klarzustellen.

Der Konsul griff nun, wie beschlossen, die festen Städte und Burgen an und nahm sie dem Feinde teils im Sturm, andre durch Drohungen oder Versprechungen. Zuerst führte

mans Iugurtham ob suos tutandos in manus venturum. sed   3
ubi illum procul abesse et aliis negotiis intentum accepit,
maiora et magis aspera adgredi tempus visum est.

Erat inter ingentis solitudines oppidum magnum atque   4
valens nomine Capsa, quoius conditor Hercules Libys me-
morabatur. eius cives apud Iugurtham inmunes, levi imperio et ob ea fidelissumi habebantur, muniti advorsum hostis non moenibus modo et armis atque viris, verum etiam multo
magis locorum asperitate. nam praeter oppido propinqua   5
alia omnia vasta, inculta, egentia aquae, infesta serpentibus,
quarum vis, sicuti omnium ferarum, inopia cibi acrior. ad
hoc natura serpentium ipsa perniciosa siti magis quam alia re
adcenditur. eius potiundi Marium maxuma cupido invase-   6
rat, quom propter usum belli tum, quia res aspera videbatur
et Metellus oppidum Thalam magna gloria ceperat, haud
dissimiliter situm munitumque, nisi quod apud Thalam non
longe a moenibus aliquot fontes erant, Capsenses una modo
atque ea intra oppidum iugi aqua, cetera pluvia utebantur.
id ibique et in omni Africa, quae procul a mari incultius age-   7
bat, eo facilius tolerabatur, quia Numidae plerumque lacte
et ferina carne vescebantur et neque salem neque alia inrita-
menta gulae quaerebant: cibus illis advorsus famem atque   8
sitim, non lubidini neque luxuriae erat.

XC. Igitur consul omnibus exploratis, credo dis fretus —   1

er nur schwache Schläge, denn er meinte, Jugurtha werde zur Verteidigung seiner Leute sich in einen Kampf einlassen. Aber wie er merkte, jener sei weit weg und mit anderen Aufgaben beschäftigt, schien es ihm die rechte Zeit, an größere und schwierigere Pläne heranzugehen.

Da lag zwischen weiten Wüstenstrecken eine große und mächtige Stadt, Kapsa geheißen; als ihr Gründer wurde der libysche Herkules genannt. Die Einwohner waren bei Jugurtha steuerfrei, sie wurden mild behandelt und galten deshalb als besonders zuverlässig; gegen Feinde waren sie nicht nur durch Mauern und Waffen und Männer geschützt, sondern noch viel mehr durch ihre unwegsame Gegend. Denn außer der nächsten Umgebung der Stadt war ringsum alles öde, unbebaut und wasserarm und gefährlich durch die Schlangen, die wie alle wilden Tiere bei der Futternot noch bissiger waren; dazu wird die Wut der Schlangen, die an sich schon höchst verderblich, durch den Durst besonders schlimm gereizt. Marius wünschte dringend diese Stadt zu nehmen, schon wegen ihres Nutzens für den Krieg, zumal ihm auch das Unternehmen schwierig schien und Metellus durch die Einnahme der Stadt Thala großen Ruhm gewonnen hatte – die war ganz ähnlich gelegen und befestigt, nur gab es bei Thala nicht weit von den Mauern einige Quellen, während die Einwohner von Kapsa nur einen Brunnen mit Quellwasser innerhalb der Stadt hatten, im übrigen aber Regenwasser benutzten. Das konnte man um so leichter hier ertragen und in dem ganzen Strich von Afrika, wo man weit vom Meere noch eine anspruchslose Lebensweise führte, als die Numider meist von Milch und Wildbret lebten und kein Salz und keine anderen Reizmittel für den Gaumen begehrten; die Nahrung diente ihnen nur zur Stillung von Hunger und Durst, nicht zu Genuß und Schwelgerei.

Nach sorgfältiger Erkundung setzte der Konsul seine Zu-

nam contra tantas difficultates consilio satis providere non
poterat, quippe etiam frumenti inopia temptabatur, quia
Numidae pabulo pecoris magis quam arvo student et, quodcumque natum fuerat, iussu regis in loca munita contulerant,
ager autem aridus et frugum vacuos ea tempestate, nam aesta-
tis extremum erat — tamen pro rei copia satis providenter
exornat. pecus omne, quod superioribus diebus praedae   2
fuerat, equitibus auxiliariis agundum adtribuit, A. Manlium legatum cum cohortibus expeditis ad oppidum Laris,
ubi stipendium et conmeatum locaverat, ire iubet dicitque
se praedabundum post paucos dies eodem venturum. sic in-   3
cepto suo occultato pergit ad flumen Tanain.

XCI. Ceterum in itinere cottidie pecus exercitui per cen-   1
turias, item turmas aequaliter distribuerat et, ex coriis utres
uti fierent, curabat; simul inopiam frumenti lenire et ignaris
omnibus parare, quae mox usui forent. denique sexto die,
quom ad flumen ventum est, maxuma vis utrium effecta. ibi   2
castris levi munimento positis milites cibum capere atque,
uti simul cum occasu solis egrederentur, paratos esse iubet,
omnibus sarcinis abiectis aqua modo seque et iumenta onerare. dein, postquam tempus visum, castris egreditur noc-   3
temque totam itinere facto consedit; idem proxuma facit;
dein tertia multo ante lucis adventum pervenit in locum tu-
mulosum ab Capsa non amplius duum milium intervallo
ibique, quam occultissume potest, cum omnibus copiis op-

versicht wohl auf die Götter – denn so große Schwierigkeiten konnte er mit eigner Klugheit nicht genügend meistern; durch Getreidemangel wurde er ja arg geplagt, weil die Numider mehr für Viehweiden sorgten als für Ackerland und alles, was gewachsen war, auf des Königs Befehl in feste Plätze gebracht hatten, die Felder aber damals, am Ende des Sommers, ausgedörrt und abgeerntet waren; trotzdem traf er mit aller Vorsicht seine Vorbereitungen, so gut es eben ging. Alles Vieh, das man in den letzten Tagen erbeutet hatte, ließ er durch die Reiterei der Hilfstruppen forttreiben und schickte den Legaten Aulus Manlius mit leichtbewaffneten Kohorten nach der Stadt Lares, wohin er Geld zur Löhnung und Proviant beordert hatte; er selbst wollte, wie er angab, noch Beute machen und nach ein paar Tagen auch dorthin kommen. So verbarg er seinen Plan und rückte zum Tanais vor.

Unterwegs aber ließ er täglich an sein Heer nach Kompanien und Schwadronen gleichmäßig Vieh verteilen und aus den Häuten Schläuche machen; dadurch milderte er den Getreidemangel und beschaffte, ohne daß es einer merkte, mancherlei, das sie bald brauchen konnten. Als man am sechsten Tag schließlich den Fluß erreichte, war ein großer Vorrat Schläuche hergestellt. Hier schlug er ein leicht befestigtes Lager auf und befahl den Soldaten, zu essen und sich dann beim Sonnenuntergang zum Marsch bereit zu halten; alles Gepäck sollten sie von sich werfen, sich und die Lasttiere nur mit Wasser beladen. Als ihm die rechte Zeit gekommen schien, brach er vom Lager auf und zog die ganze Nacht hindurch, um endlich halt zu machen; dasselbe tat er auch die nächste Nacht; in der dritten kam er dann lange vor Tagesanbruch in ein hügeliges Gelände, von Kapsa nicht mehr als 3 Kilometer entfernt; dort blieb er so versteckt wie möglich mit allen Truppen wartend liegen. Der

peritur. sed ubi dies coepit et Numidae nihil hostile metuen- 4
tes multi oppido egressi, repente omnem equitatum et cum
iis velocissumos pedites cursu tendere ad Capsam et portas
obsidere iubet. deinde ipse intentus propere sequi neque
milites praedari sinere. quae postquam oppidani cognovere, 5
res trepidae, metus ingens, malum inprovisum, ad hoc pars
civium extra moenia in hostium potestate coegere, uti deditionem facerent. ceterum oppidum incensum, Numidae pu- 6
beres interfecti, alii omnes venundati, praeda militibus divisa. id facinus contra ius belli non avaritia neque scelere 7
consulis admissum, sed quia locus Iugurthae opportunus,
nobis aditu difficilis, genus hominum mobile, infidum, ante
neque beneficio neque metu coercitum.

XCII. Postquam tantam rem peregit Marius sine ullo 1
suorum incommodo, magnus et clarus antea, maior atque
clarior haberi coepit. omnia non bene consulta in virtutem 2
trahebantur; milites, modesto imperio habiti simul et locu-
pletes, ad caelum ferre, Numidae magis quam mortalem
timere; postremo omnes, socii atque hostes, credere illi aut
mentem divinam esse aut deorum nutu cuncta portendi.

Sed consul, ubi ea res bene evenit, ad alia oppida pergit, 3
pauca repugnantibus Numidis capit, plura deserta propter
Capsensium miserias igni conrumpit: luctu atque caede om-

Tag brach an; die Numider, die nichts vom Feinde ahnten, kamen in großen Mengen aus der Stadt – da ließ er plötzlich seine ganze Reiterei mit den behendesten vom Fußvolk auf Kapsa losstürmen und gleich die Tore besetzen; er selbst folgte kampfbereit schnell nach, ohne seinen Leuten Plünderung zu erlauben. Als die Städter dies merkten, war die Verwirrung groß; die ungeheure Angst, die Plötzlichkeit des Überfalls, dazu das Unglück, daß ein Teil der Bürger außerhalb der Mauern in des Feindes Hand, dies alles drängte sie zur Übergabe. Trotzdem wurde die Stadt in Brand gesteckt, die erwachsenen Numider erschlagen, alle übrigen verkauft, die Beute den Soldaten zugewiesen. Dies Verfahren, das dem Kriegsrecht widersprach, war vom Konsul nicht aus Habsucht oder Bosheit eingeschlagen, sondern weil der Platz so günstig für Jugurtha, für uns dagegen schwer zugänglich war, und weil der Menschenschlag bei seinem Wankelmut und seiner Treulosigkeit sich bisher weder in Güte noch in Härte lenken ließ.

Als Marius diese schwere Aufgabe ohne jeden Verlust der Seinen durchgeführt, wurde er, groß und berühmt schon vorher, nun noch größer und berühmter. Alle seine Pläne, auch die nicht gut überdachten, wurden als Verdienst gepriesen; die Soldaten, im Kommando mild behandelt und zugleich bereichert, hoben ihn in den Himmel, die Numider fürchteten ihn mehr als einen sterblichen Menschen; schließlich meinten alle, Freund und Feind, ein göttlicher Geist sei in ihm oder durch der Götter Wink werde ihm alles offenbart.

Der Konsul aber zog nach glücklichem Gelingen dieses Kampfes gegen andre Städte vor; einige nahm er trotz des Widerstands der Numider, die meisten, die wegen des kläglichen Schicksals von Kapsa verlassen waren, wurden eingeäschert; überall war Jammer, überall Blutvergießen. Als

nia conplentur. denique multis locis potitus ac plerisque exercitu incruento aliam rem adgreditur, non eadem asperitate, qua Capsensium, ceterum haud secus difficilem.

Namque haud longe a flumine Muluccha, quod Iugurthae Bocchique regnum diiungebat, erat inter ceteram planitiem mons saxeus, mediocri castello satis patens, in inmensum editus, uno perangusto aditu relicto; nam omnis natura, velut opere atque consulto, praeceps. quem locum Marius, quod ibi regis thesauri erant, summa vi capere intendit. sed ea res forte quam consilio melius gesta. nam castello virorum atque armorum satis et magna vis frumenti et fons aquae; aggeribus turribusque et aliis machinationibus locus inportunus; iter castellanorum angustum admodum, utrimque praecisum. ea vineae cum ingenti periculo frustra agebantur. nam quom eae paulo processerant, igni aut lapidibus conrumpebantur. milites neque pro opere consistere propter iniquitatem loci neque inter vineas sine periculo administrare: optumus quisque cadere aut sauciari, ceteris metus augeri.

XCIII. At Marius multis diebus et laboribus consumptis anxius trahere cum animo suo, omitteretne inceptum, quoniam frustra erat, an fortunam opperiretur, qua saepe prospere usus fuerat. quae quom multos dies noctisque aestuans agitaret, forte quidam Ligus, ex cohortibus auxiliariis miles

er viele Orte genommen hatte und meist ohne blutige Verluste für sein Heer, ging er schließlich an ein neues Unternehmen, das wohl weniger Hindernisse bot wie das von Kapsa, doch nicht minder schwierig war.

Nicht weit nämlich vom Muluccha, einem Flusse, der Jugurthas Reich von dem des Bocchus trennte, lag mitten in einem sonst ebenen Gelände ein felsenreicher Berg, geräumig genug für eine mäßig große Burg, gewaltig hoch, und nur ein einziger sehr schmaler Zugang war gelassen; denn der ganze Berg war von Natur aus steil, als wäre er von Menschenhand und planvoll so geschaffen. Mit allen Kräften suchte Marius diesen Platz zu nehmen, weil dort des Königs reiche Schätze waren; doch zum Erfolge half ihm mehr der Zufall als ein wohldurchdachter Plan. Denn die Festung hatte Mannschaft und Waffen zur Genüge, auch große Mengen Proviant und eine Wasserquelle; für Dämme, Türme und andere Belagerungswerke war die Stelle unerreichbar; der Weg zur Festung war sehr schmal und abschüssig nach beiden Seiten. Sturmdächer brachte man mit größter Gefahr heran, jedoch vergebens – kaum waren sie ein wenig vorgerückt, da wurden sie durch Feuer oder Steinwürfe zerstört. Die Soldaten konnten vor den Belagerungswerken wegen des schwierigen Geländes nicht Fuß fassen noch unter den Sturmdächern ungefährdet kämpfen; die besten gerade fielen oder wurden schwer verletzt, bei den übrigen wuchs die Besorgnis.

Marius hatte viel Zeit und Mühe geopfert und ging nun sorgenvoll mit sich zu Rate, ob er seinen Plan aufgeben solle, weil er doch nicht durchzuführen, oder ob er noch sein gutes Glück versuche, dessen Gunst er ja schon oft erfahren hatte. Während er dies viele Tage und Nächte voller Unruhe durchdachte, ging gerade einmal ein Ligurer, ein gemeiner Soldat aus den Hilfstruppen, vom Lager weg, um

gregarius, castris aquatum egressus haud procul ab latere castelli, quod avorsum proeliantibus erat, animum advortit inter saxa repentis cocleas, quarum quom unam atque alteram,
dein plures peteret, studio legundi paulatim prope ad summum montis egressus est. ubi postquam solitudinem intel- 3
lexit, more ingeni humani cupido difficilia faciundi animum
alio vortit. et forte in eo loco grandis ilex coaluerat inter saxa, 4
paulum modo prona, deinde inflexa atque aucta in altitudi-
nem, quo cuncta gignentium natura fert. quoius ramis modo,
modo eminentibus saxis nisus Ligus in castelli planitiem pervenit, quod cuncti Numidae intenti proeliantibus aderant.
exploratis omnibus, quae mox usui fore ducebat, eadem re- 5
greditur, non temere, uti ascenderat, sed temptans omnia et
circumspiciens. itaque Marium propere adit, acta edocet, 6
hortatur, ab ea parte, qua ipse ascenderat, castellum temptet,
pollicetur sese itineris periculique ducem. Marius cum Li- 7
gure promissa eius cognitum ex praesentibus misit. quorum
uti quoiusque ingenium erat, ita rem difficilem aut facilem
nuntiavere. consulis animus tamen paulum adrectus. itaque 8
ex copia tubicinum et cornicinum numero quinque quam
velocissumos delegit et cum iis, praesidio qui forent, quattuor centuriones omnisque Liguri parere iubet et ei negotio
proxumum diem constituit.

XCIV. Sed ubi ex praecepto tempus visum, paratis conpo- 1
sitisque omnibus ad locum pergit. ceterum illi, qui escensuri

Wasser zu holen. Nicht weit von dem Teil der Festung, der
im Rücken der Kämpfer lag, sah er Schnecken zwischen dem
Felsgestein herumkriechen; er las eine und dann noch eine
auf, dann mehrere, und so kletterte er im Eifer des Sam-
melns nach und nach fast bis zum Gipfel des Berges. Als er
hier keinen Menschen weit und breit bemerkte, trieb ihn —
wie es dem Menschen eigen ist — die Lust, ein schwieriges
Abenteuer zu bestehen, anderswohin. Zufällig war dort eine
gewaltige Steineiche zwischen den Felsen festgewachsen;
sie war anfangs etwas zur Seite geneigt, bog sich dann und
schoß zur Höhe, wohin Natur alle Gewächse weist. An
ihre Äste, auch an Felsvorsprünge angeklammert kam der
Ligurer glücklich auf der Festung Fläche; denn alle Numider waren voller Spannung nur beim Kampfe. Er über-
schaute alles, was ihm wohl bald Nutzen bringen könnte,
und kehrte auf dem gleichen Weg zurück, freilich nicht
achtlos wie beim Aufstieg, sondern alles prüfend und ringsum betrachtend. Und nun ging er schleunigst zu Marius,
erzählte ihm sein Erlebnis, drang in ihn, auf der Seite, wo
er selbst hinaufgestiegen, einen Angriff auf die Burg zu
wagen; als Führer auf dem gefahrvollen Wege bot er sich
selber an. Um zu sehen, was an dem Versprechen sei,
schickte Marius mit dem Ligurer einige von seinen Leuten
ab; diese schilderten — der eigenen Natur entsprechend —
die Sache bald als schwierig, bald als harmlos; indes der
Konsul faßte wieder etwas Mut. So wählte er nun aus der
Masse der Trompeter und Hornisten die fünf gewandtesten
und mit ihnen vier Centurionen zu ihrem Schutz; sie alle
sollten nun dem Ligurer folgen, und gleich den nächsten
Tag bestimmte er zur Ausführung der Tat.

Wie nach des Feldherrn Angabe die Zeit gekommen
schien und alles vorbereitet und geordnet war, machte man
sich auf den Weg. Die hinaufsteigen wollten, trugen nach

erant, praedocti ab duce arma ornatumque mutaverant: capite
atque pedibus nudis, uti prospectus nisusque per saxa facilius
foret; super terga gladii et scuta, verum ea Numidica ex
coriis, ponderis gratia simul et offensa quo levius streperent.
igitur praegrediens Ligus saxa et, si quae vetustae radices   2
eminebant, laqueis vinciebat, quibus adlevati milites facilius
escenderent, interdum timidos insolentia itineris levare manu; ubi paulo asperior ascensus erat, singulos prae se inermos
mittere, deinde ipse cum illorum armis sequi; quae dubia
nisui videbantur, potissumus temptare ac saepius eadem
ascendens descendensque, dein statim digrediens ceteris
audaciam addere.

Igitur diu multumque fatigati tandem in castellum per-   3
veniunt, desertum ab ea parte, quod omnes, sicut aliis diebus,
advorsum hostis aderant. Marius ubi ex nuntiis, quae Ligus
egerat, cognovit, quamquam toto die intentos proelio Numidas habuerat, tum vero cohortatus milites et ipse extra vineas
egressus testudine acta succedere et simul hostem tormentis
sagittariisque et funditoribus eminus terrere. at Numidae,   4
saepe antea vineis Romanorum subvorsis, item incensis, non
castelli moenibus sese tutabantur, sed pro muro dies noctisque agitare, male dicere Romanis ac Mario vecordiam obiectare, militibus nostris Iugurthae servitium minari, secundis re-

Weisung ihres Führers Waffen und Kleider anders als gewöhnlich: Kopf und Füße blieben unbedeckt, um besser umherschauen und leichter durchs Felsgestein emporklettern zu können; auf dem Rücken hatten sie Schwert und Schild, diesen wie die Numider aus Leder; denn der war leichter und machte beim Anstoßen weniger Geräusch. Der Ligurer ging voran; an die Felsen und an alte, hervorstehende Wurzeln band er Stricke, an denen die Soldaten sich hochziehen und den Aufstieg sich erleichtern könnten. Manchmal stützte er sie mit der Hand, wenn der ungewohnte Weg sie ängstlich machte; wo der Anstieg etwas schwierig war, ließ er sie einzeln unbewaffnet vorausklettern und folgte selbst mit ihren Waffen nach. Erschien das Emporklimmen allzu gefährlich, dann machte er als erster den Versuch, er kletterte öfters an der gleichen Stelle hinauf und hinab und trat dann rasch beiseite, um so den anderen Mut zu machen.

Nach langer, schwerer Anstrengung kamen sie denn schließlich in die Burg, die auf dieser Seite verlassen war; wie an den früheren Tagen standen alle ja vorm Feind. Marius hatte zwar schon den ganzen Tag die Numider durch Kampf in Spannung gehalten; als er jetzt von Posten den Erfolg des Ligurers erfuhr, suchte er seine Soldaten erst recht mitzureißen; er trat selbst unter dem Sturmdach hervor, ließ seine Leute im Schutz der hoch gehaltenen Schilde vorrücken und zugleich den Feind durch Wurfmaschinen, Bogenschützen und Schleuderer aus der Ferne schrecken. Die Numider aber, die schon oft zuvor die Sturmdächer der Römer zerschlagen oder in Brand geschossen hatten, hielten sich nicht im Schutz der Festungsmauern, sondern trieben sich Tag und Nacht vor der Mauer umher, beschimpften die Römer und hielten dem Marius sein wahnsinniges Beginnen vor, unsern Soldaten drohten sie mit Knechtschaft bei Jugurtha und pochten selbst auf ihre günstige Lage. In-

bus feroces esse. interim omnibus, Romanis hostibusque,   5
proelio intentis, magna utrimque vi pro gloria atque imperio
his, illis pro salute certantibus, repente a tergo signa canere;
ac primo mulieres et pueri, qui visum processerant, fugere,
deinde, uti quisque muro proxumus erat, postremo cuncti,
armati inermesque. quod ubi adcidit, eo acrius Romani in- 6
stare, fundere ac plerosque tantummodo sauciare, dein super
occisorum corpora vadere, avidi gloriae certantes murum petere, neque quemquam omnium praeda morari. sic forte con- 7
recta Mari temeritas gloriam ex culpa invenit.

XCV. Ceterum, dum ea res geritur, L. Sulla quaestor cum   1
magno equitatu in castra venit, quos uti ex Latio et a sociis
cogeret, Romae relictus erat.

Sed quoniam nos tanti viri res admonuit, idoneum visum   2
est de natura cultuque eius paucis dicere. neque enim alio
loco de Sullae rebus dicturi sumus, et L. Sisenna, optume et
diligentissume omnium, qui eas res dixere, persecutus, parum mihi libero ore locutus videtur.

Igitur Sulla gentis patriciae nobilis fuit, familia prope iam   3
exstincta maiorum ignavia, litteris Graecis atque Latinis
iuxta atque doctissume eruditus, animo ingenti, cupidus vo-
luptatum, sed gloriae cupidior; otio luxurioso esse, tamen
ab negotiis numquam voluptas remorata, nisi quod de uxore
potuit honestius consuli; facundus, callidus et amicitia facilis,

dessen waren alle, Römer wie Feinde, auf den Kampf gespannt, mit großer Kraft focht man auf beiden Seiten, hier für Ruhm und Herrschaft, dort ums Leben – da ertönten plötzlich vom Rücken her Signale. Zuerst liefen die Weiber und Kinder davon, die als Zuschauer herausgekommen waren, dann jeder, der der Mauer nahe stand, und schließlich alle, Bewaffnete und Unbewaffnete. Infolgedessen drängten die Römer um so schärfer nach, sie schlugen die Gegner nieder, sehr viele freilich verwundeten sie nur; dann stürzten sie über die Leichen der Gefallenen und gingen ruhmgierig um die Wette auf die Mauer los, kein einziger hielt sich mit Plündern auf. So wurde durch einen Zufall die Unbedachtsamkeit des Marius wieder gutgemacht; aus einem Fehler konnte er noch Ehre ernten.

Während dieser Vorgänge kam übrigens der Quästor Lucius Sulla mit viel Reiterei im Lager an; um sie in Latium und bei den Verbündeten auszuheben, war er in Rom zurückgeblieben.

Da mich der Zusammenhang an diesen großen Mann erinnert, scheint es mir angebracht, über sein Wesen und sein Auftreten einiges zu sagen. Denn sonst werde ich nirgends über Sullas Leben und Taten zu reden haben, und Lucius Sisenna, der von allen Geschichtsschreibern dieser Zeit am besten und sorgfältigsten darüber schrieb, hat wohl nicht recht unparteiisch sich geäußert.

Sulla stammte aus altem adligen Geschlecht, doch seiner Familie Glanz war durch der Väter Tatenlosigkeit schon fast erloschen. In griechischer und lateinischer Literatur war er gleich gut und gründlich ausgebildet; auch war er hochbegabt, begierig nach Genuß, begieriger nach Ruhm. In seiner Muße liebte er die Üppigkeit, doch von Geschäften hielt ihn kein Vergnügen je zurück; nur hätte er in seinem Eheleben mehr auf Anstand sehen können. Er war beredt

ad simulanda negotia altitudo ingeni incredibilis, multarum
rerum ac maxume pecuniae largitor. atque illi, felicissumo   4
omnium, ante civilem victoriam numquam super industriam
fortuna fuit, multique dubitavere, fortior an felicior esset.
nam postea quae fecerit, incertum habeo, pudeat an pigeat
magis disserere.

XCVI. Igitur Sulla, uti supra dictum est, postquam in   1
Africam atque in castra Mari cum equitatu venit, rudis antea
et ignarus belli, sollertissumus omnium in paucis tempestatibus factus est. ad hoc milites benigne appellare, multis ro-   2
gantibus, aliis per se ipse dare beneficia, invitus accipere, sed
ea properantius quam aes mutuom reddere, ipse ab nullo repetere, magis id laborare, ut illi quam plurumi deberent,
ioca atque seria cum humillumis agere, in operibus, in agmine   3
atque ad vigilias multus adesse neque interim, quod prava
ambitio solet, consulis aut quoiusquam boni famam laedere,
tantummodo neque consilio neque manu priorem alium pati,
plerosque antevenire. quibus rebus et artibus brevi Mario   4
militibusque carissumus factus.

XCVII. At Iugurtha, postquam oppidum Capsam alios-   1
que locos munitos et sibi utilis simul et magnam pecuniam
amiserat, ad Bocchum nuntios misit: quam primum in Numidiam copias adduceret; proeli faciundi tempus adesse.
quem ubi cunctari accepit et dubium belli atque pacis ra-   2

und schlau, dabei mit aller Welt gut Freund; um Absichten
zu heucheln, besaß er eine unergründliche Verschlossenheit;
er lebte höchst verschwenderisch, zumal mit Geld. Und
mochte er auch als der glücklichste von allen gelten, so hat
vor seinem Sieg im Bürgerkrieg das Glück doch niemals
seine Leistung überstiegen, und viele waren ungewiß, ob
seine Tapferkeit oder sein Glück wohl größer war. Was
er dann freilich später tat – ich weiß nicht, ob mir Scham
oder Unwille mehr verbietet, hier davon zu sprechen.

Kaum war also Sulla, wie gesagt, mit seiner Reiterei nach
Afrika und ins Lager zu Marius gekommen, da wurde er
nach kurzem der Geschickteste von allen, und war vorher
im Krieg doch völlig unerfahren. Auch sprach er die Soldaten freundlich an, tat vielen auf ihre Bitten, anderen von sich
aus Gutes, nahm selber ungern etwas an und gab es schneller
als geliehenes Geld zurück; von keinem erwartete er Gegen-
dienste und war vielmehr darauf bedacht, daß sich recht
viele ihm verpflichtet fühlten. Fröhliche und ernste Worte
sprach er auch mit dem Schlichtesten; bei Schanzarbeiten,
auf dem Marsche und beim Wachen kam er immer wieder
zu den Leuten und pflegte dabei nicht – wie's falscher Ehrgeiz gerne tut – den guten Namen eines Konsuls oder irgend eines Ehrenmannes zu verletzen. Nur ließ er keinem
anderen in Rat und Tat den Vorrang, übertraf vielmehr die
meisten. Durch solche Leistung, solches Denken war er bald
bei Marius und den Soldaten höchst beliebt.
Jugurtha hatte inzwischen die Stadt Kapsa und andre
feste, für ihn vorteilhafte Plätze, auch viel Geld verloren;
nun schickte er zu Bocchus Boten mit dem Auftrag, möglichst bald Truppen nach Numidien zu führen, denn die
Zeit zum Kämpfen sei gekommen. Als er hörte, jener zögere
noch und schwanke unentschlossen zwischen Krieg und

tiones trahere, rursus, uti antea, proxumos eius donis conru-
pit ipsique Mauro pollicetur Numidiae partem tertiam, si
aut Romani Africa expulsi aut integris suis finibus bellum
conpositum foret. eo praemio inlectus Bocchus cum magna 3
multitudine Iugurtham adcedit.

Ita amborum exercitu coniuncto Marium, iam in hiberna
proficiscentem, vix decuma parte die reliqua invadunt, rati
noctem, quae iam aderat, et victis sibi munimento fore et, si
vicissent, nullo impedimento, quia locorum scientes erant;
contra Romanis utrumque casum in tenebris difficiliorem fore.
igitur simul consul ex multis de hostium adventu cognovit, 4
et ipsi hostes aderant, et, priusquam exercitus aut instrui aut
sarcinas conligere, denique antequam signum aut imperium
ullum accipere quivit, equites Mauri atque Gaetuli, non
acie neque ullo more proeli, sed catervatim, uti quosque
fors conglobaverat, in nostros incurrunt. qui omnes trepidi 5
inproviso metu ac tamen virtutis memores aut arma ca-
piebant aut capientis alios ab hostibus defensabant; pars
equos escendere, obviam ire hostibus. pugna latrocinio magis quam proelio similis fieri: sine signis, sine ordinibus equites peditesque permixti cedere alii, alii obtruncari, multi
contra advorsos acerrume pugnantes ab tergo circumveniri;
neque virtus neque arma satis tegere, quia hostes numero
plures et undique circumfusi erant. denique Romani, veteres

Frieden, suchte er wieder, wie schon früher, seine Umgebung mit Geschenken zu bestechen und versprach dem Maurenkönig selbst den dritten Teil Numidiens, falls man die Römer aus Afrika vertreiben oder auch den Krieg beenden könne, ohne sein Gebiet zu schmälern. Durch diesen Preis gelockt kam Bocchus nun mit großen Scharen zu Jugurtha.

Marius war schon auf dem Weg ins Winterlager, da griffen ihn die beiden mit vereinten Heeren an, als kaum der zehnte Teil des Tags noch übrig war; sie meinten, die hereinbrechende Nacht werde sie bei einer Niederlage schützen, im Fall des Sieges aber sie nicht hindern, da sie den Ort gut kannten; den Römern aber würde in beiden Fällen die Dunkelheit mehr Schwierigkeiten machen. Kaum meldete man also dem Konsul von vielen Seiten das Nahen der Feinde, da waren diese auch schon da; und bevor man das Heer aufstellen und das Gepäck ablegen, ja bevor man ein Signal oder ein Kommando erhalten konnte, stürmten die Reiter der Mauren und Gätuler gegen unsre Leute, nicht in regelrechten Reihen oder wie es sonst im Kriege üblich, sondern in dichten Haufen, wie sie der Zufall jedesmal zusammenwarf. Alle waren durch den jähen Überfall verwirrt, doch ihres alten Mutes eingedenk suchten sie die Waffen zu ergreifen oder andere, die sich waffneten, vorm Feind zu schützen; ein Teil kam auf die Pferde und ritt auf die Feinde los. Der Kampf glich mehr einem Räuberzug als einer Schlacht: ohne Fahnen, ohne Ordnung kämpften Reiterei und Fußvolk durcheinander, die einen wichen, andre wurden niedergeschlagen, viele wurden beim harten Kampf gegen die Feinde von hinten umzingelt; weder Tapferkeit noch Waffen konnten sie recht schützen; denn der Feind war in der Überzahl und hatte sie von allen Seiten schon umschwärmt. Schließlich bildeten die altgedienten und deshalb

et ob ea scientes belli, si quos locus aut casus coniunxerat, orbis facere atque ita ab omnibus partibus simul tecti et
instructi hostium vim sustentabant.

XCVIII. Neque in eo tam aspero negotio Marius territus   1
aut magis quam antea demisso animo fuit, sed cum turma
sua, quam ex fortissumis magis quam familiarissumis paraverat, vagari passim ac modo laborantibus suis succurrere, modo
hostis, ubi confertissumi obstiterant, invadere; manu consulere militibus, quoniam imperare conturbatis omnibus non
poterat. iamque dies consumptus erat, quom tamen barbari   2
nihil remittere atque, uti reges praeceperant, noctem pro
se rati acrius instare. tum Marius ex copia rerum consilium   3
trahit atque, uti suis receptui locus esset, collis duos propinquos inter se occupat, quorum in uno, castris parum amplo,
fons aquae magnus erat, alter usui opportunus, quia magna
parte editus et praeceps pauca munimenta quaerebat. cete-   4
rum apud aquam Sullam cum equitibus noctem agitare iubet,
ipse paulatim dispersos milites, neque minus hostibus conturbatis, in unum contrahit, dein cunctos pleno gradu in collem
subducit. ita reges loci difficultate coacti proelio deterrentur   5
neque tamen suos longius abire sinunt, sed utroque colle multitudine circumdato effusi consedere. dein crebris ignibus   6
factis plerumque noctis barbari more suo laetari, exsultare,
strepere vocibus; et ipsi duces feroces, quia non fugerant, pro

kriegserprobten Römer ein Karree, soweit Ort oder Zufall sie zusammenführte; von allen Seiten her gedeckt und neu geordnet suchten sie so der Feinde Ansturm auszuhalten.

Auch in dieser schwierigen Lage ließ sich Marius nicht schrecken und seinen Mut nicht mehr als vorher sinken; mit seiner Leibgarde, die er lieber aus den tapfersten Leuten gebildet hatte als aus dem Kreise seiner besten Freunde, ritt er überall umher, brachte den Seinen in der Bedrängnis Hilfe, dann ging er wieder auf die Feinde los, wo sie am dichtesten sich drängten; nur durch persönliches Eingreifen konnte er für seine Leute sorgen, denn Befehle zu erteilen war bei dem allgemeinen Durcheinander doch nicht möglich. Schon war der Tag zu Ende, trotzdem gaben die Barbaren noch nicht nach; sie sahen in der Nacht ja ihren Freund und stürmten nach der Weisung ihrer Könige immer schärfer an. Da faßte Marius rasch einen Entschluß, wie ihn die Lage bot: er besetzte zwei einander nahe Hügel, um den Seinen einen Zufluchtsort zu schaffen; der eine gab zwar für ein Lager nicht genügend Raum, aber er hatte eine starke Wasserquelle, der andre war für ihren Zweck geeignet, weil er meist hoch und steil war und nur wenig Schutzwehr nötig machte. Beim Wasser sollte Sulla mit den Reitern sich die Nacht aufhalten, er selber zog bei der Verwirrung, die ja auch beim Feinde herrschte, seine versprengten Soldaten nach und nach an einem Punkt zusammen und führte sie dann alle im Sturmschritt auf den andern Hügel. So wurden die Könige vom Kampfe durch das schwierige Gelände abgeschreckt; doch ließen sie die Ihren sich nicht weit entfernen, sondern umschlossen beide Hügel mit dichten Reihen und lagerten sich rings zerstreut. Dann brannten die Barbaren viele Feuer an und brachten den größten Teil der Nacht in frohem Übermut und lautem Lärmen hin; auch ihre Führer gebärdeten sich frech als Sieger, weil sie nicht zu fliehen brauchten. Dies

victoribus agere. sed ea cuncta Romanis ex tenebris et edi-   7
tioribus locis facilia visu magnoque hortamento erant.

XCIX. Plurumum vero Marius inperitia hostium confir-   1
matus quam maxumum silentium haberi iubet, ne signa
quidem, uti per vigilias solebant, canere. deinde, ubi lux adventabat, defessis iam hostibus ac paulo ante somno captis,
de inproviso vigiles, item cohortium, turmarum, legionum
tubicines simul omnis signa canere, milites clamorem tollere
atque portis erumpere iubet. Mauri atque Gaetuli, ignoto   2
et horribili sonitu repente exciti, neque fugere neque arma
capere neque omnino facere aut providere quicquam poterant: ita cunctos strepitu, clamore, nullo subveniente, nostris   3
instantibus, tumultu, formidine terror, quasi vecordia, ceperat. denique omnes fusi fugatique, arma et signa militaria
pleraque capta, pluresque eo proelio quam omnibus superioribus interempti. nam somno et metu insolito inpedita fuga.

C. Dein Marius, uti coeperat, in hiberna pergit: propter   1
conmeatum in oppidis maritumis agere decreverat; neque tamen victoria socors aut insolens factus, sed pariter atque in
conspectu hostium quadrato agmine incedere. Sulla cum   2
equitatu apud dextumos, in sinistra parte A. Manlius cum
funditoribus et sagittariis, praeterea cohortis Ligurum curabat. primos et extremos cum expeditis manipulis tribunos
locaverat. perfugae, minume cari et regionum scientissumi,   3

alles konnten die Römer in der Dunkelheit aus ihrer Hügel-
stellung gut erkennen, und es machte ihnen neuen Mut.

Besonders aber fand sich Marius durch der Feinde Un-
geschicklichkeit ermutigt; alle mußten tiefstes Stillschweigen
bewahren, durften auch nicht die Signale blasen, die bei der
Ablösung sonst üblich waren. Dann brach der Tag an; die
Feinde waren schwer ermüdet und kurz zuvor vom Schlafe
überwältigt – da ließ er unversehens die Wachen, ebenso die
Trompeter der Kohorten und Schwadronen und Legionen
alle auf einmal Signale blasen und die Soldaten unter lauten
Hurrarufen aus den Lagertoren einen Ausfall machen. Die
Mauren und Gätuler, durch den unbekannten schauerlichen
Lärm ganz plötzlich aufgeschreckt, konnten nicht fliehen,
nicht zu ihren Waffen greifen, ja überhaupt nichts vor-
nehmen oder an die Rettung denken; überall gab's Schreien
und Getöse, keiner kam zu Hilfe, die Unsern stürmten heran,
so packte in der aufgeregten Angst alle ein Schrecken, der an
Wahnsinn grenzte. Schließlich wurden alle elend in die
Flucht geschlagen, Waffen und Feldzeichen meist erbeutet,
und in diesem Kampfe gab es mehr Gefallene als je zuvor;
Schlaftrunkenheit und ungewohnter Schrecken hatten ihre
Flucht gehemmt.

Dann setzte Marius den schon begonnenen Marsch ins
Winterlager fort; wegen der besseren Zufuhr hatte er beschlossen, in Seestädten zu bleiben. Doch machte ihn sein
Sieg nicht sorglos oder übermütig; vielmehr ließ er in ge-
schlossener Formation weiterziehen, wie wenn der Feind
vor ihren Augen wäre. Sulla stand mit der Reiterei ganz
rechts, Aulus Manlius mit den Schleuderern und Bogenschützen auf der linken Seite, dazu befehligte er die liguri-
schen Kohorten. Spitze und Nachtrab bildeten Tribunen
mit schlagfertigen Manipeln. Überläufer, am wenigsten geachtet, aber mit dem Gelände gut vertraut, mußten den

hostium iter explorabant. simul consul quasi nullo inposito
omnia providere, apud omnis adesse, laudare et increpare me-
rentis. ipse armatus intentusque, item milites cogebat. neque ◄
secus atque iter facere, castra munire, excubitum in porta cohortis ex legionibus, pro castris equites auxiliarios mittere,
praeterea alios super vallum in munimentis locare, vigilias
ipse circumire, non tam diffidentia futurum, quae impera-
visset, quam uti militibus exaequatus cum imperatore labor
volentibus esset. et sane Marius illoque aliisque temporibus 5
Iugurthini belli pudore magis quam malo exercitum
coercebat. quod multi per ambitionem fieri aiebant, a
pueritia consuetam duritiam et alia, quae ceteri miserias
vocant, voluptati habuisse; nisi tamen res publica pariter
atque saevissumo imperio bene atque decore gesta.

CI. Igitur quarto denique die haud longe ab oppido Cirta 1
undique simul speculatores citi sese ostendunt, qua re hostis
adesse intellegitur. sed quia divorsi redeuntes alius ab alia 2
parte atque omnes idem significabant, consul incertus, quonam modo aciem instrueret, nullo ordine conmutato advorsum omnia paratus ibidem opperitur. ita Iugurtham spes fru- 3
strata, qui copias in quattuor partis distribuerat, ratus ex omnibus aeque aliquos ab tergo hostibus venturos. interim Sulla, 4
quem primum hostes adtigerant, cohortatus suos turmatim et

Marsch der Feinde aufklären. Dabei suchte der Konsul alles
selbst zu leisten, als wenn kein einziger sonst damit beauftragt wäre; überall war er zur Stelle, lobte oder schalt, wie
man's verdiente, selbst stets in Rüstung und zum Kampf bereit, wie er es auch von seinen Leuten forderte. Und mit der
gleichen Sorgfalt, die er beim Marsche zeigte, ließ er auch
das Lager sichern; zur Wache an den Toren schickte er Le-
gionskohorten, hinaus vors Lager Reiter der Hilfstruppen,
andre wieder stellte er in die Verschanzung auf dem Walle
und machte selbst die Runde bei den Posten – nicht aus Mißtrauen etwa, man würde den Befehlen nicht gehorchen, sondern um seine Soldaten willig zu machen zu den Strapazen,
die ihr Feldherr ja mit ihnen teilte. Und wirklich suchte Marius damals wie auch sonst im Jugurthinischen Kriege seine
Truppe mehr durch Anspruch an ihr Ehrgefühl als Furcht
vor Strafe stets in Zucht zu halten. Dies tat er – so sagten
viele – um die Gunst der Masse zu gewinnen, das von
Jugend an gewohnte rauhe Leben und manches, das man
sonst beschwerlich finde, sei ihm eine Lust gewesen; immerhin wurde das Wohl des Staates ebenso gut und ehrenvoll vertreten wie unter dem härtesten Kommando.

Am vierten Tage endlich zeigten sich nicht weit von der
Stadt Cirta Späher, die in Eile zugleich von allen Seiten kamen; daraus konnte man auf des Feindes Nähe schließen.
Aber weil sie aus verschiedenen Richtungen zurückkamen
und der eine von hier, der andre von dort doch das gleiche
meldeten, war dem Konsul unklar, wie er seine Truppen
stellen sollte; ohne seine Kampfordnung zu ändern, hielt er
sich auf alles gefaßt und wartete am selben Platze. So sah
sich Jugurtha in seiner Erwartung getäuscht, der seine Truppen in vier Abteilungen geschieden und darauf gerechnet
hatte, von allen würden doch wenigstens einige dem Gegner
in den Rücken fallen. Auf Sulla stieß der Feind zuerst; er

quam maxume confertis equis ipse aliique Mauros invadunt, ceteri in loco manentes ab iaculis eminus emissis corpora tegere et, si qui in manus venerant, obtruncare.

Dum eo modo equites proeliantur, Bocchus cum peditibus, quos Volux, filius eius, adduxerat neque in priore pugna, in itinere morati, adfuerant, postremam Romanorum aciem invadunt. tum Marius apud primos agebat, quod ibi Iugurtha cum plurumis erat. dein Numida cognito Bocchi adventu clam cum paucis ad pedites convortit. ibi Latine – nam apud Numantiam loqui didicerat – exclamat nostros frustra pugnare, paulo ante Marium sua manu interfectum. simul gladium sanguine oblitum ostentans, quem in pugna satis inpigre occiso pedite nostro cruentaverat. quod ubi milites accepere, magis atrocitate rei quam fide nuntii terrentur, simulque barbari animos tollere et in perculsos Romanos acrius incedere. iamque paulum a fuga aberant, quom Sulla profligatis iis, quos advorsum ierat, rediens ab latere Mauris incurrit. Bocchus statim avortitur. at Iugurtha, dum sustentare suos et prope iam adeptam victoriam retinere cupit, circumventus ab equitibus, dextra sinistra omnibus occisis, solus inter tela hostium vitabundus erumpit. atque interim Marius fugatis equitibus adcurrit auxilio suis, quos pelli iam accepe-

feuerte seine Leute an und ging dann selbst mit einem Teil
der Reiter in Schwadronen und mit möglichst dicht gedräng-
ter Aufstellung auf die Mauren los; die übrigen blieben auf
der Stelle, vor den von fern geschleuderten Geschossen in
Deckung und machten alles nieder, was ihnen in die
Hände kam.

Während dieses Reiterkampfes griff Bocchus mit den
Fußtruppen den römischen Nachtrab an; sie hatten wegen
ihres Aufenthalts beim Marsche an der ersten Schlacht nicht
teilgenommen und waren ihm erst jetzt von seinem Sohne
Volux zugeführt. Marius stand gerade in den ersten Reihen,
weil dort Jugurtha mit dem größten Teil der Seinen kämpfte;
kaum erfuhr der Numider vom Eintreffen des Bocchus, da
wandte er sich unbemerkt mit ein paar Leuten zu dessen
Fußvolk hin. Dort rief er auf lateinisch – denn vor Numantia hatte er's gelernt – vergebens sei der Kampf der Unsren,
soeben habe er den Marius mit eigener Hand erschlagen;
gleichzeitig zeigte er ein blutbeflecktes Schwert; er hatte
nämlich im Gefecht recht tapfer auf unsre Leute eingehauen
und es dabei mit Blut bespritzt. Als das die Soldaten hörten,
erschreckte sie mehr der gräßliche Gedanke als die Botschaft,
die sie doch nicht glaubten; die Barbaren aber faßten wieder
Mut und gingen schärfer auf die bestürzten Römer los. Und
schon waren diese nahe daran zu fliehen, als Sulla nach der
Vernichtung seiner Gegner zurückkam und den Mauren in
die Flanke fiel. Bocchus wandte sich sofort zur Flucht; Jugurtha aber, der die Seinen aufhalten und den schon fast ge-
wonnenen Sieg behaupten wollte, wurde von der Reiterei
umzingelt, rechts und links wurden alle niedergehauen, und
er allein konnte sich durch die feindlichen Geschosse hin-
durchschlagen und entkommen. Inzwischen hatte Marius
die Reiter in die Flucht gejagt und eilte seinen Leuten nun
zu Hilfe, deren Weichen man ihm schon gemeldet hatte.

rat. denique hostes iam undique fusi. tum spectaculum horri- 11
bile in campis patentibus: sequi, fugere, occidi, capi; equi
atque viri adflicti, ac multi volneribus acceptis neque fugere
posse neque quietem pati, niti modo ac statim concidere; postremo omnia, qua visus erat, constrata telis, armis, cadaveri-
bus et inter ea humus infecta sanguine.

CII. Post ea loci consul haud dubie iam victor pervenit 1
in oppidum Cirtam, quo initio profectus intenderat. eo post 2
diem quintum, quam iterum barbari male pugnaverant, legati a Boccho veniunt, qui regis verbis ab Mario petivere,
duos quam fidissumos ad eum mitteret: velle de suo et de populi Romani conmodo cum iis disserere. ille statim L. Sullam
et A. Manlium ire iubet. qui quamquam adciti ibant, tamen 3
placuit verba apud regem facere, uti ingenium aut avorsum
flecterent aut cupidum pacis vehementius adcenderent.
itaque Sulla, quoius facundiae, non aetati a Manlio conces- 4
sum, pauca verba huiusce modi locutus:

'Rex Bocche, magna laetitia nobis est, quom te, talem vi- 5
rum, di monuere, uti aliquando pacem quam bellum malles
neu te optumum cum pessumo omnium Iugurtha miscendo
conmaculares, simul nobis demeres acerbam necessitudinem,
pariter te errantem atque illum sceleratissumum persequi.

Ad hoc populo Romano iam a principio inopi melius vi- 6
sum amicos quam servos quaerere, tutiusque rati volentibus

Jetzt wurden die Feinde endlich auf allen Seiten geworfen. Ein grauenhaftes Schauspiel sah man da auf dem weit offenen Felde: Verfolgen, Fliehen, Schlachtentod, Gefangennahme, Pferde und Männer am Boden, und dazu viele, die bei ihren Wunden weder fliehen noch Ruhe halten konnten, die sich bald aufzurichten suchten und gleich wieder zusammenbrachen — schließlich war alles, soweit das Auge reichte, mit Geschossen, Waffen, Leichen bedeckt und die Erde ringsum mit Blut getränkt.

Nun war der Konsul ohne Zweifel Sieger; nach Cirta kam er jetzt, das schon von Anfang an des Marsches Ziel gewesen war. Dort erschienen vier Tage nach der neuen Niederlage der Barbaren Gesandte des Bocchus, die im Auftrag ihres Königs baten, Marius möchte zwei seiner treusten Leute zu ihm schicken; zu seinem eignen und des römischen Volkes Besten wolle er mit ihnen sprechen. Marius hieß sogleich den Lucius Sulla und den Aulus Manlius zu ihm gehen. Sie waren zwar nur als Geladene gekommen; trotzdem beschlossen sie, den König gleich von sich aus anzureden: falls er dem Frieden abgeneigt, gedachten sie ihn umzustimmen, oder ihn noch stärker zu begeistern, falls er ihn selber wünschte. So sprach denn Sulla, vor dem der Redegabe, nicht des Alters wegen Manlius hier zurücktrat, ein paar Worte etwa solcher Art:

„Es ist uns eine große Freude, König Bocchus, daß einem Mann wie dir die Götter rieten, den Frieden endlich einmal statt des Krieges zu wählen und deine ehrenhafte Art nicht durch Verbindung mit dem grundverdorbenen Jugurtha zu beflecken; auch daß du von dem bitteren Zwange uns befreit, dich, den Verführten, gleichermaßen zu verfolgen wie jenen elenden Verbrecher.

Zudem versuchte das Römervolk schon von seinem unbedeutendsten Anfang an lieber Freunde sich zu werben und

quam coactis imperitare. tibi vero nulla opportunior nostra   7
amicitia, primum quia procul absumus, in quo offensae minumum, gratia par ac si prope adessemus; dein quia parentis
abunde habemus, amicorum neque nobis neque quoiquam
omnium satis fuit. atque hoc utinam a principio tibi placuis-   8
set: profecto ex populo Romano ad hoc tempus multo plura
bona accepisses, quam mala perpessus esses.

Sed quoniam humanarum rerum fortuna pleraque regit,   9
quoi scilicet placuit et vim et gratiam nostram te experiri,
nunc, quando per illam licet, festina atque, ut coepisti, perge.
multa atque opportuna habes, quo facilius errata officiis su-   10
peres. postremo hoc in pectus tuom demitte, numquam po-   11
pulum Romanum beneficiis victum esse. nam bello quid valeat, tute scis.'

Ad ea Bocchus placide et benigne, simul pauca pro delicto   12
suo verba facit: se non hostili animo, sed ob regnum tutan-
dum arma cepisse. nam Numidiae partem, unde vi Iugurtham   13
expulerit, iure belli suam factam: eam vastari a Mario pati
nequivisse. praeterea missis antea Romam legatis repulsum
ab amicitia. ceterum vetera omittere ac tum, si per Marium   14
liceret, legatos ad senatum missurum.

Dein copia facta animus barbari ab amicis flexus, quos Iu-   15

nicht Sklaven, und willigen statt erzwungenen Untertanen
zu gebieten scheint ihm sicherer. Für dich aber bringt keine
Freundschaft größeren Vorteil als die unsre; denn erstlich
sind wir weit von dir entfernt, zu Reibung bietet sich also
wenig Anlaß, das gute Einvernehmen aber bleibt das gleiche,
als wenn wir in der Nähe wären; Untertanen haben wir sodann gewiß im Überfluß, Freunde aber können weder wir
noch sonst jemand genügend finden. Hättest du doch von
Anfang an dich so entschlossen; dann hättest du gewiß vom
römischen Volk bis heute viel mehr Gutes erfahren, als du
Schlimmes hast erleiden müssen.

Aber im Menschenleben herrscht nun einmal meist das
Glück, und dem gefiel es ja, dir unsre starke Hand genauso
vorzuführen wie unsre Freundlichkeit; nun spute dich, solange dir's dein Glück erlaubt, und fahre fort, wie du begonnen. Viele gute Mittel gibt's für dich, um die Verirrung
desto leichter durch gute Dienste wieder wettzumachen.
Schließlich mußt du dir eins ins Herz einprägen: das römische Volk hat sich noch niemals in Beweisen seiner Freundschaft überbieten lassen; was es im Kriege leistet, weißt du
selbst am besten."

Bocchus antwortete drauf mit aller Freundlichkeit und
sagte auch ein paar Worte zur Begründung seiner Schuld:
„Nicht in feindseliger Absicht" – sprach er – „habe ich den
Krieg begonnen, sondern um mein Reich zu schützen. Denn
der Teil Numidiens, aus dem ich den Jugurtha fortgetrieben,
war nach Kriegsrecht mein; den konnte ich von Marius nicht
verwüsten lassen. Übrigens bin ich mit meiner Freundschaft
abgewiesen worden, als ich zuvor nach Rom Gesandte
schickte. Doch will ich ans Vergangene nicht mehr denken
und dem Senate jetzt sofort Gesandte schicken, wenn es Marius erlaubt."

Obgleich man ihm dies gern bewilligte, wurde der Barbar

gurtha, cognita legatione Sullae et Manli metuens id, quod
parabatur, donis conruperat.

CIII. Marius interea exercitu in hibernaculis conposito ₁
cum expeditis cohortibus et parte equitatus proficiscitur in
loca sola obsessum turrim regiam, quo Iugurtha perfugas
omnis praesidium inposuerat.

Tum rursus Bocchus, seu reputando, quae sibi duobus ₂
proeliis venerant, seu admonitus ab aliis amicis, quos incon-
ruptos Iugurtha reliquerat, ex omni copia necessariorum
quinque delegit, quorum et fides cognita et ingenia validis-
suma erant. eos ad Marium ac deinde, si placeat, Romam le- ₃
gatos ire iubet, agundarum rerum et quocumque modo belli
conponendi licentiam ipsis permittit. illi mature ad hiberna ₄
Romanorum proficiscuntur, deinde, in itinere a Gaetulis la-
tronibus circumventi spoliatique, pavidi sine decore ad Sullam profugiunt, quem consul in expeditionem proficiscens
pro praetore reliquerat. eos ille non pro vanis hostibus, uti ₅
meriti erant, sed adcurate ac liberaliter habuit. qua re barbari
et famam Romanorum avaritiae falsam et Sullam ob munificentiam in sese amicum rati. nam etiam tum largitio multis ₆
ignota erat: munificus nemo putabatur nisi pariter volens,
dona omnia in benignitate habebantur. igitur quaestori man- ₇
data Bocchi patefaciunt; simul ab eo petunt, uti fautor con-
sultorque sibi adsit; copias, fidem, magnitudinem regis sui

doch noch einmal durch Freunde umgestimmt, die Jugurtha
mit Geschenken reich bestach; denn bei der Nachricht von
der Sendung des Sulla und Manlius ahnte er voll Sorge, was
sich vorbereitete.

Marius hatte inzwischen seine Truppen in den Winter-
lagern gut geborgen; dann zog er mit schlagfertigen Kohorten und einem Teil der Reiterei in öde Gegend, um eine königliche Festung zu belagern; dort hatte Jugurtha lauter
Überläufer als Besatzung eingesetzt.

Bocchus wählte jetzt von neuem aus der ganzen Freundes-
schar fünf Männer aus, deren Treue er kannte und deren
Charakter völlig zuverlässig war; er tat dies in Erinnerung
an alles, was ihm in zwei Schlachten widerfahren war, oder
auf Warnung andrer Freunde, die Jugurtha nicht bestochen
hatte. Sie sollten als Gesandte erst zu Marius gehen und mit
dessen Zustimmung nach Rom; sie hatten Vollmacht, ganz
nach eigenem Ermessen zu verhandeln und den Krieg auf
jede Weise beizulegen. Diese brachen schleunigst zum römischen Winterlager auf, doch unterwegs wurden sie von
gätulischen Straßenräubern überfallen und ausgeraubt; voll
Angst und ohne die Abzeichen ihrer Würde flüchteten sie sich
zu Sulla, den der Konsul bei seinem neuen Marsch ins Feld
als Stellvertreter zurückgelassen hatte. Der behandelte sie
nicht als unglaubwürdige Feinde, wie sie es eigentlich ver-
dienten, sondern mit ausgesuchter Freundlichkeit; deshalb
bestritten die Barbaren das Gerede von der Habgier Roms
und hielten Sulla wegen seiner Güte gegen sie für ihren
Freund. Denn selbst damals war Bestechung vielen unbekannt; als freigebig galt nur einer, der auch guten Willen
hatte, und Geschenke sah man stets als Ausdruck gütiger Gesinnung an. So eröffneten sie denn dem Quästor den Auftrag
ihres Königs Bocchus, baten ihn zugleich, als Gönner und
Berater ihnen beizustehen; die reichen Mittel, die Zuver-

et alia, quae aut utilia aut benevolentiae esse credebant, oratione extollunt. dein Sulla omnia pollicito docti, quo modo apud Marium, item apud senatum verba facerent, circiter dies quadraginta ibidem opperiuntur.

CIV. Marius postquam confecto, quo intenderat, negotio 1 Cirtam redit et de adventu legatorum certior factus est, illosque et Sullam ab Utica venire iubet, item L. Bellienum praetorem, praeterea omnis undique senatorii ordinis, quibuscum mandata Bocchi cognoscit. legatis potestas Romam 2 eundi fit, et ab consule interea indutiae postulabantur. ea Sullae et plerisque placuere; pauci ferocius decernunt, scilicet ignari humanarum rerum, quae fluxae et mobiles semper in advorsa mutantur.

Ceterum Mauri inpetratis omnibus rebus tres Romam 3 profecti duce Cn. Octavio Rusone, qui quaestor stipendium in Africam portaverat, duo ad regem redeunt. ex iis Bocchus quom cetera tum maxume benignitatem et studium Sullae lubens accepit. Romaeque legatis eius, postquam errasse re- 4 gem et Iugurthae scelere lapsum deprecati sunt, amicitiam et foedus petentibus hoc modo respondetur:

'Senatus et populus Romanus benefici et iniuriae memor 5 esse solet. ceterum Boccho, quoniam paenitet, delicti gratiam facit: foedus et amicitia dabuntur, quom meruerit.'

lässigkeit und Macht ihres Königs hoben sie hervor und manches andere, das ihrer Meinung nach den Römern Nutzen oder ihnen selbst Wohlwollen bringen konnte. Sulla sagte ihnen alles zu und gab genaue Weisung, wie sie vor Marius und später vorm Senat zu reden hätten; auf jenen warteten sie dort noch etwa vierzig Tage.

Als Marius nach Abschluß der geplanten Unternehmung wieder in Cirta war und vom Eintreffen der Gesandten hörte, ließ er sie und Sulla aus Utika zu sich kommen, ebenso den Prätor Lucius Bellienus und überallher alle, die im Senatorenrange standen; in ihrer Gegenwart nahm er von Bocchus' Wünschen Kenntnis. Den Gesandten wird die Weiterfahrt nach Rom gestattet; inzwischen wurde vom Konsul Waffenstillstand ausbedungen. Dem stimmten Sulla und die meisten anderen zu; nur wenige stellten schärfere Forderungen – natürlich dachten sie nicht an das Menschenschicksal, das ja doch, immer wandelbar und fließend, gern ins Gegenteil umschlägt!

Die Mauren hatten alle Wünsche durchgesetzt; nun gingen drei nach Rom unter Führung des Gnäus Oktavius Ruso, der als Quästor mit dem Sold nach Afrika gekommen; zwei kehrten zu dem Könige zurück. Von ihnen erfuhr Bocchus neben allem andern mit besonderem Vergnügen Sullas Freundlichkeit und gute Stimmung. In Rom aber führten die Gesandten die Verirrung ihres Königs als Entschuldigung an, den nur Jugurthas Frevelmut zu Fall gebracht; auf ihre Bitte um Freundschaft und um Bündnis bekamen sie etwa diese Antwort:

„Senat und Volk der Römer pflegen gute Dienste ebenso wie schnöde Kränkung im Gedächtnis zu behalten. Dem Bocchus wollen sie die Schuld verzeihen, weil er sie bereut; Bündnis und Freundschaft werden ihm gewährt, sobald er es verdient."

CV. Quis rebus cognitis Bocchus per litteras a Mario pe- 1
tivit, uti Sullam ad se mitteret, quoius arbitratu communibus negotiis consuleretur. is missus cum praesidio equitum 2
atque peditum, funditorum Baliarium. praeterea iere sagit-
tarii et cohors Paeligna cum velitaribus armis, itineris pro-
perandi causa, neque his secus atque aliis armis advorsum
tela hostium, quod ea levia sunt, muniti. sed in itinere quinto 3
denique die Volux, filius Bocchi, repente in campis patentibus cum mille non amplius equitibus sese ostendit, qui temere et effuse euntes Sullae aliisque omnibus et numerum
ampliorem vero et hostilem metum efficiebant. igitur se 4
quisque expedire, arma atque tela temptare, intendere, timor aliquantus, sed spes amplior quippe victoribus et advorsum eos, quos saepe vicerant. interim equites exploratum 5
praemissi rem, uti erat, quietam nuntiant.

CVI. Volux adveniens quaestorem appellat dicitque se 1
a patre Boccho obviam illis simul et praesidio missum. deinde
eum et proxumum diem sine metu coniuncti eunt. post, ubi 2
castra locata et diei vesper erat, repente Maurus incerto voltu
pavens ad Sullam adcurrit dicitque sibi ex speculatoribus cognitum Iugurtham haud procul abesse. simul, uti noctu
clam secum profugeret, rogat atque hortatur. ille animo 3
feroci negat se totiens fusum Numidam pertimescere: virtuti
suorum satis credere; etiam, si certa pestis adesset, mansurum

Auf diese Botschaft hin bat Bocchus den Marius brieflich, er möchte Sulla mit unbeschränkter Vollmacht zu ihm schicken, um über beider Angelegenheiten zu verhandeln. Der wurde abgesandt, und mit ihm zu seinem Schutze Reiter und baliarische Schleuderer; auch zogen Bogenschützen mit und eine Kohorte von Pälignern mit nur leichten Waffen, um auf dem Marsche schneller fortzukommen; mit diesen waren sie genau so wie mit andren Waffen gesichert gegen leichte feindliche Geschosse. Unterwegs aber, erst am fünften Tage, erschien des Bocchus Sohn Volux plötzlich im offnen Felde mit etwa tausend Reitern, die planlos und zerstreut geritten kamen und für Sulla und alle andren ihre Zahl größer erscheinen ließen als sie wirklich war; so weckten sie die Sorge vor dem Feinde. Also hielt sich jeder fertig, prüfte Wehr und Waffen und suchte alles recht instand zu setzen; die Furcht war nicht gering, doch größer war die Hoffnung, da sie ja Sieger waren und solchen gegenüberstanden, die sie schon oft geschlagen hatten. Inzwischen meldeten zur Kundschaft vorgeschickte Reiter, alles sei völlig friedlich, und so war's auch wirklich.

Volux kam heran; er wandte sich zum Quästor und erklärte, sein Vater Bocchus habe ihn den Römern zur Begrüßung hergesandt und auch zum Schutze. Diesen und den nächsten Tag marschierten sie nun ohne Sorge miteinander. Als dann das Lager aufgeschlagen wurde und der Abend kam, da lief der Maure auf einmal zu Sulla; ängstlich, mit verlegener Miene berichtet er, Jugurtha sei nicht weit entfernt, wie ihm von Spähern eben mitgeteilt. Zugleich bat er ihn dringend, in der Nacht heimlich mit ihm zu fliehen. Jener erklärte trotzig, vor dem so oft geschlagenen Numider sei ihm nicht bange, und auf die Tapferkeit der Seinen könne er sich ganz verlassen; auch wenn das unvermeidliche Verderben drohe, werde er lieber bleiben als die Leute, die

potius, quam proditis, quos ducebat, turpi fuga incertae ac
forsitan post paulo morbo interiturae vitae parceret. ceterum 4
ab eodem monitus, uti noctu proficisceretur, consilium ad-
probat. ac statim milites cenatos esse in castris ignisque quam
creberrumos fieri, dein prima vigilia silentio egredi iubet.
iamque nocturno itinere fessis omnibus Sulla pariter cum 5
ortu solis castra metabatur, quom equites Mauri nuntiant
Iugurtham circiter duum milium intervallo ante consedisse.
quod postquam auditum est, tum vero ingens metus nostros 6
invadit: credere se proditos a Voluce et insidiis circumventos.
ac fuere qui dicerent manu vindicandum neque apud illum
tantum scelus inultum relinquendum.

CVII. At Sulla, quamquam eadem existumabat, tamen ab 1
iniuria Maurum prohibet. suos hortatur, uti fortem animum
gererent: saepe antea a paucis strenuis advorsum multitudinem
bene pugnatum; quanto sibi in proelio minus pepercissent,
tanto tutiores fore; nec quemquam decere, qui manus arma-
verit, ab inermis pedibus auxilium petere, in maxumo metu
nudum et caecum corpus ad hostis vortere. dein Volucem, 2
quoniam hostilia faceret, Iovem maxumum obtestatus, ut
sceleris atque perfidiae Bocchi testis adesset, ex castris abire
iubet. ille lacrumans orare, ne ea crederet: nihil dolo factum 3
ac magis calliditate Iugurthae, quoi videlicet speculanti iter
suom cognitum esset. ceterum quoniam neque ingentem mul- 4

er führe, preiszugeben und in schmachvoller Flucht sein Leben zu bewahren, das doch ein ungewisses Gut, vielleicht schon bald dazu bestimmt, durch Krankheit hinzuschwinden. Doch nahm er seinen Vorschlag an, als er ihn drängte, noch zur Nachtzeit aufzubrechen; er gab Befehl, die Leute sollten mit dem Essen sich beeilen und erst im Lager bleibend viele Feuer machen, dann bei Beginn der Nacht in aller Stille abmarschieren. Und schon steckte man auf Sullas Weisung gleich bei Sonnenaufgang ein neues Lager ab — denn alle waren von dem Nachtmarsch sehr erschöpft — da meldeten auf einmal maurische Reiter, Jugurtha habe nur drei Kilometer vor ihnen sich gelagert. Bei dieser Kunde packte die Unseren nun doch gewaltiger Schrecken; sie fühlten sich von Volux durch Verrat und Niedertracht in eine Falle gelockt. Manche sagten, man müsse seinen Kopf verlangen und dürfe bei so einem eine solche Schandtat nicht ohne Rache lassen.

Sulla war zwar derselben Meinung, doch schützte er den Mauren noch vor Tätlichkeiten. Den Seinen redete er zu, sie sollten guten Mutes sein; oft zuvor schon hätten wenig tapfre Leute gegen eine große Menge mit Erfolg gekämpft; je weniger sie sich im Kampfe schonten, um so größer sei die Sicherheit; für jeden, der den Arm bewaffnen könne, sei es eine Schande, bei den wehrlosen Füßen Rettung zu versuchen und in der höchsten Angst dem Feind die Körperseite zuzuwenden, die ohne Wehr und ohne Augen sei. Mit heißen Bitten zum allmächtigen Jupiter, als Zeuge von Bocchus' gemeiner Treulosigkeit ihm beizustehen, wies er den Volux wegen seines feindlichen Verhaltens aus dem Lager. Der bat unter Tränen, Sulla möge das nicht glauben; „mit listigem Verrat" — so etwa sprach er — „hat das nichts zu tun, nein, sondern mit Jugurthas großer Schlauheit, der unsern Marsch gewiß durch Späher längst erfuhr. Doch hat

titudinem haberet et spes opesque eius ex patre suo penderent, credere illum nihil palam ausurum, quom ipse filius testis adesset. qua re optumum factu videri per media eius castra 5 palam transire: sese vel praemissis vel ibidem relictis Mauris solum cum Sulla iturum. ea res, uti in tali negotio, probata. 6 ac statim profecti, quia de inproviso adciderant, dubio atque haesitante Iugurtha incolumes transeunt. deinde paucis die- 7 bus, quo ire intenderant, perventum est.

CVIII. Ibi cum Boccho Numida quidam Aspar nomine 1 multum et familiariter agebat, praemissus ab Iugurtha, post-quam Sullam adcitum audierat, orator et subdole speculatum Bocchi consilia; praeterea Dabar, Massugradae filius, ex gente Masinissae, ceterum materno genere inpar — nam pater eius ex concubina ortus erat — Mauro ob ingeni multa bona carus acceptusque. quem Bocchus fidum esse Romanis multis ante 2 tempestatibus expertus ilico ad Sullam nuntiatum mittit: paratum sese facere, quae populus Romanus vellet. conloquio diem, locum, tempus ipse deligeret neu Iugurthae legatum pertimesceret. consulto sese omnia cum illo integra habere, quo res communis licentius gereretur; nam ab insidiis eius aliter caveri nequivisse.

Sed ego conperior Bocchum magis Punica fide quam ob 3 ea, quae praedicabat, simul Romanos et Numidam spe pacis adtinuisse multumque cum animo suo volvere solitum, Iugur-

er nicht viel Leute, und seine Hoffnung, seine Macht hängt
ganz von meinem Vater Bocchus ab; so wird er sicher öffentlich nichts wagen, weil ich als Sohn des Königs selbst den
Zeugen spiele. Drum scheint es mir das beste, mitten durch
der Feinde Lager offen durchzuziehen; die Mauren werden
vorausgeschickt oder mögen hier noch bleiben, und ich will
selbst allein mit Sulla gehen." Dieser Vorschlag wurde jetzt,
wo ihre Lage so gefährlich, gutgeheißen. Man brach gleich
auf, und da sie unvermutet schnell erschienen, Jugurtha aber
noch unsicher zögerte, so kamen sie auch glücklich durch.
Nach wenig Tagen wurde dann des Marsches Ziel erreicht.

Dort verkehrte mit Bocchus oft und freundschaftlich ein
Numider, Aspar geheißen; Jugurtha hatte ihn als Unter-
händler vorgeschickt, wie er von der Berufung Sullas hörte;
auch sollte er des Bocchus Pläne schlau erkunden. Dazu war
Dabar dort, ein Sohn des Massugrada, aus dem Geschlechte
Masinissas, doch mütterlicherseits nicht ebenbürtig — denn
sein Vater war von einer Nebenfrau geboren —; der war dem
Maurenkönig wegen reicher geistiger Gaben lieb und an-
genehm. Als ergebenen Freund der Römer kannte ihn Bocchus schon von vielen früheren Fällen; so schickte er ihn
gleich zu Sulla mit der Meldung, er sei bereit, des römischen
Volkes Wünsche zu erfüllen; Tag, Ort und Stunde einer
Unterredung solle er selbst bestimmen, und wegen Jugurthas
Gesandten Aspar brauche er sich nicht zu scheuen. Absichtlich lasse er mit jenem alles jetzt beim alten, um die gemeinsamen Interessen desto ungestörter zu besprechen — anders
könne er sich vor Jugurthas Ränken ja nicht schützen.

Ich weiß jedoch genau: mehr mit der Art von Treue, wie
sie die Punier lieben, als aus den vorgebrachten Gründen
suchte Bocchus den Römer und den Numider zugleich mit
Friedenshoffnung hinzuhalten und war in seinem Innern
lange unentschieden, ob er Jugurtha den Römern ausliefern

tham Romanis an illi Sullam traderet; lubidinem advorsum nos, metum pro nobis suasisse.

CIX. Igitur Sulla respondit se pauca coram Aspare locuturum, cetera occulte nullo aut quam paucissumis praesentibus. simul edocet, quae sibi responderentur. postquam, sicuti voluerat, congressi, dicit se missum a consule venisse quaesitum ab eo, pacem an bellum agitaturus foret. tum rex, uti praeceptum fuerat, post diem decumum redire iubet, ac nihil etiam nunc decrevisse, sed illo die responsurum. deinde ambo in sua castra digressi. sed ubi plerumque noctis processit. Sulla a Boccho occulte adcersitur. ab utroque tantummodo fidi interpretes adhibentur, praeterea Dabar internuntius, sanctus vir et ex sententia ambobus. ac statim sic rex incepit:

CX. 'Numquam ego ratus sum fore, uti rex maxumus in hac terra et omnium, quos novi, privato homini gratiam deberem. et mehercule, Sulla, ante te cognitum multis orantibus, aliis ultro egomet opem tuli, nullius indiguus. id inminutum, quod ceteri dolere solent, ego laetor. fuerit mihi eguisse aliquando pretium tuae amicitiae, qua apud meum animum nihil carius est. id adeo experiri licet: arma, viros, pecuniam, postremo, quicquid animo lubet, sume, utere et, quoad vives, numquam tibi redditam gratiam

solle oder Sulla dem Jugurtha: seine Neigung hat gegen uns, die Furcht für uns gestimmt.

Sulla ließ erwidern, nur wenig werde er in Gegenwart des Aspar sagen, das übrige persönlich vor keinem oder nur ganz wenig Zeugen; zugleich bestimmte er die Antwort, die man ihm dann geben sollte. So kamen sie denn wunschgemäß zusammen; Sulla erklärte, auf Anordnung des Konsuls sei er mit der Frage hier, ob man von ihm Krieg oder Frieden zu erwarten habe. Der König Bocchus hieß ihn – wie's vorher von Sulla abgemacht war – nach zehn Tagen wiederkommen; jetzt habe er sich noch zu nichts entschließen können, an jenem Tage aber werde er die Antwort geben. Dann zogen beide in ihr Lager sich zurück; doch wie die Nacht zum größten Teil vorüber war, ließ Bocchus insgeheim den Sulla zu sich rufen. Auf beiden Seiten wurden nur Dolmetscher herangezogen, auf die man sich ganz verlassen konnte; dazu noch Dabar als Vermittler, der ein makelloser Mann und beiden nach dem Herzen war. Sofort begann der König so zu sprechen:

„Niemals hätte ich geglaubt, ich würde je in meinem Leben einem Manne, der kein Fürst, zu Dank verpflichtet werden – ich, der größte König hierzulande und unter allen Herrschern, die ich kenne. Und wahrhaftig, ehe ich dich kennenlernte, Sulla, habe ich vielen gern geholfen, die mich baten, manchen auch aus freien Stücken, fremder Hilfe selber nicht bedürftig. Dies hat sich nun gewandelt; aber während andere darüber klagen würden, freue ich mich dessen; denn daß ich einmal Hilfe nötig hatte, dies Opfer mag der Preis für deine Freundschaft sein, die meinem Herzen über alles teuer ist. Gerade das kannst du jetzt leicht erproben: nimm und gebrauche meine Waffen, meine Leute, meine Mittel, kurz, alles was dein Herz begehrt, und doch darfst du, solange du auch lebst, nicht glauben, daß dir mein Dank je abgetragen sei; immer wird er in meinem Herzen

putaveris: semper apud me integra erit; denique nihil me
sciente frustra voles. nam, ut ego aestumo, regem armis 5
quam munificentia vinci minus flagitiosum est.

Ceterum de re publica vostra, quoius curator huc missus 6
es, paucis accipe: bellum ego populo Romano neque feci
neque factum umquam volui; at finis meos advorsum armatos armis tutatus sum. id omitto, quando vobis ita placet. 7
gerite, quod voltis, cum Iugurtha bellum. ego flumen Mu- 8
luccham, quod inter me et Micipsam fuit, non egrediar
neque id intrare Iugurtham sinam. praeterea si quid meque
vobisque dignum petiveris, haud repulsus abibis.'

CXI. Ad ea Sulla pro se breviter et modice, de pace et 1
communibus rebus multis disseruit. denique regi patefacit,
quod polliceatur, senatum et populum Romanum, quoniam
armis amplius valuissent, non in gratiam habituros. faciundum ei aliquid, quod illorum magis, quam sua, rettulisse vi-
deretur. id adeo in promptu esse, quoniam copiam Iugurthae
haberet. quem si Romanis tradidisset, fore, ut illi plurumum
deberetur: amicitiam, foedus, Numidiae partem, quam nunc
peteret, tum ultro adventuram. rex primo negitare: cogna- 2
tionem, adfinitatem, praeterea foedus intervenisse; ad hoc
metuere, ne fluxa fide usus popularium animos avorteret,
quis et Iugurtha carus et Romani invisi erant. denique saepius 3

unverändert leben, und einen Wunsch sollst du mit meinem
Wissen nie vergeb ich äußern. Denn meiner Ansicht nach
bringt es dem König weniger Schande, im Waffengang übertroffen zu werden als an großzügigem Sinn.

Über die Beziehungen zu eurem Staate aber, den zu vertreten du hierher gesandt, vernimm nur wenige Worte:
Krieg mit dem Römervolke habe ich nicht geführt und niemals führen wollen; mein eignes Reich nur habe ich mit Waffen behütet vor Bewaffneten. Das unterbleibt nun, weil ihr
es so wünscht; ihr mögt, soviel ihr wollt, Krieg mit Jugurtha
führen. Ich selbst will den Fluß Muluccha nicht überschreiten,
der zwischen meinem und Micipsas Reich die Grenze war, und
auch Jugurthas Übergang will ich nicht dulden. Hast du noch
andre Wünsche, die mit meiner und mit eurer Würde sich ver-
einen lassen, sollst du nicht abgewiesen von mir gehn.“

Darauf gab Sulla über das, was seine eigene Person betraf,
nur eine kurze und bescheidne Antwort; vom Frieden und
den Interessen beider Völker sprach er sehr ausführlich. Zuletzt erklärt er dem König: sein Versprechen würden ihm
Senat und Volk von Rom durchaus nicht danken, da sie mit
Waffen ja schon mehr gewonnen hätten. Leisten müsse er
erst etwas, das ihnen offenbar mehr Nutzen bringe als ihm
selbst. Und grade das sei leicht, da er Jugurtha jetzt in seinen Händen habe. Wenn er ihn den Römern übergebe,
werde er sie sich zum höchsten Dank verpflichten; dann
werde Freundschaft, Bündnis und der Teil Numidiens, den
er sich jetzt wünsche, ihm von selbst zufallen. Der König
weigerte sich erst nach Kräften: Blutsverwandtschaft, Ver-
schwägerung und auch ein Bündnis bestehe zwischen ihnen;
dazu fürchte er, durch einen Treubruch die Herzen seiner
Untertanen zu verlieren, die den Jugurtha liebten und die
Römer haßten. Endlich gab er nach, durch immer neues
Drängen überwältigt, und versprach alles nach Sullas Wunsch

fatigatus lenitur et ex voluntate Sullae omnia se facturum
promittit. ceterum ad simulandam pacem, quoius Numida   4
defessus bello avidissumus erat, quae utilia visa, constituunt.
ita conposito dolo digrediuntur.

CXII. At rex postero die Asparem, Iugurthae legatum, ap-   1
pellat dicitque sibi per Dabarem ex Sulla cognitum posse
condicionibus bellum poni: quam ob rem regis sui sententiam exquireret. ille laetus in castra Iugurthae proficiscitur.   2
deinde ab illo cuncta edoctus properato itinere post diem oc-
tavum redit ad Bocchum et ei nuntiat Iugurtham cupere
omnia, quae imperarentur, facere, sed Mario parum confi-
dere: saepe antea cum imperatoribus Romanis pacem con-
ventam frustra fuisse. ceterum Bocchus, si ambobus consul-   3
tum et ratam pacem vellet, daret operam, ut una ab omnibus
quasi de pace in conloquium veniretur, ibique sibi Sullam
traderet. quom talem virum in potestatem habuisset, tum fore,
uti iussu senatus aut populi foedus fieret; neque hominem
nobilem, non sua ignavia, sed ob rem publicam in hostium
potestate, relictum iri.

CXIII. Haec Maurus secum ipse diu volvens tandem pro-   1
misit; ceterum dolo an vere cunctatus, parum conperimus.
sed plerumque regiae voluntates, ut vehementes, sic mobiles,
saepe ipsae sibi advorsae. postea tempore et loco constituto,   2

zu tun. Dann einigten sie sich über die erforderlichen Schritte, um den Anschein des Friedens zu erwecken, den der kriegsmüde Numider dringend wünschte; nachdem man so den Anschlag vorbereitet, ging man auseinander.

Am nächsten Tage ließ der König Jugurthas Gesandten Aspar zu sich kommen: durch Dabars Meldung wisse er von Sulla – so sagte er ihm – daß man den Krieg jetzt durch Vertrag vielleicht beenden könne; so solle er die Meinung seines Königs festzustellen suchen. Aspar ging frohen Herzens in Jugurthas Lager; von diesem über alles aufs genauste unterrichtet, kam er in großer Eile nach acht Tagen schon zurück zu König Bocchus und brachte diese Meldung: Jugurtha hat zwar den Wunsch, die Forderungen alle zu erfüllen, dem Marius aber kann er nicht recht trauen; schon oft ist ja ein Frieden früher nicht gehalten worden, den man mit einem römischen Feldherrn schloß. Will aber Bocchus ihnen beiden helfen und den Frieden fest gesichert haben, dann soll er sich bemühen, daß alle scheinbar um des Friedens willen zur Verhandlung sich an einem Ort zusammenfinden, dort soll er ihm den Sulla in die Hände spielen. Ist dieser große Feldherr erst in Jugurthas Macht gekommen, dann wird gewiß auf Wunsch des römischen Senates oder Volkes ein Bündnis sich ergeben: denn man wird den Mann von altem Adel jetzt nicht im Stiche lassen, der ja im Dienst des Staates, nicht durch eigne Feigheit in die Gewalt der Feinde fiel.

Lange erwog der Maure Bocchus diese Nachricht erst in seinem Herzen und sagte endlich zu; ob er aus Hinterlist, ob ernstlich er gezögert, konnte ich nicht recht erfahren. Doch die Entschließungen von Königen sind meist ebenso stürmisch wie unberechenbar, und oft auch mit sich selbst im Widerspruch. Als dann Zeit und Ort bestimmt war, um den Frieden zu erörtern, da wendete sich Bocchus bald an Sulla, bald an Jugurthas Gesandten, behandelte sie freundlich und

in conloquium uti de pace veniretur, Bocchus Sullam modo,
modo Iugurthae legatum appellare, benigne habere, idem ambobus polliceri. illi pariter laeti ac spei bonae pleni esse.

Sed nocte ea, quae proxuma fuit ante diem conloquio de-   3
cretum, Maurus adhibitis amicis ac statim inmutata voluntate remotis ceteris dicitur secum ipse multum agitavisse,
voltu colore, motu corporis pariter atque animo varius;
quae ita scilicet tacente ipso occulta pectoris patefecisse.   4
tamen postremo Sullam adcersi iubet et ex illius sententia
Numidae insidias tendit.

Deinde, ubi dies advenit et ei nuntiatum est Iugurtham   5
haud procul abesse, cum paucis amicis et quaestore nostro
quasi obvius honoris causa procedit in tumulum facillumum
visu insidiantibus. eodem Numida cum plerisque necessariis   6
suis inermis, uti dictum erat, adcedit ac statim signo dato undique simul ex insidiis invaditur. ceteri obtruncati, Iugurtha   7
Sullae vinctus traditur et ab eo ad Marium deductus est.

CIV. Per idem tempus advorsum Gallos ab ducibus no-   1
stris Q. Caepione et Cn. Manlio male pugnatum. quo metu
Italia omnis contremuerat illincque usque ad nostram   2
memoriam Romani sic habuere, alia omnia virtuti suae prona
esse, cum Gallis pro salute, non pro gloria certare.

Sed postquam bellum in Numidia confectum et Iugur-   3
tham Romam vinctum adduci nuntiatum est, Marius consul absens factus est et ei decreta provincia Gallia, isque Kalendis Ianuariis magna gloria consul triumphavit. et ea tem-   4
pestate spes atque opes civitatis in illo sitae.

wußte beiden dasselbe zu versprechen; so waren sie gleicherweise froh und voller Hoffnung.

Doch in der Nacht, die dem zur Unterredung festgesetzten Tag vorausging, rief der Maurenkönig seine Freunde zu sich, wurde dann andren Sinnes und schickte sie gleich alle wieder fort; drauf soll er lange Zeit mit sich gerungen haben, in Mienenspiel, Farbe und Bewegung gleicherweise wechselnd wie in der Gesinnung; dies machte trotz des eignen Schweigens die Geheimnisse der Brust natürlich offenbar. Doch schließlich ließ er Sulla kommen; wie der es wollte, wurde nun der Anschlag auf den Numider Jugurtha vorbereitet.

Der Tag brach an und brachte ihm die Meldung, Jugurtha sei nicht fern; da ging er ihm mit wenig Freunden und unserem Quästor wie zum ehrenden Empfang entgegen bis auf einen Hügel, der vom Versteck ganz leicht zu überschauen war. Dorthin kam auch Jugurtha mit den meisten seiner Freunde ohne Waffen, wie's vereinbart war; sofort auf ein gegebenes Zeichen stürzte man von allen Seiten aus versteckter Stellung auf sie los. Die anderen schlug man nieder; Jugurtha wurde gefesselt dem Sulla übergeben und von ihm zu Marius abgeführt.

Zur selben Zeit erlitt man unter unseren Feldherrn Quintus Cäpio und Gnäus Manlius bei den Galliern eine Niederlage, und ganz Italien hatte vor Angst gezittert. Damals und weiter bis auf unsre Tage war man in Rom der Meinung, alles andre beuge sich vor römischer Tapferkeit, mit Gallien aber kämpfe man ums Leben, nicht um Ruhm und Ehre.

Doch nun war in Numidien der Krieg zu Ende, die Nachricht kam, Jugurtha werde in Fesseln schon nach Rom gebracht – da wurde Marius, während er noch fern, zum Konsul auserwählt und Gallien als Provinz ihm zuerkannt; am 1. Januar hielt er dann als Konsul einen glänzenden Triumph. Zu dieser Zeit beruhte alle Hoffnung, alle Macht des Staates auf dem einen Manne.

ORATIONES ET EPISTULAE
EXCERPTAE DE HISTORIIS

I

ORATIO LEPIDI CONS.
AD POPULUM ROMANUM

Clementia et probitas vostra, Quirites, quibus per ceteras 1
gentis maxumi et clari estis, plurumum timoris mihi faciunt
advorsum tyrannidem L. Sullae, ne, quae ipsi nefanda aestu-
matis, ea parum credundo de aliis circumveniamini —
praesertim quom illi spes omnis in scelere atque perfidia sit
neque se aliter tutum putet, quam si peior atque intestabilior
metu vostro fuerit, quo captis libertatis curam miseria exi-
mat — aut, si provideritis, in tutandis periculis magis quam
ulciscundo teneamini. satellites quidem eius, homines maxu- 2
mi nominis, optumis maiorum exemplis, nequeo satis mirari,
qui dominationis in vos servitium suom mercedem dant et
utrumque per iniuriam malunt quam optumo iure liberi
agere. praeclara Brutorum atque Aemiliorum et Lutātiorum 3
proles, geniti ad ea, quae maiores virtute peperere, subvor-
tunda! nam quid a Pyrrho, Hannibale Philippoque et 4
Antiocho defensum est aliud quam libertas et suae quoique

REDEN UND BRIEFE
AUS DEN HISTORIEN

I

REDE DES KONSULS M. AEMILIUS LEPIDUS
AN DAS VOLK VON ROM

Eure Milde und Anständigkeit, Quiriten, wodurch ihr
unter den anderen Völkern so groß und berühmt seid, erregen in mir in Anbetracht der Tyrannei des L. Sulla die
allergrößte Besorgnis, ihr könntet dadurch hintergangen werden, daß ihr, was ihr selbst für verwerflich erachtet, andern
zu wenig zutraut – vor allem, da für ihn alle Hoffnung auf
Verbrechen und Wortbrüchigkeit beruht und er sich nur
dadurch für sicher hält, daß er noch schlechter und verab-
scheuungswürdiger ist als ihr fürchten könnt, wodurch euch,
die ihr darin gefangen seid, das Elend den Gedanken an Freiheit nehmen soll – oder daß ihr, falls ihr doch Vorsorge trefft,
mehr damit beschäftigt seid, Gefahr abzuwehren als Rache
zu üben. Über seine Spießgesellen, Menschen mit bedeutenden Namen, mit beispielhaften Vorfahren, kann ich mich
nicht genug wundern: Für die Gewaltherrschaft über euch
geben sie als Preis die eigene Knechtschaft und wollen lieber
beides unrechtmäßig als mit bestem Recht als freie Menschen
zu leben. Eine herrliche Nachkommenschaft von Männern
wie Brutus, Aemilius und Lutatius, dazu geboren, zu zerstören, was ihre Ahnen durch Tüchtigkeit gewonnen! Denn was
ist gegen Pyrrhus, Hannibal, Philipp und Antiochus anderes
verteidigt worden als die Freiheit und eines jeden Heim und

sedes, neu quoi nisi legibus pareremus? quae cuncta scaevos 5
iste Romulus quasi ab externis rapta tenet, non tot exercituum
clade neque consulum et aliorum principum, quos fortuna
belli consumpserat, satiatus, sed tum crudelior, quom plerosque secundae res in miserationem ex ira vortunt. quin solus 6
omnium post memoriam humani generis supplicia in post
futuros conposuit, quis prius iniuria quam vita certa esset,
pravissumeque per sceleris inmanitatem adhuc tutus fuit,
dum vos metu gravioris serviti a repetunda libertate terremini.

Agundum atque obviam eundum est, Quirites, ne spolia 7
vostra penes illos sint; non prolatandum neque votis paranda
auxilia! nisi forte speratis taedium iam aut pudorem tyran-
nidis Sullae esse et eum per scelus occupata periculosius
dimissurum. at ille eo processit, ut nihil gloriosum nisi tutum 8
et omnia retinendae dominationis honesta aestumet. itaque 9
illa quies et otium cum libertate, quae multi probi potius
quam laborem cum honoribus capessebant, nulla sunt. hac 10
tempestate serviundum aut imperitandum, habendus metus
est aut faciundus, Quirites! nam quid ultra? quaeve humana 11
superant aut divina inpolluta sunt? populus Romanus, paulo
ante gentium moderator, exutus imperio, gloria, iure, agi-
tandi inops despectusque ne servilia quidem alimenta relicua

dazu dies, daß wir niemandem als den Gesetzen gehorchen müssen? Das alles hält dieses Zerrbild eines Romulus fest als hätte er es Fremden entrissen, er, der noch nicht genug hat vom Untergang so vieler Heere, Konsuln und anderer hervorragender Männer, die das Schicksal des Krieges dahingerafft hat, sondern der danach nur noch grausamer ist, obwohl doch das Glück die meisten von Zorn zu Mitleid umstimmt. Ja, er hat sogar als einziger seit Menschengedenken Strafen gegen spätere Geschlechter angeordnet, denen so das Unrecht früher als das Leben sicher ist, und – das Schlimmste! – er war durch die Ungeheuerlichkeit seines Verbrechens bis jetzt in Sicherheit, während ihr euch durch Furcht vor noch schwererer Unterdrückung abschrecken ließet, die Freiheit zurückzugewinnen.

Handeln und Widerstand leisten tut not, Quiriten, damit nicht, was man euch als Beute abgenommen, in den Händen von jenen ist; das duldet keinen Aufschub, auch könnt ihr durch Gebete keine Hilfe erlangen! Außer ihr hofft, daß Sulla schon Überdruß oder Scham wegen seiner Tyrannei empfindet und daß er das durch Verbrechen Gewonnene unter noch größerer Gefahr loslassen wird. Aber er ist schon so weit gegangen, daß er nur das für ruhmvoll hält, was sicher ist, und alles für ehrenhaft, was zur Behauptung seiner Herrschaft dient. Daher sind jener Friede und jene Ruhe in Freiheit, die viele anständige Menschen den mit Ehrenämtern verbundenen Mühen vorzogen, gar nicht mehr da. Jetzt, in dieser Zeit, Quiriten, heißt es dienen oder befehlen, Furcht haben oder erregen! Denn was sonst? Welches menschliche Recht ist denn noch übrig, welches göttliche noch unbesudelt? Das römische Volk, eben noch Herr der Welt, ist entkleidet seiner Herrschaft, seines Ruhmes und seines Rechtes, außerstande, sein Leben zu fristen, und verachtet hat es nicht einmal mehr so viel Verpflegung wie Sklaven. Eine große Anzahl von

habet. sociorum et Lati magna vis civitate pro multis et 12
egregiis factis a vobis data per unum prohibentur, et plebis
innoxiae patrias sedes occupavere pauci satellites mercedem
scelerum. leges, iudicia, aerarium, provinciae, reges penes 13
unum, denique necis civium et vitae licentia. simul humanas 14
hostias vidistis et sepulcra infecta sanguine civili. estne viris 15
relicui aliud quam solvere iniuriam aut mori per virtutem?
quoniam quidem unum omnibus finem natura vel ferro
saeptis statuit, neque quisquam extremam necessitatem nihil
ausus nisi muliebri ingenio expectat.

Verum ego seditiosus, uti Sulla ait, qui praemia turbarum 16
queror, et bellum cupiens, qui iura pacis repeto. scilicet quia 17
non aliter salvi satisque tuti in imperio eritis, nisi Vettius
Picens et scriba Cornelius aliena bene parta prodegerint, nisi
adprobaritis omnes proscriptionem innoxiorum ob divitias,
cruciatus virorum inlustrium, vastam urbem fuga et caedibus,
bona civium miserorum quasi Cimbricam praedam venum
aut dono datam. at obiectat mihi possessiones ex bonis 18
proscriptorum. quod quidem scelerum illius vel maxumum
est, non me neque quemquam omnium satis tutum fuisse, si
recte faceremus. atque illa, quae tum formidine mercatus
sum, pretio soluto, iure dominis tamen restituo, neque pati
consilium est ullam ex civibus praedam esse. satis illa fuerint, 19

Bundesgenossen und Latinern ist an der Ausübung des Bürgerrechts, das ihnen von euch für viele hervorragende Taten verliehen wurde, durch einen einzigen Menschen gehindert, und die Stammsitze des schuldlosen Volkes haben einige wenige seiner Spießgesellen als Lohn für ihre Verbrechen in Besitz genommen. Gesetze, Gerichte, Aerarium, Provinzen, Könige sind in der Hand eines einzigen und sogar unbeschränkte Gewalt über Leben und Tod von Bürgern. Zugleich mußtet ihr Menschen, die wie Opfertiere geschlachtet wurden, sehen, und Gräber, mit Bürgerblut getränkt. Bleibt Männern etwas anderes übrig als das Unrecht zu beseitigen oder tapfer zu sterben? Denn die Natur hat allen, auch den mit Eisen bewehrten, nur ein einziges Ende gesetzt, und niemand sieht dem letzten Unvermeidlichen entgegen, ohne etwas gewagt zu haben, außer er ist weibischen Sinnes.

Aber nach Sullas Worten bin ich ein Aufrührer, da ich mich über die Belohnungen für Unruhestiftung beklage, und kriegslüstern, da ich die Rechte des Friedens zurückfordere. Natürlich, weil ihr nur heil und in eurer Herrschaft sicher genug sein könnt, wenn der Picener Vettius und der Schreiber Cornelius die ehrlich erworbene Habe anderer durchgebracht haben und wenn ihr einmütig billigt die wegen ihres Reichtums vorgenommene Proskription Unschuldiger, die Folterungen bedeutender Männer, die Entvölkerung der Stadt durch Verbannung und Mord, den Verkauf oder die Verschenkung des Besitzes unglücklicher Bürger als wäre er cimbrische Beute. Aber er wirft mir Erwerbungen aus dem Besitz Proskribierter vor. Das ja ist vielleicht das größte seiner Verbrechen, daß weder ich noch sonst irgend jemand in genügender Sicherheit gewesen wäre, wenn wir recht gehandelt hätten. Was ich damals aus Angst gekauft, erstatte ich dennoch denen zurück, die, obwohl der Kaufpreis bezahlt ist, noch die rechtmäßigen Eigentümer sind, und es ist nicht

quae rabie contracta toleravimus: manus conserentis inter
se Romanos exercitus et arma ab externis in nosmet vorsa.
scelerum et contumeliarum omnium finis sit. quorum adeo
Sullam non paenitet, ut et facta in gloria numeret et, si
liceat, avidius fecerit.

Neque iam, quid existumetis de illo, sed quantum audeatis, 20
vereor, ne alius alium principem expectantes ante capiamini,
non opibus eius, quae futiles et conruptae sunt, sed vostra
socordia, qua raptum ire licet et, quam audeas, tam videri
felicem. nam praeter satellites conmaculatos quis eadem volt 21
aut quis non omnia mutata praeter victoriam? scilicet milites,
quorum sanguine Tarulae Scirtoque, pessumis servorum,
divitiae partae sunt! an quibus praelatus in magistratibus
capiundis Fufidius, ancilla turpis, honorum omnium de-
honestamentum? itaque maxumam mihi fiduciam parit victor 22
exercitus, quoi per tot volnera et labores nihil praeter tyran-
num quaesitum est. nisi forte tribuniciam potestatem evor- 23
sum profecti sunt per arma, conditam a maioribus suis, utique
iura et iudicia sibimet extorquerent. egregia scilicet mercede,
quom relegati in paludes et silvas contumeliam atque invidiam suam, praemia penes paucos intellegerent!

Quare igitur tanto agmine atque animis incedit? quia 24

meine Absicht zu dulden, daß sich jemand an Bürgern bereichert. Es soll an dem genug sein, was wir an aus Wahnwitz Geschehenem ertragen mußten: römische Heere, die untereinander handgemein, und römische Waffen, die von auswärtigen Feinden weg und gegen uns selbst gerichtet wurden. Aller Verbrechen und Beschimpfungen soll ein Ende sein. Sulla bereut diese so wenig, daß er sich seine Untaten zum Ruhme rechnet und sie, wenn möglich, noch hemmungsloser täte.

Ich bin jetzt nicht so sehr darum besorgt, was ihr von ihm haltet, sondern wie wenig ihr wagt; ich fürchte nämlich, ihr laßt euch, während einer auf die Initiative des anderen wartet, überwältigen, nicht durch seine Macht, die hinfällig und heruntergekommen ist, sondern durch eure eigene Trägheit, die es ermöglicht, auf Raub auszugehen und so glücklich zu erscheinen, wie man kühn ist. Denn, wer außer seinen schmutzigen Spießgesellen hat dieselben Wünsche, oder wer möchte nicht alles verändert sehen außer dem Sieg? Vielleicht gar die Soldaten, mit deren Blut dem Tarula und dem Scirtus, Sklaven übelster Sorte, Reichtümer verschafft wurden? Oder etwa die, denen bei der Besetzung von Ämtern ein Fufidius, diese liederliche Sklavin, eine Entehrung aller Ehrenstellen, vorgezogen wurde? Deshalb flößt mir das siegreiche Heer die größte Zuversicht ein, das sich durch so viele Wunden und Mühen nichts als einen Tyrannen erworben hat. Es sei denn, sie wären ausgezogen, um mit Waffengewalt die tribunizische Machtbefugnis, die von ihren eigenen Vorfahren eingerichtet wurde, zu vernichten und sich selbst Recht und Gericht aus den Händen zu winden. Fürwahr, um einen außerordentlichen Lohn, da sie, in Sümpfe und Wälder verwiesen, Beschimpfungen und Mißgunst als ihr Teil, die Belohnungen aber bei wenigen sehen.

Weshalb also zieht er mit solchem Gefolge und solchem Hochmut einher? Weil das Glück zum Deckmantel für

secundae res mire sunt vitiis obtentui. quibus labefactis, quam formidatus est, tam contemnetur. nisi forte specie concordiae et pacis, quae sceleri et parricidio suo nomina indidit. neque aliter rem publicam et belli finem ait, nisi maneat expulsa agris plebes, praeda civilis acerbissuma, ius iudiciumque omnium rerum penes se, quod populi Romani fuit. quae si vobis pax et conposita intelleguntur, maxuma 25 turbamenta rei publicae atque exitia probate, adnuite legibus inpositis, accipite otium cum servitio et tradite exemplum posteris ad rem publicam suimet sanguinis mercede circum-veniundam. mihi quamquam per hoc summum imperium 26 satis quaesitum erat nomini maiorum, dignitati atque etiam praesidio, tamen non fuit consilium privatas opes facere, potiorque visa est periculosa libertas quieto servitio. quae si 27 probatis, adeste, Quirites, et bene iuvantibus divis M. Aemi-lium consulem ducem et auctorem sequimini ad recipiundam libertatem.

II
ORATIO PHILIPPI IN SENATU

Maxume vellem, patres conscripti, rem publicam quietam 1 esse aut in periculis a promptissumo quoque defendi, denique prava incepta consultoribus noxae esse. sed contra seditioni-

Schuld wunderbar dienen kann. Wankt dieses aber einmal, wird er so, wie er gefürchtet wurde, verachtet werden. Und dies alles unter dem Schein von Eintracht und Frieden, Begriffen, mit denen er Verbrechen und Vatermord zudeckte. Und nur so, sagt er, gebe es ein Gemeinwesen und eine Beendigung des Krieges, wenn das Volk von Haus und Hof vertrieben bleibe, bitterste staatliche Beute, und wenn Recht und Rechtsprechung in allen Angelegenheiten, was sonst dem Volk von Rom zustand, in seiner Hand blieben. Wenn es dies ist, was ihr unter Frieden und Ordnung versteht, dann billigt doch die große Verwirrung und Zerrüttung des Staates, stimmt den euch auferlegten Gesetzen zu, nehmt die mit Unterdrückung verbundene Ruhe hin und gebt der Nachwelt ein Beispiel, wie man den Staat um den Preis des eigenen Blutes verrät. Obwohl ich, was mich betrifft, durch dieses höchste Amt genug für den Namen meiner Vorfahren, für mein eigenes Ansehen und auch für meine Sicherheit erreicht hatte, war es dennoch nicht meine Absicht, mir persönliche Macht zu verschaffen, und besser schien mir Freiheit in Gefahr als Sklaverei in Ruhe. Wenn ihr aber dem zustimmt, so seid zur Stelle, Quiriten, und folgt unter dem Beistand der Götter dem Konsul M. Aemilius, dem Führer und der Triebkraft zur Wiedererringung der Freiheit.

II

REDE DES PHILIPPUS IM SENAT

Mein größter Wunsch wäre es, Senatoren, daß der Staat Ruhe hätte oder in gefährlichen Lagen immer von den entschlossensten Männern verteidigt würde, und schließlich, daß verderbliche Unternehmungen ihren eigenen Urhebern zum Schaden gereichten. Aber nun ist ganz im Gegenteil

bus omnia turbata sunt et ab iis, quos prohibere magis decebat; postremo, quae pessumi et stultissumi decrevere, ea
bonis et sapientibus faciunda sunt. nam bellum atque arma, 2
quamquam vobis invisa, tamen, quia Lepido placent, sumun-
da sunt; nisi forte quoi pacem praestare et bellum pati consilium est. pro di boni, qui hanc urbem omissa cura adhuc 3
tegitis, M. Aemilius, omnium flagitiosorum postremus, qui
peior an ignavior sit deliberari non potest, exercitum opprimundae libertatis habet et se e contempto metuendum effecit;
vos, mussantes et retractantes verbis et vatum carminibus,
pacem optatis magis quam defenditis; neque intellegitis mollitia decretorum vobis dignitatem, illi metum detrahi. atque 4
id iure, quoniam ex rapinis consulatum, ob seditionem provinciam cum exercitu adeptus est. quid ille ob bene facta
cepisset, quoius sceleribus tanta praemia tribuistis? at scilicet 5
eos, qui ad postremum usque legatos, pacem, concordiam et
alia huiusce modi decreverunt, gratiam ab eo peperisse!
immo despecti et indigni re publica habiti praedae loco
aestumantur, quippe metu pacem repetentes, quo habitam
amiserant.

Equidem a principio, quom Etruriam coniurare, pro- 6
scriptos adcersi, largitionibus rem publicam lacerari videbam,
maturandum putabam et Catuli consilia cum paucis secutus

alles durch Unruhen in Verwirrung gebracht, und zwar
gerade von denen, die sie vielmehr hätten verhindern sollen;
und endlich müssen nun die Beschlüsse von Niederträchtigen
und Toren die Anständigen und Vernünftigen ausführen.
Denn zu Krieg und Waffengewalt, so verhaßt sie euch sind,
müßt ihr greifen, weil das dem Lepidus so gefällt, es sei denn,
jemand hätte die Absicht, für den Frieden einzutreten und
folglich den Krieg über sich ergehen zu lassen. O ihr guten
Götter, die ihr diese Stadt bis jetzt beschützt, obwohl sie die
Sorge für sich selbst aufgegeben hat, M. Aemilius, der letzte
aller Schandkerle, bei dem man nicht entscheiden kann, ob er
mehr schlecht oder mehr feige ist, verfügt über ein Heer zur
Unterdrückung der Freiheit, und aus einem Menschen, den
man verachtete, hat er es zu einem, den man fürchten muß,
gebracht. Aber ihr, zaudernd und mit Worten und Seher-
sprüchen ausweichend, wünscht mehr den Frieden als daß
ihr ihn verteidigt; dabei seht ihr nicht, daß die Energielosigkeit eurer Beschlüsse euch die Würde, ihm die Furcht nimmt.
Und das zu Recht, denn mit Räubereien hat er das Konsulat,
durch Aufruhr eine Provinz mit Heer erlangt. Was hätte er
erst für Verdienste erhalten, wenn ihr ihm für Verbrechen
solche Belohnungen verliehen habt? Aber natürlich haben
sich die, die bis zuletzt für Gesandtschaften, Frieden, Eintracht und anderes dieser Art stimmten, seine Dankbarkeit
erworben! Im Gegenteil, verachtet und staatlicher Ämter
für unwürdig befunden, werden sie als Beute betrachtet, da
sie aus Furcht den Frieden wiederhaben wollten, den sie aus
Furcht verloren hatten.

Ich jedenfalls meinte von Anfang an, als ich die Verschwörung in Etrurien, die Rückberufung der Proskribierten,
die Zerrüttung des Staates durch Bestechung sah, Eile sei
geboten, und ich folgte mit nur wenigen Catulus' Vorschlägen. Im übrigen haben diejenigen, die die Verdienste

sum. ceterum illi, qui gentis Aemiliae bene facta extollebant
et ignoscundo populi Romani magnitudinem auxisse, nusquam etiam tum Lepidum progressum aiebant, quom privata arma opprimundae libertatis cepisset, sibi quisque opes
aut patrocinia quaerundo consilium publicum conruperunt.
at tunc erat Lepidus latro cum calonibus et paucis sicariis, 7
quorum nemo diurna mercede vitam mutaverit: nunc est
pro consule cum imperio, non empto sed dato a vobis, cum
legatis adhuc iure parentibus, et ad eum concurrere homines
omnium ordinum conruptissumi, flagrantes inopia et cupidinibus, scelerum conscientia exagitati, quibus quies in
seditionibus, in pace turbae sunt. hi tumultum ex tumultu,
bellum ex bello serunt, Saturnini olim, post Sulpici, dein
Mari Damasippique, nunc Lepidi satellites. praeterea Etru- 8
ria atque omnes reliquiae belli adrectae, Hispaniae armis
sollicitae, Mithridates in latere vectigalium nostrorum, quibus adhuc sustentamur, diem bello circumspicit. quin praeter
idoneum ducem nihil abest ad subvortundum imperium!
quod ego vos oro atque obsecro, patres conscripti, ut ani- 9
madvortatis neu patiamini licentiam scelerum quasi rabiem
ad integros contactu procedere. nam ubi malos praemia
secuntur, haud facile quisquam gratuito bonus est.

An expectatis, dum exercitu rursus admoto ferro atque 10
flamma urbem invadat? quod multo propius est ab eo quo

des Aemilischen Geschlechtes rühmten und sagten, durch Verzeihen sei die Größe des römischen Volkes gefördert worden, und auch damals sei Lepidus noch keineswegs zu weit gegangen, als er auf eigene Faust die Waffen zur Unterdrückung der Freiheit ergriffen hatte, die staatlichen Maßnahmen korrumpiert, wobei jeder für sich Macht oder Protektion zu erlangen suchte. Aber damals war Lepidus ein Wegelagerer mit Troßknechten und ein paar Meuchelmördern, von denen keiner für einen Tagelohn sein Leben einsetzen dürfte: Jetzt ist er Prokonsul mit Imperium, das er nicht erkauft hat, sondern das ihm von euch verliehen wurde, mit Legaten, die ihm bis heute rechtmäßig gehorchen; zu ihm strömte der Abschaum aller Stände glühend vor Not und Gier, vom Bewußtsein ihrer Verbrechen beunruhigt, Leute, die in Unruhen Ruhe, im Frieden Aufregungen haben. Diese reihen Aufruhr an Aufruhr, Krieg an Krieg, einst die Spießgesellen des Saturninus, später des Sulpicius, dann des Marius und Damasippus, jetzt des Lepidus. Außerdem sind Etrurien und alles, was vom Krieg übrig ist, in gespannter Erregung, die beiden spanischen Provinzen sind durch Waffenlärm beunruhigt, Mithridates, an der Flanke unserer Einkommensquellen, durch die wir uns bis jetzt noch aufrecht halten konnten, lauert nur auf einen für den Krieg günstigen Zeitpunkt. Ja, außer einem geeigneten Führer fehlt nichts mehr, unsere Herrschaft zu stürzen! Darum bitte und beschwöre ich euch, Senatoren, wachsam zu sein und nicht zuzulassen, daß die verbrecherische Willkür wie Tollwut zu den noch nicht Angesteckten vordringt. Denn wenn Belohnungen den Schlechten zukommen, ist nicht leicht jemand ohne Entgelt gut.

Oder wollt ihr etwa warten, bis er sein Heer wieder an die Stadt heranführt und mit Feuer und Schwert eindringt? Dahin ist ein viel kleinerer Schritt von seiner jetzigen Situa-

agitat statu, quam ex pace et concordia ad arma civilia. quae
ille advorsum divina et humana omnia cepit, non pro sua
aut quorum simulat iniuria, sed legum ac libertatis subvor-
tundae. agitur enim ac laceratur animi cupidine et noxarum   11
metu, expers consili, inquies, haec atque illa temptans,
metuit otium, odit bellum; luxu atque licentia carendum
videt atque interim abutitur vostra socordia. neque mihi satis   12
consili est, metum an ignaviam an dementiam eam appellem,
qui videmini tanta mala quasi fulmen optare se quisque ne
adtingat, sed prohibere ne conari quidem.

Et quaeso considerate, quam convorsa rerum natura sit.   13
antea malum publicum occulte, auxilia palam instruebantur,
et eo boni malos facile anteibant: nunc pax et concordia
disturbantur palam, defenduntur occulte. quibus illa placent,
in armis sunt, vos in metu. quid expectatis? nisi forte pudet   14
aut piget recte facere. an Lepidi mandata animos movere?
qui placere ait sua quoique reddi et aliena tenet; belli iura
rescindi, quom ipse armis cogat; civitatem confirmari, quibus
ademptam negat; concordiae gratia tribuniciam potestatem
restitui, ex qua omnes discordiae adcensae.

Pessume omnium atque inpudentissume, tibine egestas   15
civium et luctus curae sunt? quoi nihil est domi nisi armis

tion, als von Friede und Eintracht zum Bürgerkrieg. Diesen
hat er gegen alles göttliche und menschliche Recht begonnen,
nicht, wie er vorgibt, wegen eines Unrechts, das ihm oder
anderen zugefügt wurde, sondern um Verfassung und Freiheit zu stürzen. Er wird nämlich gejagt und zerfleischt von
Leidenschaft und von Angst vor Strafe, ratlos und ruhelos ist
er, versucht dies und jenes, fürchtet Ruhe und haßt Krieg;
er sieht, daß er Luxus und Leichtlebigkeit entbehren muß,
und inzwischen mißbraucht er eure Sorglosigkeit. Ich weiß
nicht recht, ob ich das Furcht oder Feigheit oder Verrückt-
heit nennen soll, wenn man sieht, wie jeder wünscht, das
große Unglück möge so wenig wie ein Blitz ihn treffen,
aber eine Abwehr nicht einmal versucht.

Und so bitte ich euch zu überlegen, wie verdreht die Welt
ist. Früher wurde eine Schädigung des Staates heimlich, die
Abwehr dagegen öffentlich unternommen, und folglich konnten die Guten den Schädlingen leicht zuvorkommen: jetzt
werden Friede und Eintracht öffentlich gestört, heimlich verteidigt. Die das Schädliche wollen, sind in Waffen, ihr in
Furcht. Worauf wartet ihr? Es sei denn, ihr habt Scheu oder
Widerwillen das Rechte zu tun. Oder habt ihr euch die Wei-
sungen des Lepidus zu Herzen genommen? Dieser sagt, er
wünsche, daß jedem sein Eigentum zurückerstattet werde,
und dabei behält er fremdes; daß das Kriegsrecht aufgehoben werde, obwohl er selber mit Waffen Zwang übt;
daß das Bürgerrecht jenen bestätigt werde, denen es nach
seinen Worten nicht genommen ist; daß um der Eintracht
willen die tribunizische Gewalt wiederhergestellt werde, an
der doch alle Zwietracht sich entzündete.

Du Schlimmster und Schamlosester von allen, kümmerst
du dich um Not und Trauer deiner Mitbürger? Der du
nichts im Hause hast, was du nicht mit Waffengewalt oder

partum aut per iniuriam. alterum consulatum petis, quasi
primum reddideris; bello concordiam quaeris, quo parta
disturbatur. nostri proditor, istis infidus, hostis omnium
bonorum! ut te neque hominum neque deorum pudet, quos
per fidem aut periurio violasti! qui quando talis es, maneas   16
in sententia et retineas arma, te hortor, neu prolatandis
seditionibus, inquies ipse, nos in sollicitudine adtineas.
neque te provinciae neque leges neque di penates civem
patiuntur. perge qua coeptas, ut quam maturrume merita
invenias!

Vos autem, patres conscripti, quo usque cunctando rem   17
publicam intutam patiemini et verbis arma temptabitis?
dilectus advorsum vos habiti, pecuniae publice et privatim
extortae, praesidia deducta atque inposita, ex lubidine leges
imperantur, quom interim vos legatos et decreta paratis.
quanto mehercule avidius pacem petieritis, tanto bellum
acrius erit, quom intelleget se metu magis quam aequo et
bono sustentatum. nam qui turbas et caedem civium odisse   18
ait et ob id armato Lepido vos inermos retinet, quae victis
toleranda sunt, ea quom facere possitis, patiamini potius
censet: ita illi a vobis pacem, vobis ab illo bellum suadet.
haec si placent, si tanta torpedo animos oppressit, ut obliti   19
scelerum Cinnae, quoius in urbem reditu decus ordinis
huius interiit, nihilo minus vos atque coniuges et liberos

durch Unrecht erworben hast. Du bewirbst dich um ein zweites Konsulat, als ob du das erste schon niedergelegt hättest; durch Krieg suchst du Eintracht, der aber zerstört sie, wenn sie gewonnen ist. Verräter an uns, treulos gegen die eigenen Kumpane, Feind aller Anständigen! Wie schämst du dich nicht vor Menschen und vor Göttern, die du treulos und eidbrüchig verletzt hast! Da du nun aber einmal so bist, bleibe bei deinen Grundsätzen und behalte die Waffen, ich fordere dich dazu auf, aber halte nicht durch Verlängerung der Umtriebe, selbst ruhelos, uns in Unruhe. Weder Provinzen, noch Gesetze, noch Penaten dulden dich als Bürger. Setze dein Beginnen fort, damit du möglichst bald deinen Lohn findest!

Ihr aber, Senatoren, wie lange noch wollt ihr durch euer Zögern den Staat schutzlos lassen und mit Worten gegen Waffen vorgehen? Aushebungen wurden gegen euch veranstaltet, öffentliche und private Gelder wurden erpreßt, Besatzungen zurückgezogen und verlegt, nach Laune werden Gesetze angeordnet, während ihr unterdessen Gesandtschaften und Beschlüsse in die Wege leitet. Beim Herkules, je begieriger ihr den Frieden wollt, desto heftiger wird der Krieg sein, wenn er merkt, daß er durch eure Furcht weiter kommt als durch rechtes und anständiges Handeln. Denn, wer behauptet, er hasse Unruhe und Blutvergießen unter Bürgern und deshalb euch in Wehrlosigkeit hält, während er, Lepidus, in Waffen steht, der ist der Ansicht, daß ihr lieber das ertragen sollt, was Besiegte erdulden müssen, obwohl ihr selbst es anderen auferlegen könntet: So bedeutet dieser Rat Frieden von eurer Seite für ihn, für euch aber Krieg von seiner. Wenn ihr dies wollt, wenn solcher Stumpfsinn in euch die Oberhand gewonnen hat, daß ihr, ohne an die Verbrechen des Cinna, durch dessen Rückkehr

Lepido permissuri sitis, quid opus decretis, quid auxilio
Catuli? quin is et alii boni rem publicam frustra curant.
agite ut lubet, parate vobis Cethegi atque alia proditorum 20
patrocinia, qui rapinas et incendia instaurare cupiunt et rursus
advorsum deos penatis manus armare! sin libertas et vera
magis placent, decernite digna nomine et augete ingenium
viris fortibus. adest novos exercitus, ad hoc coloniae veterum 21
militum, nobilitas omnis, duces optumi. fortuna meliores
sequitur. iam illa, quae socordia nostra conlecta sunt, dila-
bentur.

Quare ita censeo: quoniam M. Lepidus exercitum privato 22
consilio paratum cum pessumis et hostibus rei publicae contra huius ordinis auctoritatem ad urbem ducit, uti Ap. Claudius interrex cum Q. Catulo pro consule et ceteris, quibus
imperium est, urbi praesidio sint operamque dent, ne quid
res publica detrimenti capiat.

III

ORATIO C. COTTAE AD POPULUM ROMANUM

(Post paucos dies Cotta mutata veste permaestus, quod
pro cupita voluntate plebes abalienata fuerat, hoc modo in
contione populi disseruit:)

Quirites, multa mihi pericula domi militiaeque, multa 1
advorsa fuere, quorum alia toleravi, partim reppuli deorum

in die Stadt die Blüte dieses Standes zugrunde ging, zu
denken, trotzdem euch, eure Frauen und Kinder dem
Lepidus ausliefern wollt, was sind dann Beschlüsse, was des
Catulus' Hilfe nötig? Ja, er und andere Gutgesinnte bemühen sich vergeblich um den Staat. Tut, was euch gefällt, verschafft euch den Schutz des Cethegus und anderer Verräter,
die Raub und Brandstiftung erneuern und abermals gegen
die Penaten sich bewaffnen wollen! Wenn ihr aber Freiheit
und Recht vorzieht, beschließt, was eures Namens würdig
ist und stärkt tapferen Männern den Mut. Ein frisches Heer
ist zur Stelle, dazu die Kolonien altgedienter Soldaten, die
ganze Nobilität, die besten Feldherrn. Das Glück ist auf
der Seite der Besseren. Schon bald wird, was sich durch
unsere Nachlässigkeit ansammeln konnte, zerfallen.

Deshalb beantrage ich: Weil M. Lepidus auf eigene Faust
ein Heer angeworben hat und dieses mit Verbrechern und
Staatsfeinden gegen den Willen dieses Standes in Richtung
auf die Stadt führt, möge der Interrex Ap. Claudius mit dem
Prokonsul Q. Catulus und den anderen, die ein Imperium
innehaben, den Schutz der Stadt übernehmen und darum
bemüht sein, daß der Staat keinen Schaden erleidet.

III

REDE DES C. COTTA AN DAS VOLK VON ROM

(Nach einigen Tagen hielt Cotta im anderen Gewand
und sehr betrübt, weil sich das Volk, statt von der erwünsch-
ten Gesinnung zu sein, vielmehr widerwillig gezeigt hatte,
folgende Rede in der Volksversammlung:)

Quiriten, viele Gefahren zu Hause und im Kriege, viele
Widerwärtigkeiten sind mir widerfahren; teils habe ich sie
ertragen, teils mit Hilfe der Götter und aus eigener Kraft

auxiliis et virtute mea. in quis omnibus numquam animus negotio defuit neque decretis labos. malae secundaeque res opes, non ingenium mihi mutabant. at contra in his miseriis **2** cuncta me cum fortuna deseruere. praeterea senectus, per se gravis, curam duplicat, quoi misero acta iam aetate ne mortem quidem honestam sperare licet. nam si parricida **3** vostri sum et bis genitus hic deos penatis meos patriamque et summum imperium vilia habeo, quis mihi vivo cruciatus satis est aut quae poena mortuo? quin omnia memorata apud inferos supplicia scelere meo vici.

A prima adulescentia in ore vostro privatus et in magistra- **4** tibus egi. qui lingua, qui consilio meo, qui pecunia voluere, usi sunt; neque ego callidam facundiam neque ingenium ad male faciundum exercui. avidissumus privatae gratiae maxu- mas inimicitias pro re publica suscepi; quis victus cum illa simul, quom egens alienae opis plura mala expectarem, vos, Quirites, rursus mihi patriam deosque penatis cum ingenti dignitate dedistis. pro quibus beneficiis vix satis gratus videar, **5** si singulis animam quam nequeo concesserim. nam vita et mors iura naturae sunt: ut sine dedecore cum civibus fama et fortunis integer agas, id dono datur atque accipitur.

abgewehrt. Bei all dem hat es mir weder jemals an Entschlossenheit für das zu Unternehmende noch zur Ausführung der Beschlüsse an angestrengtem Bemühen gefehlt. Glückliche und unglückliche Verhältnisse änderten nur meine äußere Lage, nicht meinen Charakter. In diesem Elend aber hat mich alles samt dem Glück verlassen. Außerdem verdoppelt noch das Alter, das an sich schon schwer genug ist, meine Sorge, da ich Unglücklicher am Ende meines Lebens nicht einmal einen ehrenvollen Tod erhoffen darf. Denn wenn ich, an euch ein Hochverräter und hier zweimal geboren, meine Penaten, Vaterland und höchste Amtsgewalt gering achte, welche Qual ist dann für mich im Leben groß genug und welche Strafe im Tode? Da doch alle Strafen der Unterwelt, von denen berichtet wird, zu gering sind für mein Verbrechen.

Von frühester Jugend an lebte ich im privaten und öffentlichen Leben unter euren Augen. Wer sich meiner Rede, wer sich meines Rates, wer sich meines Geldes bedienen wollte, der durfte es; nie habe ich meine Gewandtheit im Reden, nie meine Fähigkeiten dafür eingesetzt, Unrecht zu tun. Obwohl mich sehr nach persönlicher Beliebtheit verlangte, habe ich doch dem Staat zuliebe die größten Feindschaften auf mich genommen. Als ich aber durch diese gleichzeitig mit dem Staat überwältigt war, als ich, fremder Hilfe bedürftig, noch mehr Schlimmes erwartete, da habt ihr, Quiriten, mir Vaterland und Penaten, verbunden mit hoher Würde, wiedergegeben. Für diese Gunstbeweise dürfte ich selbst dann kaum dankbar genug erscheinen, wenn ich, was ja unmöglich ist, für jeden einzelnen von euch mein Leben hingäbe. Denn Leben und Tod sind Rechte der Natur: Daß man aber ohne Schande mit seinen Mitbürgern leben kann, im vollen Besitze seines guten Rufes und Vermögens, das wird als Geschenk gegeben und empfangen.

Consules nos fecistis, Quirites, domi bellique inpeditis- 6
suma re publica. namque imperatores Hispaniae stipendium,
milites, arma, frumentum poscunt, et id res cogit, quoniam
defectione sociorum et Sertori per montis fuga neque manu
certare possunt neque utilia parare. exercitus in Asia Cilicia- 7
que ob nimias opes Mithridatis aluntur, Macedonia plena
hostium est nec minus Italiae marituma et provinciarum,
quom interim vectigalia parva et bellis incerta vix partem
sumptuum sustinent. ita classe, quae conmeatus tuebatur,
minore quam antea navigamus. haec si dolo aut socordia 8
nostra contracta sunt, agite, ut monet ira, supplicium sumite:
sin fortuna communis asperior est, quare indigna vobis
nobisque et re publica incipitis?

Atque ego, quoius aetati mors propior est, non deprecor, 9
si quid ea vobis incommodi demitur; neque mox ingenio
corporis honestius quam pro vostra salute finem vitae fecerim.
adsum en C. Cotta consul, facio quod saepe maiores asperis 10
bellis fecere: voveo dedoque me pro re publica. quam deinde 11
quoi mandetis, circumspicite; nam talem honorem bonus
nemo volet, quom fortunae et maris et belli ab aliis acti ratio
reddunda aut turpiter moriundum sit. tantummodo in 12
animis habetote non me ob scelus aut avaritiam caesum, sed
volentem pro maxumis beneficiis animam dono dedisse.

Ihr habt uns zu Konsuln gemacht, Quiriten, während sich der Staat zu Hause und im Kriege in recht bedrängter Lage befand. Denn die Feldherrn in Spanien fordern Sold, Mannschaften, Waffen und Verpflegung; die Lage zwingt sie dazu, da sie nach Abfall der Bundesgenossen und nach des Sertorius Flucht über das Gebirge weder eine Schlacht schlagen noch sich das Nötige verschaffen können. Heere müssen in Kleinasien und Kilikien wegen der übergroßen Macht des Mithridates unterhalten werden, Makedonien ist voller Feinde und nicht minder sind es die Küstengebiete Italiens und der Provinzen, während indessen die Staatseinnahmen, die nur gering und wegen der Kriege unsicher sind, kaum einen Teil der Ausgaben tragen können. So kommt es, daß unsere Flotte, der Schutz unserer Zufuhren, kleiner ist als zuvor. Wenn dies durch Tücke oder Nachlässigkeit von mir verursacht worden ist, dann tut, was euch der Zorn eingibt, verhängt die Todesstrafe: wenn es aber das gemeinsame Schicksal ist, das härter ist als sonst, warum beginnt ihr, was euer, unser und des Staates unwürdig ist?

Ich nun, der durch sein Alter dem Tode recht nahe ist, würde mich nicht von ihm losbitten, wenn durch ihn irgendein Schaden von euch abgewendet werden könnte; und ich könnte in der kurzen Zeit, die mir bei dem Zustand meines Körpers noch gegeben ist, nicht ehrenvoller als für euer Wohl mein Leben enden. Ich, der Konsul C. Cotta, stehe hier, ich tue, was oft schon unsere Ahnen in schweren Kriegen taten: Ich weihe mich und gebe mich hin für den Staat. Seht zu, wem ihr ihn dann anvertraut; denn ein solches ehrenvolles Amt wird kein guter Mann wollen, wenn man für die Schicksalsschläge zur See und in einem von anderen geführten Kriege Rechenschaft geben oder in Schande sterben muß. Wenigstens das aber behaltet im Gedächtnis, daß ich nicht wegen eines Verbrechens oder

Per vos, Quirites, et gloriam maiorum, tolerate advorsa et   13
consulite rei publicae! multa cura summo imperio inest,   14
multi ingentes labores, quos nequiquam abnuitis et pacis
opulentiam quaeritis, quom omnes provinciae, regna, maria
terraeque aspera aut fessa bellis sint!

IV
EPISTULA CN. POMPEI AD SENATUM

Si advorsus vos patriamque et deos penatis tot labores et   1
pericula suscepissem, quotiens a prima adulescentia ductu
meo scelestissumi hostes fusi et vobis salus quaesita est, nihil
amplius in absentem me statuissetis, quam adhuc agitis,
patres conscripti, quem contra aetatem proiectum ad bellum
saevissumum cum exercitu optume merito, quantum est in
vobis, fame, miserruma omnium morte, confecistis. hacine   2
spe populus Romanus liberos suos ad bellum misit? haec sunt
praemia pro volneribus et totiens ob rem publicam fuso
sanguine? fessus scribundo mittundoque legatos omnis opes
et spes privatas meas consumpsi, quom interim a vobis per
triennium vix annuos sumptus datus est. per deos inmortalis,   3
utrum censetis me vicem aerari praestare an exercitum sine
frumento et stipendio habere posse?

wegen Habsucht fallen mußte, sondern freiwillig zum Dank für größte Wohltaten mein Leben hingegeben habe.

Bei euch, Quiriten, und bei dem Ruhm der Ahnen beschwöre ich euch, ertragt die Widrigkeiten und sorgt für den Staat! Viele Sorgen bringt die höchste Macht mit sich und viele ungeheuere Anstrengungen; vergebens sträubt ihr euch dagegen und sucht den Überfluß des Friedens, obgleich doch alle Provinzen, Reiche, Meere und Länder in Not oder durch Kriege erschöpft sind!

IV

BRIEF DES CN. POMPEIUS AN DEN SENAT

Hätte ich gegen Euch, das Vaterland und die Penaten Mühen und Gefahren so viele Male auf mich genommen, wie seit meiner frühesten Jugend unter meiner Führung Eure schlimmsten Feinde geschlagen worden sind und für Euer Wohl gesorgt worden ist, so hättet Ihr nichts Ärgeres gegen mich in meiner Abwesenheit beschließen können, als dies bis jetzt der Fall ist, Senatoren; mich, der ungeachtet seiner Jugend in den schrecklichsten Krieg mit einem hochverdienten Heere hinausgestoßen wurde, den hättet Ihr, soviel an Euch liegt, durch den allerelendesten Tod, den Hungertod, umkommen lassen. Hat in dieser Erwartung das römische Volk seine Söhne in den Krieg geschickt? Ist das der Lohn für die Wunden und für das dem Staat zuliebe so oft vergossene Blut? Müde des Schreibens und überdrüssig der Gesandtschaften habe ich alle meine privaten Mittel und Kredite erschöpft, während indessen von Euch in einem Zeitraum von drei Jahren kaum der Bedarf eines Jahres gewährt wurde. Bei den unsterblichen Göttern, seid Ihr der Meinung, ich könne an Stelle des Aerariums treten oder ein Heer ohne Lebensmittel und Sold unterhalten?

Equidem fateor me ad hoc bellum maiore studio quam 4
consilio profectum, quippe qui nomine modo imperi a vobis
accepto diebus quadraginta exercitum paravi hostisque in
cervicibus iam Italiae agentis ab Alpibus in Hispaniam sub-
movi. per eas iter aliud atque Hannibal, nobis opportunius,
patefeci. recepi Galliam, Pyrenaeum, Lacetaniam, Indigetis, 5
et primum impetum Sertori victoris novis militibus et multo
paucioribus sustinui hiememque castris inter saevissumos
hostis, non per oppida neque ex ambitione mea egi. quid 6
deinde proelia aut expeditiones hibernas, oppida excisa aut
recepta enumerem? quando res plus valet quam verba. castra
hostium apud Sucronem capta et proelium apud flumen
Turiam et dux hostium C. Herennius cum urbe Valentia
et exercitu deleti satis clara vobis sunt. pro quis, o grati
patres, egestatem et famem redditis!

Itaque meo et hostium exercitui par condicio est; namque 7
stipendium neutri datur, victor uterque in Italiam venire
potest.

Quod ego vos moneo quaesoque, ut animadvortatis neu 8
cogatis necessitatibus privatim mihi consulere. Hispaniam 9
citeriorem, quae non ab hostibus tenetur, nos aut Sertorius
ad internecionem vastavimus, praeter maritumas civitatis:
ultro nobis sumptui onerique. Gallia superiore anno Metelli
exercitum stipendio frumentoque aluit et nunc malis fructi-

Ich muß zugeben, daß ich in diesen Krieg mit größerem
Eifer als Überlegung gezogen bin; denn ich habe, nachdem
ich von Euch ein Oberkommando, das nur dem Namen
nach bestand, erhalten hatte, in vierzig Tagen ein Heer zu-
sammengebracht und die Feinde, die Italien schon im
Nacken saßen, von den Alpen bis nach Spanien getrieben.
Über dieses Gebirge habe ich einen anderen, für uns vorteil-
hafteren Weg geöffnet als Hannibal. Ich habe Gallien, die
Pyrenäen, Laketanien und die Indigeter wieder unterworfen;
dem ersten Angriff des siegreichen Sertorius hielt ich mit
jungen und der Zahl nach viel schwächeren Soldaten stand;
den Winter brachte ich mitten unter den wütendsten Feinden im Lager zu und nicht, mit Rücksicht auf meine Popularität, in Stadtquartieren. Was soll ich ferner Kämpfe oder
Unternehmungen im Winter, zerstörte oder wiedergewon-
nene Städte aufzählen? Die Wirklichkeit ist ja stärker als
Worte. Die Eroberung eines feindlichen Lagers am Sucro,
der Kampf am Turia, die Vernichtung des feindlichen Feldherrn C. Herennius samt der Stadt Valentia und seinem
Heer sind Euch zur Genüge bekannt. Dies, o dankbare
Väter, habt Ihr mit Not und Hunger gelohnt!

Daher kommt es, daß mein Heer und das feindliche sich
in gleicher Lage befinden; denn Sold wird keinem gezahlt,
jedes kann siegreich sein und nach Italien kommen.

Darum mahne und bitte ich Euch, dies zu beherzigen
und mich nicht zu zwingen, aus Not mir selbst zu helfen.
Das diesseitige Spanien, soweit es nicht in der Hand des
Feindes ist, haben wir oder Sertorius bis zum völligen Ruin
verwüstet mit Ausnahme der Seestädte, die uns darüber
hinaus noch Kosten und Lasten verursachen. Gallien unter-
hielt im vergangenen Jahr noch des Metellus Heer mit Sold
und Lebensmitteln, und jetzt kann es wegen Mißernten

bus ipsa vix agitat. ego non rem familiarem modo, verum
etiam fidem consumpsi. relicui vos estis: qui nisi subvenitis,   10
invito et praedicente me exercitus hinc et cum eo omne
bellum Hispaniae in Italiam transgradientur.

(Hae litterae principio sequentis anni recitatae in senatu.
sed consules°decretas a patribus provincias inter se paravere:
Cotta Galliam citeriorem habuit, Ciliciam Octavius. dein
proxumi consules L. Lucullus et M. Cotta litteris nuntiis-
que Pompei graviter perculsi cum summae rei gratia tum,
ne exercitu in Italiam deducto neque laus sua neque dignitas
esset, omni modo stipendium et supplementum paravere,
adnitente maxime nobilitate, cuius plerique iam tum lingua
ferociam suam et dicta factis sequebantur.)

V

ORATIO MACRI TRIB. PLEB. AD PLEBEM

Si, Quirites, parum existumaretis, quid inter ius a maioribus   1
relictum vobis et hoc a Sulla paratum servitium interesset,
multis mihi disserundum fuit docendique, quas ob iniurias
et quotiens a patribus armata plebes secessisset utique vindices paravisset omnis iuris sui tribunos plebis. nunc hortari   2
modo relicuom est et ire primum via, qua capessundam

kaum selbst leben. Ich aber habe nicht nur mein Vermögen, sondern auch meinen Kredit erschöpft. Ihr allein seid noch übrig: Helft Ihr nicht, wird — gegen meinen Willen aber nach meiner Voraussage — das Heer und mit ihm der ganze spanische Krieg von hier nach Italien übersetzen.

(Dieser Brief wurde zu Beginn des folgenden Jahres im Senat verlesen. Die Konsuln verständigten sich untereinander über die ihnen durch Senatsbeschluß bestimmten Provinzen: Cotta übernahm das diesseitige Gallien, Kilikien Octavius. Die nächsten Konsuln L. Lucullus und M. Cotta, durch den Brief und die Nachrichten des Pompeius heftig erschüttert, stellten daraufhin sowohl des Staates wegen als vor allem damit ihr Ruhm und ihre Würde nicht geschmälert werde, wenn das Heer nach Italien übersetze, auf jede Weise Sold und Verstärkungen bereit, wobei die Nobilität eifrigst zustimmte, von der die Mehrzahl schon damals ihrem trotzigen Mut Worte und ihren Worten Taten folgen lassen mußte.)

V

REDE DES VOLKSTRIBUNEN MACER
AN DIE PLEBS

Wenn ihr, Quiriten, euch zu wenig klar über den Unterschied zwischen dem euch von den Ahnen überkommenen Recht und dieser Unterdrückung durch Sulla wäret, müßte ich mich weitläufig darüber auslassen und darlegen, auf Grund welcher Rechtsverletzungen und wie oft sich schon die Plebs bewaffnete und von den Patriziern trennte und wie sie sich als Verteidiger ihres gesamten Rechtes die Volkstribunen geschaffen hat. Nun bleibt mir nur, zu mahnen und den Weg voranzugehen, auf dem nach meiner Meinung

arbitror libertatem. neque me praeterit, quantas opes nobili- 3
tatis solus, inpotens, inani specie magistratus pellere dominatione incipiam quantoque tutius factio noxiorum agat quam
soli innocentes. sed praeter spem bonam ex vobis, quae 4
metum vicit, statui certaminis advorsa pro libertate potiora
esse forti viro quam omnino non certavisse.

Quamquam omnes alii creati pro iure vostro vim cunctam 5
et imperia sua gratia aut spe aut praemiis in vos convortere
meliusque habent mercede delinquere quam gratis recte
facere. itaque omnes concessere iam in paucorum domina- 6
tionem, qui per militare nomen aerarium, exercitus, regna,
provincias occupavere et arcem habent ex spoliis vostris,
quom interim more pecorum vos multitudo singulis habendos fruendosque praebetis, exuti omnibus, quae maiores
reliquere; nisi quia vobismet ipsi per suffragia, ut praesides
olim, nunc dominos destinatis. itaque concessere illuc omnes, 7
at mox, si vostra receperitis, ad vos plerique. raris enim
animus est ad ea, quae placent, defendunda; ceteri validio-
rum sunt.

An dubium habetis, num officere quid vobis uno animo 8
pergentibus possit, quos languidos socordesque pertimuere?

die Freiheit zu erringen ist. Mir ist wohl bewußt, wie groß
die politische Macht der Nobilität ist, die ich als einziger,
einflußlos, nur mit dem Schein eines Amtes, mich anschicke,
aus der Gewaltherrschaft zu verdrängen und wieviel ge-
sicherter eine Clique von Schädlingen handelt als einzelne
ehrenhafte Männer. Aber abgesehen von der Zuversicht,
die ihr mir einflößt und die meine Bedenken überwand, habe
ich mich dahingehend entschieden, die Widrigkeiten eines
Kampfes für die Freiheit seien einem mutigen Manne lieber
als überhaupt nicht gekämpft zu haben.

Indessen haben alle anderen, die gewählt sind zur Wahrung eures Rechtes, ihre gesamte Macht und Amtsgewalt
aus Gunst, bestimmten Erwartungen oder Belohnungen
gegen euch gekehrt und halten es für besser, um Lohn
schuldig zu werden als umsonst recht zu handeln. Deshalb
haben sie sich bereits völlig in die Gewalt weniger gegeben,
die unter dem Vorwand militärischer Notwendigkeit Aerarium, Heere, Königreiche und Provinzen in Beschlag genommen und aus der Beute, die euch gehören sollte, ein
Bollwerk errichtet haben, während inzwischen ihr, die
große Masse, euch wie Vieh einzelnen zu Besitz und Ausbeutung in die Hand gebt, alles dessen entkleidet, was die
Ahnen hinterlassen haben, außer daß ihr für euch selbst
durch Stimmabgabe — statt wie einstmals die Beschützer —
jetzt die Herren bestimmt. Deshalb sind auch alle zur
Gegenseite übergegangen, aber falls ihr euer Eigentum
wieder an euch nehmt, werden die meisten schon bald zu
euch zurückkehren. Nur wenige nämlich haben den Mut,
das, was ihnen zusagt, auch zu verteidigen; die anderen sind
in der Hand der Stärkeren.

Oder habt ihr Zweifel, ob sich euch, wenn ihr in Einigkeit vorwärtsschreitet, etwas in den Weg stellen kann, euch,
vor denen sie trotz eurer Schlaffheit und Nachlässigkeit sehr

nisi forte C. Cotta, ex factione media consul, aliter quam metu iura quaedam tribunis plebis restituit. et quamquam L. Sicinius primus de potestate tribunicia loqui ausus mussantibus vobis circumventus erat, tamen prius illi invidiam metuere, quam vos iniuriae pertaesum est. quod ego nequeo satis mirari, Quirites; nam spem frustra fuisse intellexistis. Sulla mortuo, qui scelestum inposuerat servitium, finem mali 9 credebatis: ortus est longe saevior Catulus. tumultus inter- 10 cessit Bruto et Mamerco consulibus. dein C. Curio ad exitium usque insontis tribuni dominatus est. Lucullus 11 superiore anno quantis animis ierit in L. Quintium, vidistis. quantae denique nunc mihi turbae concitantur! quae profecto in cassum agebantur, si prius quam vos serviundi finem, illi dominationis facturi erant, praesertim quom his civilibus armis dicta alia, sed certatum utrimque de dominatione in vobis sit. itaque cetera ex licentia aut odio aut 12 avaritia in tempus arsere, permansit una res modo, quae utrimque quaesita est — et erepta in posterum: vis tribunicia, telum a maioribus libertati paratum.

Quod ego vos moneo quaesoque, ut animadvortatis neu 13

Angst haben? Es müßte denn sein, C. Cotta, ein Konsul
mitten aus der Partei heraus, hätte aus anderen Gründen
als aus Furcht einige Rechte den Volkstribunen zurück-
gegeben. Und obwohl L. Sicinius, der als erster von der
tribunizischen Gewalt zu sprechen wagte, überwältigt
worden war, und obwohl ihr darüber nur ein wenig gemurrt
habt, haben dennoch jene früher eure Unzufriedenheit
gefürchtet als ihr das Unrecht leid geworden seid. Darüber
kann ich mich gar nicht genug wundern, Quiriten; denn,
daß eure Hoffnung vergeblich war, mußet ihr einsehen.
Als Sulla, der euch die verruchte Knechtschaft auferlegt
hatte, tot war, glaubtet ihr, nun sei das Ende des Leidens
da: es erstand Catulus, der noch weitaus schlimmer war.
Darauf erhob sich ein Aufruhr unter dem Konsulat des
Brutus und Mamercus. Dann trieb C. Curio seine Gewaltherrschaft bis zum Ende eines unschuldigen Tribunen. Mit
welcher Schärfe Lucullus im vorigen Jahre gegen L. Quintius vorging, habt ihr gesehen. Welche Stürme endlich
werden jetzt gegen mich aufgerührt! Das alles würden
wirklich sinnlose Handlungen sein, wenn jene die Absicht
hätten, früher der Unterdrückung ein Ende zu machen als
ihr selbst ein Ende eurer Knechtung, vor allem, da in den
gegenwärtigen inneren Kämpfen zwar verschiedene Schlag-
worte ausgegeben, aber von beiden Seiten nur um die Herrschaft über euch gekämpft worden ist. Deshalb loderte aller
Zwist, der aus Dreistigkeit, Haß oder Habsucht hervorgegangen war, nur eine Zeitlang, auf die Dauer geblieben ist
nur das eine, was von beiden Seiten angestrebt wurde —
und für die folgende Zeit ist es euch entrissen worden: die
tribunizische Gewalt, eine von den Vorfahren für die Freiheit geschmiedete Waffe.

Deshalb mahne und bitte ich euch, daß ihr acht gebt und
nicht die Bezeichnungen, eurer Feigheit gemäß, ändert und

nomina rerum ad ignaviam mutantes otium pro servitio
appelletis. quo iam ipso frui, si vera et honesta flagitium
superaverit, non est condicio: fuisset, si omnino quiessetis.
nunc animum advortere et, nisi viceritis, quoniam omnis
iniuria gravitate tutior est, artius habebunt.

,Quid censes igitur?ʿ aliquis vostrum subiecerit. primum 14
omnium omittundum morem hunc, quem agitis, inpigrae
linguae, animi ignavi, non ultra contionis locum memores
libertatis. deinde — ne vos ad virilia illa vocem, quo tribunos 15
plebei modo, patricium magistratum, libera ab auctoribus
patriciis suffragia maiores vostri paravere — quom vis
omnis, Quirites, in vobis sit et, quae iussa nunc pro aliis
toleratis, pro vobis agere aut non agere certe possitis, Iovem
aut alium quem deum consultorem expectatis? magna illa 16
consulum imperia et patrum decreta vos exequendo rata
efficitis, Quirites, ultroque licentiam in vos auctum atque
adiutum properatis! neque ego vos ultum iniurias hortor, 17
magis uti requiem cupiatis, neque discordias, uti illi crimi-
nantur, sed earum finem volens iure gentium res repeto et,
si pertinaciter retinebunt, non arma neque secessionem, tantummodo ne amplius sanguinem vostrum praebeatis, censebo.
gerant habeantque suo modo imperia, quaerant triumphos, 18
Mithridatem, Sertorium et reliquias exulum persequantur
cum imaginibus suis: absit periculum et labos, quibus nulla

Ruhe statt Unterdrückung sagt. Jene zu genießen seid ihr, wenn über Wahrheit und Anständigkeit die Niedertracht gesiegt hat, nicht mehr in der Lage: möglich wäre das gewesen, wenn ihr euch überhaupt still verhalten hättet. Jetzt aber sind sie aufmerksam geworden, und sie werden euch, falls ihr nicht die Oberhand bekommt, noch kürzer halten, da jedes Unrecht desto sicherer ist je größer es ist.

,Was beantragst du also?' könnte jemand von euch einwerfen. Zu allererst müßt ihr die Unsitte, der ihr nachhängt, unterlassen, eifrig mit der Zunge, im Herzen aber feig zu sein, bedacht auf die Freiheit nur auf dem Versammlungsplatz und nicht darüber hinaus. Sodann — ohne euch zu jener mannhaften Haltung aufzurufen, wodurch eure Vorfahren Volkstribunen, die patrizische Magistratur und ein von patrizischen Einflüssen unabhängiges Stimmrecht erworben haben — wollt ihr, Quiriten, obwohl alle Macht in eurer Hand ist und ihr das, was ihr jetzt auf Befehl in fremdem Interesse ertragen müßt, unzweifelhaft für euch tun oder auch lassen könnt, auf Juppiter oder irgendeinen anderen Gott warten, der für euch sorgt? Jenen großartigen Befehlen der Konsuln und den Dekreten der Senatoren verleiht ihr, Quiriten, durch ihre Ausführung Rechtsgültigkeit, und ihr beeilt euch sogar, die Willkür gegen euch zu mehren und zu fördern! Doch ich rufe euch nicht dazu auf, Unrecht zu rächen, sondern vielmehr dazu, daß ihr Ruhe verlangt, und da ich nicht Zwistigkeiten will, wie jene mich beschuldigen, sondern deren Ende, fordere ich nach dem Völkerrecht euer Eigentum zurück. Wenn sie es hartnäckig zurückhalten, so werde ich nicht Kampf und nicht Sezession beantragen, sondern nur dies, daß ihr nicht weiterhin euer Blut opfert. Sollen sie doch auf ihre Weise die Befehlsgewalt innehaben und ausüben, Triumphe erstreben, Mithridates, Sertorius und die Reste der Verbannten

pars fructus est! nisi forte repentina ista frumentaria lege 19
munia vostra pensantur. qua tamen quinis modiis libertatem
omnium aestumavere, qui profecto non amplius possunt
alimentis carceris. namque ut illis exiguitate mors prohibetur,
senescunt vires, sic neque absolvit cura familiari tam parva
res et ignaviam quoiusque tenuissuma spe frustratur. quae 20
tamen quamvis ampla quoniam serviti pretium ostentaretur,
quoius torpedinis erat decipi et vostrarum rerum ultro
iniuriae gratiam debere! cavendus dolus est. namque alio 21
modo neque valent in univorsos neque conabuntur. itaque
simul conparant delenimenta et differunt vos in adventum
Cn. Pompei, quem ipsum, ubi pertimuere, sublatum in
cervices suas, mox dempto metu lacerant. neque eos pudet, 22
vindices uti se ferunt libertatis, tot viros sine uno aut remittere
iniuriam non audere aut ius non posse defendere. mihi 23
quidem satis spectatum est Pompeium, tantae gloriae
adulescentem, malle principem volentibus vobis esse quam
illis dominationis socium auctoremque in primis fore tribu-
niciae potestatis. verum, Quirites, antea singuli cives in 24
pluribus, non in uno cuncti praesidia habebatis, neque
mortalium quisquam dare aut eripere talia unus poterat.

verfolgen, sie und ihre Ahnenbilder: Fern bleibe Gefahr und Mühe von denen, die keinen Anteil haben an ihren Früchten! Es sei denn, daß etwa durch jenes plötzliche Getreideverteilungsgesetz eure Dienste bezahlt sind. Aber dabei haben sie die Freiheit aller auf je 5 Scheffel Getreide, die wahrhaftig nicht mehr wert sind als Gefängniskost, eingeschätzt. Denn wie diese durch ihre Kärglichkeit zwar vor dem Tode schützt, die Kräfte aber hinschwinden läßt, so befreit eine solche Kleinigkeit nicht von häuslicher Sorge, sondern hält nur die Feigheit eines jeden durch magere Hoffnung hin. Wäre die Hilfe auch noch so reichlich, so würde sie sich doch nur als Preis für Sklavendienstbarkeit erweisen. Welchen Stumpfsinn würde es verraten, sich täuschen zu lassen und auch noch Dank schuldig zu sein für den ungerechten Eingriff in euer Eigentum! Vor ihrer Arglist müßt ihr euch hüten. Denn auf andere Weise können sie nichts gegen die Gesamtheit ausrichten, und sie werden es auch gar nicht versuchen. Daher beschaffen sie Mittel zu eurer Beschwichtigung und vertrösten euch auf die Ankunft des Cn. Pompeius, den sie, so oft sie die Furcht überkommt, auf ihre Schultern heben, über den sie aber bald, wenn ihnen die Angst genommen ist, lästern. Und sie, die Verteidiger der Freiheit, für die sie sich ausgeben, schämen sich nicht, in so großer Zahl, aber ohne den einen, daß ihnen der Mut fehlt, das Unrecht aufzuheben oder das Vermögen, das Recht zu verteidigen. Für mich wenigstens ist es ziemlich klar, daß Pompeius, ein junger Mann von solchem Ruhme, es vorzieht, mit eurer Zustimmung der erste zu sein, als Teilhaber an ihrer Willkürherrschaft, und daß er ganz besonders die Triebkraft für die Erneuerung der tribunizischen Gewalt sein wird. Wirklich, Quiriten, früher fand der einzelne Bürger Schutz in der Mehrheit, nicht die Gesamtheit Schutz in einem einzigen Manne, denn kein

Itaque verborum satis dictum est, neque enim ignorantia 25
res claudit. verum occupavit nescio quae vos torpedo, qua 26
non gloria movemini neque flagitio, cunctaque praesenti
ignavia mutavistis, abunde libertatem rati, scilicet quia
tergis abstinetur et huc ire licet atque illuc, munera ditium
dominorum. atque haec eadem non sunt agrestibus, sed 27
caeduntur inter potentium inimicitias donoque dantur in
provincias magistratibus. ita pugnatur et vincitur paucis: 28
plebes, quodcumque adcidit, pro victis est et in dies magis
erit, si quidem maiore cura dominationem illi retinuerint,
quam vos repetiveritis libertatem.

VI

EPISTULA MITHRIDATIS

Rex Mithridates regi Arsaci salutem.   1

Omnes, qui secundis rebus suis ad belli societatem orantur,
considerare debent, liceatne tum pacem agere, dein, quod
quaesitur, satisne pium, tutum, gloriosum an indecorum sit.
tibi si perpetua pace frui licet, nisi hostes opportuni et 2
scelestissumi, egregia fama, si Romanos oppresseris, futura
est, neque petere audeam societatem et frustra mala mea cum

Mensch konnte als einzelner dergleichen geben oder entziehen.

Damit genug der Worte! Denn nicht an Unwissenheit krankt die Angelegenheit. Die Wirklichkeit ist, daß sich euer eine unbegreifliche Stumpfheit bemächtigt hat, durch die nicht Ruhm und nicht Schande auf euch Eindruck machen, und ihr habt alles aus augenblicklicher Trägheit hingegeben in der Meinung, es sei genug Freiheit, weil man ja euren Rücken schont und ihr dahin und dorthin gehen dürft: Geschenke eurer reichen Herren. Den Leuten auf dem Lande wird nicht einmal dies gewährt, sondern sie werden hingeschlachtet in den Fehden der Mächtigen und als Geschenk den Magistraten in die Provinzen mitgegeben. So wird im Interesse weniger gekämpft und gesiegt: das Volk ist immer unter den Besiegten und wird es von Tag zu Tag mehr sein, wenigstens dann, wenn jene mehr Sorge darauf verwenden, ihre Herrschaft zu behaupten, als ihr, eure Freiheit zurückzufordern.

VI

BRIEF DES MITHRIDATES

Der König Mithridates entbietet dem König Arsaces seinen Gruß.

Alle, die um Teilnahme an einem Krieg gebeten werden, während sie selbst in glücklichen Verhältnissen sind, müssen überlegen, ob es in der gegenwärtigen Lage noch angeht, Frieden zu halten, sodann ob das, worum sie gebeten werden, hinreichend rechtmäßig, sicher und ruhmvoll oder ob es unehrenhaft ist. Wenn Du dauernden Frieden genießen könntest, wenn die Feinde nicht leicht zu überwinden und verbrecherisch wären, und wenn ein Sieg über Rom Dir nicht einen außergewöhnlichen Ruhm brächte, würde ich

bonis tuis misceri sperem. atque ea, quae te morari posse ₃
videntur, ira in Tigranem recentis belli et meae res parum
prosperae, si vera existumare voles, maxume hortabuntur.
ille enim obnoxius qualem tu voles societatem accipiet; mihi ₄
fortuna multis rebus ereptis usum dedit bene suadendi et,
quod florentibus optabile est, ego non validissumus praebeo
exemplum, quo rectius tua conponas.

Namque Romanis cum nationibus, populis, regibus ₅
cunctis una et ea vetus causa bellandi est: cupido profunda
imperi et divitiarum. qua primo cum rege Macedonum
Philippo bellum sumpsere, dum a Carthaginiensibus preme-
bantur, amicitiam simulantes. ei subvenientem Antiochum ₆
concessione Asiae per dolum avortere; ac mox fracto Philippo
Antiochus omni cis Taurum agro et decem milibus talen-
torum spoliatus est. Persen deinde, Philippi filium, post ₇
multa et varia certamina apud Samothracas deos acceptum
in fidem callidi et repertores perfidiae, quia pacto vitam
dederant, insomniis occidere. Eumenen, quoius amicitiam ₈
gloriose ostentant, initio prodidere Antiocho pacis mercedem,
post, habitum custodiae agri captivi, sumptibus et contumeliis
ex rege miserrumum servorum effecere, simulatoque inpio

es nicht wagen, um ein Bündnis nachzusuchen und würde vergeblich hoffen, mein Unglück Deinem Glück zu verbinden. Was Dich, wie es scheint, zögern lassen könnte, nämlich der Zorn auf Tigranes wegen des letzten Krieges und meine eigene wenig günstige Lage, gerade das wird für Dich, bei rechter Betrachtung, die stärkste Aufforderung sein. Jener, dem die Hände gebunden sind, wird ein Bündnis Deinen Wünschen gemäß akzeptieren; mir hat das Glück viel entrissen, aber die Erfahrung gegeben, guten Rat erteilen zu können, und, was Glücklichen erwünscht ist, ich selbst, der ich nicht gerade der Mächtigste bin, biete ein Beispiel, wie Du Deine Angelegenheiten besser betreiben kannst.

Denn für die Römer gibt es von alters her nur einen einzigen Grund, mit allen Nationen, Völkern und Königen Krieg zu führen, nämlich ihre bodenlose Gier nach Macht und Reichtum. Das ist der Grund, weshalb sie zuerst gegen den Makedonenkönig Philipp Krieg angefangen haben, obwohl sie Freundschaft geheuchelt hatten, solange sie von den Karthagern bedrängt wurden. Antiochos, der ihm zu Hilfe kommen wollte, brachten sie durch Überlassung Asiens arglistig davon ab; aber bald schon wurden ihm, nachdem Philipps Macht gebrochen war, alle Gebiete diesseits des Taurus und zehntausend Talente abgenommen. Sodann töteten sie den Perses, den Sohn Philipps, der sich ihnen nach vielen wechselvollen Kämpfen bei den samothrakischen Göttern auf Gnade und Ungnade ergeben hatte, als hinterlistige Erfinder des Vertragsbruches durch Schlaflosigkeit, weil sie ihm vertraglich das Leben zugesichert hatten. Eumenes, mit dessen Freundschaft sie sich aufspielen, verrieten sie zuerst an Antiochos als Preis für den Frieden, später behandelten sie ihn als Hüter des eroberten Landes und machten durch Ausbeutung und Beleidigungen

testamento filium eius Aristonicum, quia patrium regnum petiverat, hostium more per triumphum duxere; Asia ab ipsis obsessa est. postremo Bithyniam Nicomede mortuo 9 diripuere, quom filius Nysa, quam reginam appellaverat, genitus haud dubie esset.

Nam quid ego me appellem? quem diiunctum undique 10 regnis et tetrarchiis ab imperio eorum, quia fama erat divitem neque serviturum esse, per Nicomedem bello lacessiverunt, sceleris eorum haud ignarum et ea, quae adcidere, testatum antea Cretensis, solos omnium liberos ea tempestate, et regem Ptolemaeum. atque ego ultus iniurias Nicomedem Bithynia 11 expuli Asiamque, spolium regis Antiochi, recepi et Graeciae dempsi grave servitium. incepta mea postremus servorum 12 Archelaus exercitu prodito inpedivit. illique, quos ignavia aut prava calliditas, ut meis laboribus tuti essent, armis abstinuit, acerbissumas poenas solvunt, Ptolemaeus pretio in dies bellum prolatans, Cretenses inpugnati semel iam neque finem nisi excidio habituri.

Equidem quom mihi ob ipsorum interna mala dilata 13 proelia magis quam pacem datam intellegerem, abnuente Tigrane, qui mea dicta sero probat, te remoto procul, omnibus aliis obnoxiis, rursus tamen bellum coepi, Marcumque

aus dem König den elendsten Sklaven. Nachdem sie ihm
ein ungeheuerliches Testament untergeschoben hatten, führten sie seinen Sohn Aristonikos, weil er auf sein väterliches
Reich Anspruch erhob, wie einen Feind im Triumphe auf.
Kleinasien wurde von ihnen selbst besetzt. Zuletzt raubten
sie nach dem Tode des Nikomedes Bithynien, obwohl kein
Zweifel war, daß ihm Nysa, die er zur Königin erhoben
hatte, einen Sohn geboren hatte.

Was soll ich mich da noch selbst erwähnen? Obwohl
ringsum durch Königreiche und Tetrarchien von ihrem
Reiche getrennt, ließen sie mich durch Nikomedes zum
Kriege reizen, da die Rede ging, ich sei reich und wolle
nicht Sklave sein und auch deshalb, weil ich ihre Verbrechen
gut kannte und das, was wirklich eintraf, vorher schon den
Kretern, die zu jener Zeit als einzige von allen noch frei
waren, und dem König Ptolemaios vorausgesagt hatte. Ich
rächte mich für das Unrecht, vertrieb den Nikomedes aus
Bithynien, gewann Kleinasien, das sie von König Antiochos
erbeutet hatten, und nahm von Griechenland die drückende
Knechtschaft. Meine Unternehmungen behinderte Archi-
laos, der niedrigste der Sklaven, durch Verrat am Heere.
Diejenigen, die Feigheit oder verkehrte Schlauheit — sie
wollten durch meine Anstrengungen in Sicherheit sein —
vom Kampfe abhielt, büßen jetzt schwer dafür, Ptolemaios
schiebt durch Geld den Krieg von Tag zu Tag hinaus, die
Kreter, einmal schon angegriffen, werden ein Ende nur im
Untergang finden.

Ich selbst sah ein, daß durch ihre inneren Schwierigkeiten
für mich mehr der Kampf aufgeschoben als daß mir Friede
gegönnt war, und ich habe daher trotz der Weigerung des
Tigranes, der meinen Worten nun zu spät recht gibt, und
obwohl Du weit entfernt warst und alle anderen unfrei
waren, wiederum den Krieg begonnen; den römischen Feld-

Cottam, Romanum ducem, apud Calchedona terra fudi, mari
exui classe pulcherruma. apud Cyzicum magno cum exercitu   14
in obsidio moranti frumentum defuit, nullo circum adnitente;
simul hiems mari prohibebat. ita sine vi hostium regredi
conatus in patrium regnum naufragiis apud Parium et
Heracleam militum optumos cum classibus amisi. restituto   15
deinde apud Caberam exercitu et variis inter me atque Lu-
cullum proeliis inopia rursus ambos incessit. illi suberat
regnum Ariobarzanis bello intactum, ego vastis circum
omnibus locis in Armeniam concessi. secutique Romani non
me, sed morem suom omnia regna subvortundi, quia multitudinem artis locis pugna prohibuere, inprudentiam Tigranis
pro victoria ostentant.

Nunc quaeso considera, nobis oppressis utrum firmiorem   16
te ad resistundum an finem belli futurum putes? scio equidem
tibi magnas opes virorum, armorum et auri esse; et ea re a
nobis ad societatem, ab illis ad praedam peteris. ceterum
consilium est, Tigranis regno integro, meis militibus belli
prudentibus, procul ab domo parvo labore per nostra corpora
bellum conficere, quo neque vincere neque vinci sine tuo
periculo possumus. an ignoras Romanos, postquam ad occi-   17
dentem pergentibus finem Oceanus fecit, arma huc con-

herrn Marcus Cotta habe ich zu Lande bei Kalchedon geschlagen und ihm zur See die schönste Flotte weggenommen.
Als ich bei Kyzikos mit einem großen Heere durch die
Belagerung aufgehalten wurde, gingen mir die Lebensmittel
aus und niemand ringsum half mir; zugleich verhinderte
der Winter die Zufuhr zur See. So versuchte ich, ohne vom
Feind gezwungen zu sein, in mein angestammtes Reich
zurückzukehren, verlor aber durch Schiffbrüche bei Parion
und Herakleia die besten meiner Soldaten zusammen mit
den Flotten. Als ich dann bei Kabeira wieder ein Heer aufgestellt hatte und Gefechte mit wechselndem Erfolg zwischen mir und Lucullus stattgefunden hatten, setzte uns
beiden wieder Mangel an Lebensmitteln zu. Ihm stand das
Reich des Ariobarzanes zur Verfügung, das durch den
Krieg noch unberührt war, ich aber ging, da die ganze
Gegend ringsum verwüstet war, nach Armenien. Die Römer
folgten nicht mir, sondern ihrer Gewohnheit, alle Throne
zu stürzen, und da die Masse der Truppen durch die Enge
des Geländes gehindert wurde, an der Schlacht teilzunehmen
stellen sie die Unklugheit des Tigranes als Sieg dar.

Jetzt, so bitte ich, überlege, ob Du, wenn wir überwältigt
sind, Dich für stärker hältst zum Widerstand oder ob Du
dann das Ende des Krieges für gekommen glaubst? Ich
weiß, Dir stehen bedeutende Mittel an Mannschaften,
Waffen und Gold zur Verfügung, und deshalb bist Du uns
als Bundesgenosse, jenen aber als Beute begehrenswert. Im
übrigen besteht die Absicht, da des Tigranes Reich unge-
schwächt ist und meine Soldaten kriegserfahren sind, den
Krieg fern von Deiner Heimat und ohne viele Mühe durch
unseren Einsatz zu beenden; wir können in ihm weder
siegen noch unterliegen ohne Gefahr für Dich. Oder weißt
Du nicht, daß die Römer, nachdem gegen Westen der
Ozean ihrem Vordringen Einhalt gebot, ihre Waffen hier-

vortisse? neque quicquam a principio nisi raptum habere,
domum, coniuges, agros, imperium? convenas olim sine
patria, parentibus, peste conditos orbis terrarum, quibus non
humana ulla neque divina obstant, quin socios, amicos, procul
iuxta sitos, inopes potentisque trahant, excindant, omniaque
non serva et maxume regna hostilia ducant? namque pauci 18
libertatem, pars magna iustos dominos volunt, nos suspecti
sumus aemuli et in tempore vindices adfuturi. tu vero, quoi 19
Seleucea, maxuma urbium, regnumque Persidis inclutis
divitiis est, quid ab illis nisi dolum in praesens et postea bellum
expectas? Romani arma in omnis habent, acerruma in eos, 20
quibus victis spolia maxuma sunt; audendo et fallundo et
bella ex bellis serundo magni facti. per hunc morem ex- 21
tinguent omnia aut occident; quod haud difficile est, si tu
Mesopotamia, nos Armenia circumgredimur exercitum sine
frumento, sine auxiliis, fortuna aut nostris vitiis adhuc incolumem. teque illa fama sequetur auxilio profectum magnis 22
regibus latrones gentium oppressisse. quod uti facias, moneo 23
hortorque, neu malis pernicie nostra tuam prolatare quam
societate victor fieri!

her gewendet haben? Und daß sie von allem Anfang an nur
Geraubtes besitzen, Haus, Weib, Land und Reich? Daß
sie einst ein zusammengelaufenes Volk waren ohne Vaterland und Eltern, geschaffen zum Unheil der Welt; daß sie
kein menschliches und kein göttliches Recht hindert, Bundesgenossen und Freunde, nah und fern Wohnende, Schwache
und Mächtige auszuplündern und zu verderben, und daß
sie alles, was ihnen nicht dienstbar ist, am meisten aber
Königreiche, für feindlich halten? Denn nur wenige Menschen wollen die Freiheit, ein großer Teil aber gerechte
Herren. Wir sind ihnen verdächtig als Rivalen und — zu
gegebener Zeit — als künftige Rächer. Du aber, dem
Seleukeia, die größte der Städte, und die Herrschaft über
Persis mit seinen berühmten Reichtümern gehören, was er-
wartest Du von ihnen außer Tücke in der Gegenwart und
später Krieg? Die Römer wenden die Waffen gegen alle
und am heftigsten gegen die, durch deren Niederwerfung
sie die größte Beute bekommen; indem sie wagten und
täuschten und Krieg an Krieg reihten sind sie groß geworden. Infolge dieser Gewohnheit werden sie alles vernichten
oder zugrunde gehen. Letzteres herbeizuführen ist nicht
schwer, wenn Du von Mesopotamien, wir von Armenien
das Heer umfassen, das ohne Lebensmittel und ohne Verstärkungen, durch Glück oder unsere Fehler noch unversehrt ist. Dich wird der Ruhm begleiten, daß Du den
großen Königen zu Hilfe gezogen bist und die Ausplünderer
der Völker niedergeworfen hast. Ich mahne und rate dringend, dies zu tun und es nicht vorzuziehen, durch unseren
Untergang den Deinen hinauszuzögern, statt im Bunde mit
uns Sieger zu werden.

EPISTULAE AD CAESAREM SENEM
DE RE PUBLICA

I

I. Pro vero antea optinebat regna atque imperia fortunam ₁
dono dare, item alia, quae per mortaleis avide cupiuntur,
quia et apud indignos saepe erant quasi per libidinem data
neque cuiquam incorrupta permanserant. sed res docuit id ₂
verum esse, quod in carminibus Appius ait, fabrum esse
suae quemque fortunae, atque in te maxume, qui tantum
alios praegressus es, ut prius defessi sint homines laudando
facta tua quam tu laude digna faciundo. ceterum ut fabri- ₃
cata sic virtute parta quam magna industria haberei decet,
ne incuria deformentur aut conruant infirmata. nemo enim ₄
alteri imperium volens concedit et, quamvis bonus atque
clemens sit, qui plus potest tamen, quia malo esse licet, for-
meidatur. id eo evenit, quia plerique rerum potentes per- ₅
vorse consulunt et eo se munitiores putant, quo illei, quibus
imperitant, nequiores fuere. at contra id eniti decet, cum ₆
ipse bonus atque strenuus sis, uti quam optumis imperites.
nam pessumus quisque asperrume rectorem patitur. sed tibi ₇
hoc gravius est, quam ante te omnibus, armis parta com-

POLITISCHE BRIEFE
AN CÄSAR

46 v. Chr.

Früher galt es als sicher, daß Kronen und Reiche Geschenke des Glücks seien, genau so wie alles andere, was von
den Menschen heiß begehrt wird. Denn häufig befanden sie
sich wie nach Laune vergeben in den Händen Unwürdiger
und keinem blieben sie ungeschmälert erhalten. Aber es hat
sich gezeigt, daß wahr ist, was Appius in seinen Sprüchen
sagt: Jeder sei seines Glückes Schmied. Der beste Beweis dafür bist Du, der Du die anderen soweit hinter Dir gelassen
hast, daß den Leuten beim Rühmen Deiner Taten eher der
Atem ausging als Dir bei ruhmreichem Vollbringen. Ebenso
wie das, was man durch seiner Hände Arbeit schafft, muß
man aber auch das durch Tatkraft Errungene sorgsamst hüten, daß es nicht durch Unachtsamkeit entstellt wird oder
ungesichert zusammenbricht. Denn keiner läßt freiwillig die
Herrschaft einem andern: Wer mächtiger ist, wird, wie edel
und milde er auch sein mag, dennoch gefürchtet, weil er die
Möglichkeit zum Bösen hat. Das kommt daher, daß die meisten Machthaber auf dem verkehrten Standpunkt stehen und
ihre Stellung für um so gefestigter halten, je weniger die tau-
gen, denen sie zu gebieten haben. Ganz im Gegenteil muß
aber, wenn man selbst anständig und tüchtig ist, eine Herrschaft über möglichst vortreffliche Menschen das Ziel sein;
denn gerade die Minderwertigsten ertragen am widerwillig-
sten einen, der sie beherrscht. Doch für Dich ist es schwieriger
als für alle vor Dir dem mit Waffengewalt Errungenen eine

ponere, quod bellum aliorum pace mollius gessisti. ad hoc 8
victores praedam petunt, victi cives sunt. inter has difficultates evadendum est tibi atque in posterum firmanda res
publica non armis modo neque advorsum hostis, sed, quod
multo multoque asperius est, pacis bonis artibus. ergo omnes 9
magna mediocri sapientia res huc vocat, quae quisque optima potest, utei dicant. ac mihi sic videtur: qualeicumque 10
modo tu victoriam composuereis, ita alia omnia futura.

II. Sed iam, quo melius faciliusque constituas, paucis, 1
quae me animus monet, accipe.

Bellum tibi fuit, imperator, cum homine claro, magnis 2
opibus, avido potentiae, maiore fortuna quam sapientia, quem
secuti sunt pauci per suam iniuriam tibi inimici, item quos
adfinitas aut alia necessitudo traxit; nam particeps domina- 3
tionis neque fuit quisquam neque, si pati potuisset, orbis terrarum bello concussus foret. cetera multitudo volgi more 4
magis quam iudicio post alius alium quasi prudentiorem secuti. per idem tempus maledictis ineiquorum occupandae 5
rei publicae in spem adducti homines, quibus omnia probro
ac luxuria polluta erant, concurrere in castra tua et aperte
quieteis mortem, rapinas, postremo omnia, quae corrupto
animo lubebat, minitari. ex queis magna pars, ubi neque 6
creditum condonare neque te civibus sicuti hostibus uti vi-

feste Ordnung zu geben, weil Du im Krieg mehr Milde übtest als andere im Frieden. Dazu schreien die Sieger nach Beute, die Besiegten aber sind Bürger. Aus der Enge dieser Schwierigkeiten mußt Du herauskommen und für die Zukunft den Staat sichern, aber nicht nur mit Waffengewalt und nicht nur gegen äußere Feinde, sondern, was viel, viel schwerer ist, mit den edlen Mitteln des Friedens. So ruft denn die große Sache alle, die mehr oder weniger Einsicht haben, nach Vermögen das Beste zu raten. Dies scheint mir sicher: Wie Du Deinen Sieg gestaltest, so wird alles übrige werden.

Doch, auf daß Du besser und leichter Deine Anordnungen treffen kannst, vernimm nun, was Dir in Kürze mitzuteilen ich mich veranlaßt fühle.

Du hast Krieg geführt, Imperator, mit einem berühmten Mann, der über viele Mittel verfügte, machthungrig war und mehr Glück als Einsicht hatte. Nur wenige folgten ihm, die durch eigenes Verschulden Deine Feinde waren; ebenso diejenigen, welche Verwandtschaft oder andere Beziehungen zu ihm hinzogen. An seiner Herrschaft durfte nämlich keiner Anteil nehmen. Hätte er es dulden können, wäre die Welt nicht durch Krieg erschüttert worden. Die übrige Menge lief – mehr, weil dies bei der Masse so Sitte ist, als aus Einsicht – hinterdrein, einer hinter dem andern, als wäre der der Klügere. Gleichzeitig wurden Menschen, die durch lasterhafte und verschwenderische Lebensführung ganz heruntergekommen waren, durch die Schmähungen Deiner Gegner zu der Hoffnung auf die Macht im Staate verleitet. Sie strömten daher in Dein Lager und bedrohten friedliche Menschen ganz offen mit Mord und Plünderung und schließlich mit allem, wonach ein verdorbener Sinn lüstern ist. Ein großer Teil von ihnen zerstreute sich allerdings wieder, sobald sie sahen, daß Du weder die Schulden nach-

dent, defluxere; pauci restitere, quibus maius otium in castris quam Romae futurum erat: tanta vis creditorum in-
pendebat. sed ob easdem causas immane dictust, quanti et   7
quam multi mortales postea ad Pompeium discesserint, eoque
per omne tempus belli quasi sacro atque inspoliato fano de-
bitores usi.

III. Igitur quoniam tibi victori de bello atque pace agitan-   1
dum est, hoc uti civiliter deponas, illa ut quam iustissima et
diuturna sit, de te ipso primum, qui ea compositurus es, quid
optimum factu sit, existima. equidem ego cuncta imperia   2
crudelia magis acerba quam diuturna arbitror neque quemquam multis metuendum esse, quin ad eum ex multis formido reccidat: eam vitam bellum aeternum et anceps gerere,
quoniam neque adversus neque ab tergo aut lateribus tutus
sis, semper in periculo aut metu agites. contra qui benigni-   3
tate et clementia imperium temperavere, iis laeta et candida
omnia visa, etiam hostes aequiores quam aliis cives.

Haud scio an, qui me his dictis corruptorem victoriae tuae   4
nimisque in victos bona voluntate praedicent; scilicet quod ea,
quae externis nationibus natura nobis hostibus nosque maio-
resque nostri saepe tribuere, ea civibus danda arbitror neque
barbaro ritu caede caedem et sanguinem sanguine expianda.

IV. An illa, quae paulo ante hoc bellum in Cn. Pompeium   1
victoriamque Sullanam increpabantur, oblivio interfecit? Do-

ließest, noch mit Bürgern wie mit Staatsfeinden umsprangst. Nur wenige blieben, nämlich die, die vom Leben im Lager eine ruhigere Zeit zu erwarten hatten als in Rom: Soviel Gläubiger saßen ihnen auf dem Nacken. Aber es ist ungeheuerlich zu sagen, was für Menschen und wie viele später aus den gleichen Gründen zu Pompeius liefen, Schuldenmacher, für die er während der ganzen Kriegszeit gleichsam eine geheiligte, unverletzliche Zufluchtsstätte war.

Deine Aufgabe als Sieger ist es, Dir über den Krieg und über den Frieden Gedanken zu machen, daß Du nämlich den Krieg ohne Brutalität beendest und den Frieden so gerecht und dauerhaft wie möglich gestaltest. Deshalb überlege zuerst, was Du selbst, der Du diese Ordnung schaffen mußt, am besten tust. Ich für meinen Teil bin der Ansicht, daß jede Schreckensherrschaft mehr hart zu ertragen als von langer Dauer ist. Ich glaube auch nicht, daß jemand von vielen gefürchtet werden kann, ohne daß jenes Entsetzen von den vielen letztlich auf ihn selbst zurückfällt. Ein solches Leben führen, heißt einen ständigen, unentschiedenen Kampf führen, denn von vorn, von hinten, von der Seite, nirgends ist man sicher, sondern schwebt ständig in Gefahr und Furcht. Wer dagegen in Güte und Milde regiert, dem zeigt sich alles in hellem, freundlichem Lichte. Selbst die Feinde sind ihm wohlwollender gesinnt als anderen ihre Mitbürger.

Vermutlich gibt es Leute, die nach diesen Worten erklären, ich verdürbe die Früchte Deines Sieges und meinte es mit den Besiegten allzu gut, natürlich deshalb, weil ich der Ansicht bin, man müsse, was wir und unsere Vorfahren auswärtigen Völkern, die von Natur aus unsere Feinde sind, oft zugestanden haben, auch Mitbürgern gewähren, und nicht barbarisch Mord mit Mord und Blut mit Blut sühnen.

Ist vielleicht schon der Vergessenheit anheimgefallen, was nicht lange vor diesem Krieg an Gnäus Pompeius und an dem

mitium, Carbonem, Brutum, alios item non armatos neque in
proelio belli iure, sed postea supplices per summum scelus
interfectos, plebem Romanam in villa publica pecoris modo
conscissam. eheu quam illa occulta civium funera et repen- 2
tinae caedes, in parentum aut liberorum sinum fuga mulierum et puerorum, vastatio domuum ante partam a te
victoriam saeva atque crudelia erant! ad quae te idem illi hor- 3
tantur. et scilicet id certatum esse, utrius vestrum arbitrio
iniuriae fierent, neque receptam, sed captam a te rem publicam et ea causa exercitus stipendiis confectis optimos et veterrimos omnium advorsum fratres parentisque armis contendere, ut ex alienis malis deterrumi mortales ventri atque
profundae lubidini sumptus quaererent atque essent ob-
probria victoriae, quorum flagitiis commacularetur bonorum
laus. neque enim te praeterire puto, quali quisque eorum 4
more aut modestia etiam tum dubia victoria sese gesserit
quoque modo in belli administratione scorta aut convivia
exercuerint nonnulli, quorum aetas ne per otium quidem talis voluptatis sine dedecore attingerit.

V. De bello satis dictum. de pace firmanda quoniam tuque 1
et omnes tui agitatis, primum id, quaeso, considera, quale sit,
de quo consultas. ita bonis malisque dimotis patenti via ad
verum perges. ego sic existimo: quoniam orta omnia inter- 2
eunt, qua tempestate urbi Romanae fatum excidii adven-

Sieg Sullas so laut verdammt wurde? Daß Domitius, daß Carbo,
Brutus und andere unbewaffnet und nicht im Kampf und
nach Kriegsrecht, sondern erst hinterher, als sie um Gnade
baten, in ganz gemeiner Weise umgebracht wurden, daß
Römer wie Vieh im Amtsgebäude der Zensoren nieder-
gemetzelt wurden! Entsetzlich die geheimen Mordtaten an
Bürgern, die plötzlichen Gemetzel, das Flüchten von Frauen
und Kindern an die Brust ihrer Eltern und Söhne, die Ver-
wüstung der Häuser, wie furchtbar und grausam war das vor
Deinem Siege! Und gerade dazu fordern dieselben Leute
Dich auf! Als ob nur darum gekämpft worden sei, wer von
Euch beiden die Gewalttaten anzuordnen habe und Du den
Staat nicht als Befreier, sondern als Eroberer in der Hand
hättest, und als ob nach Ablauf der Dienstzeit des Heeres die
Besten und Ältestgedienten von allen gegen Brüder und
Angehörige mit den Waffen vorgegangen seien, damit die
minderwertigsten Subjekte, durch deren Untaten noch der
Ruhm der Anständigen befleckt wird, auf Kosten fremden
Leides sich die Mittel zur Befriedigung ihres Bauches und
ihrer unersättlichen Gier verschaffen und Deinen Sieg schänden könnten. Ich glaube, Dir ist es nicht entgangen, welches
Benehmen und welche Disziplin jeder von diesen auch damals gezeigt hat, als der Sieg noch zweifelhaft war, und wie
einige in den Kommandostellen sich mit Dirnen und auf
Zechgelagen herumtrieben, die bei ihrem Alter nicht einmal
in Zeiten der Ruhe solche Vergnügungen ohne Schande
hätten anrühren dürfen.

Doch genug vom Kriege. Da Du und alle Deine Leute an
der Sicherung des Friedens arbeiten, bedenke, bitte, zuerst
den Gegenstand Deiner Maßregeln. So steht Dir, wenn Du
Gut und Böse geschieden hast, der Weg offen, auf dem Du
dann zum Rechten fortschreiten kannst. Meine Ansicht ist
die: Da alles Entstandene wieder zugrunde geht, werden,

tarit, civis cum civibus manus conserturos, ita defessos et exsanguis regi aut nationi praedae futuros. aliter non orbis terrarum neque cunctae gentes conglobatae movere aut con-
tundere queunt hoc imperium. firmanda igitur sunt vel con-   3
cordiae bona et discordiae mala expellenda. id ita eveniet,   4
si sumptuum et rapinarum licentiam dempseris, non ad vetera
instituta revocans, quae iam pridem corruptis moribus ludibrio sunt, sed si suam quoique rem familiarem finem sumptuum statueris, quoniam is incessit mos, ut homines adules-   5
centuli sua atque aliena consumere, nihil libidinei atque aliis
rogantibus denegare pulcherrimum putent; eam virtutem et
magnitudinem animi, pudorem atque modestiam pro socordia aestiment. ergo animus ferox prava via ingressus, ubi   6
consueta non suppetunt, fertur accensus in socios modo,
modo in civis, movet composita et res novas veteribus neclectis
conquirit. quare tollendus est fenerator in posterum, uti suas   7
quisque res curemus. ea vera atque simplex via est magistra-   8
tum populo, non creditori gerere et magnitudinem animi in
addendo, non demendo rei publicae ostendere.

VI. Atque ego scio, quam aspera haec res in principio fu-   1
tura sit, praesertim is, qui se in victoria licentius liberiusque
quam artius futuros credebant. quorum si saluti potius quam
lubidini consules, illosque nosque et socios in pace firma consti-
tues; sin eadem studia artesque iuventuti erunt, ne ista egregia

wenn für die Stadt Rom die Stunde des Unterganges da ist,
Bürger gegen Bürger kämpfen, und so werden sie am Ende
ihrer Kräfte ausgeblutet eines Königs oder fremden Volkes
Beute werden. Anders kann die ganze Welt, können alle
Nationen zusammen dieses Reich nicht erschüttern oder zer-
trümmern. Gefestigt werden müssen also die guten Kräfte der
Eintracht und die bösen der Zwietracht ausgemerzt. Das
wird gelingen, wenn Du der Verschwendung und Raubgier
steuerst. Dabei darfst Du aber nicht alte Einrichtungen wieder
ins Leben rufen, die bei der allgemeinen Sittenverderbnis
schon längst nicht mehr ernst genommen werden, sondern
mußt festsetzen, daß keiner über sein eigenes Vermögen hinaus Aufwand treiben darf. Es ist nämlich der Brauch einge-
rissen, daß junge Leute es für besonders schön halten, ihre
und fremder Leute Habe zu verbrauchen und ihren Gelüsten und den Bitten anderer nichts zu versagen. Dies halten sie für einen Vorzug und für innere Größe, Zucht und
Sitte aber für Beschränktheit. Ein ungezügelter Sinn gerät so
auf schiefe Bahn und, wo das Gewohnte nicht genügt, wendet er sich, einmal angefeuert, bald gegen Bundesgenossen
bald gegen Mitbürger; er stört die Ordnung, verachtet das
Alte und sucht Neuerungen. Daher muß der Wucher in
Zukunft abgeschafft werden, auf daß jeder von uns sich um
das Seine kümmere. Das ist der richtige und einfache Weg,
ein Amt zum Nutzen des Volkes und nicht der Gläubiger
zu verwalten und innere Größe dadurch zu beweisen, daß
man dem Staate nützt, nicht aus ihm Nutzen zieht.

Ich weiß, wie hart dies am Anfang sein wird, zumal für
die, die sich vom Sieg eher noch mehr Willkür und Freiheit
als Einschränkung erwarteten. Wenn Du mehr für ihr Wohl
als für ihre Begierden sorgst, wirst Du ihnen, uns und den
Bundesgenossen dauerhaften Frieden bringen; wenn die
jungen Leute aber ihre Absichten und Gewohnheiten bei-

tua fama simul cum urbe Roma brevi concidet. postremo ₂
sapientes pacis causa bellum gerunt, laborem spe otii susten-
tant. nisi illam firmam efficis, vinci an vicisse quid retulit?
quare capesse, per deos, rem publicam et omnia aspera, uti ₃
soles, pervade. namque aut tu mederi potes aut omittenda ₄
est cura omnibus. neque quisquam te ad crudelis poenas aut
acerba iudicia invocat, quibus civitas vastatur magis quam
corrigitur, sed ut pravas artis malasque libidines ab iuventute
prohibeas. ea vera clementia erit consuluisse, ne merito ₅
cives patria expellerentur, retinuisse ab stultitia et falsis voluptatibus, pacem et concordiam stabilivisse, non si flagitiis
opsecutus, delicta perpessus praesens gaudium quom mox futuro malo concesseris.

VII. Ac mihi animus, quibus rebus alii timent, maxume ₁
fretus est negotii magnitudine et quia tibi terrae et maria
simul omnia componenda sunt. quippe res parvas tantum ingenium attingere nequiret, magnae curae magna merces est.
igitur provideas oportet, uti pleps largitionibus et publico ₂
frumento corrupta habeat negotia sua, quibus ab malo publico detineatur. iuventus probitati et industriae, non sumptibus neque divitiis studeat. id ita eveniet, si pecuniae, quae ₃
maxuma omnium pernicies est, usum atque decus dempseris. nam saepe ego quom animo meo reputans, quibus quis- ₄
que rebus clari viri magnitudinem invenissent quaeque res

behalten, dann wird Dein einzigartiger Ruhm zusammen
mit Rom bestimmt in Kürze untergehen. Außerdem führt
ein einsichtiger Mann Krieg um des Friedens willen, nimmt
Mühsal auf sich in der Hoffnung auf Ruhe. Wenn Du aber
den Frieden nicht sicherst, was liegt dann an Sieg oder
Niederlage? Darum, bei den Göttern, nimm den Staat in
Deine Hand und überwinde, wie Du es bisher getan hast,
alle Hindernisse! Denn entweder vermagst Du es, ihn gesund zu machen, oder alle anderen brauchen sich gar nicht
mehr zu bemühen. Niemand verlangt von Dir grausame
Strafen oder harte Urteile – dadurch wird das Volk eher
zerrüttet als besser gemacht – sondern nur, daß Du die
schlechten Gewohnheiten und schlimmen Begierden von der
Jugend fernhältst. Das wird wirkliche Milde sein, dafür zu
sorgen, daß Bürger nicht verdientermaßen aus dem Vaterland verbannt werden müssen, sie abzuhalten von Torheit
und eitlen Genüssen und Frieden und Eintracht zu festigen,
nicht aber Schandtaten geschehen zu lassen, Vergehen zu
dulden und dadurch eine gegenwärtige Lust, der dann doch
Unheil folgt, hingehen zu lassen.

Mich erfüllt gerade das, was andere ängstlich macht, am
meisten mit Zuversicht: Die Größe der Aufgabe und daß
Du alle Länder und Meere zugleich befrieden mußt. Mit
geringen Dingen könnte sich ein Geist wie der Deine auch
gar nicht befassen und einer hohen Aufgabe entspricht
schließlich ein hoher Lohn. Deshalb mußt Du dafür sorgen, daß das Volk, das jetzt durch Bestechungen und öffentliche Getreideverteilungen verdorben ist, seine Arbeit bekommt, um es so davon abzuhalten, der Allgemeinheit zu
schaden. Die Jugend soll nach Redlichkeit und geordneter
Tätigkeit, nicht nach Üppigkeit und Reichtum streben.
Das wird dann eintreten, wenn Du dem Geld, das das allergrößte Unheil ist, Bedeutung und Ansehen nimmst. Denn

populos nationesve magnis auctibus auxissent, ac deinde quibus causis amplissima regna et imperia conruissent: eadem
semper bona atque mala reperiebam omnesque victores divitias contempsisse et victos cupivisse. neque aliter quisquam   5
extollere sese et divina mortalis attingere potest, nisi omissis
pecuniae et corporis gaudiis animo indulgens, non adsen-
tando neque concupita praebendo pervorsam gratiam grati-
ficans, sed in labore, patientia bonisque praeceptis et factis
fortibus exercitando.

VIII. Nam domum aut villam exstruere, eam signis aulaeis   1
alieisque operibus exornare et omnia potius quam semet vi-
sendum efficere, id est non divitias decori habere, sed ipsum
illis flagitio esse. porro ei, quibus bis die ventrem onerare,   2
nullam noctem sine scorto quiescere mos est, ubi animum,
quem dominari decebat, servitio oppressere, nequeiquam eo
postea hebeti atque claudo pro exercito uti volunt. nam in-   3
prudentia pleraque et se praecipitat. verum haec et omnia
mala pariter cum honore pecuniae desinent, si neque magistratus neque alia volgo cupienda venalia erunt. ad hoc pro-   4
videndum est tibi, quonam modo Italia atque provinciae tutiores sint; id quod factu haut obscurum est. nam idem omnia   5
vastant suas deserendo domos et per iniuriam alienas occu-

oft habe ich mir überlegt, wodurch bedeutende Männer jeweils zu ihrer Größe gekommen sind, was Völker und Nationen besonders gefördert hat, und weiter, aus welchen Gründen die mächtigsten Kronen und Reiche zerbrochen sind: Immer fand ich die gleichen aufbauenden und zerstörenden Kräfte am Werk, fand, daß die Sieger sämtlich den Reichtum mißachtet, die Besiegten ihn aber begehrt hatten. Niemand kann anders sich emporschwingen und als Sterblicher ans Göttliche rühren, außer er entsagt den Genüssen des Reichtums und des Leibes und gibt sich dem Geistigen hin. Dabei darf er sich nicht gehenlassen und tun, wonach ihn gelüstet – denn damit würde er sich einen schlechten Gefallen erweisen –, sondern muß sich in Arbeit, Geduld, edlen Grundsätzen und in tapferen Taten üben.

Denn ein Haus in der Stadt oder ein Landhaus zu erbauen, es mit Bildern, Teppichen und sonstigen Kunstwerken auszuschmücken und alles andere eher sehenswert zu gestalten als sich selbst, das heißt, den Reichtum nicht zur Zier verwenden, sondern ihm Schande machen. Wer ferner gewohnt ist, zweimal am Tag seinen Bauch zu füllen und keine Nacht ohne Dirne zu schlafen, der wird, da er den Geist, dem die Herrschaft gebührt, in Unterwürfigkeit gehalten hat, später vergeblich versuchen, ihn, wenn er schlaff und lahm geworden ist, zu gebrauchen, als habe er ihn geübt. Denn Unverstand bringt meist auch sich selbst zu Fall. Aber die erwähnten und überhaupt alle Übel werden mit dem Ansehen des Geldes verschwinden, wenn Ämter und andere allgemein begehrenswerte Dinge nicht mehr käuflich sind. Zudem mußt Du Dir überlegen, wie Italien und die Provinzen größeren Schutz genießen können. Daß das geschehen muß, ist kein Geheimnis. Denn jene Leute zerstören alles, indem sie ihre eigenen Häuser verlassen und sich unrechtmäßig fremder bemächtigen. Ferner mußt Du die

pando. item ne, uti adhuc, militia iniusta aut inaequalis sit,   6
cum alii triginta, pars nullum stipendium facient. et frumentum – id quod antea praemium ignaviae fuit – per municipia et colonias illis dare conveniet, qui stipendiis emeritis domos reverterint.

Quae rei publicae necessaria tibique gloriosa ratus sum,   7
quam paucissimis apsolvi. non peius videtur pauca nunc de   8
facto meo disserere. plerique mortales ad iudicandum satis   9
ingenii habent aut simulant, verum enim ad reprehendunda
aliena facta aut dicta ardet omnibus animus; vix satis aper-
tum os aut lingua prompta videtur, quae meditata pectore
evolvat. quibus me subiectum haud paenitet, magis reticu-
isse pigeret. nam sive hac seu meliore alia via perges, a me   10
quidem pro virili parte dictum et adiutum fuerit.

Relicuum est optare, uti, quae tibi placuerint, ea di im-
mortales adprobent beneque evenire sinant.

II

I. Scio ego, quam difficile atque asperum factu sit consi-   1
lium dare regi aut imperatori, postremo quoiquam mortali,
quoius opes in excelso sunt, quippe cum et illis consultorum
copiae adsint neque de futuro quisquam satis callidus satisque prudens sit. quin etiam saepe prava magis quam bona   2

bisherige Ungerechtigkeit und Ungleichmäßigkeit beim
Kriegsdienst verhüten, daß nämlich die einen dreißig Jahre,
ein Teil aber überhaupt nicht dient. Und Getreide, vorher
eine Belohnung für Faulheit, wird in den Landstädten und
Bürgersiedlungen an diejenigen verteilt werden müssen, die
nach Erfüllung ihrer Dienstpflicht nach Hause zurück-
gekehrt sind.

Was ich für den Staat als notwendig und für Dich als
ruhmvoll erachtete, habe ich in möglichster Kürze dargelegt.
Es scheint mir nicht unangebracht, nun über das, was ich damit getan habe, einige Worte zu sagen. Die meisten Menschen haben zum Kritisieren genug Verstand oder tun wenigstens so. Anderer Leute Handlungen oder Worte zu tadeln, darauf brennen nämlich alle; es macht den Eindruck,
als ob sie den Mund kaum weit genug aufreißen können
und die Zunge kaum geläufig genug ist, um herauszubringen,
was sie auf dem Herzen haben. Mich ihnen ausgeliefert zu
haben, reut mich nicht, mehr würde es mich verdrießen ge-
schwiegen zu haben. Magst Du diesen oder einen anderen
und besseren Weg gehen, ich jedenfalls habe für meinen
Teil als Mann Rat und Beistand geleistet.

Übrig bleibt noch der Wunsch, die unsterblichen Götter
möchten Deine Entschlüsse billigen und zu glücklichem Ende
kommen lassen.

50 (51?) v. Chr.

Ich weiß wohl, wie schwierig und mißlich es ist, einem
König oder Herrscher einen Rat zu geben, überhaupt jedem
Menschen, dessen Macht überragend ist. Denn einmal stehen
ihnen Ratgeber in Menge zu Gebote und zum andern ist
niemand, wenn es sich um Zukünftiges handelt, gescheit genug und klug genug. Ja, es führen sogar häufig schlechte Rat-

consilia prospere eveniunt, quia plerasque res fortuna ex libidine sua agitat.

Sed mihi studium fuit adulescentulo rem publicam capes-   3
sere, atque in ea cognoscenda multam magnamque curam
habui, non ita, ut magistratum modo caperem, quem multi
malis artibus adepti erant, sed etiam, ut rem publicam domi
militiaeque quantumque armis, viris, opulentia posset cognitum habuerim. itaque mihi multa cum animo agitanti con-   4
silium fuit famam modestiamque meam post tuam dignitatem haberei et quoius rei lubet periculum facere, dum quid
tibi ex eo gloriae acciderit. idque non temere neque ex for-   5
tuna tua decrevi, sed quia in te praeter ceteras artem unam
egregie mirabilem comperi, semper tibi maiorem in adversis
quam in secundis rebus animum esse. sed per ceteros morta-   6
lis illa res clarior est, quod prius defessi sunt homines laudando atque admirando munificentiam tuam, quam tu faciundo, quae gloria digna essent.

II. Equidem mihi decretum est nihil tam ex alto reperiri   1
posse, quod non cogitanti tibi in promptu sit; neque eo,   2
quae visa sunt de re publica, tibi scripsi, quia mihi consilium
atque ingenium meum amplius aequo probaretur, sed inter
labores militae interque proelia victorias imperium statui ad-
monendum te de negotiis urbanis. namque tibi si id modo in   3
pectore consilii est, ut te ab inimicorum impetu vindices
quoque modo contra adversum consulem beneficia populi

schläge besser zum Erfolg als gute, weil das Schicksal das meiste nach Laune fügt.

Ich hatte jedoch schon als ganz junger Mensch die Absicht, die politische Laufbahn einzuschlagen und ich gab mir sehr große Mühe um die Kenntnis des Staatswesens. Nicht wollte ich mir lediglich ein Amt verschaffen – das hatten schon viele mit verwerflichen Mitteln erreicht – sondern mein Streben ging auch dahin, den Staat in Krieg und Frieden, seine auf Waffen, Männern und politischer Macht beruhende Stärke genau kennenzulernen. So kam ich nach reiflicher Überlegung zu dem Entschluß, meinen guten Ruf und meine Zurückhaltung Deinem Ansehen zuliebe hintanzusetzen und jede Gefahr auf mich zu nehmen, wenn dies nur Deinen Ruhm in etwas mehre. Dazu habe ich mich nicht von ungefähr und nicht auf Grund Deines Glücks entschlossen, sondern weil ich an Dir eine Eigenschaft erfahren habe, die weitaus bewunderungswürdiger ist als Deine anderen Vorzüge: Daß Du stets im Unglück noch größer bist als im Glück. Für die übrigen Menschen ist noch hervorstechender, daß den Leuten beim Preisen und Bewundern Deiner Freigebigkeit eher der Atem ausgeht als Dir bei ruhmreichem Vollbringen.

Freilich steht es für mich fest, daß man etwas so Abliegendes nicht finden kann, worauf Du beim Nachdenken nicht selber kämst. Ich schreibe Dir auch nicht deshalb meine politischen Ansichten, weil ich meinen Rat und Verstand über Gebühr schätze, sondern ich glaube Dich inmitten der Anstrengungen des Krieges, inmitten der Kämpfe, Siege und Feldherrnpflichten an die Aufgaben erinnern zu müssen, die in der Stadt auf Dich warten. Wenn Du nämlich lediglich darauf sinnst, Dich vor dem Ansturm Deiner Gegner zu schützen und nur daran denkst, wie Du die Privilegien, die das Volk Dir verlieh, gegen den Dir feindlichen Konsul

retineas, indigna virtute tua cogitas. sin in te ille animus est,   4
qui iam a principio nobilitatis factionem disturbavit, plebem
Romanam ex gravi servitute in libertatem restituit, in praetura inimicorum arma inermis disiecit, domi militiaeque
tanta et tam praeclara facinora fecit, ut ne inimici quidem
queri quicquam audeant, nisi de magnitudine tua: quin tu
accipe ea, quae dicam de summa re publica. quae profecto
aut vera invenies aut certe haud procul a vero.

III. Sed quoniam Cn. Pompeius aut animi pravitate aut   1
quia nihil eo maluit, quod tibi obesset, ita lapsus est, ut hostibus tela in manus iaceret, quibus ille rebus rem publicam
conturbavit, eisdem tibi restituendum est. primum omnium   2
summam potestatem moderandi de vectigalibus, sumptibus,
iudiciis senatoribus paucis tradidit, plebem Romanam, quoius antea summa potestas erat, ne aequeis quidem legibus in
servitute reliquit. iudicia tametsi, sicut antea, tribus ordini-   3
bus tradita sunt, tamen idem illi factiosi regunt; dant, adi-
munt, quae lubet, innocentis circumveniunt, suos ad honorem extollunt. non facinus, non probrum aut flagitium   4
obstat, quo minus magistratus capiant. quos commodum est
trahunt, rapiunt; postremo tanquam urbe capta libidine ac
licentia sua pro legibus utuntur. ac me quidem mediocris   5
dolor angeret, si virtute partam victoriam more suo per
servitium exercerent. sed homines inertissimi, quorum om-   6

halten kannst, so hegst Du Gedanken, die Deines hohen
Sinnes nicht würdig sind. Bist Du aber noch der, der schon
von Anfang an die Nobilitätspartei gesprengt, das römische
Volk aus harter Knechtschaft zur Freiheit zurückgeführt, als
Prätor, selbst waffenlos, die Waffen seiner Feinde zertrüm-
mert und in Krieg und Frieden so große, herrliche Taten
vollbracht hat, daß nicht einmal Deine Gegner sich über
etwas anderes zu beschweren wagen als über Deine Größe,
dann vernimm, was ich über die höchsten Staatsinteressen
sage. Du wirst es sicher richtig finden oder wenigstens nicht
weit vom Richtigen entfernt.

Weil es aber mit Gnäus Pompeius infolge seiner Torheit
oder deshalb, weil er nichts lieber wollte, als was gegen Dich
ging, so weit gekommen ist, daß er den Feinden Waffen in
die Hand gab, mußt Du in eben den Punkten, in denen er
die Ordnung des Staates zerrüttet hat, sie wiederherstellen.
Zuerst hat er die oberste Gewalt über Staatseinkünfte und
-ausgaben und über die Gerichte wenigen Senatoren übergeben und hat das früher souveräne römische Volk durch
Gesetze, die nicht einmal gerecht waren, im Zustand der
Knechtschaft gelassen. Obwohl die Rechtsprechung wie vorher drei Ständen überlassen wurde, bestimmen doch jene
Parteimänner. Sie geben und nehmen nach ihrem Belieben,
verfolgen unbescholtene Männer und bringen ihre eigenen
Leute nach oben. Keine Untat, nicht Schimpf noch Schande
hindern sie am Zugang zu den Ämtern. Nach Belieben
rauben und plündern sie die Leute aus. Überhaupt gilt
ihnen, als hätten sie die Stadt erobert, ihre Willkür und
ihr Gelüste für Recht und Gesetz. Dabei würde es mich
noch nicht einmal besonders schmerzen, wenn sie einen
durch Tapferkeit errungenen Sieg nach ihrer Art zur Knechtung der andern ausnützten. Statt dessen üben Schwäch-
linge, deren ganze Kraft und Tapferkeit in ihrer Zungen-

nis vis virtusque in lingua sita est, forte atque alterius socordia dominationem oblatam insolentes agitant. nam quae 7
seditio aut dissensio civilis tot tam inlustris familias ab stirpe
evertit? aut quorum unquam in victoria animus tam praeceps tamque inmoderatus fuit? IV. L. Sulla, cui omnia in 1
victoria lege belli licuerunt, tametsi supplicio hostium partis
suas muniri intellegebat, tamen paucis interfectis ceteros beneficio quam metu retinere maluit. at hercule M. Catoni, L. Do- 2
mitio ceterisque eiusdem factionis quadraginta senatores,
multi praeterea cum spe bona adulescentes sicutei hostiae
mactati sunt, quom interea inportunissima genera hominum
tot miserorum civium sanguine satiari nequierunt. non orbi
liberi, non parentes exacta aetate, non luctus, gemitus virorum,
mulierum immanem eorum animum inflexit, quein acerbius
in dies male faciundo ac dicundo dignitate alios, alios civitate
eversum irent. nam quid ego de te dicam? cuius contumeliam 3
homines ignavissimi vita sua commutare volunt, si liceat.
neque illis tantae voluptati est, tametsi insperantibus accidit,
dominatio, quanto maerori tua dignitas. quein optatius habent ex tua calamitate periculum libertatis facere, quam per
te populi Romani imperium maximum ex magno fieri. quo 4
magis tibi etiam atque etiam animo prospiciendum est, quonam modo rem stabilias communiasque. mihi quidem quae
mens suppetit, eloqui non dubitabo. ceterum tuei erit ingenii
probare, quae vera atque utilia factu putes.

fertigkeit besteht, ganz unverschämt eine Gewaltherrschaft aus, die ihnen der Zufall und die Torheit eines andern in die Hand gespielt hat. Denn welcher Aufruhr oder Bürgerzwist hat so viele bedeutende Familien von Grund aus vernichtet? Oder wer ist je im Siege so ohne Vernunft und ohne Maß und Ziel vorgegangen? Lucius Sulla, der sich als Sieger nach Kriegsrecht alles hätte erlauben dürfen, ließ trotz der Einsicht, er könne durch Vernichtung der Gegner seine Partei sichern, dennoch nur wenige hinrichten und wollte die übrigen lieber durch Güte als durch Furcht fesseln. Jedoch, beim Herkules, dem Marcus Cato, dem Lucius Domitius und den übrigen ihrer Partei sind vierzig Senatoren, außerdem viele hoffnungsvolle junge Leute wie Opfertiere hingeschlachtet worden und trotzdem konnte diese brutale Menschensorte am Blut der vielen unglücklichen Bürger nicht satt werden. Nicht verwaiste Kinder, nicht Eltern am Ende ihres Lebens, nicht Trauern und Klagen von Männern und Frauen vermochten ihren unmenschlichen Sinn zu rühren. Von Tag zu Tag unerbittlicher gingen sie darauf aus, durch gemeine Handlungen und Reden die einen aus ihrer ehrenvollen Stellung, die andern aus der Bürgerschaft zu verdrängen. Was soll ich da über Dich sagen, dessen Schmach sie, so feige sie sind, mit ihrem Leben erkaufen möchten, wenn das möglich wäre! Sie haben nicht soviel Freude über ihre Herrschaft, wiewohl sie ihnen wider Erwarten zufiel, wie Ärger über Dein Ansehen. Ja, sie halten es sogar für wünschenswerter, durch Deinen Sturz die Freiheit in Gefahr zu bringen als durch Dich das römische Reich aus einem großen Reich zu einem Weltreich werden zu lassen. Um so mehr hast Du die Verpflichtung, Dich wieder und wieder zu besinnen, wie Du den Staat festigen und sichern kannst. Ich will unbedenklich meine Gedanken darüber aussprechen. Letzten Endes wird es aber Dir überlas-

V. In duas partes ego civitatem divisam arbitror, sicut a 1
maioribus accepi, in patres et plebem. antea in patribus
summa auctoritas erat, vis multo maxuma in plebe. itaque 2
saepius in civitate secessio fuit semperque nobilitatis opes de-
minutae sunt et ius populi amplificatum. sed plebs eo libere 3
agitabat, quia nullius potentia super leges erat neque divitiis
aut superbia, sed bona fama factisque fortibus nobilis igno-
bilem anteibat; humillimus quisque in arvis aut in militia
nullius honestae rei egens satis sibi satisque patriae erat. sed 4
ubi eos paulatim expulsos agris inertia atque inopia incertas
domos habere subegit, coepere alienas opes petere, libertatem suam cum re publica venalem habere. ita paulatim po- 5
pulus, qui dominus erat, cunctis gentibus imperitabat, di-
lapsus est et pro communi imperio privatim sibi quisque servitutem peperit. haec igitur multitudo primum malis mori- 6
bus inbuta, deinde in artis vitasque varias dispalata, nullo
modo inter se congruens parum mihi quidem idonea videtur ad capessendam rem publicam. ceterum additis novis civi- 7
bus magna me spes tenet fore, ut omnes expergiscantur ad
libertatem, quippe cum illis libertatis retinendae, tum his servitutis amittendae cura orietur. hos ego censeo permixtos 8
cum veteribus novos in coloniis constituas. ita et res militaris
opulentior erit et plebs bonis negotiis impedita malum publicum facere desinet.

sen sein zu prüfen, was Du für richtig und nützlich zu tun hältst.

Ich meine, die Bürgerschaft zerfällt in zwei Parteien, in Senat und Volk. So habe ich es schon von den Vorfahren gehört. Vormals hatte der Senat die höchste Autorität, die größte Macht aber hatte das Volk. Deshalb kam es des öfteren im Staat zu einer Spaltung und jedesmal wurde der Einfluß der Nobilität gemindert und die Rechte des Volkes erweitert. Das Volk lebte deshalb frei, weil keines Menschen Macht über den Gesetzen stand und weil nicht durch Reichtum und Anmaßung, sondern durch Ruhm und tapfere Taten der Vornehme sich vor dem Gemeinen auszeichnete. Auch der Geringste entbehrte als Bauer oder Soldat nichts, was zu einem ehrbaren Leben gehört, und so war er sich genug und dem Vaterland. Als das Volk aber allmählich von seinem Grund und Boden vertrieben wurde und Untätigkeit und Not es zwangen, kein festes Heim mehr zu haben, fing es an, fremden Besitz zu begehren und mit dem Staat wurde seine eigene Freiheit käuflich. So kam das Volk, einst ein Herrenvolk, das über alle Völker gebot, allmählich herunter und statt gemeinsamer Herrschaft erwarb ein jeder für sich selber Knechtschaft. Deshalb scheint mir wenigstens diese Masse, einmal durch verdorbene Sitten verwahrlost, dann ohne gemeinsame Sinnes- und Lebensart, überhaupt in keiner Weise etwas Einheitliches, zu wenig geeignet, die Führung des Staates in die Hand zu nehmen. Aber ich habe große Hoffnung, daß in allen der Freiheitssinn geweckt wird, wenn Neubürger aufgenommen werden, da bei den einen das Bestreben entstehen wird, ihre Freiheit zu behaupten, bei den andern, ihre Knechtschaft loszuwerden. Diese Neubürger solltest Du meiner Meinung nach zusammen mit Altbürgern in Landstädten ansiedeln. So wird die Wehrkraft gestärkt und das Volk wird aufhören, der All-

VI. Sed non inscius neque inprudens sum, quom ea res   1
agetur, quae saevitia quaeque tempestates hominum nobilium
futurae sint, quom indignabuntur, omnia funditus misceri,
antiquis civibus hanc servitutem inponi, regnum denique ex
libera civitate futurum, ubi unius munere multitudo ingens
in civitatem pervenerit. equidem ego sic apud animum   2
meum statuo malum facinus in se admittere, qui incommodo
rei publicae gratiam sibi conciliet; ubi bonum publicum
etiam privatim usui est, id vero dubitare adgredi, socordiae
atque ignaviae duco. M. Druso semper consilium fuit in tri-   3
bunatu summa ope niti pro nobilitate neque ullam rem in
principio agere intendit, nisi illei auctores fuerant. sed ho-   4
mines factiosi, quibus dolus atque malitia fide cariora erant,
ubi intellexerunt per unum hominem maxumum beneficium
multis mortalibus dari, videlicet sibi quisque conscius malo
atque infido animo esse, de M. Druso iuxta ac se existuma-
verunt. itaque metu, ne per tantam gratiam solus rerum po-   5
teretur, contra eam nisi sua et ipseius consilia disturbave-
runt. quo tibi, imperator, maiore cura fideique amici et multa   6
praesidia paranda sunt. VII. Hostem adversum deprimere   1
strenuo homini haud difficilest, occulta pericula neque facere neque vitare bonis in promptu est.

Igitur, ubi eos in civitatem adduxeris, quoniam quidem   2
renovata plebs erit, in ea re maxume animum exerceto, ut

gemeinheit zu schaden, da es durch nützliche Arbeit daran gehindert wird.

Doch bin ich nicht so unwissend und unklug, um nicht zu sehen, was für ein Wüten und Toben der Nobilität es geben wird, wenn dies ausgeführt wird. Entrüstet werden sie sagen, alles werde von Grund auf durcheinandergebracht, alteingesessenen Bürgern werde eine solche Knechtschaft auferlegt und schließlich werde aus dem Freistaat eine Königsherrschaft, sobald eine ungeheuere Menge Menschen das Bürgerrecht als Geschenk eines einzigen Mannes erhalte. Ich bin zutiefst überzeugt, schwere Schuld lädt auf sich, wer sich zum Schaden des Staates Beliebtheit gewinnt; wo aber das Staatswohl mit dem eigenen Vorteil zusammenfällt, da nicht ohne Zaudern zuzugreifen, das halte ich für Energielosigkeit und Feigheit. Marcus Drusus hatte in seinem Tribunat immer die Absicht, mit aller Kraft für die Nobilität einzutreten und anfangs unternahm er nichts, was nicht von ihr ausging. Aber sobald die Parteimänner, denen List und Heimtücke lieber waren als Zuverlässigkeit, sahen, daß durch einen einzigen Mann vielen Menschen eine außerordentliche Wohltat erwiesen werde, da beurteilte jeder, natürlich im Bewußtsein seiner eigenen Schlechtigkeit und Falschheit, den Marcus Drusus nach sich selbst. So arbeiteten sie aus Furcht, er könne durch eine derartige Beliebtheit sich der Alleinherrschaft bemächtigen, gegen seinen Einfluß und vereitelten ihre und seine Pläne. Darum, Imperator, mußt Du Dir um so sorgfältiger treue Freunde und viel Rückhalt schaffen. Einen offenen Feind niederzuwerfen, ist für einen tatkräftigen Mann nicht schwer; heimtückische Anschläge nicht zu planen, ist für einen guten Menschen selbstverständlich, ihnen zu entgehen aber nicht leicht.

Sobald Du daher diese Leute zu Bürgern gemacht hast, mußt Du, weil das Volk ja erneuert sein wird, besonders

colantur boni mores, concordia inter veteres et novos coales-
cat. sed multo maxumum bonum patriae, civibus, tibi, liberis, 3
postremo humanae genti pepereris, si studium pecuniae aut
sustuleris aut, quoad res feret, minueris. aliter neque privata
res neque publica neque domi neque militiae regi potest.
nam ubi cupido divitiarum invasit, neque disciplina neque 4
artes bonae neque ingenium ullum satis pollet, quin animus
magis aut minus mature postremo tamen succumbat. saepe 5
iam audivi, qui reges, quae civitates et nationes per opulentiam magna imperia amiserint, quae per virtutem inopes ceperant. id adeo haud mirandum est. nam ubi bonus deteri- 6
orem divitiis magis clarum magisque acceptum videt, primo
aestuat multaque in pectore volvit. sed ubi gloria, honore magis in dies virtutem opulentia vincit, animus ad voluptatem
a vero deficit. quippe gloria industria alitur; ubi eam demp- 7
seris, ipsa per se virtus amara atque aspera est. postremo ubi 8
divitiae clarae habentur, ibi omnia bona vilia sunt, fides, probitas, pudor, pudicitia. nam ad virtutem una ardua via est, ad 9
pecuniam, qua cuique lubet, nititur; et malis et bonis rebus
ea creatur. ergo in primis auctoritatem pecuniae demito, 10
neque de capite neque de honore ex copiis quisquam magis
aut minus iudicaverit, sicut neque praetor neque consul ex
opulentia, verum ex dignitate creetur. sed de magistratu fa- 11
cile populi iudicium fit. iudices a paucis probari regnum est,

darauf bedacht sein, daß Anständigkeit herrscht und Eintracht zwischen Alt- und Neubürgern gedeiht. Doch das allergrößte Glück wirst Du dem Vaterland, den Bürgern, Dir selbst, den Nachkommen und schließlich der Menschheit bescheren, wenn Du die Gier nach Geld beseitigst oder so weit wie möglich einschränkst. Anders kann das private und das öffentliche Leben weder daheim noch im Felde geleitet werden. Denn sobald einmal die Sucht nach Reichtum Eingang gefunden hat, ist keine Erziehung, keine gute Eigenschaft und Anlage stark genug, daß der Mensch nicht früher oder später endlich doch erliegt. Schon oft habe ich gehört, wie Könige, Städte und Völker durch Reichtum große Macht verloren haben, die sie in Armut durch Tapferkeit gewonnen hatten. Das ist auch gar kein Wunder. Denn sobald der Tüchtige sieht, daß der Schlechtere auf Grund seines Reichtums größeres Ansehen und größere Beliebtheit genießt, da kocht es zuerst in ihm und vieles geht ihm durch den Sinn. Doch wenn der Reichtum die Tüchtigkeit von Tag zu Tag an Ruhm und Ehre mehr übertrifft, wendet er sich vom Rechten ab und der Genußsucht zu. Denn Anerkennung gibt dem Streben Nahrung. Fällt sie weg, ist die Tugend an sich bitter und beschwerlich. Wo schließlich Reichtum für ruhmvoll gilt, da sind alle Güter feil: Treue, Redlichkeit, Schamgefühl und Reinheit. Denn zur Tugend führt nur ein einziger, steiler Weg. Nach Geld strebt jeder in seiner Art, man erwirbt es mit schlechten Mitteln ebenso wie mit guten. Daher nimm vor allem dem Geld sein Ansehen, dann wird niemand, wenn es um Leben oder Ehrenstellen geht, mehr oder weniger nach dem Reichtum urteilen. So wird niemand zum Prätor oder Konsul auf Grund seines Reichtums, sondern auf Grund seiner Würdigkeit gewählt. Doch über ein Amt entscheidet das Volk leicht. Wenn die Richter von wenigen bestimmt werden, so ist das Mon-

ex pecunia legi inhonestum. quare omnes primae classis iudicare placet, sed numero plures quam iudicant. neque Rho-   12
dios neque alias civitates unquam iudiciorum suorum paeni-
tuit, ubi promiscue dives et pauper, ut cuique fors tulit, de
maximis rebus iuxta ac de minimis disceptat. VIII. Sed ma-   1
gistratibus creandis haud mihi quidem apsurde placet lex,
quam C. Gracchus in tribunatu promulgaverat, ut ex con-
fusis quinque classibus sorte centuriae vocarentur. ita coae-   2
quantur dignitate pecuniae, virtute anteire alius alium pro-
perabit.

Haec ego magna remedia contra divitias statuo. nam per-   3
inde omnes res laudantur atque adpetuntur, ut earum rerum
usus est. malitia praemiis exercetur; ubi ea dempseris, nemo
omnium gratuito malus est. ceterum avaritia belua fera, in-   4
manis, intoleranda est. quo intendit, oppida, agros, fana atque
domos vastat, divina cum humanis permiscet, neque exercitus neque moenia obstant, quominus vi sua penetret; fama,
pudicitia, liberis, patria atque parentibus cunctos mortalis spo-
liat. verum, si pecuniae decus ademeris, magna illa vis ava-   5
ritiae facile bonis moribus vincetur.

Atque haec ita sese habere tametsi omnes aequi atque ini-   6
qui memorant, tamen tibi cum factione nobilitatis haut me-
diocriter certandum est. quoius si dolum caveris, alia omnia
in proclivi erunt. nam ii, si virtute satis valerent, magis   7
aemuli bonorum quam invidi essent. quia desidia et inertia,

archie, wenn sie nach ihrem Geld ausgesucht werden, so ist das unehrenhaft. Daher schlage ich vor, daß alle, die zur ersten Vermögensklasse gehören, Richter werden sollen, aber mehr, als es jetzt Richter gibt. Rhodos und andere Staaten waren immer mit ihren Gerichten zufrieden, wo arm und reich gemeinsam, wie es für jeden der Zufall fügt, über die wichtigsten wie über die unwichtigsten Dinge entscheidet. Für die Beamtenwahl gefällt mir nicht übel das Gesetz, das Gaius Gracchus in seinem Tribunat angeschlagen hatte, daß nämlich die Zenturien aus den fünf Vermögensklassen durcheinander aufgerufen werden sollten. So wird der Vermögensunterschied durch gleiches Ansehen eingeebnet und alle werden eilen, es einander an Tüchtigkeit zuvorzutun.

Das sind die entscheidenden Heilmittel, die ich gegen den Reichtum vorschlage. Denn alles wird nur insofern gepriesen und erstrebt, als es von Nutzen ist. Schlechtigkeit wird durch Belohnungen gefördert. Fallen sie weg, ist kein Mensch für nichts schlecht. Im übrigen ist Habsucht ein Ungeheuer, wild, entsetzlich und unerträglich. Wohin es sich wendet, verwüstet es Städte und Felder, Tempel und Häuser, bringt Göttliches und Menschliches durcheinander. Kein Heer und keine Mauer kann verhindern, daß es mit der Gewalt, die ihm eigen ist, eindringt. Es raubt allen Menschen den guten Ruf, das Schamgefühl, die Kinder, das Vaterland und die Eltern. Nimmt man aber dem Geld sein Ansehen, dann wird auch jene große Macht der Habsucht leicht durch gute Sitten überwunden.

Obwohl alle, Freunde wie Feinde, zugeben, daß dies so ist, wirst Du dennoch mit der Nobilitätspartei keinen leichten Kampf ausfechten müssen. Wenn Du vor ihre Arglist auf der Hut bist, wird sich alles andere von selbst erledigen. Wären sie tüchtig genug, würden sie nämlich eher mit den Guten wetteifern als auf sie neidisch sein. Weil aber Faulheit

stupor eos atque torpedo invasit, strepunt, obtrectant, alienam famam bonam suum dedecus aestumant.

IX. Sed quid ego plura quasi de ignotis memorem? M. Bi- 1 buli fortitudo atque animi vis in consulatum erupit. hebes lingua, magis malus quam callidus ingenio – quid ille audeat, quoi consulatus, maximum imperium, maxumo dedecori fuit? an L. Domiti magna vis est, quoius nullum membrum a 2 flagitio aut facinore vacat? lingua vana, manus cruentae, pedes fugaces, quae honeste nominari nequeunt, inhonestissima. unius tamen M. Catonis ingenium versutum, loquax, callidum 3 haud contemno. parantur haec disciplina Graecorum. sed virtus, vigilantia, labor apud Graecos nulla sunt. quippe qui domi libertatem suam per inertiam amiserint, censesne eorum praeceptis imperium haberi posse? reliqui de factione sunt 4 inertissimi nobiles, in quibus sicut in titulo praeter bonum nomen nihil est additamenti. L. Postumii, M. Favonii mihi videntur quasi magnae navis supervacuanea onera esse. ubi salvi pervenere, usui sunt, si quid adversi coortum est, de illeis potissimum iactura fit, quia pretii minimi sunt.

X. Nunc quoniam, sicut mihi videor, de plebe renovanda 1 conrigendaque satis disserui, de senatu quae tibi agenda videntur, dicam.

Postquam mihi aetas ingeniumque adolevit, haud ferme ar- 2 mis atque equis corpus exercui, sed animum in litteris agitavi:

und Trägheit, Borniertheit und Stumpfsinn sie befallen haben, lärmen und geifern sie und halten eines andern Ehre für eigene Schande.

Aber was soll ich noch länger darüber reden, als spräche ich über unbekannte Dinge? Die Energie und Geisteskraft des Marcus Bibulus ergoß sich in sein Konsulat. Schwerfällig seine Rede, mehr bösartig als schlau sein Geist – wozu kann der sich erdreisten, dem die höchste Gewalt im Staate, das Konsulat, nur höchste Schande brachte? Oder ist des Lucius Domitius Persönlichkeit besonders kraftvoll, an dem kein Glied von Schandtat oder Verbrechen rein ist? Verlogen seine Zunge, bluttriefend die Hände, fluchtbereit die Füße und ganz schändlich, was man anständigerweise nicht aussprechen kann! Nur des einzigen Marcus Cato Verstand verachte ich nicht, gewandt, zungenfertig und verschlagen wie er ist. Das macht die Schule der Griechen. Aber Mannhaftigkeit, Wachsamkeit und Arbeitsamkeit, das gibt es nicht bei den Griechen. Denn glaubst Du etwa, daß durch deren Grundsätze, die daheim ihre Freiheit durch Trägheit verloren haben, ein Reich erhalten werden kann? Die anderen von der Partei sind nichtsnutziger Adel, an denen wie an einer Inschrift außer dem klingenden Namen weiter nichts ist. Leute wie Lucius Postumius und Marcus Favonius kommen mir vor wie überflüssiger Ballast eines großen Schiffes. Erreichen sie das Ziel wohlbehalten, kann man sie noch verwerten, passiert aber irgend ein Unheil, wirft man sie am ehesten über Bord, weil sie ja kaum etwas wert sind.

Nachdem ich nun, wie mir scheint, genug über Erneuerung und Besserung des Volkes ausgeführt habe, will ich jetzt die Maßnahmen darlegen, die mir dem Senat gegenüber notwendig erscheinen.

Als ich entsprechend alt und verständig war, habe ich meinen Körper fast nicht im Fechten und Reiten geübt, son-

quod natura firmius erat, id in laboribus habui. atque ego in 3
ea vita multa legendo atque audiendo ita comperi omnia
regna, item civitates et nationes usque eo prosperum imperium habuisse, dum apud eos vera consilia valuerunt. ubicumque gratia, timor, voluptas ea corrupere, post paulo inminutae opes, deinde ademptum imperium, postremo servitus imposita est. equidem ego sic apud animum meum sta 4
tuo: cuicumque in sua civitate amplior inlustriorque locus
quam aliis est, ei magnam curam esse rei publicae. nam ce 5
teris salva urbe tantum modo libertas tuta est, qui per virtutem sibi divitias, decus, honorem pepererunt, ubi paulum
inclinata res publica agitari coepit, multipliciter animus
curis atque laboribus fatigatur, aut gloriam aut libertatem
aut rem familiarem defensat, omnibus locis adest, festinat:
quanto in secundis rebus florentior fuit, tanto in adversis
asperius magisque anxie agitat. igitur ubi plebs senatui sic 6
uti corpus animo oboedit eiusque consulta exsequitur, patres consilio valere decet, populo supervacuanea est calliditas. itaque maiores nostri, cum bellis asperrumis premeren 7
tur, equis, viris, pecunia amissa numquam defessi sunt armati
de imperio certare. non inopia aerarii, non vis hostium, non
adversa res ingentem eorum animum subegit, quin, quae virtute ceperant, simul cum anima retinerent. atque ea magis 8
fortibus consiliis quam bonis proeliis patrata sunt. quippe
apud illos una res publica erat, ei omnes consulebant, factio

dern meinen Geist mit Wissenschaften beschäftigt: Was
schon von Natur das stärkere war, das habe ich betätigt. Bei
dieser meiner Lebensweise habe ich viel gelesen und viel gehört und dabei die Erfahrung gemacht, daß alle Reiche,
Staaten und Völker so lange erfolgreich ihre Herrschaft aus-
übten, solange sie recht beraten waren. Sobald aber Begün-
stigung, Furcht und Genußsucht dem ein Ende machten,
verringerte sich schnell ihre Macht. Dann wurde ihnen die
Herrschaft entrissen und schließlich Knechtschaft auferlegt.
Daher bin ich folgender Ansicht: Wer unter seinen Mitbürgern eine bedeutendere und glänzendere Stellung als die
andern einnimmt, dem liegt auch viel am Staate. Denn wenn
es um den Staat gut steht, so bedeutet das für die andern nur
die Sicherheit ihrer Freiheit, wer aber durch seine Tüchtigkeit sich Reichtum, Ansehen und Ehre erworben hat, dem
lassen vielfache Sorgen und Mühen keine Ruhe, sobald der
Staat auch nur ein wenig ins Wanken und damit in Verwirrung kommt. Ruhm, Freiheit oder Besitz hat er zu schützen,
überall ist er zur Stelle, überall eilt er hin: Je höher er im
Glück stand, desto erregter und besorgter ist er im Unglück.
Wenn also das Volk dem Senat gehorcht wie der Körper
dem Geist und seine Beschlüsse vollzieht, dann müssen sich
die Senatoren durch Einsicht auszeichnen, für das Volk ist
Klugheit überflüssig. Daher gaben es unsere Vorfahren auch
in der Bedrängnis härtester Kriege nie auf, mit Waffengewalt
um die Herrschaft zu streiten, mochten sie auch Pferde,
Menschen und Geld verloren haben. Nicht die Leere der
Staatskasse, nicht Feindesmacht, kein Unglück konnte ihren
heldenhaften Sinn daran hindern, das, was sie durch Tapferkeit errungen hatten, bis zum letzten Atemzug zu halten. Dies
wurde mehr durch unerschrockene politische Maßnahmen
als durch glückliche Kämpfe erreicht. Freilich war bei ihnen
der Staat eine Einheit, ihm galt die Sorge aller, nur gegen

contra hostis parabatur, corpus atque ingenium patriae, non
suae quisque potentiae exercitabat. at hoc tempore contra ea
homines nobiles, quorum animos socordia atque ignavia invasit, ignarei laboris, hostium, militiae, domi factione instructi per superbiam cunctis gentibus moderantur. XI. Ita-   1
que patres, quorum consilio antea dubia res publica stabi-
liebatur, oppressi ex aliena libidine huc atque illuc fluctuantes
agitantur; interdum alia, deinde alia decernunt; uti eorum,
qui dominantur, simultas aut gratia fert, ita bonum ma-
lumque publicum aestumant. quodsi aut libertas aequa om-   2
nium aut sententia obscurior esset, maioribus opibus res
publica et minus potens nobilitas esset. sed quoniam coae-   3
quari gratiam omnium difficile est, quippe cum illis maiorum
virtus partam reliquerit gloriam, dignitatem, clientelas, cetera
multitudo pleraque insiticia sit, sententias eorum a metu libera; ita in occulto sibi quisque alterius potentia carior erit.
libertas iuxta bonis et malis, strenuis atque ignavis optabilis   4
est, verum eam plerique metu deserunt. stultissimi mortales,
quod in certamine dubium est, quorsum accidat, id per inertiam in se quasi victi recipiunt. igitur duabus rebus confir-   5
mari posse senatum puto: si numero auctus per tabellam sententiam feret. tabella obtentui erit, quo magis animo libero
facere audeat. in multitudine et praesidii plus et usus amplior
est. nam fere his tempestatibus alii iudiciis publicis, alii pri-   6
vatis suis atque amicorum negotiis inplicati haud sane rei

Staatsfeinde schloß man sich zusammen, Körper und Geist
übte jeder für das Vaterland, nicht für seine persönliche
Macht. Ganz im Gegensatz dazu herrschen in unserer Zeit
Männer der Nobilität daheim nach den Anweisungen ihrer
Partei anmaßend über alle Völker, Männer, die, von Schlaffheit und Feigheit befallen, nie Strapazen, Feinde und Kriegsdienst kennengelernt haben. Deshalb lassen sich die Senatoren, durch deren Einsicht der Staat früher, wenn er ge-
fährdet war, gefestigt wurde, jetzt, da sie fremder Willkür
erlegen sind, haltlos bald hierhin, bald dorthin treiben. Heute
beschließen sie dies, morgen jenes; je nach Feindschaft oder
Gunst der Herrschenden beurteilen sie Wohl und Wehe des
Staates. Hätten alle die gleiche Freiheit oder wäre die Abstimmung mehr geheim, dann wäre der Staat stärker und die
Nobilität schwächer. Da es aber schwer ist, den Einfluß aller
gleichzumachen, weil jenen die Tüchtigkeit ihrer Vorfahren
Ruhm, Ansehen und Anhang als Erbe hinterließ, die übrige
Menge aber größtenteils erst hierher verpflanzt ist, so befreie
sie wenigstens bei der Stimmabgabe von Furcht; denn im geheimen wird jedem seine Person höher stehen als die Macht
eines andern. Freiheit ist ebenso Guten wie Bösen, Tüchtigen wie Trägen wünschenswert, aber die meisten geben sie
aus Furcht preis. Dumm, wie sie sind, nehmen diese Menschen aus Trägheit auf sich, wovon während des Streites
noch ungewiß ist, wie es ausgeht, und geben sich geschlagen.
Daher glaube ich, daß durch zwei Mittel der Senat gestärkt
werden kann: Durch Vermehrung der Zahl und schriftliche
Abstimmung. Die Stimmtafel wird die Geheimhaltung ge-
währleisten, so daß man mit freierem Willen handeln kann.
In der größeren Zahl liegt größere Sicherheit und umfang-
reichere Beteiligung. Denn im allgemeinen sind in unserer
Zeit die einen in die öffentliche Rechtsprechung, die andern
in ihre eigenen und ihrer Freunde Privatangelegenheiten

publicae consiliis adfuerunt; neque eos magis occupatio quam superba imperia distinuerunt. homines nobiles cum paucis senatoriis, quos additamenta factionis habent, quaecumque libuit probare, reprehendere, decernere, ea, uti lubido tulit, fecere. verum ubi numero senatorum aucto per tabellam sen- 7 tentiae dicentur, ne illi superbiam suam dimittent, ubi iis oboediendum erit, quibus antea crudelissime imperitabant.

XII. Forsitan, imperator, perlectis litteris desideres, quem 1 numerum senatorum fieri placeat, quoque modo is in multa varia officia distribuatur; iudicia quoniam omnibus primae classis committenda putem, quae discriptio, quei numerus in quoque genere futurus sit. ea mihi omnia generatim discri- 2 bere haud difficile factu fuit. sed prius laborandum visum est de summa consilii, idque tibi probandum verum esse. si hoc itinere uti decreveris, cetera in promptu erunt. volo ego con- 3 silium meum prudens maxumeque usui esse. nam ubicumque tibi res prospere cedet, ibi mihi bona fama eveniet. sed me 4 illa magis cupido exercet, ut quocumque modo quam primum res publica adiutetur. libertatem gloria cariorem habeo, atque 5 ego te oro hortorque, ne clarissimus imperator Gallica gente subacta populi Romani summum atque invictum imperium tabescere vetustate ac per summam socordiam dilabi patiaris. profecto, si id accidat, neque tibi nox neque dies curam animi 6

verwickelt, so daß sie sich nicht gerade eifrig an Beratungen über Staatsangelegenheiten beteiligen. Und doch hält sie weniger ihre Beschäftigung als vielmehr die maßlose Terrorisierung fern. Die Nobilität führt zusammen mit einigen wenigen Senatoren, die sie als Anhängsel ihrer Partei hat, ganz nach Willkür aus, was ihr zu billigen, zu verwerfen oder zu beschließen beliebt. Wenn aber die Zahl der Senatoren vermehrt und durch Stimmtafeln abgestimmt wird, dann werden jene ganz bestimmt ihre Anmaßung fahren lassen, weil sie sich denen unterordnen müssen, über die sie vorher mit schonungsloser Härte zu gebieten pflegten.

Vielleicht möchtest Du, Imperator, wenn Du meinen Brief so weit gelesen hast, erfahren, wie groß nach meiner Ansicht die Zahl der Senatoren werden und wie sie auf die vielen verschiedenartigen Geschäftsbereiche verteilt werden soll; also, wie die Verteilung und Zahl für jede Art der Gerichte sein soll, die ich ja allen, die zur ersten Steuerklasse gehören, übertragen wissen möchte. Das alles im einzelnen anzugeben, wäre nicht schwer gewesen. Aber es schien mir, ich müsse zunächst mich mit dem Grundsätzlichen des Planes befassen und Dir seine Richtigkeit darlegen. Wenn Du entschlossen bist, diesen Weg einzuschlagen, wird das übrige nicht schwer sein. Mein Wunsch ist, daß mein Rat klug und vor allem nützlich sei. Denn wo auch immer etwas für Dich gut ausgeht, da werde auch ich Ruhm ernten. Aber noch mehr beseelt mich das Verlangen, daß dem Staat möglichst bald irgendwie geholfen wird. Denn die Freiheit liebe ich noch mehr als den Ruhm und ich bitte und beschwöre Dich, daß Du, seit der Unterwerfung Galliens der berühmteste Feldherr, es nicht zulassen mögest, daß das gewaltige, unbesiegte römische Volk an Altersschwäche dahinsiecht und durch gänzliche Erschlaffung zerfällt. Wahrlich, wenn dies geschähe, keine Nacht, kein Tag könnten den Kummer von

sedaverit, quin insomniis exercitus furibundus atque amens
alienata mente feraris. namque mihi pro vero constat omnium   7
mortalium vitam divino numine invisier, neque bonum neque
malum facinus quoiusquam pro nihilo haberi, sed ex natura
divorsa praemia bonos malosque sequi. interea si forte ea   8
tardius procedunt, suus quoique animus ex conscientia spem
praebet.

XIII. Quodsi tecum patria atque parentes possent loqui,   1
scilicet haec tibi dicerent: O Caesar, nos te genuimus fortis-
simi viri, in optima urbe, decus praesidiumque nobis, hostibus terrorem. quae multis laboribus et periculis ceperamus,   2
ea tibi nascenti cum anima simul tradidimus: patriam maxumam in terris, domum familiamque in patria clarissimam,
praeterea bonas artis, honestas divitias, postremo omnia ho-
nestamenta pacis et praemia belli. pro iis amplissimis bene-   3
ficiis non flagitium a te neque malum facinus petimus, sed
utei libertatem eversam restituas. qua re patrata profecto per   4
gentes omnes fama virtutis tuae volitabit. namque hac tem-   5
pestate tametsi domi militiaeque praeclara facinora egisti, tamen gloria tua cum multis viris fortibus aequalis est. si vero
urbem amplissimo nomine et maxumo imperio prope iam ab
occasu restitueris, quis te clarior, quis maior in terris fuerit?
quippe si morbo iam aut fato huic imperio secus accidat, cui   6
dubium est, quin per orbem terrarum vastitas, bella, caedes
oriantur? quodsi tibi bona lubido fuerit patriae parentibus-

Deiner Seele nehmen, daß Du nicht von Schlaflosigkeit gepeinigt rasend und irr im Wahnsinn umhergetrieben wür-
dest. Denn ich bin fest davon überzeugt, daß das Leben aller
Menschen unter dem Auge einer göttlichen Macht liegt und
keine gute und keine böse Tat eines Menschen für nichts
gilt, sondern naturnotwendig Guten und Bösen verschiedener Lohn zuteil wird. Indessen, wenn dies vielleicht auch
ziemlich spät eintritt, so zeigt doch das Gewissen jedem,
welcher Lohn ihn erwartet.

Wenn nun das Vaterland und die Ahnen mit Dir reden
könnten, gewiß würden sie so zu Dir sprechen: „O Cäsar,
wir haben Dich gezeugt, wir, die tapfersten Männer, in der
vortrefflichsten Stadt, uns zum Ruhm und Hort, den Feinden zum Schrecken. Was wir unter vielen Mühen und Gefahren erwarben, das haben wir Dir bei der Geburt zugleich
mit dem Leben gegeben: Als Vaterland das größte auf der
Welt, als Abkunft die edelste im Vaterland, dazu gute Eigenschaften und ehrenvollen Reichtum, schließlich alle Ehrungen des Friedens und alle Auszeichnungen des Krieges. Für
diese reichen Gaben verlangen wir von Dir keine Schandtat und kein Verbrechen, sondern daß Du die vernichtete
Freiheit wieder aufrichtest. Wenn Du dies erreicht hast,
dann wahrlich wird der Ruf Deiner Größe zu allen Völkern
dringen. Denn wenn Du auch zur Stunde in Krieg und Frieden herrliche Taten vollbracht hast, so ist doch dieser Ruhm
kein anderer als der vieler tapferer Männer. Wenn Du aber
die Stadt mit dem glanzvollsten Namen und der höchsten
Macht vom nahen Untergang zur Erneuerung führst, wer
steht dann herrlicher, wer größer da auf Erden? Wenn dieses
Reich aber dadurch ein anderes Schicksal erfahren sollte,
daß es dahinsiecht oder untergeht, für wen ist es zweifelhaft,
daß dann über den Erdkreis Verwüstung, Krieg und Mord
hereinbricht? Hast Du das edle Verlangen, dem Vaterland

que gratificandi, posteroque tempore re publica restituta super omnes mortales gloriam agitabis tuaque unius mors vita clarior erit. nam vivos interdum fortuna, saepe invidia fatigat; ubi anima naturae cessit, demptis optrectatoribus ipsa se virtus magis magisque extollit.   7

Quae mihi utilissima factu visa sunt quaeque tibi usui fore   8 credidi, quam paucissimis potui perscripsi. ceterum deos inmortales optestor, ut, quocumque modo ages, ea res tibi reique publicae prospere eveniat.

und Deinen Ahnen ihren Wunsch zu erfüllen, dann erhebst Du, wenn der Staat wiederhergestellt ist, Deinen Ruhm bei der Nachwelt über alle Menschen und einzig Dein Tod wird Dein Leben überstrahlen. Denn den Lebenden setzt zuweilen das Schicksal, oft der Neid zu; sobald aber das Leben erloschen ist, verschwinden auch die Lästerer und die große Leistung erhebt sich mehr und mehr."

Was mir am nützlichsten zu tun scheint und worin ich Deinen Nutzen sehe, habe ich in möglichster Kürze niedergeschrieben. Und nun flehe ich zu den unsterblichen Göttern, was Du auch unternimmst, es sei Dir und dem Staate zum Segen!

INVECTIVA IN M. TULLIUM CICERONEM

I. Graviter et iniquo animo maledicta tua paterer, M. Tulli, si te scirem iudicio magis quam morbo animi petulantia ista uti. sed cum in te neque modum neque modestiam ullam animadverto, respondebo tibi, ut, si quam male dicendo voluptatem cepisti, eam male audiendo amittas.

Ubi querar, quos implorem, patres conscripti, diripi rem publicam atque audacissimo cuique esse praedae? apud populum Romanum? qui ita largitionibus corruptus est, ut se ipse ac fortunas suas venales habeat. an apud vos, patres conscripti? quorum auctoritas turpissimo cuique et sceleratissimo ludibrio est. ubiubi M. Tullius leges iudicia rem publicam defendit atque in hoc ordine ita moderatur, quasi unus reliquus e familia viri clarissimi, Scipionis Africani, ac non reperticius, accitus ac paulo ante insitus huic urbi civis.

An vero, M. Tulli, facta tua ac dicta obscura sunt? an non ita a pueritia vixisti, ut nihil flagitiosum corpori tuo putares, quod alicui collibuisset? aut scilicet istam immoderatam eloquentiam apud M. Pisonem non pudicitiae iactura perdidi-

SCHMÄHREDE GEGEN CICERO

54 v. Chr.

Schwer und nicht mit Gleichmut würde ich Deine Schmähungen ertragen, Marcus Tullius, wenn ich nicht wüßte, daß es weniger Urteilsvermögen als vielmehr ein geistiger Defekt ist, was Dich derartig unverfroren sein läßt. Aber da ich bei Dir keine Spur von Maß und Zurückhaltung merke, will ich Dir antworten, damit Dir das Vergnügen, das Du vielleicht am Schimpfen hast, vergeht, da es über Dich geht.

Wo soll ich mich beklagen, an wen mich um Hilfe wenden, Männer des Senats, wenn ich sehe, wie der Staat ausgeplündert und gerade der Dreistesten Beute wird? Beim römischen Volk? Das durch Bestechung so verdorben ist, daß es sich selbst und sein Geschick zum Kauf feilhält! Oder etwa bei Euch, Männer des Senats? Deren Autorität jedem Spitzbuben und Schurken zum Gespött dient! Allüberall tritt Marcus Tullius als Hort der Gesetze, der Gerichte und des Staates auf, und hier im Senat hat er solchen Einfluß, als ob er und nur er allein der einzige Nachkomme aus der Familie des hochberühmten Scipio Africanus und nicht bloß hereingeschneit, hergelaufen und in unsere Stadt eben erst eingebürgert sei.

Ist etwa Dein Tun und Reden unbekannt, Marcus Tullius? Hast Du nicht von Kind auf so gelebt, daß Du für Deinen Körper nichts schändlich fandest, wenn es einem andern beliebte? Oder hast Du etwa Deine übermäßige Beredsamkeit bei Marcus Piso so gründlich gelernt, ohne daß Du

cisti? itaque minime mirandum est, quod eam flagitiose ven-
ditas, quam turpissime parasti.

II. Verum, ut opinor, splendor domesticus tibi animos
tollit: uxor sacrilega ac periuriis delibuta, filia matris paelex,
tibi iucundior atque obsequentior quam parenti par est. domum ipsam tuam vi et rapinis funestam tibi ac tuis compa-
rasti, videlicet, ut nos commonefacias, quam conversa res sit,
cum in ea domo habitares, homo flagitiosissime, quae P.
Crassi, viri clarissimi, fuit. atque haec cum ita sint, tamen se 3
Cicero dicit in concilio deorum immortalium fuisse, inde
missum huic urbi civibusque custodem absque carnificis nomine, qui civitatis incommodum in gloriam suam ponit.
quasi vero non illius coniurationis causa fuerit consulatus tuus
et idcirco res publica disiecta eo tempore, quo te custodem
habebat. sed, ut opinor, illa te magis extollunt, quae post consulatum cum Terentia uxore de re publica consuluisti, cum
legis Plautiae iudicia domo faciebatis. ex coniuratis aliquos
pecunia condemnabas, cum tibi alius Tusculanam, alius
Pompeianam villam exaedificabat, alius domum emebat. qui
vero nihil poterat, is erat calumniae proximus, is aut domum
tuam oppugnatum venerat aut insidias senatui fecerat, denique de eo tibi compertum erat. quae si tibi falsa obicio, redde 4
rationem, quantum patrimonii acceperis, quid tibi litibus

Deine Keuschheit von Dir geworfen hast? Daher ist es auch gar nicht zu verwundern, daß Du sie, weil Du sie in Schande erworben hast, auch schändlich verschacherst.

Aber der Glanz Deines Hauses hebt Dir, glaub' ich, Dein Selbstgefühl: Deine verruchte, mit Meineiden befleckte Frau und Deine Tochter, der eigenen Mutter Nebenbuhlerin, die Dir angenehmer und willfähriger ist, als sich das einem Vater gegenüber gehört. Selbst Dein Haus hast Du durch Gewalttat und Raub Dir und den Deinen zum Unglück erworben, natürlich, um uns daran zu erinnern, wie verdreht die Verhältnisse sind, da Du Schandkerl in dem gleichen Haus wohnst, das früher dem Publius Crassus, einem hochangesehenen Mann, gehörte. Und trotz alledem sagt Cicero, er sei im Rate der unsterblichen Götter gewesen und von dort dieser Stadt und ihren Bürgern als Hüter gesandt worden – ohne den Titel eines Henkers, der das Unglück des Staates seinem Ruhm zurechnet. Als ob nicht die Ursache jener Verschwörung Dein Konsulat gewesen sei, und der Staat nicht gerade deshalb zu eben der Zeit, als er Dich zum Hüter hatte, zerschlagen wurde! Aber, glaub' ich, das macht Dich noch überheblicher, was Du nach Deinem Konsulat mit Deiner Frau Terentia in Staatsangelegenheiten für Beschlüsse gefaßt hast, als Ihr die Urteile nach der lex Plautia zu Hause zu machen pflegtet. Von den Verschworenen hast Du einige zu Geldstrafen verurteilt: wer Dir nämlich das Landhaus in Tusculum oder das in Pompeji baute oder Dir das Stadthaus kaufte. Wer das aber nicht konnte, der war ganz Deinen Verleumdungen preisgegeben. Der war dann gekommen, um Dein Haus zu stürmen oder er hatte Anschläge auf den Senat vorgehabt. Kurz und gut, über den wußtest Du Bescheid. Sind meine Vorwürfe unwahr, dann gib darüber Rechenschaft, wieviel Du als Erbgut bekommen hast, was Dir durch Prozesse hinzugekom-

accreverit, qua ex pecunia domum paraveris, Tusculanum
et Pompeianum infinito sumptu aedificaveris. aut, si retices,
cui dubium potest esse: opulentiam istam ex sanguine et miseriis civium parasti.

III. Verum, ut opinor, homo novus Arpinas, ex M. Crassi
familia, illius virtutem imitatur, contemnit simultatem hominum nobilium, rem publicam caram habet, neque terrore
neque gratia removetur a vero, amicitia tantum ac virtus est
animi. immo vero homo levissimus, supplex inimicis, amicis 5
contumeliosus, modo harum, modo illarum partium, fidus
nemini, levissimus senator, mercennarius patronus, cuius
nulla pars corporis a turpitudine vacat, lingua vana, manus
rapacissimae, gula immensa, pedes fugaces, quae honeste nominari non possunt, inhonestissima. atque is cum eius modi
sit, tamen audet dicere: ,o fortunatam natam me consule Romam!' te consule fortunatam, Cicero? immo vero infelicem
et miseram, quae crudelissimam proscriptionem eam per-
pessa est, cum tu perturbata re publica metu perculsos omnes
bonos parere crudelitati tuae cogebas, cum omnia iudicia,
omnes leges in tua libidine erant, cum tu sublata lege Porcia,
erepta libertate omnium nostrum vitae necisque potestatem
ad te unum revocaveras. atque parum, quod impune fecisti, 6
verum etiam commemorando exprobras neque licet obli-
visci his servitutis suae. egeris, oro te, Cicero, profeceris quid-

men ist, mit welchem Geld Du Dein Stadthaus erworben
und Dein Tusculanum und Pompeianum mit grenzenlosem
Aufwand erbaut hast. Oder wer kann, wenn Du schweigst,
noch im Zweifel sein: Deinen verruchten Reichtum hast Du
aus Blut und Unglück Deiner Mitbürger geschöpft!
Aber ich glaube gar, der Emporkömmling aus Arpinum
aus der Gefolgschaft des Marcus Crassus ahmt dessen Tüchtigkeit nach, verachtet die Feindschaft der Nobilität, hat
Liebe zum Staat und läßt sich weder durch Einschüchte-
rungsversuche noch durch Gunst vom rechten Weg ab-
bringen; er ist ganz Freundschaft und hohe Gesinnung. Das
Gegenteil ist wahr! Er ist ein ganz haltloser Mensch, krieche-
risch gegenüber seinen Feinden, schmähsüchtig gegenüber
seinen Freunden, Anhänger bald der einen, bald der andern
Partei, niemandem treu, ein ganz charakterloser Senator, ein
käuflicher Advokat, ein Mensch, an dem kein Körperteil von
Schande frei ist, verlogen seine Zunge, raubgierig die Hände,
unersättlich der Schlund, fluchtbereit die Füße und ganz
schändlich, was man anständigerweise nicht aussprechen
kann. Obwohl er ein solcher Mensch ist, wagt er trotzdem
zu sagen: „Glücklich geborenes Rom, da ich Dein Konsul
gewesen!" Da Du Konsul gewesen, glücklich, Cicero? Nein,
unglücklich und elend, mußte es doch jene überaus grausame
Proskription erleiden, als Du bei den im Staate angestifteten
Wirren die Gutgesinnten, die alle von Furcht erschüttert
waren, zwangst, Deiner Grausamkeit zu willfahren, als alle
Gerichte, alle Gesetze in Deine Willkür gegeben waren, als
Du nach Aufhebung der lex Porcia uns der Freiheit beraub-
test und Dir allein die Macht über unser aller Leben und
Tod anmaßtest. Und nicht genug damit, daß Du es ungestraft getan! Dadurch, daß Du auch noch davon redest,
hältst Du es diesen Männern hier vor und läßt sie ihre Knechtschaft nicht vergessen. Cicero, ich bitte Dich, Du magst alles

libet, satis est perpessos esse. etiamne aures nostras odio tuo onerabis, etiamne molestissimis verbis insectabere? ,cedant arma togae, concedat laurea linguae.' quasi vero togatus et non armatus ea, quae gloriaris, confeceris, atque inter te Sullamque dictatorem praeter nomen imperii quicquam interfuerit.

IV. Sed quid ego plura de tua insolentia commemorem? 7 quem Minerva omnis artis edocuit, Iuppiter Optimus Maximus in concilio deorum admisit, Italia exulem humeris suis reportavit. oro te, Romule Arpinas, qui egregia tua virtute omnis Paulos, Fabios, Scipiones superasti, quem tandem locum in hac civitate obtines? quae tibi partes rei publicae placent? quem amicum, quem inimicum habes? cui in civitate insidias fecisti, ancillaris; cuius ope de exilio tuo Dyrrhachio redisti, eum insequeris. quos tyrannos appellabas, eorum potentiae faves; qui tibi ante optimates videbantur, eosdem dementes ac furiosos vocas. Vatini causam agis, de Sestio male existimas. Bibulum petulantissimis verbis laedis, laudas Caesarem. quem maxime odisti, ei maxime obsequeris. aliud stans, aliud sedens sentis de re publica. his male dicis, illos odisti, levissime transfuga, neque in hac neque in illa parte fidem habens.

mögliche getan und ausgerichtet haben, es ist genug, daß wir
uns dies gefallen lassen mußten. Mußt Du auch noch unseren Ohren mit Deinem widerlichen Benehmen lästig fallen,
mußt Du uns da auch noch mit widerwärtigen Worten zu-
setzen? „Waffen, weichet der Toga, es weiche der Lorbeer
der Rede!" Als ob Du in der Toga und nicht mit Waffen das
getan hättest, dessen Du Dich rühmst, und als ob zwischen
Dir und dem Diktator Sulla irgendein Unterschied gewesen
wäre, außer daß Eure Herrschaft einen verschiedenen Namen trug!

Aber was soll ich noch mehr von Deiner Unverschämt-
heit reden? Hat Dich doch Minerva alle Künste gelehrt,
Juppiter Optimus Maximus Dich zum Rat der Götter zugelassen und Italien Dich aus der Verbannung auf den
Schultern zurückgetragen! Ich bitte Dich, Du Romulus aus
Arpinum, der Du durch Deine außergewöhnliche Tüchtigkeit alle Paulier, Fabier und Scipionen übertroffen hast, welchen Platz nimmst Du denn eigentlich in diesem Staate ein?
Welcher politischen Partei hängst Du an? Wen hast Du zum
Freund, wen zum Feind? Dem, dem Du in der Stadt nach
dem Leben getrachtet hast, bist Du sklavisch ergeben; den,
mit dessen Hilfe Du aus Deinem Exil Dyrrhachium zurückgekommen bist, verfolgst Du; die Du Tyrannen nanntest,
deren Macht förderst Du; die Dir früher die Edelsten zu
sein schienen, die nennst Du wahnsinnig und verrückt. Des
Vatinius Prozeß führst Du, über Sestius urteilst Du abfällig;
Bibulus verletzt Du mit den frechsten Worten, Cäsar lobst
Du. Wen Du am meisten hassest, dem bist Du am meisten
willfährig. Im Stehen hast Du eine andere politische Meinung als im Sitzen. Diese schmähst Du, jene hassest Du, Du
charakterloser Überläufer, und weder auf dieser noch auf
jener Seite findest Du Glauben.

[M. TULLI CICERONIS]
IN C. SALLUSTIUM CRISPUM
INVECTIVA

I. Ea demum magna voluptas est, C. Sallusti, aequalem ac 1
parem verbis vitam agere, neque quicquam tam obscaenum
dicere, cui non ab initio pueritiae omni genere facinoris aetas
tua respondeat, ut omnis oratio moribus consonet. neque
enim qui ita vivit, ut tu, aliter ac tu loqui potest, neque qui
tam inloto sermone utitur, vita honestior est. quo me praever-
tam, patres conscripti, unde initium sumam? maius enim
mihi dicendi onus imponitur, quo notior est uterque nostrum,
quod aut si de mea vita atque actibus huic conviciatori
respondero, invidia gloriam consequetur, aut si huius facta
mores omnem aetatem nudavero, in idem vitium incidam
procacitatis, quod huic obicio. id vos si forte offendimini,
iustius huic quam mihi suscensere debetis, qui initium intro-
duxit. ego dabo operam, ut et pro me minimo cum fastidio 2
respondeam et in hunc minime mentitum esse videatur. scio
me, patres conscripti, in respondendo non habere magnam
exspectationem, quod nullum vos sciatis novum crimen in
Sallustium audituros, sed omnia vetera recognituros, quis et

SCHMÄHREDE GEGEN SALLUST

Das eben ist dir ja ein großes Vergnügen, C. Sallustius, ein
Leben zu führen, das deinen Worten angepaßt und angemessen ist und so nie etwas Anstößiges zu sagen, das bei
dir nicht schon von frühester Kindheit an jeweils im ent-
sprechenden Alter durch alle Art von Verbrechen eine
Parallele fände, so daß jede Rede mit deinem Charakter
übereinstimmt. Wer nämlich so lebt wie du, kann nicht
anders reden als du und wer eine so ungewaschene Sprache
führt, ist nicht anständig im Leben. Wohin soll ich mich
zuerst wenden, Senatoren, wo den Anfang machen? Die
Last, die mir durch die Rede auferlegt ist, ist um so schwerer,
je bekannter jeder von uns beiden ist, weil, wenn ich über
mein Leben und mein Tun diesem schimpfenden Schreier
antworte, Neid die Folge des Ruhmes ist, oder, wenn ich
Taten und Charakter dieses Menschen durch sein ganzes
Leben hindurch aufdecke, ich in den gleichen Fehler der Auf-
dringlichkeit verfalle, den ich ihm vorwerfe. Wenn euch das
ärgert, dann müßt ihr gerechterweise mehr über den, als über
mich erbost sein, da er den Anfang machte. Ich werde mir
Mühe geben, in der Erwiderung für meine Person Dünkel-
haftigkeit und gegen ihn den Anschein einer Unterstellung
zu vermeiden. Ich bin mir dessen bewußt, Senatoren, bei
meiner Erwiderung ist nicht viel zu erwarten, weil ihr wißt,
daß ihr keine neuen Vorwürfe gegen Sallust zu hören bekommen werdet, sondern daß ihr euch alle bekannten ver-

meae et vestrae iam et ipsius aures calent. verum eo magis
odisse debetis hominem, qui ne incipiens quidem peccare
minimis rebus posuit rudimentum, sed ita ingressus est, ut
neque ab alio vinci possit neque ipse se omnino reliqua aetate
praeterire. itaque nihil aliud studet nisi ut lutulentus cum   3
quovis volutari. longe vero fallitur opinione: non enim pro-
cacitate linguae vitae sordes eluuntur, sed est quaedam calumnia, quam unus quisque nostrum testante animo suo fert
de eo, qui falsum crimen bonis obiectat. quod si vita istius
memoriam vicerit, illam, patres conscripti, non ex oratione
sed ex moribus suis spectare debebitis. iam dabo operam,
quam maxime potuero, breve ut faciam. neque haec altercatio
nostra vobis inutilis erit, patres conscripti. plerumque enim
res publica privatis crescit inimicitiis, ubi nemo civis, qualis
sit vir, potest latere.

II. Primum igitur, quoniam omnium maiores C.Sallustius ad   4
unum exemplum et regulam quaerit, velim mihi respondeat,
num quid his, quos protulit Scipiones et Metellos, ante fuerit
aut opinionis aut gloriae, quam eos res suae gestae et vita
innocentissime acta commendavit. quod si hoc fuit illis initium
nominis et dignitatis, cur non aeque nobis existimetur, cuius
res gestae illustres et vita integerrime acta? quasi vero tu sis ab
illis, Sallusti, ortus! quod si esses, nonnullos iam tuae turpitudinis pigeret. ego meis maioribus virtute mea praeluxi, ut, si   5

gegenwärtigen müßt, durch die schon meine und eure und
seine eigenen Ohren heiß geworden sind. Doch um so mehr
müßt ihr einen Menschen hassen, der nicht einmal in den
Anfängen seiner Schandtaten sein Probestück in Kleinigkeiten ablegte, sondern gleich so begann, daß er von keinem
andern übertroffen werden, noch sich selbst in seinem ganzen
Leben überbieten könnte. Deshalb hat er nichts anderes im
Sinn, als sich wie ein Schmutzfink mit jedem Beliebigen her-
umzutreiben. Gar sehr aber täuscht er sich in seiner Meinung:
Die Frechheit der Rede wäscht nämlich die Flecken seines
Lebens nicht aus, sie ist vielmehr eine Schmähung, die jeder
von uns, wie ihm sein Inneres bestätigt, von dem, der den
Guten erdichtete Untaten anhängt, erleidet. Wenn nun das
Leben dieses Menschen das Erinnerungsvermögen übersteigt,
so müßt ihr, Senatoren, dieses nicht nach meinen Worten,
sondern nach seinem Charakter beurteilen. Ich werde mir
nun Mühe geben, es so kurz wie möglich zu machen. Dieser
unser Wortwechsel wird für euch nicht ohne Nutzen sein.
Am meisten nämlich gewinnt der Staat durch private Geg-
nerschaft, bei der von keinem Bürger verborgen bleiben kann,
welcher Art er ist.

Zuerst also, da C. Sallustius die Vorfahren aller sich zum
einzigen Vorbild und zur alleinigen Richtschnur aussucht,
soll er mir antworten, ob die Scipionen und Meteller, die er
nannte, Ansehen oder Ruhm hatten, bevor ihre Taten und
ihre unbescholtene Lebensführung sie auszeichnete. Wenn
nun dies für jene der Ausgangspunkt ihrer Berühmtheit und
ihrer Würde gewesen ist, warum sollte dann dies nicht in
gleicher Weise auch für uns gelten, wenn jemand hervorragende Taten vollbracht und ein ganz untadeliges Leben
geführt hat? Als ob du, Sallust, von jenen abstammtest! Wäre
das der Fall, würde so manche deine Schlechtigkeit abstoßen.
Ich aber habe durch meine Virtus für meine Vorfahren als

prius noti non fuerunt, a me accipiant initium memoriae suae. tu tuis vitae, quam turpiter egisti, magnas offudisti tenebras, ut, etiamsi fuerint egregii cives, certe venerint in oblivionem. qua re noli mihi antiquos viros obiectare! satius est enim me meis rebus gestis florere quam maiorum opinione niti et ita vivere, ut ego sim posteris meis nobilitatis initium et virtutis exemplum. neque me cum iis conferri decet, patres conscripti, qui iam decesserunt omnique odio carent et invidia, sed cum eis, qui mecum una in re publica versati sunt. sed si fuerim aut in honoribus petendis nimis ambitiosus 6 – non hanc dico popularem ambitionem, cuius me principem confiteor, sed illam perniciosam contra leges, cuius primos ordines Sallustius duxit – aut in gerundis magistratibus aut in vindicandis maleficiis tam severus aut in tuenda re publica tam vigilans, quam tu proscriptionem vocas, credo, quod non omnes tui similes incolumes in urbe vixissent. at quanto meliore loco res publica staret, si tu par ac similis scelestorum civium una cum illis adnumeratus esses! an ego tunc falso 7 scripsi 'cedant arma togae', qui togatus armatos et pace bellum oppressi? an illud mentitus sum 'fortunatam me consule Romam', qui tantum intestinum bellum ac domesticum urbis incendium extinxi?

III. Neque te tui piget, homo levissime, cum ea culpas,

helles Licht geleuchtet, so daß sie, wenn sie auch früher nicht bekannt waren, in mir den Anfang ihres Ruhmes finden. Du jedoch hast über die deinen die tiefe Dunkelheit des Lebens verbreitet, das du in Schande geführt hast, so daß sie, auch wenn sie hervorragende Bürger gewesen sein sollten, sicherlich in Vergessenheit geraten sein dürften. Deshalb halte mir nicht Männer der Vergangenheit vor! Besser ist es nämlich, mich durch meine eigenen Taten auszuzeichnen, als mich auf das Ansehen von Vorfahren zu stützen, und so zu leben, daß ich meinen Nachkommen Anfang des Adels und Beispiel an Virtus bin. Es wäre nicht recht, Senatoren, mich mit denen zu vergleichen, die schon lange gestorben und frei von allem Haß und Neid sind, sondern man muß mich mit denen vergleichen, die zusammen mit mir im Staatsleben tätig waren. Aber sollte ich auch bei der Bewerbung um Ämter zu ehrgeizig gewesen sein – ich meine nicht diese volkstümliche, in der ich, wie ich bekenne, an erster Stelle stehe, sondern jene verderbliche und gesetzwidrige, deren erste Reihe Sallustius anführte – oder bei meiner Amtsführung oder meinem Vorgehen gegen Verbrechen so streng oder beim Schutz des Staates so wachsam, daß du das Proskription nennst, ich glaube, alle deinesgleichen hätten dann nicht ungeschoren in der Stadt leben können. Wie besser stünde es aber um den Staat, wenn du, der du den verbrecherischen Bürgern völlig ebenbürtig bist, ihnen zugezählt worden wärest! Oder habe ich etwa damals grundlos geschrieben „Waffen sollen der Toga weichen", der ich als Zivilist Bewaffnete und mit Frieden den Krieg niedergeworfen habe? Oder habe ich etwa das erlogen „glückliches Rom, als ich dein Konsul war", da ich einen so heftigen inneren Krieg und den Brand der Heimatstadt ausgetreten habe?

Schämst du dich nicht über dich selbst, du Mensch ohne Charakter, wenn du mir als Schuld vorwirfst, was du mir in

quae historiis mihi gloriae ducis? an turpius est scribentem
mentiri quam vel palam hoc ordine dicentem? nam quod in
aetatem increpuisti, tantum me abesse puto ab impudicitia,
quantum tu a pudicitia. sed quid ego de te plura querar? quid   8
enim mentiri turpe ducis, qui mihi ausus sis eloquentiam ut
vitium obicere, cuius semper nocens eguisti patrocinio? an
ullum existimas posse fieri civem egregium, qui non his artibus
et disciplinis sit eruditus? an ulla alia putas esse rudimenta et
incunabula virtutis, quibus animi ad gloriae cupiditatem aluntur? sed minime mirum est, patres conscripti, si homo, qui
desidiae ac luxuriae plenus sit, haec ut nova atque inusitata
miratur. nam quod ista inusitata rabie petulanter in uxorem   9
et in filiam meam invasisti, quae facilius mulieres se a viris
abstinuerunt quam tu vir a viris, satis docte ac perite fecisti.
non enim me sperasti mutuam tibi gratiam relaturum, ut
vicissim tuos compellarem, unus enim satis es materiae habens,
neque quicquam domi tuae turpius est quam tu. multum vero
te, opinor, fallit, qui mihi parare putasti invidiam ex mea re
familiari, quae mihi multo minor est, quam habere dignus
sum. atque utinam ne tanta quidem esset, quanta est, ut
potius amici mei viverent quam ego testamentis eorum locu-
pletior essem!

Ego fugax, C. Sallusti? furori tribuni plebis cessi: utilius   10

deinen Geschichtsbüchern zum Ruhme anrechnest? Oder
ist es vielleicht schimpflicher beim Schreiben zu lügen als
beim Sprechen und dies sogar vor diesem Stande? Denn
wenn du gegen meine Jugend schimpfst, so glaube ich, daß
ich ebensoweit von Unzüchtigkeit entfernt war, wie du von
Züchtigkeit. Aber was soll ich mich noch mehr über dich
beklagen? Denn wie könntest du es für schandbar halten zu
lügen, der du mir meine Beredsamkeit wie ein Laster vorzuwerfen wagst, die Beredsamkeit, deren Beistand du als Schäd-
ling immer entbehren mußtest? Oder glaubst du etwa, daß
irgend jemand ein hervorragender Bürger werden kann, der
nicht in diesen Künsten und Wissenschaften gebildet ist?
Oder glaubst du, die Virtus habe irgendwelche andere An-
fänge und Ursprünge, durch die der Geist für das Streben
nach Ruhm gestärkt wird? Aber es ist bestimmt kein Wunder, Senatoren, wenn sich ein Mensch, der voller Faulheit
und Liederlichkeit ist, darüber wie über etwas Neues und
Ungewöhnliches wundert. Denn was deinen mit so unge-
wöhnlicher Heftigkeit vorgebrachten frechen Angriff gegen
meine Frau und Tochter, die als Frauen leichter auf Männer
verzichteten, denn du als Mann auf Männer, angeht, so wisse,
daß du das recht klug und geschickt gemacht hast. Du konntest nämlich nicht annehmen, daß ich zur Vergeltung dir
insofern den Dank erstatten würde, daß ich meinerseits die
Deinen beschimpfe. Du allein bietest nämlich schon genug
Stoff, und nichts in deinem Hause ist noch schandbarer als
du. Gewaltig aber, meine ich, täuschst du dich, wenn du
geglaubt hast, mir auf Grund meines Vermögens Neid erregen zu können. Ich habe ja viel weniger, als ich zu besitzen
verdiente. O daß es doch nicht so groß wäre wie es ist, daß
aber dafür meine Freunde lebten, anstatt daß ich durch ihre
Testamente begüterter wurde!

Ich ein Ausreißer, C. Sallustius? Ich bin dem Wahnwitz

duxi quamvis fortunam unus experiri, quam universo populo Romano civilis essem dissensionis causa. qui postea quam ille suum annum in re publica perbacchatus est omniaque, quae commoverat, pace et otio resederunt, hoc ordine revocante atque ipsa re publica manu retrahente me reverti. qui mihi dies, si cum omni reliqua vita conferatur, animo quidem meo superet, cum universi vos populusque Romanus frequens adventu meo gratulatus est. tanti me, fugacem, mercennarium patronum, hi aestimaverunt! IV. neque hercules mirum est, 11 si ego semper iustas omnium amicitias aestimavi. non enim uni privatim ancillatus sum neque me addixi, sed quantum quisque rei publicae studuit, tantum mihi fuit aut amicus aut adversarius. ego nihil plus volui valere quam pacem: multi privatorum audacias nutriverunt. ego nihil timui nisi leges: multi arma sua timeri voluerunt. ego numquam volui quicquam posse nisi pro vobis: multi ex vobis potentia freti in vos suis viribus abusi sunt. itaque non est mirum, si nullius amicitia usus sum, qui non perpetuo rei publicae amicus fuit. neque me paenitet, si aut petenti Vatinio reo patrocinium 12 pollicitus sum aut Sesti insolentiam repressi aut Bibuli patientiam culpavi aut virtutibus Caesaris favi. hae enim laudes egregii civis et unicae sunt. quae si tu mihi ut vitia obicis, temeritas tua reprehendetur, non mea vitia culpabuntur.

eines Volkstribunen gewichen: Ich habe es für nützlicher
erachtet, das Schicksal, welches es auch immer sei, allein zu
ertragen, als daß ich für das ganze römische Volk die Ursache
staatlicher Zwietracht wäre. Später, als dieser Tribun sein
Jahr durchtobt hatte und alles, was er aufgerührt hatte, wieder zu Frieden und Ruhe gekommen war, kehrte ich heim,
da mich dieser Stand zurückrief und mich die Hand des
Staates selbst zurückführte. Dieser Tag wird für mich, auch
wenn man ihn mit meinem ganzen übrigen Leben vergliche,
in meinem Herzen an erster Stelle stehen, als ihr alle und das
zahlreich versammelte römische Volk meiner Ankunft freu-
dige Teilnahme bezeugt habt. So hat man mich, einen Ausreißer, einen käuflichen Advokaten, geschätzt! Und das ist,
beim Herkules, kein Wunder, insofern ich immer gerechte
Freundschaft mit allen geschätzt habe. Denn keinem einzigen war ich aus persönlichen Rücksichten ergeben oder
habe mich ihm angeschlossen, sondern je nachdem, wieviel
einer sich um den Staat bemühte war er mir Freund oder
Gegner. Ich wollte, daß nichts mächtiger sei als der Friede:
Viele aber haben die Verwegenheit von Privatpersonen unterstützt. Ich fürchtete nichts außer den Gesetzen: Viele aber
wollten, daß ihre Waffen gefürchtet werden. Ich wollte niemals irgendeinen Einfluß außer für euch: Viele aber aus
euren Reihen mißbrauchten im Vertrauen auf ihren Einfluß
ihre Macht gegen euch. Es ist daher kein Wunder, wenn ich
mit keinem Freundschaft gehalten habe, der nicht beständig
Freund des Staates war. Es reut mich auch nicht, wenn ich
Vatinius auf seine Bitte hin Verteidigung versprochen, des Sestius Unverschämtheit gedämpft, des Bibulus Mattherzigkeit
getadelt oder Caesars Vorzügen Beifall gezollt habe. Das sind
nämlich rühmliche Taten eines hervorragenden Bürgers, und
zwar einzigartige. Wenn du mir diese als Vergehen vorwirfst,
wird man deine Frechheit tadeln und nicht mich beschuldigen.

Plura dicerem, si apud alios mihi esset disserendum, patres
conscripti, non apud vos, quos ego habui omnium mearum
actionum monitores. sed ubi rerum testimonia adsunt, quid
opus est verbis?

V. Nunc ut ad te revertar, Sallusti: patrem tuum prae- 13
teream, qui si numquam in vita sua peccavit, tamen maiorem
iniuriam rei publicae facere non potuit quam quod te talem
filium genuit. neque tu si qua in pueritia peccasti, exsequar,
ne parentem tuum videar accusare, qui eo tempore summam tui
potestatem habuit, sed qualem adolescentiam egeris: hac enim
demonstrata facile intellegetur, quam petulanti pueritia tam
impudicus et procax adoleveris. postea quam immensae gulae
impudicissimi corporis quaestus sufficere non potuit et aetas
tua iam ad ea patienda, quae alteri facere collibuisset, exole-
verat, cupiditatibus infinitis efferebaris, ut, quae ipse corpori
tuo turpia non duxisses, in aliis experireris. ita non est facile 14
exputare, patres conscripti, utrum inhonestioribus corporis
partibus rem quaesierit an amiserit. domum paternam vivo
patre turpissime venalem habuit. et cuiquam dubium potest
esse, quin mori coegerit eum, quo hic nondum mortuo pro
herede gesserit omnia? neque pudet eum a me quaerere, quis
in P. Crassi domo habitet, cum ipse respondere non queat,
quis in ipsius habitet paterna domo. 'at hercules, lapsus aetatis
tirocinio postea se correxit!' non ita est, sed abiit in sodalicium

Ich würde mehr sagen, wenn ich vor anderen sprechen müßte, Senatoren, nicht vor euch, die ich als Berater für alle meine Handlungen haben durfte. Aber wo das Zeugnis der Tatsachen vorhanden ist, was bedarf es da der Worte?

Um nun zu dir zurückzukehren, Sallustius: Deinen Vater kann ich übergehen, denn selbst wenn er in seinem Leben nie eine Schuld auf sich geladen hätte, so konnte er doch kein größeres Unrecht gegen den Staat begehen, als daß er dich, einen solchen Sohn, gezeugt hat. Ich will auch dem nicht nachgehen, ob du in deiner Kindheit Schuld auf dich geladen hast, damit ich nicht deinen Vater anzuklagen scheine, der zu dieser Zeit noch alle Macht über dich hatte, sondern nur, welche Jugend du geführt hast: Wenn diese nämlich dargelegt ist, wird man leicht einsehen, aus welch leichtfertiger Kindheit du als so schamloser und gieriger Mensch herangewachsen bist. Nachdem der Erwerb aus der Unzucht des Körpers der unersättlichen Kehle nicht genügen konnte und du das Alter erreicht hattest, um das mit dir machen zu lassen, was einem anderen zu tun beliebte, wurdest du von maßloser Begierde hingerissen, daß du, was du für deinen eigenen Körper nicht für schimpflich hieltest, bei anderen ausprobiertest. So ist es gar nicht leicht, Senatoren, zu ergründen, ob er durch die unanständigen Körperteile Geld erworben oder verloren hat. Sein väterliches Haus bot er schändlicherweise noch zu Lebzeiten seines Vaters zum Verkauf. Kann da noch jemand daran zweifeln, daß er ihn zu sterben zwang, da er sich in allem wie ein Erbe aufführte, obwohl jener noch gar nicht tot war? Und da schämt er sich nicht, mich zu fragen, wer im Hause des P. Crassus wohnt, während er selbst nicht beantworten kann, wer in seines eigenen Vaters Hause wohnt. „Ach was, beim Herkules, eine Jugendsünde, das hörte später von selbst auf!" Keineswegs, er trat vielmehr dem frevelhaften Geheimbund des Nigidius

sacrilegi Nigidiani. bis iudicis ad subsellia attractus extrema
fortuna stetit et ita discessit, ut non hic innocens esse sed
iudices peierasse existimarentur.

Primum honorem in quaestura adeptus hunc locum et 15
hunc ordinem despectui habuit, cuius aditus sibi quoque
sordidissimo homini patuisset. itaque timens, ne facinora
eius clam vos essent, cum omnibus matrum familiarum viris
opprobrio esset, confessus est vobis audientibus adulterium
neque erubuit ora vestra. VI. vixeris, ut libet, Sallusti, egeris,
quae volueris : satis sit unum te tuorum scelerum esse conscium.
noli nobis languorem et soporem nimium exprobrare! sumus
diligentes in tuenda pudicitia uxorum nostrarum, sed
ita experrecti non sumus, ut a te cavere possimus. audacia
tua vincit studia nostra. ecquod hunc movere possit, patres 16
conscripti, factum aut dictum turpe, quem non puduerit
palam vobis audientibus adulterium confiteri? quod si tibi
per me nihil respondere voluissem, sed illud censorium
eloquium Appii Claudii et L. Pisonis, integerrimorum virorum, quo usus est quisque eorum, pro lege palam universis
recitarem, nonne tibi viderer aeternas inurere maculas, quas
reliqua vita tua eluere non posset? neque post illum dilectum
senatus umquam te vidimus, nisi forte in ea te castra conie-
cisti, quo omnis sentina rei publicae confluxerat. at idem 17
Sallustius, qui in pace ne senator quidem manserat, postea

bei. Zweimal vor Gericht gestellt, war er schon fast am Ende und kam auf solche Weise davon, daß man annehmen mußte, nicht er sei unschuldig, sondern die Richter seien eidbrüchig gewesen.

Als er mit der Quästur das erste Ehrenamt erreicht hatte, war ihm dieser Ort und dieser Stand verächtlich, da der Zugang dazu sogar ihm selbst, dem niederträchtigsten Menschen, offengestanden hatte. Und in Sorge, daß seine Untaten euch verborgen bleiben könnten, bekannte er, da das allen Ehemännern zur Schande gereichen mußte, vor euren Ohren Ehebruch und er errötete nicht einmal vor eurem Angesicht! Magst du nach deinem Geschmack gelebt haben, Sallustius, und getan haben, was du wolltest: Es ist genug, wenn du allein deine Verbrechen weißt. Halte uns nicht allzu sehr Schlafheit und Verschlafenheit vor! Wir sind umsichtig um den Schutz der Keuschheit unserer Frauen bemüht, aber so wachsam sind wir nicht, daß wir uns vor dir hüten könnten. Deine Frechheit übertrifft unseren Eifer. Welche schändliche Tat oder welches schändliche Wort könnte auf den noch Eindruck machen, Senatoren, der sich nicht schämte, offen vor euch als Zuhörern Ehebruch zu bekennen? Wenn ich dir von mir aus nicht hätte antworten wollen, sondern nur der Zensoren Appius Claudius und L. Piso, untadeligster Männer, Spruch, den jeder von ihnen gebraucht hat, wie ein Gesetz vor allen vorläse, schiene ich dir da nicht ewige Schandmale einzubrennen, die der Rest deines Lebens nicht mehr tilgen könnte? Nach jener Säuberung des Senats hätten wir dich nicht mehr sehen müssen, wenn du dich nicht in das Lager begeben hättest, in dem aller Abschaum des Staates zusammengeströmt war. Aber der gleiche Sallustius, der im Frieden nicht einmal Senator geblieben war, der gleiche wurde, nachdem der Staat mit Waffengewalt niedergeworfen war, vom Sieger, der die Ver-

quam res publica armis oppressa est, idem a victore, qui
exsules reduxit, in senatum per quaesturam est reductus.
quem honorem ita gessit, ut nihil in eo non venale habuerit,
cuius aliquis emptor fuerit, et ita egit, ut nihil non aequum ac
verum duxerit, quod ipsi facere collibuisset, neque aliter
vexavit ac debuit, si quis praedae loco magistratum accepis-
set. peracta quaestura postea quam magna pignora eis   18
dederat, cum quibus similitudine vitae se coniunxerat, unus
iam ex illo grege videbatur. eius enim partis erat Sallustius,
quo tamquam in unam voraginem coetus omnium vitiorum
excesserat: quidquid impudicorum, cilonum, parricidarum,
sacrilegorum, deditorum fuit in urbe, municipiis, coloniis,
Italia tota, sicut in fretis subsederant, nominis perditi ac
notissimi, nulla in parte castris apti nisi licentia vitiorum et
cupiditate rerum novarum.

VII. 'At postea quam praetor est factus, modeste se gessit   19
et abstinenter.' non ita! provinciam vastavit, ut nihil neque
passi sint neque exspectaverint gravius in bello socii nostri,
quam experti sunt in pace hoc Africam inferiorem obtinente.
unde tantum hic exhausit, quantum potuit aut fide nominum
traici aut in naves contrudi: tantum, inquam, exhausit,
patres conscripti, quantum voluit. ne causam diceret, sester-
tio duodeciens cum Caesare paciscitur. quod si quippiam
eorum falsum est, his palam refelle, unde, qui modo ne
paternam quidem domum reluere potueris, repente tamquam somno beatus hortos pretiosissimos, villam Tiburti

bannten zurückführte, in den Senat durch die Quästur zurückgeführt. Dieses Amt führte er so, daß es dabei nichts gab, das er nicht feilhielt, falls sich nur irgendein Käufer fand und er trieb es so, daß er alles für recht und billig hielt, was ihm selbst zu tun beliebte und nicht anders ging er damit um wie es einer tun würde, der das Amt anstelle von Beute erhalten hätte. Nach Beendigung der Quästur und nachdem er große Bürgschaften denen gegeben hatte, mit denen er sich durch die Ähnlichkeit seiner Lebensführung verbunden hatte, galt er schon als einer aus jener Horde. Zu der Partei nämlich gehörte Sallustius, in der wie in einem einzigen Strudel alle Laster zusammengeströmt waren: Was an Unzüchtigen, Lüstlingen, Vatermördern, Tempelschändern, Abhängigen in der Stadt, den Munizipien, den Kolonien, in ganz Italien war, hatte sich wie in einem Sund abgelagert, Leute mit verworfenem und bekanntem Namen, nicht im geringsten für ein Kriegslager geeignet außer durch die Zügellosigkeit ihrer Laster und ihre revolutionäre Leidenschaft.

„Aber nachdem er Prätor geworden war, benahm er sich bescheiden und zurückhaltend." Keineswegs! Seine Provinz verwüstete er so, daß unsere Bundesgenossen in Kriegszeiten nichts Schlimmeres erdulden oder auch nur befürchten, als sie im Frieden über sich ergehen lassen mußten, solange dieser Africa inferior in seiner Gewalt hatte. Von dort zog er so viel heraus wie er durch die Sicherheit von Schuldverschreibungen herüberschaffen oder in Schiffe stopfen konnte: Soviel, Senatoren, sage ich, zog er heraus wie er wollte. Damit er nicht vor Gericht mußte, schloß er mit Cäsar um 1 200 000 Sesterzen ein Abkommen. Wenn etwas davon falsch ist, so widerlege es vor diesen hier, indem du erklärst, wovon du, der eben noch nicht einmal sein Vaterhaus einlösen konnte, plötzlich, wie über Nacht glücklich geworden, die wertvollsten Gärten, die Villa Cäsars in Tibur und die

C. Caesaris, reliquas possessiones paraveris. neque piguit 20
quaerere, cur ego P. Crassi domum emissem, cum tu vetus
villae dominus sis, cuius paulo ante fuerat Caesar. modo,
inquam, patrimonio non comesto sed devorato quibus rationibus repente factus es tam adfluens et tam beatus? nam
quis te faceret heredem, quem ne amicum quidem suum satis
honestum quisquam sibi ducit nisi similis ac par tui?

VIII. At hercules, egregia facta maiorum tuorum te
extollunt: quorum sive tu similis es sive illi tui, nihil ad omnium
scelus ac nequitiam addi potest. verum, ut opinor, honores tui 21
te faciunt insolentem. tu, C. Sallusti, totidem putas esse bis
senatorem et bis quaestorem fieri quot bis consularem et bis
triumphalem? carere decet omni vitio, qui in alterum dicere
parat; is demum male dicit, qui non potest verum ab altero
audire. sed tu, omnium mensarum assecula, omnium cubi-
culorum in aetate paelex et idem postea adulter, omnis
ordinis turpitudo es et civilis belli memoria. quid enim hoc 22
gravius pati potuimus, quam quod te incolumem in hoc
ordine videmus? desine bonos petulantissime consectari,
desine morbo procacitatis isto uti, desine unumquemque
moribus tuis aestimare. his moribus amicum tibi efficere non
potes: videris velle inimicum habere.

übrigen Besitzungen erwerben konntest. Du hast dich nicht
geschämt zu fragen, warum ich das Haus des P.Crassus gekauft habe, während du längst Herr der Villa bist, deren Herr
wenig vorher noch Cäsar war. Aus welchen Gründen bist
du, der eben, wie ich sagte, sein väterliches Gut nicht auf-
gezehrt, sondern verpraßt hat, plötzlich so reich und so wohl-
habend geworden? Denn wer würde dich zum Erben machen,
mit dem auch nur befreundet zu sein man nicht für anständig
genug hält, außer man ist dir ähnlich und ebenbürtig?

Aber, beim Herkules, die bedeutenden Taten deiner Vorfahren machen dich überheblich: Wenn du ihnen ähnlich
bist oder sie dir, dann kann der Verworfenheit und der
Schlechtigkeit aller nichts mehr hinzugefügt werden. Jedoch,
glaube ich, deine eigenen Ehren machen dich anmaßend.
Meinst du, C.Sallustius, daß ebensoviele zweimal Senator
sind und zweimal Quästor werden wie zweimal Konsular
und zweimal Triumphator? Fehlerfrei sollte sein, wer sich
anschickt gegen einen anderen zu reden; vollends ist dessen
Rede schlecht, der von anderen die Wahrheit nicht hören
kann. Aber du, aller Tische Schmarotzer, aller Schlafzimmer
Hurenknabe in der Jugend und später Buhle, du bist jeden
Standes Schande und eine Erinnerung an den Bürgerkrieg.
Was könnten wir also Schlimmeres ertragen müssen, als dich
wohlbehalten in diesem Stande zu sehen? Hör auf, Gutgesinnte aufs frechste zu verfolgen, hör auf, dich dieser krankhaften Zudringlichkeit zu bedienen, hör auf, jeden nach
deinem eigenen Charakter einzuschätzen. Mit diesem deinem
Charakter kannst du dir keinen Freund erwerben: du scheinst
einen Feind haben zu wollen.

Finem dicendi faciam, patres conscripti. saepe enim vidi gravius offendere animos auditorum eos, qui aliena flagitia aperte dixerunt, quam eos, qui commiserunt. mihi quidem ratio habenda est, non quae Sallustius merito debeat audire, sed ut ea dicam, si qua ego honeste effari possim.

Ich will meine Rede beenden, Senatoren. Denn oft schon sah ich die, die über Schandtaten anderer offen redeten, den Zuhörern mehr zur Last zu fallen, als die, die sie begingen. Ich nämlich muß darauf achten, zu sagen, nicht was Sallustius verdientermaßen zu hören bekommen sollte, sondern was ich mit Anstand sagen kann.

SALLUST ALS HISTORIKER

Gaius Sallustius Crispus lebte in einer der bewegtesten Epochen der römischen Geschichte. Sein Geburtsjahr, 86 v. Chr., ist zugleich das Todesjahr des Marius. Er starb, wie es in der antiken Überlieferung heißt, „quadriennio ante Actiacum bellum", also im Jahre 34 v.Chr. Roms Macht war damals zwar nach außen gefestigt, aber im Innern war es seit den Revolutionsversuchen der Gracchen (133–122) nicht mehr zur Ruhe gekommen: Bürgerkrieg zwischen den Parteien des Marius und des Sulla (88–82), Bürgerkrieg zwischen Pompeius und Cäsar (49–45), Cäsars Sieg und Tod (44), Kampf zwischen Antonius und Augustus um Cäsars Nachfolge und Erbe, schließlich der Sieg des Augustus bei Aktium (31), der das Jahrhundert der inneren Kämpfe beendet und den Neubau des Staates und die Prinzipatsepoche einleitet. Aufmerksam verfolgte Sallust diese Ereignisse und ergriff selbst leidenschaftlich Partei. Außerdem betrieb er seit seiner Jugend gründliche historische Studien. So vereinigen seine Werke den Eindruck des Erlebten mit der Frucht der Studien.

Sallust wurde in Amiternum geboren, einer Stadt im Sabinerland, etwa 90 km nordöstlich von Rom. Seine Familie gehörte nicht zu den vornehmen stadtrömischen Geschlechtern, war aber sicher nicht ganz ohne Besitz. Spätestens als Jüngling muß er nach Rom gekommen sein, denn nach seinem eigenen Zeugnis (Cat. 3, 3; vgl. epist. II 1, 3) widmete er sich schon früh der Politik. Dabei erlebte er eine große Enttäuschung: „Statt Anstand, Zurückhaltung und Tüchtigkeit" fand er nur „Frechheit, Bestechlichkeit und Habsucht". Diese Charakterisierung der damaligen Zustände ist treffend! Daß er selbst in das üble Treiben der Hauptstadt mit hineingezogen wurde, gibt er an der gleichen Stelle, wenn auch etwas umwunden, zu: Innerlich habe er daran zwar keinen Anteil gehabt, aber seine Jugend sei in diesem Bann ge-

fangen gewesen; die Sucht nach Ehre habe ihn darein verwickelt und festgehalten. Seine politischen Gegner und seine Kritiker wußten überhaupt an seinem damaligen Lebenswandel ziemlich viel auszusetzen und versäumten nicht, ihm das lockere Treiben seiner Jugendjahre vorzuwerfen. Aber es wird sicher nicht viel schlimmer gewesen sein, als bei der römischen Jugend damals üblich war. Nur glaubte man bei Sallust einen Bruch zwischen seinem Leben und seinen herb tadelnden Schriften feststellen zu müssen. Lactanz (Inst. div. II 12, 13) sagt z. B. von ihm, er hätte recht gelebt, wenn er so gelebt hätte, wie er geschrieben hat.

Sallust machte zunächst auch Karriere. Die erste Stufe der höheren Ämter, die Quästur, erreichte er wahrscheinlich im Jahre 54, also mit 32 Jahren; zum Volkstribun wurde er im Jahre 52 gewählt, in einer bewegten, geradezu anarchischen Zeit. Die Parteien, die der Senatsnobilität, in der sich die konservativen, auf Erhaltung der alten Republik bedachten Kräfte sammelten, und die der Popularen, in der sich die Gegner der Nobilitätsherrschaft zusammenfanden, terrorisierten die Stadt durch gedungene Banden, die sich regelrechte Straßenschlachten lieferten. Zu Beginn des Jahres 52 war der Bandenführer der Popularen, Clodius, von den Leuten seines Gegners Milo getötet worden. Sofort begann eine wilde Hetze gegen Milo und die hinter ihm stehende Senatspartei, bei der auch Cicero nicht geschont wurde. Besonders tat sich dabei neben zwei anderen Tribunen der Volkstribun Sallust hervor. Politisch steht er also in den vorderen Reihen der Popularpartei, die der städtische Arm ihres damals noch durch den gallischen Krieg festgehaltenen Führers Cäsar war. Deshalb wurde Sallust bei der Zensur des Jahres 50 – mit vielen anderen – angeblich wegen seines Lebenswandels von dem Verfechter der Nobilitätsinteressen, dem Zensor Appius Claudius Pulcher, aus dem Senat ausgestoßen. Vielleicht konnte man an seiner Lebensführung Anstoß nehmen, sicher aber ist, daß er nicht aus dem Senat ausgestoßen worden wäre, wäre er nicht so eifriger Anhänger der Popularpartei und Cäsarianer gewesen. Daher wurde ihm, der sich in Cäsars Feldlager begeben und auch ein Seekommando geführt hatte, schon im nächsten oder übernächsten Jahr von diesem wiederum die Quästur verliehen. So kam er erneut in den Senat. Durch den Bürgerkrieg hatte sich Cäsar die Macht zu solchen Maßnahmen errungen. Er betraute Sallust weiterhin mit verschiedenen größeren Aufgaben. Im Jahre 47 sollte er als einer der

Beauftragten Cäsars zwei meuternde Legionen beschwichtigen, was ihm fast das Leben gekostet hätte. Dann ging er mit Cäsar nach Afrika, kämpfte als Prätor im Jahre 46 für ihn zur See und wurde nach dem entscheidenden Sieg Cäsars bei Thapsus in Nordafrika als proconsul cum imperio Statthalter der neugebildeten Provinz Africa nova, die aus dem bisherigen numidischen Königreich des besiegten Juba bestand. Hier bereicherte er sich über die Maßen. Nach seiner Rückkehr (wohl im Jahre 45) soll er es angeblich nur Cäsar, der ja in diesem Punkt großzügig gegen seine Anhänger war, zu verdanken gehabt haben, daß ihm nicht der Prozeß gemacht wurde. Nunmehr etwa 41 Jahre alt, zog Sallust es vor, ganz auf die Politik zu verzichten. Die drohende Anklage und Cäsars Tod am 15. März 44 werden diesen Entschluß wohl gefördert haben, aber er hatte sich auch innerlich von der Politik abgewandt; denn sicher hätten Antonius und der junge Octavian den Parteigänger Cäsars gern in ihre Reihen aufgenommen, wenn er es gewollt hätte. Sallust kaufte sich mit dem in Afrika erworbenen Geld die Villa Cäsars in Tibur (Tivoli) und legte die berühmten, nach ihm benannten Gärten, die horti Sallustiani, auf dem mons Pincius (Monte Pincio) im Norden Roms an.

Er widmete sich nun ganz der Geschichtschreibung. In dem Jahrzehnt bis zu seinem Tod entstanden: „Die Verschwörung des Catilina", „Der Krieg gegen Jugurtha" und die „Historien". Den Traditionen der römischen Historiographie blieb er insofern treu, als er über die Geschichte seines Volkes und Staates als ein Mann senatorischen Ranges schrieb, er durchbrach sie aber dadurch, daß er das Schreiben nicht als Ersatz für tatkräftiges Handeln der Muße des Alters vorbehielt, sondern sich auf der Höhe seines Lebens bewußt ausschließlich der Geschichtschreibung widmete. In den Einleitungen zu „Catilina" und „Jugurtha", die vom Wesen des Menschen als einem Gebilde aus Körper und Geist ausgehen, rechtfertigt er seinen Entschluß durch die Erkenntnis, daß die Natur „jedem eine andere Bahn weist". Es war also ein Irrweg, wenn er glaubte, er könne als Staatsmann oder Feldherr das Wesentliche leisten; er hatte vielmehr eingesehen, daß seine Stärke auf einem anderen Gebiet lag. Also wolle er, fährt er im „Catilina" (Kap. 4) fort, nachdem er nach vielen Leiden und Widerwärtigkeiten endlich zur Ruhe gekommen sei, sein Leben weder mit Nichtstun noch mit Sklavenarbeiten wie

Ackerbau und Viehzucht verbringen, sondern aus der Geschichte des römischen Volkes darstellen, was ihm der Schilderung wert scheine. Finde der Geschichtschreiber auch „durchaus nicht die gleiche Anerkennung wie sein Held", so habe er sich doch eine ganz besonders schwere, „wohl die schwerste Aufgabe ausgesucht" (Cat. 3, 2). Auch er habe dafür Ruhm zu erwarten. Sallust ist darin echter Römer, daß ihm das Streben nach Ruhm etwas durchaus Gutes und Anerkennenswertes ist. Seine Hoffnung und Selbsterkenntnis hat ihn nicht getäuscht: Was er als Politiker nie gefunden hätte, seine Geschichtswerke gewährten es ihm: Die Unsterblichkeit!

Doch nicht nur seine natürliche Anlage wies Sallust von der Mitwirkung an der Politik zur Geschichtschreibung. Das Treiben der Tagespolitik, wo er „statt Anstand, Zurückhaltung und Tüchtigkeit" nur „Frechheit, Bestechlichkeit und Habsucht" gefunden hatte, widerte ihn an. Innerlich hatte er daran keinen Anteil, aber seine Jugend blieb in diesem Bann. Mit großer Schärfe urteilt er im „Jugurtha" (Kap. 3 und 4), die Zustände im Staat seien so, daß niemand sich guten Gewissens dem Staatsdienst widmen könne; denn dem wahren Verdienst werde kein ehrenvolles Amt verliehen, und wer auf unehrlichem Wege dazu gekommen sei, der dürfe sich deshalb weder sicher noch besonders geachtet fühlen (3, 1). Nur noch zwei Wege gebe es jetzt, den der Gewalt, der aber trotz manches Guten, was man dabei erreichen könne, ungangbar sei, oder „der Macht einiger weniger die persönliche Ehre und Freiheit aufzuopfern". Das aber komme für ihn noch weniger in Frage, da dies ein „ehrloser und verderblicher Wunsch" sei (3, 2–4).

Sallust ist nicht der erste, der zunächst einen vergeblichen Versuch im politischen Leben gemacht hat. Thukydides ist durch den Mißerfolg seiner Tätigkeit als Feldherr zur Geschichtschreibung gekommen und auch Polybios wäre wohl nie der große Historiker geworden, hätte er nicht der verlorenen Sache des Achäischen Bundes gedient und nicht als Geisel in Rom leben müssen. Sogar auf Platon konnte sich Sallust berufen: Eine Stelle in Platons 7. Brief (324 b, 8 ff.) kann geradezu als Vorbild zu Sallust, Cat. 3, 3 gelten, zu der Stelle nämlich, an der er sagt, vieles sei ihm in der Politik widerwärtig gewesen. Aber ein wesentlicher Unterschied besteht doch: Platon begründet, warum er im damaligen Athen nicht Staatsmann werden konnte, doch

die Form des besten Staates und die Möglichkeit seiner Verwirk-
lichung spielen in seinem Denken bis zum Ende seines Lebens
eine große Rolle. Er hat ja auch tatsächlich in Syrakus auf Sizilien
den Versuch gemacht, sein Staatsideal zu verwirklichen. Sallust
dagegen kennt als „den Staat" nur den römischen; das ist natürlich auch dadurch bedingt, daß Rom über die Welt herrscht; was
jenseits des Reiches etwa noch besteht, ist Barbarenland. Der
Idealzustand mag wohl einst in der römischen Frühzeit Wirklichkeit gewesen sein (Cat. 9; Jug. 41,2; epist. II 5 und 10, 7 ff.);
aber dieses Ideal ist etwas Vergangenes, nichts, wonach man
noch streben könnte, Platons Blick dagegen ist auf die Zukunft
gerichtet. Allerdings heißt es einmal im „Jugurtha" (Kap. 4),
daß Sallust durch seine scheinbare Untätigkeit – für den Römer
war niemand, der nur schriftstellerisch tätig war, wirklich
„tätig" – dem Staat mehr nützen könne, als wenn er bei dem
jetzigen Zustand des öffentlichen Lebens sich der Politik widmete;
denn der Geschichtschreiber könne den Menschen große Vorbilder
vor Augen stellen. Will Sallust also die Menschen bessern? Diese
Verteidigung der Geschichtschreibung steht nur im „Jugurtha",
nicht im „Catilina", wo Sallust zuerst über die Gründe seines
Abtretens von der politischen Bühne spricht; sie ist nur geschrieben, um die Vorwürfe, die man ihm deswegen machte, abzuwehren. Daß aber seine eigene Zeit noch Nutzen aus der Geschichtschreibung ziehen werde, daran verzweifelte er: „Wo findet
sich bei den heutigen Sitten nur ein einziger, der sich nicht lieber
an Reichtum und Aufwand statt an Rechtlichkeit und Fleiß mit
seinen Vorfahren zu messen sucht?" (4, 7). Zu erkennen und zu
beschreiben, wie es zu dem jetzigen Zustand kommen mußte, das
ist Sallusts Anliegen, ein durchaus wissenschaftliches Anliegen,
das allerdings ganz dem Bereiche der theoretischen Wissenschaft
angehört. In dieser Geisteshaltung ist er also Thukydides viel
näher als Platon. Sucht jedoch dieser große pragmatische Geschichtschreiber der Griechen in erster Linie im Getriebe der
Geschichte die wirkenden Kräfte objektiv darzulegen, so ist
Sallusts Blick vor allem auf moralische Qualitäten gerichtet. Er
wertet nach ethischen Maßstäben, er zeigt die „virtus", die
„Tugend, Tüchtigkeit, Trefflichkeit, Qualität" in den Menschen
auf und mißt nach ihr menschliche Größe. Charakteristisch ist
schon, wie beide ihren Abgang vom aktiven politischen Handeln
motivieren. Zwar gibt auch Thukydides nur umwunden zu, daß

er durch das Scheitern seiner politisch-militärischen Laufbahn gezwungen wurde, sich auf die Geschichtschreibung zurückzuziehen, er sagt aber doch, daß ihn persönliches Mißgeschick, nämlich die Verbannung, zwang, dem Staatsdienst fernzubleiben. Sallusts Abkehr von der Politik hat dagegen nach seiner Darstellung rein moralische Gründe: in einem solchen Staat aktiv tätig zu sein, sei ihm unmöglich. Hierin aber nähert er sich wieder Platon, nur daß dieser tatsächlich von vornherein auf eine führende Rolle in dem Staat verzichtete, der ihm widerwärtig war.

Hat der Entschluß, sich der Geschichtschreibung zu widmen, in Sallusts Leben etwas ganz Neues gebracht? In der Einleitung zum „Catilina" heißt es ausdrücklich, er habe sich seinen früheren Interessen, nämlich der Geschichte, wieder zugewandt (4, 2). Kenntnis geschichtlicher Zusammenhänge und ausdrückliche Bezeugung eigener historischer Studien finden sich auch in den beiden „Briefen an Cäsar" (z. B. I 7, 4; II 1, 3), die sich dem Leser als zu einer Zeit geschrieben vorstellen, da er noch mitten im politischen Kampf stand.

Außer den historischen Werken sind uns unter dem Namen des Sallust nämlich noch eine Rede und die zwei genannten Briefe erhalten. Die Rede ist eine S c h m ä h r e d e g e g e n C i c e r o. Sie unterstellt, Cicero habe Sallust im Senat angegriffen und dieser antworte seinerseits durch eine heftige Invektive. In unseren Handschriften folgt darauf eine angebliche Verteidigung Ciceros mit Angriffen auf Sallust, die aber unbestritten als Produkt eines späteren Verehrers Ciceros entlarvt ist, eine These, die sich sogar auf eine alte Grammatikernotiz stützen kann (Diomed., Gramm. Lat. ed. Keil I 387, 4). Nun wissen wir ja, daß Sallust im Jahre 52 als Volkstribun gegen die Nobilität auftrat, und es ist daher nicht unwahrscheinlich, daß es schon zwei Jahre zuvor zu heftigen Kontroversen zwischen ihm und Cicero kam. Die Situation der Rede führt nämlich ins Jahr 54, der zeitlich letzte Angriffspunkt ist die Verteidigung des Vatinius durch Cicero (4, 7). Obwohl schon im ersten nachchristlichen Jahrhundert Quintilian, der ausgezeichnete Kenner der römischen Literatur, Stellen aus dieser Rede als aus einem Werk Sallusts zitiert, verstummten seit Sebastian Corradus 1537 die Zweifel an der Echtheit nicht mehr. (Zu diesem Problem s. S. 483 ff.)

Auch die Echtheit der beiden „P o l i t i s c h e n B r i e f e" ist

umstritten (s. S. 483 ff.). Der in der handschriftlichen Überlieferung an zweiter Stelle stehende Brief (epist. II) ist der zeitlich
frühere. Die Datierung, die aus inneren Kriterien gewonnen
wurde, schwankt zwischen den Jahren 51, 50 und 49. Richtig
dürfte 50 als Jahr der Abfassung sein, als Cäsar noch die letzten
Kämpfe in Gallien bestehen mußte, während in Rom die Gegner von der Nobilitätspartei seine politischen Pläne zu durch-
kreuzen suchten. Es konnte damals nicht mehr verborgen
bleiben, daß es zum Bruch mit Pompeius kommen mußte. Der
10. Januar 49, der Tag, an dem Cäsar den Rubico überschritt,
womit der Konflikt in offenen Bürgerkrieg mit Pompeius und
der Nobilitätspartei überging, stand unmittelbar bevor. Der an
erster Stelle stehende, spätere Brief (epist. I) wird ins Jahr 46
datiert, als der Sieg errungen und Cäsar Herr des Staates war.

Die beiden Briefe wenden sich mit Ratschlägen für die Reform
des Staates an Cäsar. Dabei kommt es Sallust zunächst nicht
darauf an, einzelne Punkte genau auszuführen; er will nur ganz
allgemein die gröbsten Schäden des Staates aufzeigen, dabei die
Mittel zur Besserung ungefähr umreißen und Cäsar von der
Richtigkeit seiner Gedankengänge überzeugen (II 12). Die Besserung selbst aber kann nur dadurch herbeigeführt werden, daß
Cäsar dem allgemeinen Verfall, der Verschwendung, Habsucht
und Korruption Einhalt gebietet und die Macht der Nobilität
bricht, in der Sallust die Pestbeule am Staatskörper sieht.

Der frühere Brief ist noch ganz durchglüht von der Leidenschaft des Parteimannes, zugleich aber von der Einsicht des tiefer
Blickenden, der die Wurzel alles Übels im moralischen Verfall
sieht. Die Erneuerung des Volkes und die Stärkung seiner sittlichen Kräfte muß also das Hauptziel der Reform sein. An die
Aufrichtung einer Monarchie denkt Sallust dabei nicht. Cäsar
ist für ihn der starke Arm des Staates, der die Übel beseitigen und
wieder geordnete Verhältnisse schaffen soll. Er ist der einzige,
der das vermag. Diese Überzeugung hat sich bis zur Abfassung
des zweiten Briefes noch gefestigt: „Entweder vermagst Du den
Staat gesund zu machen, oder alle andern brauchen sich gar nicht
mehr zu bemühen" (I 6, 4). Das erkannte sogar Cicero in einer im
gleichen Jahr gehaltenen Rede (pro Marcello) an. Die Parteileidenschaft Sallusts, die im ersten Brief noch hohe Wellen geschlagen hatte, ist schon merklich verebbt. Er plädiert für Milde.
Nie aber verliert er das Ziel der sittlichen Erneuerung des Volkes

aus den Augen. Dabei darf auch nicht auf die üblen Elemente in den eigenen Reihen Rücksicht genommen werden (I 4). Pläne für den Aufbau des Staates finden sich in diesem viel kürzeren Brief nicht. Sallust hatte inzwischen wohl erkannt, daß sein Ziel, die Wiederherstellung der Verfassung mit einem neuen, von der Herrschaft der Nobilität gereinigten Senat an der Spitze, nicht auch das Ziel Cäsars war. Aber noch einmal mahnt er, die Wurzel allen Übels auszureißen, die Macht und das Ansehen des Geldes zu beseitigen und die Erneuerung des Volkes in Angriff zu nehmen.

Die Hoffnung, Volk und Staat zu erneuern, mußte Sallust aber als gescheitert ansehen, als er die letzten Ziele Cäsars erkannt hatte. Er hatte nicht für Cäsar um Cäsars willen gekämpft, sondern des Staates wegen. Auch seine beiden Briefe waren gewissermaßen ein aktives Eingreifen in die Politik. Nun wandte er sich ausschließlich der Geschichtschreibung zu. In den Einleitungen seiner Monographien rechtfertigt er, wie wir oben sahen, seine Tätigkeit als Geschichtschreiber. Auch die philosophischen Gedanken, die er in diesen Kapiteln über das Verhältnis zwischen Geist und Körper vorbringt, führen zu diesem Anliegen.

Sallust war im tiefsten Wesen erschüttert von dem Verfall aller Anständigkeit in seiner Zeit und der damit zusammenhängenden schweren Krise des römischen Staates. An einem Beispiel, an der Geschichte der „Verschwörung des Catilina", zeigte er sie auf. Daß diese Verschwörung eine Episode in der römischen Geschichte ist, war ihm klar, aber ihm kam es weniger auf die Tatsachen an als auf die grundsätzliche Bedeutung dieses Ereignisses: Eine Handvoll Taugenichtse bringen das Weltreich an den Rand des Abgrunds.

Über den äußeren Verlauf der Verschwörung sind wir nicht nur aus dem Werk Sallusts unterrichtet. Vor allem sind uns von Cicero, dem als Konsul das Hauptverdienst an der Niederwerfung des Putsches zukommt, vier Reden gegen Catilina und seine Anhänger erhalten, ganz abgesehen von zahlreichen sonstigen Äußerungen in Ciceros schriftlichem Nachlaß.

Lucius Sergius Catilina war ein heruntergekommener, verschuldeter Angehöriger eines vornehmen, aber verarmten Geschlechts. Es ist bezeichnend für die damalige Zeit, daß ein Mann, wie ihn Sallust im 5. und 15. Kapitel schildert – seinen Anhang kennzeichnen Kap. 14 und 16 –, zu den höchsten

Ämtern im Staate gelangen konnte. Trotz seiner Henkerdienste bei der Jagd auf die von Sulla Geächteten wurde er von der Gesellschaft nicht etwa gemieden, sondern war im Jahre 68 Prätor und verwaltete dann die Provinz Afrika. Da er sich dabei mehr als üblich bereicherte, erwartete ihn in Rom ein Prozeß, und seine Bewerbung für das Konsulat des Jahres 65 wurde deshalb abgewiesen. Die für dieses Jahr gewählten Konsuln wurden nach der Wahl wegen unlauterer Wahlbeeinflussung verurteilt, gaben aber die Hoffnung auf das Amt nicht auf. Ihre Hintermänner waren die Spitzen der Popularpartei, Cäsar und der reiche Crassus, einer der Hauptakteure war Catilina. Aber der Plan, durch Gewalt an die Macht zu kommen, scheiterte, bevor noch die Ausführung recht ins Werk gesetzt werden konnte. Da zur Zeit der Wahlen für das nächste Jahr Catilinas Prozeß noch nicht entschieden war, hoffte er für das Jahr 63 auf das Konsulat, unterlag aber gegen Cicero und Gaius Antonius. Hatte er schon früher für den Fall seiner Wahl allen Verarmten großzügige Hilfe versprochen, so machte er vor den Wahlen für das Jahr 62, die im Sommer 63 stattfanden, Hoffnung auf völlige Schuldentilgung und sammelte mit dieser Parole dunkle Existenzen um sich. Mit Crassus' Beteiligung konnte er natürlich nun nicht mehr rechnen und auch Cäsar wird sich rechtzeitig zurückgezogen haben.

Zwar ist die Wahrheit in Sallusts Werk nicht verfälscht, aber die Trägheit, Unfähigkeit, Habsucht und Verworfenheit der herrschenden Nobilitätsclique werden grell beleuchtet. Gemäß der Forderung der Antike, daß auch eine historische Darstellung ein Kunstwerk zu sein habe, gruppierte Sallust die Schilderung ganz um Catilina, der daher auch bei dem ersten, im Keime erstickten Putschversuch stärker hervortritt, als es den historischen Tatsachen entspricht. Die große Versammlung, mit der Sallust das Geschehen einleitet (Kap. 17 ff.), fand nämlich in Wirklichkeit erst ein Jahr später, im Sommer 63, statt. Auch sonst dürfte manches aus künstlerischen Gründen etwas zurechtgerückt sein*. Sallust tat zwar recht daran,

---

* Die Versammlung bei Laeca (27,3–28,3) fand, wie wir aus Cicero wissen, in der Nacht vom 6./7. XI. statt und hatte den Anschlag auf Cicero zur Folge; Sallust rückte sie vor die Senatssitzung vom 21. X. (29), in der das senatus consultum ultimum erlassen wurde, obwohl sie vor die Senatssitzung vom 7. XI. im Tempel des Juppiter Stator (31, 5 ff.) gehörte. Während man früher annahm, Sallust habe die chronologische Verschiebung deshalb vorgenommen, um zu der Meinung zu verleiten, Cicero habe das sen. cons. ult. aus Angst um sein eigenes Leben durchgesetzt, führt man jetzt Gründe künstlerisch-drama-

nicht in Ciceros Lobeshymnen über seine Verdienste bei der
Niederwerfung der Catilinarischen Verschwörung einzustim-
men, aber er hat Cicero doch etwas zu sehr in den Hinter-
grund treten lassen. Daß Sallust nicht näher auf Ciceros Reden einging, darf man ihm nicht vorwerfen. Seine der 1.
Catilinarischen Rede Ciceros geltenden Worte Cat. 31,6 *M.
Tullius ... orationem habuit luculentam atque utilem rei publicae,
quam postea scriptam edidit* sind für den damaligen Leser deutlich
genug: Sallust hätte nach dem Prinzip der antiken Historiographie die Rede umstilisieren müssen, ein Weg, der angesichts
der publizierten und sehr bekannten Ciceronischen Reden ungangbar war. Die anderen drei Reden sind noch weniger als
die erste in der Form von Cicero gehalten worden, in der er
sie später veröffentlichte. Andererseits steht Cäsar schuldloser
da, als es der Meinung der Zeitgenossen und den Tatsachen
entsprochen haben mag.

Ein Glanzstück ist die Partie, in der die beiden Gegner Cäsar
und Cato, der Urenkel des Cato Censorius, ihre Meinung über
die Bestrafung der in der Stadt zurückgebliebenen und über-
führten Mitverschworenen Catilinas darlegen (Kap. 51 und 52),
und der Vergleich der beiden Männer (Kap. 54). Als Sallust dies
schrieb, waren Cäsar und Cato schon tot; Cato hatte sich selbst
das Leben genommen, das zu leben ihm nach dem Verlust der
republikanischen Freiheit nicht mehr mit seiner Ehre vereinbar
schien; Cäsar, eben der, der als der Zerstörer jener Freiheit erschien, war unter den Dolchen der erwachten republikanischen
Reaktion gefallen. Cato, gefeiert als Märtyrer der Freiheit oder
angefeindet als verbohrter Reaktionär, und Cäsar, geehrt und
vergöttlicht als Schöpfer einer neuen Zeit oder gehaßt als Tyrann,
den zu beseitigen Pflicht ist, hatten die Gemüter und Gedanken
der Zeitgenossen heftig bewegt. Eine stattliche Tagesliteratur
war daraus hervorgegangen. Sallust sieht die beiden Männer mit
den Augen dessen, dem an der sittlichen Erneuerung des Volkes
und an der Regeneration des Staates liegt, mit den Augen des
Geschichtschreibers, der alle Taten zuerst nach ihrem sittlichen
Wert beurteilt. Beide Männer rühmt er wegen ihrer virtus, die
aber an jedem in anderer und einseitiger Weise in Erscheinung

tischer Gestaltung an. W. Steidle will in seiner Ausgabe der „Verschwörung
des Catilina", München, 1949, S. 49 sogar nachweisen, daß Sallusts Anordnung
auf Gründe „sachlicher Verknüpfung und dramatischer Gegenüberstellung"
zurückzuführen sei, o h n e daß man aus ihr auf eine „chronologische Rei-
hung" schließen dürfe.

tritt: Der virtus Cäsars ist die altrömische Catos gegenüber-
gestellt. Die alte, strenge Ausprägung, so mag man sich angesichts dieser Darstellung sagen, ist in der neuen Zeit zum Scheitern verurteilt, sie gibt den Menschen persönliche Größe, aber
in dem derzeitigen Zustand der Gemeinschaft kann sie dem Staate
nicht mehr förderlich sein und den Verfall nicht aufhalten. Der
neuen Art, Größe und Bedeutung zu erlangen, wie sie sich in
Cäsar zeigt, fehlen jedoch gerade die Qualitäten, die Rom groß
gemacht haben. Auch diese Ausprägung der virtus kann ihren
Träger über die Menschen hinausheben; für den Staat stiftet sie
eher Schaden, aber für die neue Zeit ist sie die angemessene Form.
Diese neue Zeit aber ist, wie Sallust ausgesprochen und durch die
Darstellung der Verschwörung bewiesen hat, von Grund auf verderbt. Wo ist da noch Rettung?

Die Monographie klingt aus in der Schilderung vom Ende
Catilinas und der Verschworenen in offener Feldschlacht, ein
Ende, dem Größe und Heldentum nicht abzusprechen sind,
würdig einer besseren Sache.

Nach der Geschichte der Catilinarischen Verschwörung wählte
Sallust bei seinem Vorhaben, Abschnitte aus der Geschichte
Roms darzustellen (Cat. 4, 2), einen Stoff, an dem sich der Verfall des Staates in einem früheren Stadium aufzeigen ließ. Dafür
schien am geeignetsten die Geschichte des Krieges gegen den
Numiderkönig Jugurtha, 111 bis 105 v. Chr. Dabei zeigte sich
zugleich die Auswirkung des Krebsschadens auf außenpolitischem
Gebiet. Die Hauptgestalten der Catilinarischen Verschwörung
des Jahres 63 hatte Sallust selbst gekannt und die Erinnerung an
ihre politischen Auseinandersetzungen, an denen er zum Teil
selbst aktiv beteiligt war, waren noch frisch, als er nach Cäsars
und Ciceros Tod (44 bzw. 43) seine erste Monographie schrieb.
Die Ereignisse, die er im „Krieg gegen Jugurtha" schildert,
lagen dagegen schon mehr als ein halbes Jahrhundert zurück,
ihre Hauptpersonen waren längst gestorben.

Das numidische Reich war seit den Tagen des Masinissa, als
Rom es auf Kosten Karthagos groß gemacht hatte, eng mit Rom
verbunden. Jugurtha selbst war an der Spitze numidischer Hilfstruppen vor Numantia gestanden (133) und hatte seitdem Beziehungen zur römischen Nobilität gepflegt. Nach dem Tode
seines Adoptivvaters Micipsa, Masinissas Sohn, sollte er mit
dessen leiblichen Söhnen gemeinsam herrschen, tötete jedoch den

einen und vertrieb den andern. Als sich dieser an Rom um Hilfe wandte, führten ihn die Römer zwar nach Numidien zurück, doch erhielt Jugurtha den besseren Teil des Landes. Bald aber griff er seinen Adoptivbruder wiederum an, besiegte und tötete ihn trotz der Zusicherung freien Abzugs. Da er auch die Einwohner von Cirta, wo jener sich verschanzt gehabt hatte, töten ließ und darunter viele Italiker waren, setzte die allgemeine Stimmung in Rom den Krieg trotz des Widerstrebens der bestochenen Handlanger Jugurthas durch. Die ersten Jahre des Krieges sind kein Ruhmesblatt in der römischen Geschichte: Schmähliches Versagen und vor allem schamlose Bestechlichkeit überall, vor allem aber in der Nobilität. „Welch eine feile Stadt!", läßt Sallust Jugurtha ausrufen, „Wie schnell wird sie zugrunde gehen, wenn sie einen Käufer findet!" (35, 10; siehe auch 8, 1; 20, 1; 28, 1).

Als auch Metellus, der an sich willens war, der schändlichen Lage der Römer in Afrika ein Ende zu machen, nicht mehr vorwärts kam, setzten die Popularen gegen den Widerstand der gesamten Nobilität die Wahl des Marius zum Konsul durch. Erst diesem Mann, dem Gegenspieler der Nobilität, gelang es, den Krieg siegreich zu beenden. Der Krieg gegen Jugurtha war außenpolitisch mehr eine Episode, innenpolitisch erhellt er schlaglichtartig die Situation. Die Bestechlichkeit und Verworfenheit der Nobilität zeigt sich in grellem Licht. Marius erringt seinen ersten großen militärischen Erfolg; daneben tritt, noch als Randfigur, ein anderer Mann auf, der bald in die römische Geschichte eingreifen sollte: Sulla. Und tatsächlich wurde „damals zum ersten Male der Anmaßung des Adels begegnet" (5, 1).

Das Geschehen ist auch hier als Station in einem fortlaufenden Prozeß gesehen. Daß Sallust es so aufgefaßt haben will, erklärt er ausdrücklich in den Kapiteln 41 und 42, etwa in der Mitte der Schrift.

Ein drittes historisches Werk Sallusts, die Historien, ist uns leider verloren. Wir besitzen nur noch Bruchstücke davon, darunter 6 Reden und Briefe, die von Späteren exzerpiert wurden. Es begann mit dem Jahre 78, dem Todesjahr Sullas. Über das Jahr 67 und das V. Buch führen keine Fragmente hinaus. Dieses Jahr, noch mitten im Krieg gegen Mithridates, bedeutet keinen wirklichen Einschnitt in der Geschichte. Deshalb ist es möglich, daß der Tod die Fortsetzung verhindert hat. Das Werk dürfte etwa

das Doppelte des Umfangs von „Catilina" und „Jugurtha" zusammen umfaßt haben. Rein äußerlich schließt es sich an die ebenfalls verlorenen „Historien" des Sisenna an. Die Zeit, die es schildert, steht zwischen dem Jugurthinischen Krieg und Catilinas Verschwörung. Sallust zeigt das Wirken der Sullanischen Verfassung und die Angriffe gegen sie. Insofern ist die Form nicht weit von einer Monographie entfernt. Wie im „Jugurtha" sind auch in den „Historien" die Kriege, in die Rom in dieser Zeit verwickelt war – gegen Sertorius in Spanien, Sklavenkrieg, Seeräuberkrieg, Teil des 3. Mithridatischen Krieges – nicht in erster Linie um ihrer selbst willen geschildert, sondern um den Zustand des römischen Staates zu beleuchten. Dabei mußte es dem Leser immer deutlicher zum Bewußtsein kommen, daß alle Umstände Rom der Alleinherrschaft eines einzigen Mannes näher führten.

Sallust verleugnet in dieser Schrift so wenig wie früher seinen politischen Standpunkt. Sulla ist als ein Scheusal geschildert, und die durch ihn erneuerte und gestärkte Nobilitätsherrschaft wird in den abschreckendsten Farben gemalt, der Egoismus und das Machtstreben des Pompeius schonungslos angeprangert. Als Gegenpol tritt Sertorius, der Statthalter von Spanien und die Zuflucht der Popularen, in dem die Nobilität einen Hochverräter sah, als glänzender Idealist hervor.

Demnach wäre Sallust ein Verfechter des Standpunktes der Popularpartei und der Interessen des Volkes? Soweit es gegen die Nobilität und ihre Herrschaft im Staate geht, durchaus. Er hatte ja aktiv am politischen Kampf teilgenommen, und auch die Briefe an Cäsar, vor allem der vom Jahre 50, lassen noch den Parteigänger der Popularen erkennen. Doch wie eindringlich mahnt er, das Volk zu erneuern! Der Brief vom Jahre 46 beschränkt sich fast ganz darauf. Was Sallust politisch erstrebte, ist die Wiederherstellung der Verfassung und die Herrschaft eines Senats, der seiner Aufgabe würdig ist und die Fähigkeit hat, das Reich zu lenken. „Für das Volk ist Klugheit überflüssig" (epist. II 10, 6): Das ist gewiß kein Satz aus dem Parteiprogramm der Popularen! Er weiß selbst, daß man ihn beschuldigen wird, er verderbe die Früchte des Sieges, weil er in dem späteren Brief für Milde gegenüber den Besiegten eintritt. Deutlich übt er Kritik an der Verderbnis des Volkes im „Catilina" (Kap. 37 und 38) und „Jugurtha" (Kap. 40 und 41, 5). Im „Catilina" (Kap. 38) verurteilt er auch die

popularen Vorkämpfer und den Amtsmißbrauch der Volkstribunen seit der Wiederherstellung dieses Amtes (im Jahre 70).
Die Ziele der Popularen seien nicht viel anders als die der Nobilität, seien nur Vorwände, in Wirklichkeit kämpfe jeder nur für
egoistische Interessen. In den „Historien" ist die Kritik noch
heftiger: Machtkämpfe für parteiegoistische Ziele gab es von Anfang an; seit Sulla sind selbst die Parteikämpfe nur noch Vorwand für die Machtkämpfe einzelner Persönlichkeiten, durch die
jeder den Staat in seine Gewalt bekommen will. Kann so ein Par-
teipolitiker schreiben oder ein Mann, der noch an Cäsar glaubt?
   Sallust stimmte nur so lange mit Cäsar überein, als er in ihm
den Führer gegen die Nobilität und den Mann sah, der Volk und
Staat von Grund auf erneuern würde. Sobald er aber merkte, daß
Cäsar die Popularpartei benützte, um seine Alleinherrschaft zu er-
richten, konnte er nicht mehr wie früher sein treuer Anhänger
sein. Sein innerstes Anliegen, die sittliche Regeneration des Volkes,
hatte Cäsar nicht erfüllt. Den Versuch dazu machte erst Augustus!
   Wie aber stellt sich für Sallust der Ablauf des Geschehens dar,
in dessen Gesetzmäßigkeit er seine Geschichtswerke einordnet?
Wann hat die allgemeine Verderbnis von Recht und Sitte, Volk
und Staat, ihren Anfang genommen? Gibt es einen Ausweg aus
dem Verfall? Sallust müßte nicht der nachdenkende Beobachter gewesen sein, als der er sich schon in den beiden „Briefen" (II 1, 3;
10, 2 f.; I 7, 4) und auch im „Catilina" (53, 2; vgl. 4, 2) bezeichnet, der Geschichtschreiber, der immer die Ursachen des
Geschehens zu ergründen sucht, wenn er nicht ständig mit diesen
Problemen gerungen hätte, ja im tiefen Grunde sind sie sogar der
ursächliche Antrieb seiner Geschichtschreibung und der Briefe
an Cäsar. Seine Ansichten darüber sind nicht etwa zwischen den
Zeilen herauszulesen, sondern klar und deutlich ausgesprochen,
vor allem in den sog. „geschichtstheoretischen Exkursen".
   In dem großen Exkurs, der die Kapitel 6—13 des „Catilina"
umfaßt, legt Sallust seine Auffassung vom moralischen Verfall in
der römischen Geschichte dar: Danach bestanden am Anfang
ideale Verhältnisse, Eintracht herrschte, das Streben nach Ruhm
richtete sich nur gegen die Feinde des Staates, alle wetteiferten,
dem Gemeinwesen zu dienen, Habsucht, Verschwendung und
Lasterhaftigkeit hatten keine Stätte. Als aber Rom zur Welt-
macht geworden war, und vor allem, als die Nebenbuhlerin
Karthago vernichtet war, da trat die große Wendung ein (in der

Darstellung ist hier genau die Mitte des Exkurses: der Anfang des Kap. 10): Das Schicksal wollte es, daß die Ruhe und der gewonnene Reichtum zum Verhängnis wurden. Verlangen nach Geld und Macht regten sich. „Die Habsucht untergrub Treue, Redlichkeit und die übrigen guten Eigenschaften; dafür lehrte sie Hochmut und Grausamkeit, lehrte die Götter mißachten und alles für käuflich halten." Die Ehrsucht machte die Menschen falsch, Freundschaft und Feindschaft wurden nur noch nach dem äußeren Vorteil abgeschätzt. Diese Fäulnis ergriff wie eine Seuche allmählich das ganze Volk. Zuerst war es zwar mehr Ehrsucht, die immerhin nicht ganz so schlimm ist wie Habsucht, aber als Sulla Herr des Staates geworden war – das ist also der nächste Markstein – kannten die Sieger nicht Maß noch Ziel. Alles raubte und plünderte. Im Orient war in den Soldaten die Begehrlichkeit nach kostbaren Dingen erwacht. Seitdem ist Armut Schande, Reichtum Ehre, und Macht und Einfluß folgen ihm. Verschwendung und Habsucht, Verweichlichung und Schlemmerei rissen ein. In diesem Zustand war der Staat, heißt es dann weiter, als Catilina seine Verschwörung ins Werk setzte.

Auf diesen trotz der Größe und Macht des Reiches üblen Zustand des Staates kommt Sallust noch einmal in den Kapiteln 36, 4 bis 39, 5 zu sprechen. Daß Umsturzpläne das Reich erschüttern können, ist nur die Auswirkung der am Anfang dargelegten Entwicklung.

Auch nach den theoretischen Erörterungen des „Jugurtha" (Kap. 41–42) stand am Anfang der römischen Geschichte alles zum besten und auch hier ist die Zerstörung Karthagos der Wendepunkt. Doch – und das ist ein wesentlicher Unterschied – steht nicht mehr, wie im Catilina (9, 1) ausdrücklich da, die Menschen seien „von Natur" gut gewesen, sondern jetzt heißt es nur noch, metus hostilis, Furcht vor dem Feind, habe sie früher in Schranken gehalten. Nachdem aber durch den Untergang der Rivalin Karthago diese Furcht fiel, traten die Laster auf: Zügellosigkeit, Übermut und Habsucht (41, 3 und 9). „Der Adel begann seine Machtstellung, das Volk seine Freiheit in Willkür ausarten zu lassen, jeder suchte für sich zu nehmen, zu raffen und zu rauben. So wurde alles in zwei Parteien auseinandergerissen, der Staat aber, der in der Mitte lag, wurde dabei zerfleischt" (41, 5). Die Nobilität riß die Herrschaft an sich. Als die Gracchen es unternahmen, die Freiheit des Volkes wiederherzustellen, griff

die Nobilität „schuldig und daher schwer betroffen" (42, 1) zur
Gewalt. „Gewiß hatten die Gracchen bei ihrem leidenschaftlichen Ringen um den Sieg zu wenig Mäßigung gezeigt. Aber
ein guter Mensch will lieber unterliegen als durch verwerfliche
Mittel das Unrecht unterdrücken. Diesen seinen Sieg nützte nun
der Adel aus, wie es ihm beliebte" (42, 2–4). Nach Sallust sind
demnach die Ursachen der römischen Revolution: Die ungerecht-
fertigte Herrschaft der Nobilität, ihr Eigennutz und die Gewalt-
maßnahmen gegen die Gracchen.

Gegenüber dem „Catilina" sind also im „Jugurtha" gewichtige Änderungen vollzogen: Nicht mehr mit der Herrschaft Sullas
setzen die übelsten Laster kraß ein – er wird gar nicht mehr genannt – sondern Sallust findet die allerersten Ursachen der Revolution schon bei den gracchischen Reformversuchen und den Verhältnissen, die dazu führten. Neben diesem Forschen nach den Ur-
sprüngen der demnach also hundertjährigen Revolution tritt neu
die Ansicht hervor: Die Menschen sind nicht erst durch den Genuß der Herrschaft böse geworden, sondern nur die Furcht vor
dem Feinde hielt sie im Zaum. Das erscheint als Konsequenz der
strengen Menschenbeobachtung Sallusts. Weiterhin ist die Zerstörung Karthagos, die im „Catilina" nur ein Erfolg unter den
vielen war, die allmählich den verderblichen Genuß der Herrschaft brachten, als Wendepunkt scharf herausgehoben.

In den „Historien" geht Sallust noch weiter: Hier ist der Fall
Karthagos nur insofern ein Markstein, als Ruhe und Wohlstand,
die danach eintraten, lediglich den Anstoß zu noch größerer Aus-
breitung der Laster, wie Habsucht, Zwietracht usw., gaben. Nach
der Darstellung in den „Historien" waren im Gegensatz zu der
des „Jugurtha" auch diese Auswirkungen der menschlichen Bosheit längst vor der Zerstörung Karthagos, schon in der römischen
Frühzeit vorhanden. Nur zwei verhältnismäßig kurze Zeiten in
der römischen Geschichte gibt es, in der das Schlechte nicht her-
vortrat, beide Male auf Grund heftigen feindlichen Druckes, also
niedergehalten durch die Furcht vor dem Feinde: In den Kämpfen
mit den Etruskern und in der Zeit vom 2. Punischen Krieg bis
zum Untergang Karthagos.

Nach der Auffassung der Historien gibt es demnach keinen Anfang des Schlechten, sondern nur einen Zeitpunkt, von dem an es
sich am meisten ausbreitete. Es gibt nur zwei Zeitspannen, in denen
es eingedämmt war. Bedingt aber ist es durch die menschliche

Natur. Hatte Sallust im Jugurtha noch nicht klar ausgesprochen, daß das Böse in der Natur des Menschen begründet
ist und daß folglich ein tiefgreifender Wandel gar nicht eintrat,
und hatte er sich begnügt zu sagen, vor der Zerstörung
Karthagos sei alles besser gewesen, so ist in seinem letzten
Werk der Verfall auf die tiefsten Wurzeln zurückgeführt:
Auf Grund der Natur des Menschen sitzt der Keim des Verfalls schon in allem Anfang. Damit hat Sallust zugleich die
Legende von den vorbildlichen und geradezu idealen Zuständen
im alten Rom entthront.

Man findet in diesem Wandel der Anschauung von der Geschichte des Verfalls und von der römischen Frühgeschichte mit
Recht eine fortlaufende Verdüsterung, wie sie sich schon in der
Einschätzung der Popularen verriet. Denn wenn der Verfall des
Gemeinwesens trotz des äußeren Aufstiegs schon bei seinem Entstehen vorgezeichnet ist, wenn die popularen Führer, deren Aufgabe es war, sich der verderbten Nobilität entgegenzustellen, wenn
Cäsar selbst, von dem er noch in den Episteln die Rettung erwartet
hatte, nicht anders als alle andern nur auf persönliche Macht be-
dacht ist, wie kann dann die Frage nach der Möglichkeit einer
Wiedergeburt mit „ja" beantwortet werden?

Diese Entwicklung des Geschichtsbildes verrät, daß Sallust beständig daran arbeitete. Das Streben, immer weiter zu den letzten
Ursachen vorzudringen, ist das wesentlichste Merkmal seines
Geistes. Es ist also von vornherein klar, daß er seine Anschauungen
nicht fertig übernahm. Wir sind in der glücklichen Lage, die Auseinandersetzung mit seinen Vorgängern noch in den Umrissen
verfolgen zu können.

Alles Nachdenken über den Staat und die Gesetzmäßigkeit
seiner Entwicklung geht letzten Endes auf Platon zurück. Als
Sallust seine Werke schrieb, war der große griechische Philosoph
noch eine geistige Macht. Tatsächlich haben sich auch Spuren
einer Platonlektüre bei Sallust nachweisen lassen. Aber seit Platon
waren drei Jahrhunderte vergangen, bedeutende Geister hatten
über Staat und Staatsform nachgedacht. Wir dürfen Sallust
glauben, daß er von Jugend an „viel gelesen und gehört" (epist.
II 10, 3; Cat. 53, 2) und historische Studien betrieben hat (epist.
II 1, 3; Cat. 4, 2). So stieß er auf Ideen, die auf ihn Eindruck machten und mit denen er sich auseinandersetzen mußte, voran die Gedanken des stoischen Geschichtschreibers Polybios (um 200–120)

und des stoischen Philosophen und Geschichtschreibers Poseidonios
(um 135–50). Polybios hatte die wohl auf den Aristoteles-Schüler
Dikaiarchos zurückgehende Lehre von dem Kreislauf der Ver-
fassungen in sein Geschichtswerk aufgenommen. Rom glaubte er
als Staat mit einer Mischverfassung gefeit gegen derartigen
Wechsel. Alsbald konnte aber auch er, belehrt durch den An-
schauungsunterricht, den das Rom seiner Zeit ihm gab, und wohl
auch beeinflußt durch Panaitios (um 185–110), den Begründer
der sog. „mittleren Stoa", sich über drohende Anzeichen des Verfalls im römischen Staatskörper nicht täuschen. Was bei ihm aber
mehr Warnung und Prophezeiung ist, sah Poseidonios vor seinen
Augen. Er versuchte im Anschluß an Polybios, dessen Geschichtswerk er fortsetzte, zu begreifen, wie und wann Zwietracht, Habsucht und Verschwendung in das römische Gemeinwesen eingedrungen seien. Aus den Fragmenten seines verlorenen Geschichts-
werkes können wir erkennen, daß er zu dem Ergebnis kam, der
Fall Karthagos sei der Wendepunkt gewesen. Obwohl er daran
festhält, daß bis zum Untergang der punischen Rivalin ideale
Zustände herrschten, und obwohl er nach stoischer Lehre an das
Gute im Menschen glaubt, bringt er trotzdem – zum Unterschied
von Polybios – das Element der „Furcht vor Karthago", die das
Schlechte am Ausbruch verhindert habe, in die Geschichtstheorie.
Darin spiegelt sich die Diskussion um Karthagos Schicksal, die
zum Widerspruch des Scipio Nasica gegen die Vernichtung geführt hatte, der Karthago gewissermaßen als Wetzstein für Rom
erhalten wissen wollte. Habsucht ist bei Poseidonios die Wurzel
allen Übels, während bei Polybios die Machtgier den Umschwung
einleitet, der dann die Habsucht auf dem Fuße folgte.

Wie sehr sich Sallust mit diesen Gedanken trifft und wie er sich
mit ihnen auseinandersetzt, ist nicht zu verkennen. Auch die
Unterschiede sind deutlich. Wie für Poseidonios ist auch für ihn
der Untergang Karthagos der Wendepunkt. Aber er ist darin
konsequenter als Poseidonios. Solange für ihn die römische Frühzeit noch in idealer Sicht dastand und er wenigstens für diese
Epoche an das Gute in den Menschen glaubte, hatte auch die
Furcht vor Karthago keinen Platz in seiner Geschichtsauffassung.
Als er jedoch diesen Gedanken aufnimmt, glaubt er auch nicht
mehr daran, daß die Menschen dazu fähig sind, „von Natur"
ohne Zwietracht und Herrschsucht, Verschwendung und Habsucht zu leben.

Auch mit der politischen Haltung im Werk des Poseidonios hatte sich Sallust auseinanderzusetzen, denn es war im Geist der römischen Nobilität geschrieben. Die Gracchen waren als ein großes Unglück für den Staat und Sullas Restauration als notwendig dargestellt. Ganz anders Sallust! Zwar konnte er sich nicht der Erkenntnis verschließen, daß auch bei den Popularen nicht alles gut und recht war, aber als Träger der Verdorbenheit geißelte er die Nobilität. Hatte die Darstellung der gracchischen Bewegung bei Poseidonios trotz allem einen geradezu versöhnenden und hoffnungsvollen Ausklang, da ihm doch durch Sulla die alte Senatsherrschaft, die Rom groß gemacht hatte, wiederhergestellt schien, so hatten die Ereignisse inzwischen eine andere Lehre gegeben. Die größten Kämpfe sollten erst beginnen! Mindestens seit dem „Jugurtha" begriff Sallust die Geschichte der römischen Revolution als einheitlichen Vorgang, von den Gracchen über Sulla bis auf Cäsar. In den „Historien" stellte er das üble Wirken der sullanischen Verfassung dar, und die Kämpfe zwischen Regierenden und Regierten fand er sogar schon in frühester Zeit.

Sallust ging mit tiefem Ernst an sein Werk. Wir dürfen ihm glauben, daß er der Wahrheit dienen wollte, wie er im „Catilina" (4, 2; 4, 3 und 18, 2) und in der Einleitung zu den „Historien" versichert. Geschichtschreibung ist in der Antike zugleich auch eine künstlerische Aufgabe: Gestaltung des Chaos, Formung des Ungeformten, künstlerische Neuschöpfung des Geschehens. Ohne Zweifel hat Sallust seine Aufgabe in hohem Maße erfüllt.

Die beiden Monographien sind künstlerisch ausgewogene Gebilde; sie sind durchkomponiert, mit Höhepunkten dramatischer Spannung und mit Strecken retardierender Erzählung versehen. Die Exkurse erhellen nicht nur das Geschehen, sie dienen auch der künstlerischen Ordnung und Gliederung. Die Darstellung ist abgeschlossen, hat bewußten Anfang und wohlgesetztes Ende. Dabei leuchtet überall die historische Bedingtheit des Geschehens, die Abfolge von Ursache und Wirkung durch. An den Fragmenten läßt sich ersehen, daß auch die „Historien" an künstlerischem Wert nicht nachstanden. Sie waren vielleicht das reifste Werk, am unmittelbarsten aber wirkt der „Catilina".

Die Darstellungen der „Catilinarischen Verschwörung" und des „Jugurthinischen Krieges" gibt Sallust in der Form von Monographien, denn Episoden aus der Geschichte, an denen etwas Wesentliches beispielhaft werden soll, werden am besten in dieser

Form dargestellt. Ein wesentliches Prinzip der Komposition ist
außerdem die Gruppierung der Ereignisse um bedeutende Männer:
die Darstellung gewinnt dadurch an Dichtheit und Geschlossen-
heit. Am einheitlichsten in dieser Hinsicht ist der „Catilina".
Selbst in den „Historien" sind es die bedeutenden Männer, um
die sich alles gruppiert. Überhaupt sind alle Ereignisse mit Persönlichkeiten verbunden, packend und plastisch treten sie uns vor
Augen, ihre Charaktere zusammen geben ein Abbild des Cha-
rakters der Zeit. Wie verschieden ist dies von der Darstellungs-
weise des alten Cato, in dessen Geschichtswerk das römische Volk
ein Ganzes ist, wo selbst die Heerführer nur mit ihrem Titel, nicht
mit Namen genannt werden. Für die Zeit, die Sallust darstellt,
diese Zeit des Individualismus, kam dagegen alles auf die einzelnen Persönlichkeiten an. Dazu hatte Sallust echtes Gefühl für
menschliche Größe. Selbst in der Frühzeit sieht er immer wenige
Bürger als die entscheidenden Faktoren an. Aber diese waren Beispiel und Antrieb für die Taten des ganzen Volkes.

Sallusts Sprache ist durchgebildet und ganz persönlich ge-
formt. Obwohl sie manches aus der Sprache des täglichen Lebens
in sich aufgenommen hat, ist sie keineswegs alltäglich. Knappheit,
Antithesen, asyndetische Verbindungen, chiastische Stellung von
Satzgliedern charakterisieren sie. Gleichmäßigkeit wird vermie-
den, überraschende Effekte hindern den Geist des Lesers daran,
im Gleichmaß dahinzudämmern; sie lullen ihn auch nicht in
schöngeschwungenen Perioden ein, sondern zwingen ihn, mit-
zudenken, ja geradezu nachzuschaffen. Dazu kommt eine starke
Vorliebe für altertümliche Formen, Wörter und Wendungen, für
ungewöhnliche Ausdrücke und Wortverbindungen. So ist der
Stil von einer kraftvollen Herbheit, deren verhaltene Energie und
suggestive Eindringlichkeit nicht schwungvoll überreden, sondern ernsthaft überzeugen will. Sallusts Vorbild in der römischen
Literatur war der alte Cato, in der griechischen der große Thukydides. Die ernste Würde seines Stils war schon im Altertum berühmt und wurde in eine Linie mit seinem Vorbild Thukydides
und mit Tacitus gestellt, der seinerseits seinen Stil an Sallust bildete. Diese Art des Stils stimmt überein mit dem strengen, oft geradezu „moralisierend" und „sittenrichterlich" genannten Ton
seiner Werke, in denen die altrömische virtus die Maßstäbe für die
Beurteilung des Handelns abgibt, und immer wieder gegen Habsucht und Verschwendung geeifert wird – auch darin seinem Vor-

bild Thukydides nicht unähnlich und Catos sittenrichterlicher Strenge nahe verwandt. Daher auch der Gnomenreichtum seiner Schriften.

Wenn Sallust fingierte Briefe und vor allem fingierte Reden dazu benützt, um an Höhepunkten die Situation oder einen Menschen zu charakterisieren, so folgt er damit einem Brauch der antiken Geschichtschreibung, und wenn er Exkurse für geographische und historische Angaben einschaltet, so mag man sich daran erinnern, daß sich solche gerade bei Thukydides und Poseidonios finden. In der Form wie im Geist ist das ganze Werk Sallusts eine stete Auseinandersetzung mit Früheren, besonders mit den Griechen. Aber bei aller Anerkennung ihrer Vorbildlichkeit ist doch etwas Neues entstanden, das nur ein so eigenartiger Geist wie Sallust schaffen konnte.

Zu allen Zeiten ging eine große Wirkung von diesen Werken aus. Selbstverständlich wurde jedoch von den einen der populare Standpunkt, von den andern der Stil getadelt. Aber schon sehr bald verschwanden die Tadler. Der politische Kampf des Revolutionszeitalters wurde Vergangenheit und Sallusts Stil immer mehr bewundert.

Tacitus nennt ihn den bedeutendsten Geschichtsschreiber Roms (ann. III 30, 2), von den Archaïsten der Antoninenzeit wurde er aufs höchste gerühmt. Viele versuchten nach seinem Muster Geschichte zu schreiben. Als einziger römischer Historiker wurde Sallust zur Zeit Hadrians ins Griechische übersetzt. Augustinus nennt ihn (CD I 5) den „Historiker mit der berühmten Wahrheitsliebe". Bezeichnenderweise dient Sallust ihm zum Beweis, wie schlimm die Zustände schon in der noch rein heidnischen Welt waren und daß nicht die Christen an dem drohenden Ende des Reiches schuld seien.

Neben der Bewunderung für Einzelnes und für das Ganze wirkt an Sallusts Werk das unmittelbare Erlebnis der künstlerischen Gestaltungskraft. Es ist keine weiche und erbauliche Lektüre; die Kraft eines männlichen Geistes steht hinter dem Werk, eines Mannes, der bei aller glühenden Vaterlandsliebe den Tatsachen mutig ins Auge sieht und der den Menschen das Herz zu öffnen versucht für Männlichkeit, Größe und hohe Sittlichkeit.

Zum Problem der Echtheit der Invektive und der
Epistulae ad Caesarem

Das Echtheitsproblem ist, schon im 16./17. Jahrhundert auf-
geworfen, nicht mehr zur Ruhe gekommen. (Zur Geschichte
des Problems vgl. bes. die Literatur bei Schanz-Hosius, Geschichte der römischen Literatur I, München 1927, S. 372 f. und
die Berichte von Kurfess in Bursians Jahresberichten 252, 1936,
S. 1 und S. 33 ff. und 269, 1940, S. 3, S. 25 ff. und S. 52 ff.)
Selbst an dem zunächst, wie es schien allgemein, angenommenen Unechtheitsbeweis der Invektive durch Seel, Klio Beiheft
47, 1943 (vgl. Oppermann, Antike, Alte Sprachen und deutsche
Bildung 1943, S. 40) sind Zweifel geäußert worden, so von
Büchner, Lat. Literatur und Sprache in der Forschung seit 1937,
Bern 1951, S. 79 ff. und besonders von Oertel, Rhein. Museum
für Philol. 94, 1951, S. 46 ff., der u. a. mit Recht darauf hinweist,
daß es immerhin merkwürdig wäre, wenn eine Schmähschrift
gegen Cicero, die später, womöglich gar erst gegen 30 v. Chr.,
verfaßt worden und also für den politischen Tageskampf d i e s e r
Zeit bestimmt gewesen wäre, aus einer seltsamen Marotte heraus
ausgerechnet die Situation des Jahres 54 zugrunde gelegt hätte,
eine Situation, die für den Schreiber gewichtige Nachteile mit
sich brachte, so z. B. den, daß er einen der schwersten Vorwürfe
gegen Cicero nicht mit dem eklatantesten Beispiel belegen konnte: Erwähnt wird zwar Ciceros Verhalten gegen Vatinius, den er
erst heftig schmähend angegriffen hatte (durch ihn und den Redner
und Dichter Calvus wurde „Vatinischer Haß" sprichwörtlich),
später aber auf Wunsch Cäsars im August 54 verteidigte, aber uner-
wähnt bleibt sein ähnliches Verhalten gegenüber Gabinius (Dez. 54/
Jan. 53, also nicht viel später!). In der Tat ist kein vernünftiger Grund
einzusehen, weshalb der Autor gerade einen so wenig günstigen
zeitlichen Ansatzpunkt gewählt haben sollte, zumal es aus Ciceros
späterem Leben auch noch manches andere gegeben hätte. Die Erklärung, er habe eben irgendeine Zeit wählen müssen, befriedigt
nicht im mindesten. Auch hat sich herausgestellt, daß wir keine
echten Anachronismen finden, die uns zwängen, die Rede später als
54 anzusetzen (vgl. Büchner a.O. und Oertel a.O.), sondern daß
wir in der Invektive wohl ein wirkliches Zeitdokument aus dem
Jahre 54 vor uns haben. Offen muß im Augenblick noch bleiben,
ob sie von Sallust selbst verfaßt ist – da Sallust noch am Anfang seiner

politischen Laufbahn stand und keine Erwähnungen der Rede bekannt sind, auch Cicero, der dergleichen sonst immer tat, ihn später nicht angegriffen hat, dürfte sie dann vielleicht nicht wirklich gehalten worden, sondern nur als eine psychologische Abreagierung verfaßt und später mit dem Nachlaß herausgegeben worden sein – oder ob sie von einem andern, etwa von dem mit Cicero verfeindeten Gabinius oder gar Clodius (so Hejnic, Rhein. Museum 99, 1956, S. 255 ff.) geschrieben ist und später den Schriften Sallusts zugesellt wurde (wie die Gedichte des Lygdamus und der Sulpicia, denen Tibulls angefügt wurden). Mit stilistischen Argumenten, von denen viele gegen eine Autorschaft Sallusts sprechen (s. Seel a. O.), ist, wie wohl allgemein zugegeben, wenig anzufangen, denn bei der Invektive handelt es sich um eine ganz andere Gattung als bei den übrigen Schriften. Wer könnte beurteilen, wie Sallust damals, Jahre vor seinen ersten literarischen Arbeiten eine Schmährede gehalten hat? Immerhin hatte ein Gelehrter und Kenner wie Quintilian (etwa 35–95 n. Chr.) keinen Zweifel, daß es sich um ein Werk Sallusts handelt (vgl. inst. or. IV 1, 68; IX 3, 89; XI 1, 24).

Bei den Briefen stellt sich zunächst die Schwierigkeit ein, daß nicht einmal die handschriftliche Bezeugung ganz eindeutig ist. Doch dürfte jetzt Einigkeit herrschen, daß der Codex, in dem sie überliefert sind, die Episteln als Sallustisch ausgeben will. Die Frage der Echtheit (1868 von H. Jordan erneut und energisch aufgegriffen) wird im allgemeinen für die beiden Briefe zusammen gestellt, und in der Tat sind beide wohl nicht von einander zu trennen. Allerdings wurde auch schon versucht (durch Last, Class. Quarterly 17, 1923, S. 87 ff.), den zweiten Brief für unecht und als aus dem ersten herausgesponnen zu erweisen. Doch hat dies kaum Nachfolge gefunden. (Anders liegen die Verhältnisse bei den zwei Invektiven: s. S. 467.)

Als die erste Auflage der vorliegenden Ausgabe im Jahre 1950 herauskam, hatte es den Anschein, als neige sich – vor allem in Deutschland – die allgemeine Ansicht der Anerkennung der Echtheit der Briefe zu; danach aber bekamen die Verfechter der Unechtheit so die Oberhand, daß selbst der verdienstvolle Herausgeber der Teubner-Ausgabe und Verfasser der Bursian-Berichte, Kurfess, der immer für die Echtheit eingetreten war, in der 4. Auflage, Lpz. 1955, S. IV, (= S. VI der 5. Auflage)

bekennt, er sei nun schwankend geworden. Zwar sind gelegentlich recht beachtenswerte Argumente gegen die Echtheit vorgebracht worden (wie E. Fraenkels Kritik im Journal of Roman Studies XLI, 1951, S. 192 ff. an der erneuten zusammenfassenden Behandlung des Problems durch M. Chouet, Les Lettres de Salluste à César, Paris 1950, und der Aufsatz von A. Dihle, Museum Helveticum 11, 1954, S. 126 ff.), aber die von Fuchs, Mus. Helv. 4, 1948, S. 189, Anm. 106, angeregte „wirklich durchgreifende Prüfung", die „das gesamte Gebäude, das in den letzten drei Jahrzehnten auf ihnen (den Briefen) aufgerichtet worden ist, zum Einsturz bringen" sollte, erfolgte nicht. Im Gegenteil, vor einiger Zeit ist das Problem in einem methodisch instruktiven Aufsatz von K. Vretska, Wiener Studien 70, 1957, S. 306 ff., neu beleuchtet worden. Dabei stellte sich heraus, daß die bisherigen Angriffe gegen die Echtheit nicht durchschlagen. Natürlich haben es die Verteidiger insofern leichter, als die Beweislast ebenso wie bei der Invektive von den Gegnern zu tragen ist, denn es ist recht und billig, daß, wer die Glaubwürdigkeit der antiken Zeugnisse bestreitet, den Beweis zu erbringen hat. Noch nicht eingehen konnte Vretska auf den Angriff gegen die Authentizität der Briefe von R. Syme, Museum Helveticum 15, 1958, S. 46 ff., der seinerseits Vretskas Ausführungen nicht kennt. Eine beiden noch unbekannte Freiburger Dissertation von Günter Dietz (1956, erst 1957 vervielfältigt) untersucht, ob die Briefe formal und inhaltlich Produkte der Rhetorenschule sein können und beantwortet diese Frage negativ. Es darf nicht verkannt werden, daß manches in den Briefen recht befremdlich ist. Aber auch hier gilt: Wer kann sicher entscheiden, was und wie Sallust, bevor er aus dem politischen Leben ausschied und sich der Geschichtsschreibung zuwandte, in Briefen für die Tagespolitik geschrieben hat? Man kann sogar manche Argumente für und gegen die Verfasserschaft Sallusts verwenden (vgl. z. B. Vretskas Anm. 35, 41 und 44).

Eine Schwierigkeit ist ungelöst: Sicher haben Bezug auf einander die beiden Stellen inv. 3, 5 cuius nulla pars corporis a turpitudine vacat, lingua vana, manus rapacissimae, gula immensa, pedes fugaces, quae honeste nominari non possunt, inhonestissima und epist. II 9, 2 quoius nullum membrum a flagitio aut facinore vacat, lingua vana, manus cruentae, pedes fugaces, quae

honeste nominari nequeunt, inhonestissima. (Selbst wenn es sich
um übliche Wendungen aus dem politischen Tageskampf handeln sollte, so ändert das nichts daran, daß eine Stelle die andere
– es soll ja der gleiche Autor sein! – zitiert.) Gilt die Invektive
als unecht und spät, so wird man darin einen Anhaltspunkt für
die Echtheit der Briefe finden, denn der Nachahmer zitiert
natürlich den seiner Meinung nach echten Sallust, um sein
Werk gewissermaßen als „echt" zu erweisen. Ist die Invektive
dagegen ein Produkt des Jahres 54, so wird die Situation für die
Briefe gefährlich: Sallust müßte dann eine Partie aus einem
früheren, nicht veröffentlichten Werk übernommen (und auf
Lucius Domitius bezogen) haben oder – nicht sehr wahrscheinlich – aus einem Pamphlet gegen Cicero eine drastische Schmähung zur Charakterisierung des Lucius Domitius verwendet
haben.

Ein wichtiges Zeugnis, das für die Echtheit der Briefe spricht
und das m. E. noch nicht entkräftet wurde, darf keinesfalls
übersehen werden: Seneca schreibt in dem kurz vor der Mitte
des 1. Jahrhunderts n. Chr. verfaßten Dialog De ira III 36, 4
pessimus quisque rectorem asperrime patitur, was zweifellos ein
Zitat aus Brief I 1, 6 ist. Dies wird erhärtet durch die
Tatsache, daß Seneca statt des in seinen Zusammenhang passenden correctorem des wörtlichen Zitates wegen rectorem
schreibt; im Brief dagegen ist rectorem angemessen. Daraus
wurde schon längst (Kurfess, Ausgabe; Gebhardt, Diss. Halle
1920, S. 41; Edmar, Studien zu den Epistulae ad Caesarem,
Lund 1931, S. 43; Löfstedt, Eranos 47, 1950, S. 150 ff.) geschlossen, daß Seneca, der auch sonst Sallust häufig zitiert (wie in der
Antike nicht selten, ohne Namen), hier ebenfalls ein Zitat aus
Sallust, natürlich aus dem echten Sallust, bringen wollte. Da
überhaupt in der guten Prosa rector nie gleich corrector ist
(Löfstedt a. O., der allein durch Vergleich der beiden Stellen
zu dem Schluß kommt, daß Seneca die Briefstelle gekannt hat,
und zwar als Sallustisch), die Wörtlichkeit des Zitats also sogar
„mit einer sprachlichen Ungenauigkeit erkauft" ist, muß man
darin einen „zwingenden Beweis für die Existenz der Epistel vor
Seneca" sehen, wenn damit auch noch nicht die „unbedingte
Echtheit" gesichert ist (Vretska, Wien. Stud. 70, 1957, 308 f.).
Da jedoch unbestreitbar und unbestritten die Epistulae nie unter
einem anderen Namen als dem Sallusts im Umlauf waren,

Seneca sie aber benützt hat, müssen sie – De ira ist kurz vor der Jahrhundertmitte verfaßt – spätestens zu Anfang des 1. Jahrhunderts als Sallustisch bekannt und anerkannt gewesen sein. Andererseits ist an eine Fälschung vor Sallusts Tod, 35 v. Chr., nicht zu denken. Viel Zeit für eine Fälschung und der Verwurzelung des Glaubens an die Echtheit bliebe also nicht!

Aus inneren Gründen kann man für die Echtheit der Briefe die Beobachtung anführen, daß sich eine fortlaufende Entwicklung in den Anschauungen über die Geschichte Roms von den Episteln über Catilina, Jugurtha zu den Historien ziehen läßt (ausgeführt in Schurs Sallust-Buch, Stuttgart 1934, 2 ff.; s. auch o. bes. S. 467 ff.). Das kann, was man vielleicht zu wenig beachtet hat, nicht Rhetorenmache sein! Überhaupt stimmen die Episteln nicht mit dem aus den anderen Schriften zu gewinnenden politisch-historischen Standpunkt überein (von Carlsson, Eine Denkschrift an Cäsar über den Staat, Lund 1936, S. 81, als Argument für die Echtheit gewertet). Ein Fälscher, der sich doch zudem so eifrig bemüht haben soll, Stil und Sprache aufs genaueste nachzuahmen und dem dies sogar in Kleinigkeiten so gut gelungen ist, daß daraus kein Argument gegen die Authentizität zu gewinnen ist (eher im Gegenteil: vgl. Vretska a. O. 309 ff.; beachte bes. Anm. 26: tametsi Ep. und Cat., quamquam ab Jug. 3, 2 neben tametsi, ab Jug. 38, 9 nur noch quamquam; weiterhin das Fehlen von nec in Ep. und Cat., während es Jug. und Hist. vorkommt; u. a.), hätte sicher manches anders geschrieben. Hätte er zudem Sallust Ratschläge unterschoben, die dann von Cäsar gerade n i c h t verwirklicht wurden oder hätte er nicht vielmehr ex eventu Dinge vorgeschlagen, die mit den späteren – wirklichkeitsnäheren! – Reformen und Reformansätzen Cäsars übereinstimmten?

Wenn man darin einen Widerspruch finden will, daß Sallust in den Episteln schärfstens gegen Reichtum und Luxus spricht und sich doch anschließend in Afrika maßlos bereichert (recht üblich in der Zeit der ausgehenden Republik), um selbst ein luxuriöses Leben zu führen, so ist nicht nur darauf hinzuweisen, daß der „Bruch zwischen Leben und Lehre" menschlich wäre und daß er selbst Cat. 3, 3 zugibt, in das damalige Treiben verstrickt gewesen zu sein, sondern auch darauf, daß „dem Geld sein Ansehen" eben nicht genommen wurde, wie er es in den Episteln gefordert hatte (II 7, 10).   W. Eisenhut

ZUR TEXTGESTALTUNG

Unsere Ausgabe des Catilina und des Jugurtha entstand durch Vergleichung der Editio tertia von Kurfess (C. Sallusti Crispi. Catilina. Jugurtha. Fragmenta ampliora), Leipzig 1957, und der älteren Ausgabe von Ahlberg (1919). Herangezogen wurden auch die Ausgaben von J. M. Pabón (Barcelona 1954–56) und von A. Ernout (5. Auflage Paris 1962). In der folgenden Aufstellung sind für Catilina und Jugurtha die Lesarten von Ahlberg (1919), Kurfess (1957), Pabón (1954/56), Ernout (1962) und die für den vorliegenden Band vom Herausgeber (Schöne) gewählte Lesart nebeneinander gestellt. Der textkritische Leser findet nähere Angaben in der oben genannten Ausgabe von Kurfess. In der Orthographie des lateinischen Textes folgen wir dem Text von Kurfess. Die in der Aufstellung verzeichneten Abweichungen davon werden der Deutlichkeit wegen für philologisch nicht geschulte Leser vorgezogen; z. B. Cat. 15,5 exanguis für exsanguis; Cat. 51,8 exsuperat für exuperat. Ebenso weichen wir gelegentlich aus Gründen der syntaktischen Übersicht von Kurfess ab.

Die Bemerkungen zur Textgestaltung der *Epistulae* und der *Invective* siehe bei den Erläuterungen S. 502 ff.!

CATILINA

	(Ahlberg)	(Kurfess)	(Pabón)	(Ernout)	(Schöne)
1,1:	omnis	omneis	omnis	omnis	omnis
2,8:	transiere	transigere	transiere	transiere	transigere
3,2:	exaequanda	exequanda	exaequanda	exaequanda	exaequanda
3,5:	eadem qua	eadem quae	eadem quae	eadem quae	eadem, qua
5,9:	⟨atque optuma⟩	⟨atque optuma⟩	⟨atque optuma⟩	⟨atque optuma⟩	atque optuma
6,1:	cumque his	et cum his	cumque eis	cumque is	et cum his
6,2:	⟨ita brevi multitudo dispersa ... erat.⟩	⟨ita brevi mul-titudo divorsa ... erat⟩.	⟨ita brevi mul-titudo diversa ... erat.⟩	⟨ita brevi mul-titudo diversa ... erat.⟩	ita brevi mul-titudo divorsa ... erat.
11,3	infinita insatiabilis	infinita ⟨et⟩ insatiabilis	infinita, insa-tiabilis	infinita, insa-tiabilis	infinita et in-satiabilis
11,4:	rapere ⟨omnes⟩ trahere	rapere omnes, trahere	rapere omnes, trahere	rapere omnes, trahere	rapere omnes, trahere
14,5:	molles et aetate fluxi	molles etiam et [aetate] fluxi	molles et aetate fluxi	molles etiam et [aetate] fluxi	molles et aetate fluxi
15,5:	colos ei exanguis	colos exanguis	colos ei exanguis	colos ei exanguis	colos ei exanguis
18,1:	in quibus	in quis	in quibus	in quibus	in quis
20,2:	forent	foret	forent	forent	foret
22,2:	[dict]ita[re]	dicationem	dictitare	† dictitare †	ita
23,3:	interdum	etiam	interdum	interdum	interdum
23,4:	insolentia⟨e⟩	insolentia⟨e⟩	insolentiae	insolentiae	insolentiae
25,2:	paellere [et] saltare	paellere [et] saltare	paellere, saltare	paellere, saltare	paellere et saltare
30,6:	ducenta [milia]	ducenta [milia]	ducenta	ducenta [milia]	ducenta milia

(A)	(K)	(P)	(E)	(Sch)
31,3: ⟨omni rumore⟩ pavere, ⟨adripere omnia⟩	⟨omni rumore⟩ pavere, ⟨adripere omnia⟩	⟨omni rumore⟩ pavere, ⟨adripere omnia⟩	omnia pavere	omni rumore pavere, adripere omnia
31,9: restinguam	extinguam	restinguam	restinguam	extinguam
33,1: patria	patriae	patria	patria ed⟨e⟩,	patria
33,2: miseriti	miserti	miseriti	miseriti	miserti
37,11: ⟨ad⟩eo	⟨ad⟩eo	adeo	⟨ad⟩eo	adeo
39,4: exanguibus	exanguibus	exanguibus	exanguibus	exanguibus
40,2: civitatium	civitatium	civitatium	civitatium	civitatium
43,1: quisque	quodque	quoique	quoique	quodque
48,1: execrari	execrari	exsecrari	exsecrari	execrari
49,1: [neque precibus] neque pretio neque gratia	[neque precibus] neque pretio neque gratia	neque precibus neque gratia neque pretio	neque precibus neque gratia neque pretio	neque precibus neque pretio neque gratia
50,2: orabat [in audaciam]	orabat in audaciam	orabat in audaciam	orabat in audaciam	orabat in audaciam
51,8: exuperat	exuperat	exuperat	exuperat	exuperat
51,24: neglexeris	neglegeris	neglegeris	neglegeris	neglexeris
51,41: ego hanc	hanc ego	hanc ego	hanc ego	hanc ego
52,8: haud	haut	haud	haud	haut
52,28: expectantes	expectantes	expectantes	expectantes	expectantes
52,29: prospera	prospere	prospere	prospera	prospere
52,36: maxuma	summa	maxuma	maxuma	maxuma
53,5: magnitudine sua imperatorum	magnitudine sui imperatorem	magnitudine sua imperatorum	magnitudine sua imperatorum	magnitudine sua imperatorum

	(A)	(K)	(P)	(E)	(Sch)
53,5:	effeta parentum ⟨ui⟩	effeta ⟨eset⟩ partu	effeta partu	⟨eset⟩ effeta pariendo	effeta partu
54,6:	[ad]sequebatur	adsequebatur	sequebatur	assequebatur	adsequebatur
55,1:	ad supplicium postulabant⟨ur⟩	[ad] supplicium postulabat	ad supplicium postulabantur	[ad] supplicium postulabat	ad supplicium postulabantur
55,6:	exitium vitae	exitum [vitae]	exitium vitae	exitium vitae	exitium vitae
59,3:	ab iis centuriones, omnis lectos et evocatos	ab his omnis evocatos et centuriones,	ab eis centuriones omnis, lectos et evocatos	ab eis centuriones, omnis lectos et evocatos,	ab iis centuriones, omnis lectos et evocatos,
59,3:	optumum quemque armatum	optumum quemque [armatum]	optumum quemque armatum	optumum quemque armatum	optumum quemque armatum
60,7:	relictum	relicuom	relictum	relicuom	relicuom
61,2:	vivos	[vivos]	vivos	vivos	vivos
61,3:	paulo divorsius,	paulo divorsius, ⟨alis alibi stantes⟩,	paulo divorsius	paulo divorsius,	paulo divorsius

JUGURTHA

	(A)	(K)	(P)	(E)	(Sch)
1,5:	periculosa ⟨ac perniciosa⟩ petunt	periculosa ⟨ac perniciosa⟩ petunt	periculosa ⟨ac perniciosa⟩ petunt	periculosa ⟨ac perniciosa⟩ petunt	periculosa petunt
2,1:	sequontur	secuntur	secuntur	secuntur	sequontur
3,1:	fraudem is fuit,	fraudem iis fuit uti,	fraudem is fuit, tuti	fraudem is fuit, tuti	fraudem iis fuit uti,
4,4:	adeptus sim et quales	adeptus sum [et] quales	adeptus sim et quales	adeptus sum [et] quales	adeptus sim et quales

	(A)	(K)	(P)	(E)	(Sch)
5,1:	dehinc	dein	dehinc	dehinc	dein
6,1:	corrumpundum	conrumpundum	corrumpundum	corrumpundum	conrumpundum
6,1:	facere, [et]	facere, [et]	facere [et]	facere,	facere et
7,7:	huc adcedebat	hoc adcedebat	huc adcedebat	huc accedebat	hoc adcedebat
7,7:	animi et ingeni	animi atque ingeni	animi et ingeni	animi et ingeni	animi atque ingeni
7,7:	quis rebus	quibus rebus	quis rebus	quis rebus	quibus rebus
9,2:	bello Numantino	in bello Numantino	bello Numantino	bello Numantino	in bello Numantino
9,2:	en habes	habes	en habes	en habes	en habes
12,3:	tamquam sua[m]	tamquam suam	tamquam suam	tamquam suam	tamquam suam
	visens domum eat,	visens domum eat,	visens domum eat,	visens domum eat,	visens domum eat,
	omni Numidia	omnis Numidiae	omnis Numidiae	omnis Numidiae	omnis Numidiae
13,5:	expecto	expecto	expecto	expecto	expecto
14,7:	expectantem	expectantem	expectantem	expectantem	expectantem
14,11:	in inimicis	in amicis	in amicis	in ⟨in⟩imicis	in amicis
16,3:	⟨ac⟩ plerosque	⟨ac⟩ plerosque	plerosque	plerosque	ac plerosque
17,6:	Nomadas	Numidas	Nomadas	Nomadas	Numidas
18,7:	Carthagine[m]	Carthagine[m]	Carthaginem	Carthaginem	Carthaginem
18,11:	Hispania[m]	Hispania[m]	Hispanias	Hispanias	Hispaniam
19,4:	dehinc	dein	dehinc	dehinc	dehinc
19,6:	⟨de controvorsiis	⟨de controvorsiis	de controvorsiis	[, de controvorsiis	de controvorsiis
21,4:	suis ... disceptare⟩:	suis ... disceptare⟩:	suis ... discep-tare:	suis ... disceptare]:	suis ... disceptare:
28,5:	artes ⟨et⟩ animi	artes ⟨et⟩ animi	artes ⟨et⟩ animi	artes ⟨et⟩ animi	artes animi
28,5:	et inuidias	et invidias	et invidias	et invidias	et invidias
31,29:	haud	haut	haud	haud	haud

(A)	(K)	(P)	(E)	(Sch)
32,1: [in] dicundo	in ⟨contione⟩ dicundo	in . . . dicundo	dicundo	dicundo
32,3: vendere[nt]	vendebant	vendere	vendere;	vendebant
32,4: in animos	[in] animos	in animos	[in] animos	in animos
35,10: o urbem	urbem	urbem	urbem	urbem
38,9: ten⟨er⟩et	ten⟨er⟩et	teneret	teneret	teneret
40,1: neglexisset	neglegisset	neglegisset	neglegisset	neglexisset
42,4: extinxit	extinxit	extinxit	extinxit	extinxit
44,1: exercitus ei traditur	exercitus [ei] traditur	exercitus ei traditur	exercitus ei traditur	exercitus ei traditur
44,3: expectatione	expectatione	expectatione	expectatione	exspectatione
44,5: ⟨neque muniebantur⟩	⟨neque munie-batur⟩	neque munie-bantur	neque munie-bantur ⟨ea⟩,	neque munie-batur
44,5: ⟨ea⟩ in illo	⟨ea⟩ in illo	ea in illo	⟨ea⟩ in illo	ea in illo
45,1: non minus	nec minus	non minus	non minus	nec minus
45,2: aut [quem]	aut quem	aut quem	aut quem	aut quem
alium cibum	alium cibum	alium cibum	alium cibum	alium cibum
45,2: sequerentur	inaequerentur	sequerentur	sequerentur	inaequerentur
45,2: miles ⟨hastatus aut⟩	miles ⟨hastatus	miles ⟨hastatus	miles ⟨hastatus	miles
gregarius	aut⟩ gregarius	aut⟩ gregarius	aut⟩ gregarius	gregarius
45,2: modo in postremis	modo [in] postremis	modo in postremis	modo in postremis	modo in postremis
46,1: Roma[e]	Roma[e]	Roma	Roma	Roma
47,2: gratia, si paterentur, et ⟨ob⟩ opportunitates	gratia, [et] si paterentur, ⟨et ob⟩ opportunitates	gratia si pate-rentur ⟨et⟩ opportunitatis	gratia [et] si paterentur et ⟨ob⟩ opportunitatis	gratia, si pate-rentur, et ob opportunitates

	(A)	(K)	(P)	(E)	(Sch)
47,2:	commeatu[m] iuvaturam	conmeatu[m] iuvaturum	commeatu iuvaturam	commeatu iuvaturam	conmeatum iuvaturum
47,4:	expectare	expectare	expectare	expectare	exspectare
49,4:	postremo ⟨pro⟩ quoiusque	postremo ⟨pro⟩ quoiusque	postremo pro cuiusque	postremo pro cuiusque	postremo pro quoiusque
50,1:	colle	colli	colle	colle	colle
53,5:	fessi fatigatique	fessi lassique	fessi lactique	fessi lactique	fessi lassique
54,6:	interficit; iubet	interfici iubet	interfici iubet	interfici iubet	interfici iubet
63,4:	factis notus	facile ⟨factis⟩ notus	facile notus	facile notus	facile factis notus
67,1:	arcem oppidi.... praesidium hostium ⟨obsidebat⟩; portae ante clausae fugam prohibebant;	arcem oppidi.... praesidium hostium, portae ante clausae fuga prohibebant;	ad arcem oppidi ... praesidium hostium; portae ante clausae fuga prohibebant.	arcem oppidi.... praesidium hostium, portae ante clausae fuga prohibebant.	arce oppidi ... praesidium hostium, portae ante clausae fuga prohibebant.
71,5:	[ex perfugis] cognovit,	[ex perfugis] cognovit,	ex servis cognovit,	cognovit,	cognovit,
73,7:	paulo ... decreverat:	paulo decreverat:	paulo ante senatus Numidiam provinciam Metello decreverat:	paulo•••••• decreverat	paulo ante senatus Metello Numidiam decreverat:
74,3:	armorum [et] aliquanto	armorum [et] aliquanto	armorum [et] aliquanto	armorum [et] aliquanto	armorum aliquanto
75,5: 81,2:	ubi praesto fuerint, quod ibi [Q] Metellus	ubi praesto forent, quod ... ibique Metellus	ubi praesto forent quod ibi Q. Metellus	ubi praesto forent quod ibi Q. Metellus	ubi praesto forent, quod ibi Metellus

	(A)	(K)	(P)	(E)	(Sch)
85,20:	expectant	expectant	expectant	expectant	expectant
85,47:	in agmine aut in proelio	in agmine [a]ut in proelio	in agmine aut in proelio	in agmine aut in proelio	in agmine aut in proelio
86,2:	uti quoiusque lubido erat,	uti lubido quoiuaque erat,	uti cuiusque lubido erat,	uti cuiusque lubido erat,	uti lubido quoiuque erat,
88,4:	nudatum ⟨iri⟩	nudatum ⟨iri⟩	nudatum ⟨iri⟩	nudatum ⟨iri⟩	nudatum iri
92,1:	tantam rem peregit Marius sine ullo suorum incommodo,	tantam rem Marius sine ullo suorum incommodo peregit,	tantam rem peregit Marius sine ullo suorum incommodo,	tantam rem Marius sine ullo suorum incommodo peregit,	tantam rem peregit Marius sine ullo suorum incommodo,
92,3:	plura ⟨deserta⟩	plura ⟨deserta⟩	plura deserta	plura ⟨deserta⟩	plura deserta
92,7:	satis ⟨et⟩ magna vis [et] frumenti	satis ⟨et⟩ magna vis [et] frumenti	satis, magna vis et frumenti	satis, magna vis et frumenti	satis et magna vis frumenti
93,3:	animum adorta.	animum ⟨alio⟩ vortit.	animum ⟨alio⟩ vortit.	animum ⟨alio⟩ vortit.	animum alio vortit.
95,3:	extincta	extincta	extincta	extincta	extincta
95,3:	[atque doctissume]	[atque doctissume]	atque doctissume	atque doctissumi	atque doctissume
97,5:	alii, alii obtruncari,	alii, alius obtruncari,	alii, alii obtruncari,	alius, alius obtruncari,	alii, alii obtruncari,
97,5:	veteres novique et	veteres novique ... et	veteres [novique] et	veteres novique, [et ob ea ... belli],	veteres et
99,3:	tumultu formidine terror quasi vecordia	tumultu formidine [terrore] quasi vecordia	tumultu, formidine terror quasi vecordia	tumultu, formidine, terror quasi vecordia	tumultu, formidine, quasi vecordia

(A)	(K)	(P)	(E)	(Sch)
100,1: in hiberna it: propter	in hiberna ‹perg›-it: ‹nam› propter	in hiberna it: propter	in hiberna; ‹nam› propter	in hiberna per-git: propter
100,2: A. Manlius	[A.] Manlius	A. Manlius	A. Manlius	A. Manlius
100,5: [quod] a pueritia	[quod] a pueri-tia	pars a pueritia	‹alii›, quod a pueritia	a pueritia
100,5: pariter ac	pariter atque	pariter ac	pariter ac	pariter atque
101,6: ostendere	ostentans	ostendere	ostendere	ostentans
102,6: a principio inopi	a principio imperi	a principio inopi	a principio inopi	a principio inopi
102,8: perpessus esses.	perpessus es[ses].	perpessus es.	perpessus es. Sullam † ab Utica †	perpessus esses.
104,1: Sullam ab Utica venire iubet, item L. Bellie-num, praetorem,	Sullam [ab Utica] venire iubet, item L. Bellienum praetorem Utica,	Sullam ab Utica venire iubet, item L. Bellienum praetorem,	venire iubet, item L. Bellienum praetorem,	Sullam ab Utica venire iubet, item L. Bellienum praetorem,
104,5: delicti gratiam facit:	delicta gratiae facit:	delicti gratiam facit:	delicti gratiam facit:	delicti gratiam facit:
105,2: [peditum] funditorum Balearum.	[peditum] fun-ditorum Baliarium.	[peditum] fundi-torum Balearum.	[peditum] fundi-torum Baliarium;	peditum, fundi-torum Baliarium.
107,1: ‹a› paucis	‹a› paucis	a paucis	a paucis	a paucis
110,2: indigus	indigus	indigus	indigus	indigus
113,3: voltu [corporis] ‹et oculis› pariter	voltu ‹colore mo-tu› corporis pariter	voltu colore motu corporis pariter	voltu ‹et oculis› pariter	voltu, colore, motu corporis pariter
114,1: M. Manlio	Cn. Manlio	Cn. Manlio	M. Manlio	Cn. Manlio
114,2: illincque [et inde] usque ad	illincque [et inde] usque ad	illique et inde usque ad	illique et inde usque ad	illincque usque ad

ERLÄUTERUNGEN

CATILINA

Zeittafel

um 108	Catilina geboren
89	Mitglied des Stabes des Konsuls Cn. Pompeius Strabo
83	6. VII. 83 Brand des Jupitertempels auf dem Kapitol (XLVII 2) – Werkzeug Sullas im Bürgerkrieg (V 2)
73	Anklage und Freispruch Catilinas und der Vestalin Fabia (XV 1)
70	Konsulat des Gn. Pompeius und M. Crassus (XXXVIII 1)
68	Catilinas Prätur
67/6	Catilina als Proprätor in Afrika (XVIII 3)
66	Konsulat des L. Tullus und M'. Lepidus (XVIII 2) – Erste Verschwörung am 5. XII. 66 (XVIII 5)
65	Konsulat des L. Cotta und L. Torquatus (XVIII 5) – Freispruch des Catilina im Erpressungsprozeß (XVIII 3)
64	Konsulat des L. Cäsar und C. Figulus (XVII 1) – Heirat des Catilina und der Aurelia Orestilla (XV 2) – Piso in Spanien ermordet (XIX 3)
63	Konsulat des M. Cicero und C. Antonius (XXIV 1)
21. X.	Bericht Ciceros an den Senat; consultum ultimum (XXIX 1-2)
27. X.	Aufstand des Manlius in Etrurien (XXX 1)
6. XI.	Versammlung bei Laeca (XXVII 3)
7. XI.	Attentat auf Cicero (XXVIII 1-3)
8. XI.	Senatssitzung im Tempel des Juppiter Stator, Ciceros 1. cat. Rede (XXXI 5)
8./9. XI.	Catilina verläßt Rom (XXXII 1)
9. XI.	Ciceros 2. cat. Rede an das Volk
2./3. XII.	Verhaftung der Allobroger (XLV 1)
3. XII.	Senatssitzung im Tempel der Concordia; Catilinarier zu Staatsfeinden erklärt (XLVI 5, L 3)

Anmerkungen

I 2   *animi imperio, corporis servitio utimur:* die älteste
Ausführung des Gedankens bietet Platon Phai-
don 79 E.

XI 5   *exercitum...in Asia:* Krieg des Sulla 88–85 gegen
Mithridates VI. Eupator von Pontos.

XIV 3   *sanguine civili:* Bandenwesen in Rom.

XVII 7   *invisus sibi:* Die erste Mißstimmung erfolgte, als
Pompeius die Niederwerfung des von Crassus 71
bekriegten Spartakus für sich buchte.

XVIII 2 *poenas:* Eine Anzahl von Gesetzen richtete sich gegen die
Wahlbestechung. Die lex Calpurnia vom Jahre 67 bedrohte ambitus sogar mit Ausstoßung aus dem Senat.

XIX 5   *clientis:* Pompeius hatte besonders im Krieg gegen
Sertorius in Spanien 77–72 sich treue Anhänger
geschaffen.

XXVI 4 *pactione provinciae:* Cicero hatte das ihm durch Los
zugefallene reiche Mazedonien abgetreten.

XXIX 3 *summum iudicium:* Das consultum ultimum hebt
die Möglichkeit einer Berufung an das Volks-
gericht (provocatio) auf.

XXXIII 1 *liberum corpus:* Schon das Zwölftafelgesetz 451 v.
Chr. kannte die Schuldhaft.

XXXVII 9 *ius libertatis:* Auch die Söhne und Enkel der von
Sulla Proskribierten verloren bis auf Cäsars Reform 49 v. Chr. das passive Wahlrecht.

XXXVIII 1 *tribunicia potestas:* Sulla hatte den Volkstribunen das
           Recht selbständiger Gesetzesanträge genommen.
LI 28   Die berüchtigten Dreißig Tyrannen.
LIV 6   Anspielung auf die Charakteristik des Amphiaraos
           bei Aischylos in den „Sieben vor Theben" (Vers
           592) οὐ γὰρ δοκεῖν ἄριστος, ἀλλ' εἶναι θέλει, die
           die Athener bei der Aufführung auf Aristides
           bezogen.

JUGURTHA

108 Doppelschlacht am Muthul (XLVIII), vergebliche Belagerung von Zama (LVI), Abfall Vagas (LXVI 2)

107 Konsulat des C. Marius; Mordversuch des Bomilkar (LXX '; Kampf um Thala (LXXV) und Cirta (LXXXI 2); Bündnis des Jugurtha mit Bocchus und den Gätulern (LXXX), Kampf um Kapsa (LXXXIX 4)

106 Kampf am Muluccha (XCII 5)

105 Auslieferung des Jugurtha an den Quästor L. Cornelius Sulla (CXIII 7)

104 Triumph des Marius (1. Jan., CXIV 3), Hinrichtung Jugurthas

Stammbaum des numidischen Königshauses

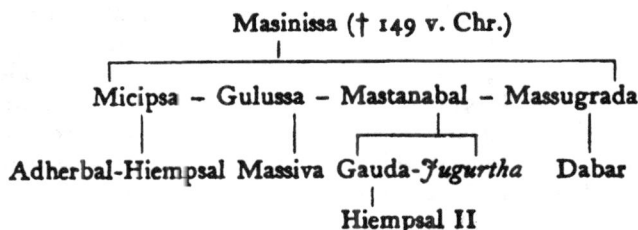

Masinissa († 149 v. Chr.)

Micipsa – Gulussa – Mastanabal – Massugrada

Adherbal-Hiempsal   Massiva   Gauda-*Jugurtha*   Dabar

Hiempsal II

Anmerkungen

II 2   vgl. Xenophon Ages. XI 14: ἡ μὲν τοῦ σώματος ἰσχὺς γηράσκει, ἡ δὲ τῆς ψυχῆς ῥώμη ἀγήρατός ἐστιν.

X 6   *concordia etc.:* Nach Seneca epist. 15, 2, 46 Wahlspruch des M. Vipsanius Agrippa.

XII 3   *proxumus lictor:* wahrscheinlich Oberst der Palastwache.

XVII 3   *pauci tantummodo Asiam et Europam:* z. B. Varro, de ling. Lat. V 31; Horaz od. III 27, 75; Plin. nat. hist. III 5.

LXIII 4   *tribunarum militarem a populo:* Seit 362 werden die trib. mil. teils vom Volke gewählt (comitiati), teils vom Konsul bestimmt (rufuli)

LXIV 4   *cum filie:* Q. Caecilius Metellus Pius, Konsul 80 v. Chr.

LXIX 4   *civis ex Latio:* Die lex Porcia de provocatione schützte den civis Latinus, der also minderen Rechtes war, nicht.

XCII 5   Da der Fluß Muluccha weit von Kapsa entfernt ist, können diese Ereignisse erst in das Jahr 106 fallen; Sallust hat also das Winterlager übergangen.

REDEN UND BRIEFE AUS DEN HISTORIEN

I

Rede des Lepidus

Der Versuch von C. Lanzani (in: L. Cornelio Silla Dittatore, Milano 1936, S. 366 ff.), die Lepidus-Rede als unecht zu erweisen, ist überzeugend zurückgewiesen worden; vgl. Hohl, Philol. Wochenschrift 57, 1937, 1049 f.; Enßlin Gnomon 14, 1938, 396 f.; bes. E. Bolaffi, L'orazione di Lepido nelle „Historiae" di Sallustio. Rivista indo-greco-italica 20, 1936, 61 ff.

M. Aemilius Lepidus – Vater des Mannes, der mit Antonius und Octavianus das Triumvirat schloß – wurde mit Hilfe des Pompeius im Jahre 78 Konsul, doch bald schon überwarf er sich mit diesem. Er gehörte, obwohl er sich durch die Proskriptionen nicht wenig bereichert (vgl. seine nicht überzeugende Rechtfertigung 18–19) und im Jahre 81 als Prätor seine Provinz Sizilien mehr als üblich ausgebeutet hatte, zu den kompromißlosesten Führern der Popularen. Doch wird man bezweifeln dürfen, daß er eine Rede wie die vorliegende noch zu Lebzeiten Sullas (er legte die Diktatur 79 nieder und starb 78) gehalten haben kann. Sicher hat sich Sallust der Freiheit der Historiographie bedient, durch fingierte Reden Situationen und Menschen zu charakterisieren (s. S. 482). Vgl. auch die Erläuterungen zur Rede des Philippus.

3 Träger berühmter Namen, die in den Parteikämpfen als Anhänger Sullas besonders hervortraten.

5 Vier Konsuln waren Opfer des Bürgerkrieges geworden: 89 L. Cornelius Cinna, 86 L. Valerius Flaccus, 82 C. Marius d. J. und Cn. Papirius Carbo.

6 Gemeint sind Sullas Maßnahmen gegen die Kinder der Geächteten, denen nicht nur das den Eltern abgenommene Vermögen nicht zugute kam, sondern denen darüber hinaus auch die Ämterlaufbahn verschlossen blieb (vgl. Cat. 37, 9). Aufgehoben wurde diese Maßnahme erst von Cäsar im Jahre 49.

11 Das Volk ist mit der Entmachtung der Tribunen aller Rechte beraubt, folglich auch „unfähig zu handeln". – Der Sklave erhielt monatlich 4–5 modii Getreide. 1 modius („Scheffel") = etwa 9 l. Sulla hatte die Gesetze abgeschafft, durch die

die ärmeren Volksschichten billig Brotgetreide kaufen konnten (vgl. zu Or. Macri 19).

12 Der Redner bestreitet damit die Rechtmäßigkeit der Maßnahmen, durch die ganzen Gemeinden das Bürgerrecht genommen worden war (vgl. Or. Philippi 14).

13 *aerarium* staatliche Schatzkammer, Staatskasse im Saturntempel; allgemein: Staatsvermögen (dgg. fiscus in der Kaiserzeit: kaiserliche Kasse).

17 Vettius aus der mittelitalischen Landschaft Picenum und der Schreiber Cornelius sind nicht näher bekannt. Die Vermutung, Vettius sei der gleiche, von dem Cicero ein Landgut kaufte, das einst dem Catulus gehörte (Cic. ad Att. IV 5), findet nirgends eine Stütze. Cornelius ist wahrscheinlich ein Freigelassener Sullas (die freigelassenen Sklaven erhielten den Gentilnamen ihres früheren Herrn: L. Cornelius Sulla), vielleicht der, auf den Cic. off. II 29 anspielt. Der Cimbernsieger Marius, Sullas großer Gegner, brachte den Römern Beute, Sulla dagegen verteilte Besitz römischer Bürger.

18 *pretio soluto, iure dominis:* Diese schwierige Stelle hat Paladini in seiner kommentierten Ausgabe, Bari 1955, mit ausführlichen Erörterungen in dem hier übersetzten Sinn gedeutet (vgl. auch die Zustimmung von Vretska, Gnomon 30, 1958, 193). Schon Ernout (Ausgabe in der Coll. Budé) hatte erkannt, daß entweder iure dominis für iustis dominis stehen müßte oder daß man – wie Ernout selbst – die Konjektur von Dietsch dominus akzeptieren und schreiben muß: quae tum formidine mercatus sum, pretio soluto, iure dominus, tamen restituo „was ich aus Angst gekauft habe, dessen Kaufpreis ich entrichtet habe und dessen rechtmäßiger Herr ich folglich bin, erstatte ich dennoch zurück".

20 Anspielung auf den von Sulla angenommenen Beinamen Felix.

21 Lepidus will die Soldaten und Anhänger Sullas abspenstig machen, indem er insinuiert, sie seien zugunsten übler Subjekte um den Lohn des Sieges betrogen worden (s. 21–23). Durch die Wahl des Femininums *ancilla* will Lepidus das schamlose Treiben des Fufidius andeuten. – Fufidius soll mit der bezeichnenden Begründung vivere aliquos debere, ut essent quibus imperare(n)t „es müßten einige leben bleiben, damit es welche gebe, über die er (man) herrschen könne" Sulla zur

Beendigung des Mordens und zur Erstellung der Proskriptions-
listen bestimmt haben (Flor. II 9, 25). Im Jahre 80 war er
Proprätor von Spanien und kämpfte gegen Sertorius.

23 Durch die Sullanische Neuordnung waren die Volks-
rechte im Gerichtswesen beschnitten und außerdem bestimmt
worden, daß die Richter, die seit C. Gracchus' Reform unter
den Rittern ausgewählt worden waren, wieder Senatoren sein
mußten.

24 *parricidium:* Zerstörung der patria ist parricidium.

acerbissima praeda civilis: Der Ausdruck ist noch nicht
befriedigend gedeutet. Sicher ist er Apposition zu plebes; möglich, daß Lepidus ausdrücken will, daß die durch den Staat ent-
wurzelte Plebs auch dem Staat zufällt und so von ihm – und
damit von Sulla – abhängig ist. praeda nicht im Sinne von
„Beraubung": s. Ernout S. 281 und Paladini S. 91.

II

Rede des Philippus

Nach Sullas Tod bereitete sich M. Aemilius Lepidus mit
seinen Anhängern darauf vor, Sullas Reformen mit Gewalt zu
stürzen. Nach Etrurien strömte die Hauptmasse der Unzufriede-
nen und auf Umsturz Bedachten. Lepidus selbst hatte sich dort
eingefunden, angeblich, um Ruhe zu stiften, in Wirklichkeit
aber um den Aufstand vorzubereiten. Lepidus' Mitkonsul
Q. Lutatius Catulus stellte den Antrag, gegen die allmählich
offen ausbrechende Empörung bewaffnet einzuschreiten und
Lepidus zurückzurufen. Doch der Senat war zu schwach zu
energischen Maßnahmen: Er sandte beide Konsuln nach Etrurien, um Truppen auszuheben und den Aufstand zu unterdrücken. Lepidus mißachtete den weiteren Auftrag des Senats,
nach Rom zurückzukehren, um die Komitien zu leiten (da er
damit die militärische Kommandogewalt verloren hätte). Zu
Beginn des Jahres 77 endlich raffte sich der Senat nach Verhandlungen und Verzögerungen auf: an Lepidus erging Befehl zur
Rückkehr; dieser weigerte sich. Da beantragte L. Marcius
Philippus den Notstand auszurufen, Lepidus zum Feind des
Staates zu erklären und den Oberbefehlshabern (Konsuln gab es
nicht, es war zum interregnum gekommen, s. 22) unumschränkte

Macht zu übertragen. Die Rede des Philippus hatte Erfolg. In der Nähe des Marsfeldes kam es zur Schlacht, Lepidus wurde besiegt. Die endgültige Niederlage erlitt er durch Pompeius und Catulus bei Cosa. Er starb bald darauf als Flüchtling in Sardinien.

Als Redner wird Philippus von Cicero Brut. 173 sowie 186, außerdem de orat. II 78 und III 1 gerühmt.

7 L. Apuleius Saturninus war im Jahre 100 berüchtigter und gewalttätiger Volkstribun; er kam infolge seiner eigenen Umtriebe ums Leben. P. Sulpicius Rufus war als Volkstribun 88 Gegner der Senatspartei und Anhänger des Marius; er mußte mit diesem vor Sulla fliehen und wurde bei Laurentum getötet; sein Haupt wurde auf der Rednertribüne ausgestellt. Hier ist der Sohn des großen Marius, Marius der Jüngere, gemeint, dessen Parteifreund Damasippus war. Dieser wurde in der Schlacht am Collinischen Tor gefangen und dann hingerichtet; vgl. Cat. 51, 52.

14 vgl. Oratio Lepidi 12.

15 Lepidus hatte sein imperium proconsulare in der Provinz nicht niedergelegt.

20 P. Cornelius Cethegus – nicht zu verwechseln mit dem jüngeren Catilinarier C. Cornelius Cethegus – war ein gewissenloser Anhänger des Marius; er ging später zu Sulla über und hatte noch nach dessen Tod erheblichen Einfluß im Senat.

III

Rede des Cotta

Die Situation, in der C. Aurelius Cotta im Jahre 75 zusammen mit L. Octavius das Konsulat antrat, war äußerst schwierig: Auf die Unruhen, die durch Lepidus hervorgerufen worden waren, folgte der Kampf mit Sertorius und den Resten der Marianer in Spanien, im Osten drohte Mithridates, die Seeräuber machten die Küsten unsicher, Mißernte in Gallien, Verarmung auch der anderen Provinzen brachten Not und Teuerung. Das Volk hungerte, die Feldherrn brauchten Nachschub (vgl. den Brief des Pompeius). Rom stand vor dem Ausbruch einer Revolte.

Cotta war im Jahre 91 in die Verbannung gegangen (depul-

sus per invidiam tribunatu ... eiectus est e civitate, Cic. de or.
III 11), als durch ein Gesetz eine Untersuchung angeordnet
wurde über alle, die angeblich Schuld am Bundesgenossenkrieg
hatten. Erst 82 konnte er durch Sullas Sieg zurückkehren.

Einleitung: Die vor der Rede stehenden Worte sind nicht in
dem Codex erhalten, der die Reden und Briefe überliefert,
können jedoch – ebenso wie die abschließenden Sätze des Pom-
peius-Briefes – aus Blättern eines sonst verlorenen Codex ergänzt
werden.

mutata veste wohl im Sinne von „Amtsgewand", d. h. also
kurz nach (post paucos dies) dem Amtsantritt; die an sich auch
mögliche Deutung „im Trauergewand" ist trotz der ernsten
Lage für einen römischen Konsul bei der Ansprache an das
Volk unwahrscheinlich.

2 Mit *senectus* übertreibt Cotta: Er war erst etwa 50 Jahre
alt; doch hatte ihn wohl das Unglück frühzeitig gebeugt.

3 Die Rückkehr aus der Verbannung wird von Cotta
„zweite Geburt" genannt; ebenso bezeichnet Cicero die seine
als alterius vitae quoddam initium (ad Att. IV 1, 8) und als
illum diem natalem (post red. 27).

4 „gleichzeitig mit dem Staat überwältigt": Die Marianer
hatten den Staat in die Hand bekommen, Cotta mußte ins Exil.

10 Cotta erinnert an die devotio, die feierliche Selbstweihung
an die Unterirdischen, das letzte Mittel, zu dem in verzweifelten
Lagen römische Feldherren griffen.

IV

Brief des Pompeius

Die Lage, in der Staat und Heer sich befinden (s. zur Rede
Cottas), illustriert gut der Brief des Pompeius. Neben seiner
Bitte um Hilfe steht unverkennbar die Drohung mit Selbsthilfe
und Übernahme der Herrschaft (8–10).

1 Schon mit 23 Jahren, im Jahre 83, kämpfte Pompeius
gegen die Marianer (Triumph 81, obwohl er nicht Magistrat
war). Dann besiegte er Carbo in Sizilien, Domitius und Hiarbas,
den König von Numidien, in Afrika. Später warf er den Aufstand des Lepidus endgültig nieder. Ende des Jahres 77 erhielt
er – auf Antrag des gleichen L. Marcius Philippus, dessen Rede

gegen Lepidus Sallust wiedergibt (s. o. II) – das imperium proconsulare mit dem Kommando gegen Sertorius in Spanien. Ende des Jahres 75 wurde der Brief geschrieben und am Anfang des folgenden Jahres im Senat behandelt.

4 Der „andere, vorteilhaftere Weg" führt von der Gegend um Turin (in der Kaiserzeit Augusta Taurinorum) über Segusio (Susa) und den Mt. Genèvre an die Druentia (Durance).

5 Lacetania ist eine Landschaft im nordöstlichen Spanien zwischen Pyrenäen und Ebro. Die Indigetes bewohnten die Gegend im Süden der Ostpyrenäen. – Hätte Pompeius auf ambitio, Popularität, das Buhlen um die Gunst der Soldaten, Rücksicht genommen, so hätte er im Winter 76/75, statt die Truppe im unbelebten Feldlager zu üben, in bequemen Stadtquartieren überwintern müssen. Zugleich ist dies eine boshafte Anspielung auf den andern gegen Sertorius eingesetzten Feldherrn, Metellus, der wegen seiner Weichlichkeit und Schwelgerei bekannt war.

6 Am Fluß Sucro (jetzt Júcar) war Pompeius in Wirklichkeit von Sertorius geschlagen worden. Die – übrigens bald wieder aufgegebene – Besetzung des Lagers ist das Verdienst seines Legaten L. Afranius. Die alte Konjektur von Ursinus, Turia statt des überlieferten Durius (jetzt Duero) zu schreiben, dürfte richtig sein (Ernout allerdings ist geneigt anzunehmen, Sallust habe vielleicht selbst die beiden Flüsse verwechselt): Der Duero fließt in Nordwestspanien, während sich Pompeius in der Gegend von Valentia (Valencia) befindet. Bis in die neueste Zeit hat sich in Kommentaren die Bemerkung erhalten ‚Sucro, jetzt Xucar', obwohl die amtliche und jetzt allein gebräuchliche Form Júcar ist. Ebenso wird der Fluß Turia als ‚Guadalaviar' bezeichnet, obwohl diese arabische Benennung längst wieder dem Namen Turia gewichen ist.

9 Das diesseitige Spanien ist Spanien nordöstlich des Hiberus (Ebro).

Schluß: Der Senat bestimmte Jahr für Jahr zwei Provinzen für die beiden Konsuln, deren Amtszeit zu Ende geht und die nun proconsules werden; diese verständigen sich über die Aufteilung. Die übrigen Provinzen werden vom Senat verteilt. Von den Konsuln des abgelaufenen Jahres 75 übernahm Cotta Gallia citerior, Gallien diesseits der Alpen (Oberitalien), Octavius Cilicia (Landschaft im südlichen Kleinasien). Gaius Aurelius Cotta

war Konsul des Jahres 75, sein Bruder Marcus zusammen mit
L. Licinius Lucullus Konsul 74. – Sallust bringt noch einen Hieb
gegen die Nobilität an, die jetzt endlich den Worten die Taten
folgen lassen muß.

V

Rede des Macer

Es ist selbstverständlich, daß die Versuche nicht aufhörten,
dem Volkstribunat seinen Einfluß, der ihm durch Sulla genommen worden war, zurückzugewinnen. Dazu kam die Not in der
Stadt, die als Mittel benützt wurde, die Massen weiter aufzuhetzen. Die Nobilität gab zu spät und zu wenig. So machte im
Jahre 73 wieder einer der Tribunen, C. Licinius Macer, den
vergeblichen Versuch, Sullas Bestimmungen zu ändern. Die
vorliegende Rede legt Sallust dem Tribunen in den Mund, sie
wirft ein Licht auf die Stimmung in der Stadt, die offenbar so
weit ging – Macer ruft dazu auf (18) –, daß die Plebs daran
dachte, den Kriegsdienst zu verweigern.

Die Macht der Tribunen wurde erst im Jahre 70 wiederhergestellt (vgl. Cat. 38, 1). – Macer wurde im Jahre 66 angeklagt,
als Statthalter seine Provinz erpreßt zu haben (der für den Prozeß
zuständige Prätor war damals Cicero). Er wurde verurteilt und
starb noch im gleichen Jahre. Sein Geschichtswerk, das mit der
Gründung der Stadt begann, ist leider nicht erhalten.

1 *secessiones plebis* waren nach der Überlieferung in den
Jahren 494, 449 und 287.

8 L. (nach Cic. Brutus 217: Cn.) Sicinius machte im Jahre
76 den Versuch, die Tribunengewalt wieder zu stärken; einer
seiner heftigsten Gegner war Curio (s. u. 10).

9 Gemeint ist des Catulus Auftreten gegen Lepidus (s. auch
die Rede des Lepidus). Daß er „ärger als Sulla" war, ist natürlich eine erhebliche Übertreibung.

10 Das Jahr des Konsulats des Brutus und Mamercus ist 77:
In diesem wurde die Insurrektion des Lepidus niedergeschlagen.
– Mit dem „unschuldigen Tribunen" ist der oben genannte
Sicinius gemeint. Curio war 76 Konsul.

15 Die hohen staatlichen Ämter, Konsulat, Censur, Prätur,
Ädilität, Quästur waren ursprünglich den Angehörigen der
Nobilität vorbehalten. (Plebeier wurden erstmals 367 v. Chr.

_um Konsulat zugelassen.) – Anfangs bedurften die von der Gesamtbürgerschaft erlassenen Gesetze und die von ihr vorgenommenen Wahlen der Bestätigung des Senats, später mußte diese Bestätigung vorher erteilt werden, war also nur eine Formsache. Spätestens durch ein Gesetz, das zwischen 289 und 286 erlassen wurde, wurden die Beschlüsse der Plebs für die Gesamtbürgerschaft rechtsverbindlich. (In der Überlieferung wird schon von zwei früheren Gesetzen gleichen Inhalts aus den Jahren 449 und 339 berichtet.)

18 Macer ruft zur Verweigerung des Kriegsdienstes auf. Die Patrizier, deren Verdienste lediglich auf dem Alter ihrer Familien beruhten, sollen mit ihren Ahnenbildern, die sie bei jeder Gelegenheit zur Schau stellen, allein zu Felde ziehen.

19 Der Wortlaut dieser lex frumentaria ist nicht bekannt, doch der Inhalt läßt sich aus Macers Worten erschließen: Es wurde, wie schon öfter, festgesetzt, daß Brotgetreide aus Staatsmitteln eingekauft und an die ärmere Bevölkerung, sei es umsonst, sei es zu niedrigem Preis, verteilt werden solle. Das Gesetz kam unerwartet zustande (daher repentina lege). Die Zuteilung betrug monatlich 5 modii (1 modius = etwa 9 l). Der Sklave bekam 4-5 modii s. Or. Lep. 11.

tam parva res et ignaviam quoiusque tenuissima spe frustratur. Der Text ist in der Überlieferung verderbt, die Verbesserung gelang Orelli; sie wird jetzt von Paladini recht geschickt verteidigt (vgl. auch Vretska, Gnomon 30, 1958, 193). Bisher folgte man meist Gronovius' Konjektur ignavi cuiusque (bzw. quoiusque) tenuissimas spes.

22 Ohne Pompeius wagt die Nobilität weder Unrecht (z. B. die Entmachtung der Tribunen) aufzuheben, noch ist sie imstande, ihr (vermeintliches) Recht zu verteidigen.

23 Pompeius war damals 33 Jahre alt. Er erfüllte die Erwartungen vollauf, wurde im Jahre 70 Konsul (ohne die niederen Ämter bekleidet zu haben), regierte fast unumschränkt den Staat und stellte die tribunizische Gewalt wieder her.

26–27 Gegen römische Bürger wurde die Prügelstrafe nicht angewendet (leges Porciae de tergo civium). Die Landbevölkerung jedoch scheint im Unterschied zu den Stadtrömern häufiger der Willkür ausgesetzt gewesen zu sein. Dazu kommen Aushebungen und Verschickung in die Provinzen, wo oft die den Bürger schützenden Gesetze wenig beachtet wurden.

VI

Brief des Mithridates

Dieser Brief – sicher kein ins Lateinische übersetztes Original-
schreiben – beschäftigt sich mit den Ereignissen des 3. Mithridatischen Krieges (74–64). Lucullus war es gelungen, Pontus,
das Königreich des Mithridates, zu besetzen, so daß dieser zu
seinem Schwiegersohn Tigranes nach Armenien fliehen mußte.
Im Jahre 69 besiegte Lucullus Tigranes bei Tigranokerta.
Mithridates versuchte nun, den Partherkönig Phraates III.
(= Arsakes XII.; Arsakes war der allen Gliedern der Dynastie
gemeinsame Name) zum Bündnis zu bewegen. Die Verhandlungen fanden 69/68 statt.

Der Partherkönig, wegen der früheren Übergriffe des Tigranes verärgert, verhielt sich jedoch neutral. Lucullus wurde von
weiterem Vordringen durch eine Meuterei seiner Soldaten aufgehalten; im Jahre 66 wurde er durch Pompeius ersetzt, der
Mithridates endgültig überwand.

5 Der Krieg gegen Philipp II. dauerte von 200 bis 197; er
wurde durch den Sieg bei Kynoskephalai in Thessalien entschieden. ·

6 Gegen Antiochos III. von Syrien kämpften die Römer
191–190. Die Entscheidung fiel bei Magnesia am Fluß Hermus:
die erste Schlacht der Römer in Asien.

7 Nach der Schlacht bei Pydna im Jahre 168 hatte sich
Perses von Makedonien, Philipps Sohn, auf die Insel Samothrake
in den Schutz des Kabirenheiligtums begeben. Sein Tod wird
in verschiedenen Versionen erzählt; die hier angedeutete dürfte
kaum auf Wahrheit beruhen. (Plutarch, Aem. Paul. 37 berichtet, er habe sich selbst den Tod durch Hunger gegeben, einige
aber hätten erzählt, man habe ihn nicht schlafen lassen. Nach
Velleius I 11 starb er ‚in libera custodia‘ in Alba am Ficinersee.)

8 Von einem römischen Verrat an Eumenes II. von Pergamon kann man kaum sprechen, wenn auch die Römer mit seinem
Feind Antiochos einstweilen gerne Frieden geschlossen hätten.
Später erhielt Eumenes für seine Hilfe und Freundschaft das
ganze eroberte Gebiet diesseits des Taurus, mit Ausnahme der
Griechenstädte, die meist für frei erklärt wurden. Im Krieg
gegen Perses zweifelte Rom an seiner Loyalität (darauf geht wohl

contumeliis). Des Eumenes natürlicher Sohn Attalos III. hinterließ 133 das Testament, in dem er Rom zum Erben seines Reiches einsetzte und das hier von Mithridates als untergeschoben bezeichnet wird. Dadurch war sein Bruder Aristonikos, ein natürlicher Sohn Eumenes' II., von der Erbfolge ausgeschlossen. Die Römer besiegten diesen im Jahre 130.

9 Auch das Reich Nikomedes IV. fiel Rom durch Testament des Königs zu (74).

10 Hier ist Ptolemaios VIII., dagegen in 12 Ptolemaios XI. gemeint.

12 Archelaos war ein tüchtiger Feldherr des Mithridates, wurde aber in Griechenland von Sulla mehrmals geschlagen. Ein Verrat ist nicht erwiesen, doch trat er, nachdem er verdächtigt worden war, auf die Seite der Römer.

15 Ariobarzanes war von Sullas Gnaden König von Kappadokien.

Mithridates hatte Tigranes vor einer offenen Feldschlacht – es ist die bei Tigranokerta gemeint – gewarnt; auch war er selbst nicht anwesend.

EPISTEL I

3,1 *quoniam tibi victori de bello atque de pace agitandum est* ..... *de te ipso primum, qui ea compositurus es, quid optimum factu sit, existima.* „Da es Deine Aufgabe als Sieger ist, Dir über Krieg und Frieden Gedanken zu machen, so entscheide zuerst in Bezug auf Dich selbst, der Du es bist, der diese Ordnung schaffen mußt, was am besten zu tun ist", d. h. „Deshalb überlege zuerst, was Du selbst... am besten tust."

4,3 *et scilicet.* Das überlieferte et tilgt Jordan. Aber das et ist unantastbar: Der Satz besteht aus zwei gleichwertigen Gliedern, die durch et – et eingeleitet werden: *et id certatum esse – et ea causa optimos et veterrimos contendere.* – Weiterführendes et scilicet: Ter. Heaut. 705.

Das überlieferte *alii liberos* nach parentisque wird seit Jordan mit Recht von den Herausgebern getilgt.

5,3 *firmanda igitur sunt vel concordiae bona et discordiae mala expellenda.* Unbefangen betrachtet kann damit nur gesagt sein, daß die Eintracht gefestigt, die Zwietracht beseitigt werden soll (vorher heißt es, nur durch Bürgerkrieg könne das Reich untergehen; die Lehre, die daraus gezogen wird, wird mit igitur an-

geschlossen). Unbequem war den Erklärern das vel, denn ein
vel - et = et - et anzuerkennen, schien mit der Echtheit der Episteln unvereinbar. Kroll (Hermes 62, 1927, 383) setzt es daher in
Klammern, Hoppe-Kroll und Holborn (De Sall. epist., Diss. Berlin 1926, S. 24 und 35) lassen es weg. Edmar (Stud. z. d. Epist.
ad Caes., Lund 1931, S. 146) und Skard (Stud. z. Sprache der
Epist. ad Caes., Symb. Osl. 10, S. 74) meinen, da vel in der
Handschrift nicht ausgeschrieben, sondern durch das gebräuchliche Sigel abgekürzt ist, sei man „vielleicht berechtigt", es zu
tilgen. Es ist aber ein Irrtum zu glauben, man könne ein Wort
deshalb leichter beseitigen, weil es in der Handschrift abgekürzt
ist. Ebensowenig darf man es natürlich stillschweigend verschwinden lassen. Edmar bemüht sich aber noch um eine andere
Erklärung (S. 137 und 145f.): vel sei, wie bei Sallust immer,
steigernd: „sogar das Gute der Eintracht muß verstärkt werden
(nicht nur das Üble der Zwietracht beseitigt)". Obwohl er ablehnt, daß vel – et hier korrespondieren, kommt seine Erklärung
praktisch auf ein vel – et = tum – cum hinaus. Diese Deutung ist
nicht nur gekünstelt, sondern sogar unrichtig, wie seine eigenen
Beispiele zeigen. (Jug. 53, 8; or. Lep. 15 und 18; hist. III 6 M.):
vel hebt eben nirgends – das gilt nicht nur für Sallust! – einen
ganzen Satz einem andern gegenüber hervor.

Zu unserer Stelle bietet Quintil., inst. or. II 2, 14 eine Parallele
(von Skard a. O. 74, Anm. 3 angeführt, aber nicht ausgewertet):
Knaben und Jünglinge sollen nicht durcheinandersitzen. Denn
wenn der Lehrer sie auch im Zaum halten kann, tamen *vel* infirmitas a robustioribus separanda est *et* cavendum non solum
crimine turpitudinis, verum etiam suspicione. Diese Stelle wider-
legt nicht nur Edmar (denn von „Steigerung" bei vel kann nicht
die Rede sein; das stärkere Glied wäre sogar das zweite nach et!),
sondern zeigt auch, daß vel – et etwa dem Sinne von et – et gleich-
kommt. Vel = et ist spätlat. häufig, Ansätze finden sich aber schon
im Altlat. (s. Leumann-Hofmann 675). Die Verbindung vel – et
ist zwar sonst nicht gebräuchlich, aber immerhin wird sie von
Quintilian gebraucht, der auf sprachlichem Gebiet nicht gerade
ein Neuerer ist.

5,6 *res novas veteribus neclectis conquirit*. Überliefert ist res
novas veteribus conquirit. Dafür ist noch keine befriedigende
Deutung gefunden. Kurfess schrieb in der 1. Ausgabe für das
sicher verderbte aec (a steht noch dazu auf Rasur) nach Hauler

aeque, in der Append. Sall. setzt er †. Kroll (Hermes 62, 1927,
388) schlägt abiectis vor. Edmar (a. O.) schrieb res novas veteribus
anteponit, was Kurfess bei der Besprechung (Bursian 252, 1936,
52) ablehnt und seinerseits neclectis concupit (sic) vorschlägt
unter Hinweis auf I 3,3, wo statt aequiores nequiores überliefert
ist. (concupere ist selten und spät.) Paladinis nexis conquirit ist
ebenfalls nicht überzeugend: ‚für‘ die nexa, Schulden, neue
Zustände zu suchen, wäre unsinnig, „wegen‘ der Schulden kann
nicht nexis heißen. Paläographisch ist neclectis (abgekürzt) nicht
weniger gut möglich als necsis: nexis.

8,3 *nam inprudentia pleraque et se praecipitat.* Vogel (Act. sem.
Erlang. I, 1878, 346) faßte pleraque adverbiell auf = plerumque;
Edmar (a. O. 49, Anm. 2, und 74) und Kroll (Glotta 15, 1927,
303) zeigen, daß pleraque als Adjektiv zu inprudentia gehört,
also etwa „der meiste Unverstand“; das kommt aber dem
Sinn von „der Unverstand meistens“ gleich.

EPISTEL II

1,6. Das überlieferte *in* vor faciundo wird mit Recht von den
meisten Herausgebern getilgt: s. I 1, 2.

3,1 *Cn. Pompeius...quibus ille rebus rem publicam conturbavit,
eisdem tibi restituendum est.* Dies wird allgemein so aufgefaßt:
„Mit den gleichen Mitteln, mit denen Cn. Pompeius den Staat
zerrüttet hat, mußt Du ihn wiederherstellen.“ Diesen offenbaren
Widersinn suchte Carlsson (Eine Denkschrift an Cäsar über den
Staat, Skrifter utgivna av Vetenskaps-Societen i Lund, 19. 1930,
S. 18 f., vgl. S. 30) durch eine gekünstelte Erklärung zu beseitigen: „mit Maßnahmen nichtmilitärischer Art, wie z. B. Ge-
setzgebung und Reformen“, da durch solche Maßnahmen Pompeius den Staat zerrüttet habe. Die Stelle ist aber so aufzufassen:
An den Punkten, an denen Pompeius den Staat zerrüttet hat,
an ebendenselben Punkten soll Cäsar einsetzen und den Staat
wiederherstellen. Vergleichbar ist epist. I 7,1: ac mihi animus quibus rebus alii timent maxume fretus est. Wie an jener Stelle die
res folgen, womit Cäsar den Staat wiederherstellen soll, so an
dieser die res, die anderen zu Furcht, ihm aber zu Hoffnung Anlaß geben.

3,4 *urbe capta.* Nicht unbestimmt „nach der Einnahme einer
Stadt“, sondern damit ist die urbs, Rom, gemeint. Vgl. Catil.
52, 4 capta urbe nihil fit reliqui victis, sagt Cato.

4,2 *at hercule, M. Catoni, L. Domitio... quadraginta senatores
... mactati sunt.* Überliefert ist atherculem catonem, doch ist die
hier gegebene Konjektur (oder die sinngemäß ähnliche a M.
Catone) schon wegen des folgenden Domitio notwendig und unbestritten. Die historische Deutung aber machte erhebliche
Schwierigkeiten (so sehr, daß die Stelle ein wichtiges Argument
gegen die Echtheit der Episteln bildete; wobei allerdings zu
fragen ist, ob von dieser unklaren Stelle aus die Echtheit der
ganzen Schrift bestritten werden darf: vgl. K. Vretska, Wien.
Stud. 70, 1957, 317ff.). Da die Zahl von 40 gemordeten Senatoren aus Appian b. c. I 95, 442 für die sullanische Zeit bezeugt
ist, glaubte man entweder an eine rhetorisch-parteipolitische
Übertreibung, indem jene Zahl einfach auf die Taten der Optimaten seit etwa 55 übertragen wurde, oder man dachte an ein
irrtümliches Hineingeraten (so daß die Zahl 40 vielleicht sogar
ursprünglich Glosse gewesen sei), oder man wollte gar *mactati*
übertragen im Sinne von ‚ihrer bürgerlichen Existenz beraubt'
verstehen. Doch ist das *quadraginta s. mactati* sicher wörtlich zu
verstehen und auf Sulla zu beziehen (so auch Chouet, Les lettres
de Salluste à César, Paris 1950, S. 95, der jedoch dann weiter-
fährt, Cato und die andern seien mit Sullas Morden noch nicht
zufrieden gewesen und hätten weitere Opfer durch Verbannungen gefordert: *alios civitate eversum irent*). Die letzte und ein-
leuchtendste Erklärung stammt von K. Vretska (a. O.): Weder
Sallust noch ein eventueller *personatus Sallustius* kann bei den
40 Senatoren an etwas anderes als an die Proskriptionen der sullanischen Zeit gedacht haben, aber der Satz ist logisch mit dem
vorhergehenden zu verknüpfen: Sulla hat trotz der Möglichkeit
und der parteipolitischen Vorteile nur wenige getötet, gegen die
übrigen wollte er Milde walten lassen; aber Cato und seine
Freunde haben den Mord an den 40 Senatoren durchgesetzt;
unzufrieden damit, haben sie noch andere Schandtaten hinzugefügt, Bürgerrechtsberaubungen und Verbannungen. Der
Gegensatz liegt also zwischen Sullas Wollen und der Unersätt-
lichkeit seiner Parteigänger.

5,3 *sed plebs eo libere agitabat, quia nullius potentia super leges
erat.* „Das Volk lebte deshalb frei..." *agitare* „leben" z. B. epist.
I 3,2 *semper in periculo aut metu agites*; II 10,5 *tanto ... asperius magisque anxie agitat* und öfter bei Sallust (s. Kroll,
Glotta 15, 1927, 293). Diese Deutung fordert der Begründungs-

satz quia … Außerdem heißt es kurz darauf u. a.: Später sibi quisque servitutem peperit. Weiterhin ist eo – quia oder quod „deshalb-weil" stehende Formel.

5,3 *in arvis aut in militia*. Überliefert ist nicht arvis, sondern armis (r auf Rasur, von m[1] korrigiert aus an). Da ein Begriff, der bäuerlichen Besitz bezeichnet, an die Stelle gehört, vermutete Poehlmann agris, was Kurfess in seine 1. Ausgabe aufnahm. Doch hatte das Richtige bereits Dousa gesehen, der auf Grund der häufigen Verwechslung von arva und arma in den Handschriften arvis schrieb, dem nach Skard (Ennius und Sallustius, Oslo 1933, Avh. Ak. Oslo, hist.-filos. Kl. 1933, 4. S. 27) nun auch Kurfess (Burs. 252, 1936, 57) zustimmt. Für arvis spricht auch, daß kurz danach agris folgt und Sallust gerne in den Ausdrücken variiert, gerade wenn, wie hier, ganz dieselbe Sache gemeint ist; vgl. etwa epist. II 7,10 neque…ex copiis quisquam…iudicaverit, sicut neque…ex opulentia…; Cat. 51, 18 f. aut metus aut iniuria te subegit…; de timore…

6,2 *ubi bonum publicum etiam privatim usui est, id vero dubitare adgredi*…id adgredi nicht wie Weinstock (Das Jahrhundert der Revolution, Leipzig, Kröner, 1939) „dagegen vorgehen", sondern „da nicht heranzutreten, da nicht zuzugreifen". Denn der vorhergehende Satz: „Schwere Schuld lädt auf sich, wer sich zum Schaden des Staates Beliebtheit gewinnt", fordert als Fortsetzung: „Wo aber das Staatswohl mit dem eigenen Vorteil zusammenfällt, da nicht ohne Zaudern zuzugreifen, das halte ich für Energielosigkeit und Feigheit." In die gleiche Richtung weisen auch das folgende Beispiel des Drusus und die Nutzanwendung für Cäsar.

7,1 *occulta pericula neque facere neque vitare bonis in promptu est*. Der Sinn des Satzes kann nur sein, daß die boni selbstverständlich gegen andere keine heimtückischen Anschläge unternehmen und selbst kaum derartige Anschläge abwehren oder ihnen ausweichen können, gerade weil sie boni sind und sich nicht leicht dessen versehen.

7,5 *id adeo haud mirandum est:* Mit Recht schreibt Kurfess id adeo statt des überlieferten id eo (s. Edmar a. O. 143 mit Belegstellen). Auch Cat. 37, 11 id adeo malum…überliefern die älteren Handschriften id eo, was erst die jüngeren zu id adeo verbesserten.

7,6 *sed ubi gloria honore magis in dies virtutem opulentia vincit:*

Statt des überlieferten honorem schreibt Edmar (a. O. 99 f.)
richtig honore. (Zustimmend Kurfess, Burs. 252, 1936, 57.) Paläographisch ist die Konjektur leicht zu rechtfertigen: Ditto-
graphie von m vor magis. Edmars Begründung ist jedoch nicht
zutreffend: Es müsse, wenn man honorem beibehielte, „gloria
(= iactatio, ostentatio, ‚äußerer Ruhm') im Gegensatz zu honorem (= honestas, dignitas, ‚innere, wahre Ehre') stehen. ...Aber
nirgends ist diese Bedeutung von gloria weder in den Ep. ... noch
im Corp. Sall. belegt..." Die Schwierigkeit bestehe darin, „daß
gloria ganz unvermittelt, ohne jeden vorbereitenden oder stützen-
den Komplementbegriff in malam partem aufgefaßt werden"
müsse. gloria und honos stünden unendlich oft „als Komplement-
begriffe nebeneinander (= ‚äußere und innere Ehre')." Wäre
richtig, daß honos im Gegensatz zu gloria die „innere Ehre" bedeutet, so ergäbe der Satz ohne Konjektur einen tadellosen Sinn:
„Die äußere Ehre gilt mehr als die innere, mehr als die Tugend
gilt der Reichtum" und damit wäre die Entsprechung der Begriffe gewahrt, die noch dazu chiastisch stünden. Die Beispiele,
die Edmar für honos = „innere Ehre" gibt, beweisen aber genau das Gegenteil, daß honos nämlich nicht „innere Ehre"
heißt! (Es müßte sonst etwa honestatem dastehen.) In Wahrheit bezeichnet honos die „äußere Ehre, das Ansehen, die Anerkennung" (s. Fr. Klose, Die Bedeutung von honos und honestus. Diss. Breslau 1933) und der häufige Ausdruck gloria et honos
muß etwa mit „Ruhm und Ehre", „Ruhm und Ansehen" wiedergegeben werden. Deshalb ergibt die überlieferte Lesart keinen
Sinn und es ist notwendig, honore zu schreiben.

Auch Paladinis Versuch, honorem zu verteidigen, überzeugt
nicht, denn er muß annehmen, daß honos „verdiente Ehre" o.ä.
bedeutet und im Gegensatz zu gloria steht, das abwertend gebraucht sei. Es ist aber nicht möglich, gloria negativ, parallel zu
opulentia, zu verstehen, schon wegen des folgenden Satzes, wo
gloria etwas Positives ausdrückt. E. Pasoli hat in einer scharfsin-
nigen Untersuchung (s. Lit.-Hinweise) die Meinung vertreten,
honore(m) gehöre überhaupt nicht hierher.

7,11 Mehr zum Richteramt zuzulassen als die Leute der ersten
Steuerklasse, kommt Sallust gar nicht in den Sinn und ist
wohl auch wegen der Gefahr der Bestechung nicht möglich.
Aber bisher waren nicht einmal alle Angehörigen der ersten
Klasse berechtigt, Richter zu sein, da der Zensus der Ritter und

Ärartribunen, die zusammen mit den Senatoren als Richter fungierten, höher war, als der der ersten Klasse.

Daß ein Wort in kurzem Abstand in verschiedener Bedeutung verwendet wird, wie hier iudicare, ist geläufiger, auch bei Sallust vorkommender rhetorischer Kunstgriff.

7,12 Das Beispiel von Rhodos nennt „arm und reich" nebeneinander als Richter. Das ist eine bewußte Übertreibung, außerdem gehörte, wie schon Hoppe-Kroll sahen, jemand mit 120000 As Vermögen (das ist der Zensus der ersten Klasse) im damaligen Rom noch nicht zu den „Reichen".

8,2 *ita coaequantur dignitate pecuniae:* Überliefert ist coaequantur... pecunia. Es ist klar, daß eines der beiden Wörter geändert werden muß und entweder coaequatur oder pecuniae zu schreiben ist. Paläographisch ist beides zu rechtfertigen. (Vielleicht ist sogar die Entstehung eines a aus æ bzw. e bei pecuniae noch leichter möglich als das Hinzukommen eines n oder einer Virgula bei coaequantur.) Jordan und früher auch Kurfess schrieben coaequatur... pecunia. Edmar, der dies in den ihm vorliegenden Ausgaben fand und nichts dagegen einwendet, hat (a.O. 102) mit Recht betont, daß pecunia als Subjekt, dignitate als abl. instr. aufzufassen ist. Gerade wenn man dem zustimmt, ergibt sich: 1. pecuniae... coaequantur ist zu schreiben. pecuniae sind die einzelnen Vermögen: Vgl. Cic. rep. I 49 si enim pecunias aequari non placet (Vermögensunterschiede aufheben), si ingenia omnium paria esse non possunt, iura certe paria debent esse; vgl. auch Sall. Cat. 51,43 publicandas eorum pecunias. 2. Man darf auch nicht mit Edmar übersetzen „auf diese Weise wird das Geld durch die Würdigkeit erreicht, kommt die Würdigkeit dem Gelde gleich (wird mit dem Gelde gleichgestellt)", sondern „so werden durch die Würde die Vermögen gleich gemacht", d.h. „so wird der Vermögensunterschied durch gleiches Ansehen eingeebnet".

8,7 *virtute satis valerent:* Das kann nur heißen „an Tüchtigkeit stark genug sein, tüchtig genug sein", ebenso II 10,6 patres consilio valere decet „die Senatoren müssen an Einsicht stark sein, sich durch Einsicht auszeichnen"; vgl. Sall. Jug. 11, 5 Micipsam parum animo valuisse; Sall. hist. frg. I 11 (M.) res Romana plurimum imperio valuit Servio Sulpicio et Marco Marcello consulibus.

10,5 *tanto... asperius magisque anxie agitat:* s. zu II 5,3 sed plebs eo libere agitabat.

10,6 *patres consilio valere decet:* s. zu II 8,7 virtute satis valerent.

12,1 *multa varia officia:* Kurfess mit anderen multa ‹et› varia. multa et varia.

12,2 *ea...omnia generatim discribere:* „das alles im einzelnen anzugeben“, nämlich für die einzeln genannten Punkte. Nicht also „im allgemeinen“ oder „grundsätzlich“ (wie es von Kurfess, Die Alten Sprachen 4, 1939, 191, wiedergegeben wird). Letzteres ist vielmehr durch de summa consilii ausgedrückt. Dadurch wird bewiesen, daß generatim hier in der durchaus geläufigen Bedeutung „im einzelnen“ verwendet ist; vgl. Serv. Georg. II 35 generatim est per singula genera, generaliter autem est simul omnia...Dies gilt auch für unsere Stelle. Allerdings ist manchmal, vor allem jedoch später, generatim oft = generaliter „im allgemeinen, grundsätzlich“ (s. auch Thes. l. L. VI 2,1779f.).

INVEKTIVE GEGEN CICERO

1,1 *ubiubi M. Tullius leges iudicia rem publicam defendit:* Man faßt allgemein ubiubi M. Tullius als Nebensatz auf, in dem est „weilt“ weggelassen ist. Zwar fehlt bei Sallust oft est o. ä., aber in diesen Fällen handelt es sich, anders als hier, immer um die Kopula, meist sogar nur in Verbindung mit dem Part. Perf.Pass. (Farber, Sallust gegen Cicero, Diss. Tüb. 1934 z. St. vergleicht Jug. 100, 1, wo „ein Verb der Bewegung“ fehle: dein Marius, uti coeperat, in hiberna. Dies ist aber offensichtlich etwas ganz anderes.) Der Satz bringt die Zusammenfassung der beiden vorhergehenden und leitet zur Anrede an Cicero über. Deutlich weist er überdies auf das vorausgehende ubi querar hin. Der „Nebensatz“, wenn man so will, besteht eben nur aus ubiubi, das die beiden Möglichkeiten, Volk und Senat, zusammenfaßt. Das Verbum ist aus dem vorhergehenden Satz zu entnehmen, eine durchaus geläufige Erscheinung, die auch im Deutschen nachbildbar ist: Wo soll ich mich hinwenden und meine Stimme erheben... etwa bei... oder bei...: Wo auch immer (scil. ich mich hinwenden usw. wollte), M. Tullius tritt als Hort der Gesetze auf. Für die Übersetzung empfiehlt es sich, den Ausdruck zu „allüberall“ zusammenzuziehen.

1,1 *ac non reperticius accitus ac paulo ante insitus huic urbi civis:* accitus tilgte Wassius, dem Jordan (und früher auch Kurfess) folgte, als Glosse. Bei Sallust sind dreigliedrige Ausdrücke auffallend

häufig, aber das dritte Glied pflegt nicht durch eine Konjunktion verbunden, sondern asyndetisch angereiht zu werden. Doch bestehen diese Ausdrücke jeweils aus drei einfachen Wörtern, was hier nicht der Fall ist. Ist dagegen bei mehreren Gliedern deren letztes erweitert (wie hier), so ist dessen Anfügung durch eine Konjunktion die Regel. Ist ac dabei als Konjunktion (statt et oder atque) vielleicht auch ungewöhnlich, so darf dies in der Invektive nicht allzusehr befremden, da sie noch mehr Auffallendes hat, was auch die Echtheitsverteidiger zugeben. An accitus selbst ist nichts auszusetzen. Es kommt bei Sallust vor: s. Thes. l. L. I 300, 62, wo zu unserer Stelle vermerkt ist: „del. Wassius vix iure". accitus ist also nicht anzutasten. Wem der Ausdruck unerträglich scheint, möge lieber das ac vor paulo tilgen (ac ... accitus: leicht könnte sich da noch ein ac eingeschlichen haben).

1,2 *aut scilicet*. So ist die einhellige Überlieferung, die Wirz in at scilicet änderte. Jordan tilgte aut mit Cortius überhaupt. at schien vor allem deshalb eine treffende Konjektur (vgl. Kurfess, De Sallustii in Cic. et invicem inv., Diss. Berlin 1913, S. 32; in der Neuauflage der Ausg. hat Kurfess jetzt ebenfalls aut), da im Lateinischen nirgends scilicet mit aut verbunden sei und at scilicet auch bei Sall. or. Phil. 5 vorkomme. Diese Sall.-Stelle ist aber die einzige mit at scilicet! Man darf also auch nicht von vornherein ein einmaliges aut sc. verwerfen. Daß eine Frage mit aut weitergeführt wird, ist nicht besonders auffallend (Leumann-Hofmann 674; Thes. l. L. II 1575, 62 ff.: wohl archaisch und vulgär). scilicet im Fragesatz findet sich bei Terenz (Eun. 346 mit der Bem. des Don.). Also ist hier zu verstehen: „Oder hast du nicht selbstverständlich ..." – Schreibt man mit Wirz at, so ist der Satz kein Fragesatz sondern ein ironischer Einwand, wie gerade die zur Stütze des at angeführte angebliche Parallele or. Phil. 5 beweist. An unserer Stelle handelt es sich dagegen um eine die allgemeine (alicui) Frage des Vordersatzes weiterführende und spezialisierende (Pisonem) Frage, mit dem an vero-Satz zusammen um drei rhetorische Fragen, die durch itaque minime mirandum est abgeschlossen werden. Wie wenig man mit der bisherigen Schreibung zurechtkam, zeigt übrigens deutlich Kurfess' Übersetzung (Sallusts Invektive gegen Cicero. Zum 56. Philol.-Tag in Göttg. S. 12): „Aber natürlich hast Du Deine maßlose Beredsamkeit bei M. Piso n i c h t a u f G r u n d Deiner Keuschheit gründlich gelernt."

4,7 *cuius ope de exilio tuo Dyrrhachio redisti, eum insequeris:*
Überliefert ist quo iure, cum de exilio tuo Dyrrhachio redisti,
eum (in)sequeris, wobei eum auf cui des vorangehenden Satzes
bezogen werden muß. Der Wortlaut der Überlieferung, an dem
schon viele Verbesserungen versucht wurden, ist sicher verderbt: 1. Die Form des Satzes ist in seiner Umgebung unerträglich. Denn den vier, durch einfache Fragepronomina eingeleiteten Sätzen (quem tandem locum bis quem inimicum) folgen
vier durch Relativa eingeleitete Sätze (cui in civitate bis quos tyrannos). Diese letzteren sind, wenn wir zunächst von unserem
Satz absehen, ganz gleich gebaut (beim ersten fehlt nur das ent-
behrliche Demonstrativpronomen), und zwar – ebenso wie die
Fragesätze und das folgende von Vatini bis zum Schluß – mit
schlagkräftiger, eindringlicher Einfachheit. Es ist unmöglich,
daß in diesem „Raketenfeuer von Antithesen" (Schwartz) ein
Satz durch anderen Bau herausfällt. Daraus folgt außerdem, daß
alle Änderungen, die durch Einschub von Satzteilen zu heilen
versuchen, unannehmbar sind. 2. Dagegen ergibt sich aus dem
eben Besprochenen, daß gemäß dem parallelen Bau der um-
gebenden durch Relativa eingeleiteten Sätze auch in unserem
Satz am Anfang ein auf eum insequeris bezügliches Relativ-
pronomen stehen muß. 3. Aus den gleichen Gründen verrät sich
das cum als Einschub. Es kam in den Text, als die Stelle schon
zerstört war (s. auch unten!). Die Antithesen, von denen je zwei
näher zusammengehören, zeigen, daß an unserer Stelle ein Begriff
stehen muß, der eine Wohltat bezeichnet, die mit Undank (eum
insequeris) vergolten wurde. Es folgen nämlich drei parallele
Glieder, die ihrerseits in je zwei parallele Kola zerfallen // cui
insidias fecisti – ancillaris / (hier unsere Stelle) – eum insequeris //
quos tyrannos a. – faves / qui optimates v. – d. ac. f. vocas //
V. causam agis – de S. male e. / B. laedis – laudas C. //
    Nicht schlecht ist daher die Konjektur von Wirz quo auctore,
nämlich des Pompeius; auch Kurfess nimmt sie auf.
    Ich setzte cuius ope in den Text (ebenfalls in bezug auf Pom-
peius). Da es ursprünglich wohl quoius ope hieß, wäre damit
die Stelle paläographisch am leichtesten geheilt (zu cum als späteren Einschub s. oben u. i. folg.). Es ist nämlich wahrscheinlich,
daß ursprünglich die ältere Form quoius gebraucht war, die ja
in den anderen Sallustschriften die Regel ist. Schuld der *Überlieferung* ist es, daß sie nicht in der Invektive erscheint, denn

1. zeigen die anderen Sallustschriften in den Handschriften durcheinander quoius – cuius ebenso wie quoi – cui, und zwar die Episteln ebenso wie die historischen Schriften (deren Herausgeber Ahlberg übrigens die älteren Formen überall herstellt); 2. vor allem beginnt der Satz Epist. II 9,2 *quoius* nullum membrum ... und der damit zusammenhängende (vgl. S. 485 f.) Inv. 3,5 *cuius* nulla pars ...

4.7 *insequeris*. Dies bietet nur eine Handschrift, die übrigen sequeris. Ersteres wird vor allem von Reitzenstein (Hermes 33, 1898, 88 Anm. 3) und Seel (Klio Beiheft 47, 1943, 122) verteidigt mit der Begründung, daß hier ein Wort der Feindschaft stehen müsse. Dem ist nach dem in der vorigen Anmerkung Gesagten zuzustimmen. Allerdings könnte sequeris auch „verfolgen" bedeuten. Doch abgesehen davon, daß es sonst nur von der feindlichen Verfolgung Fliehender vorkommt, wäre es wohl hier schwerlich in diesem Sinne verstanden worden. Ich glaube, daß ein ursprüngliches insequeris erst zu sequeris wurde, als die Stelle schon zerstört war. Es wurde dann, um irgendeinen Sinn zu bekommen, nicht nur das cum eingefügt (s. o.), sondern auch sequeris geschrieben (nur eine Handschrift bewahrte das Ursprüngliche), das nun nicht im feindlichen Sinne verstanden wurde: „Mit welchem Recht folgst Du ihm (nämlich dem, cui ... ancillaris) nach, seit Du aus D. zurückgekommen bist." Daß dies ein schlechter Notbehelf war, ergibt sich aus der vorherigen Anmerkung.

INVEKTIVE GEGEN SALLUST

Die Invektive gegen Sallust soll die Antwort Ciceros auf den Angriff des Sallust sein. Daß sie echt ist, hat noch niemand im Ernst behauptet. Ein Verehrer Ciceros (in einer Grammatikerstelle wird als Autor ein Didius genannt) wird diese Abwehr verfaßt haben. Sie paßt trotz zahlreicher Verweise auf Sallusts Invektive nicht zu dieser, denn sie nimmt Bezug auf Sallusts ganzes Leben, nicht nur auf die Jahre bis 54.

2,4 vgl. in Cic. 1, 1 und 4, 7; die Metelli sind aber hier nicht genannt, weshalb in jüngeren Handschriften sich die z. T. in den Text eingedrungene Bemerkung findet: vel Fabios.

2,6 si vor *fuerim* zu tilgen, ist unnötig, wie Kurfess in seiner Diss. von 1913, S. 37, richtig bemerkte (jetzt allerdings will er es aus dem Text entfernen).

scelestorum civium: Er erinnert an die Catilinarier, die hingerichtet wurden.

2,7 vgl. in Cic. 3, 5 und 3, 6.

3,7 Mit „Geschichtsbüchern" ist die Coniuratio Catilinae, nicht die Historien gemeint, die dieses Ereignis nicht behandelten.

pudicitia: vgl. in Cic. 1, 2.

3,9 *in uxorem et in filiam:* vgl. in Cic. 2, 2.

ex mea re familiari: vgl. in Cic. 2, 3–4.

3,10 *fugax* und *mercennarium patronum:* vgl. in Cic. 3, 5.

4,11 *ancillatus sum:* vgl. in Cic. 4, 7.

4,12 *Caesaris:* vgl. in Cic. 4, 7.

5,13 *immensae gulae:* vgl. in Cic. 3, 5.

collibuisset: vgl. in Cic. 1, 2.

5,14 *in Crassi domo:* vgl. in Cic. 2, 2.

Nigidius: Was hinter dieser Anschuldigung steckt, ist schwer zu sagen, doch dürfte Kurfess, Mnemosyne, N. S. 41, 1913, 23 das Problem gelöst haben (vgl. auch Kroll, R. E. XVII 201 f.): P. Nigidius Figulus war Astrologe, Orphiker, „Vertreter eines spirituellen Pythagoreismus" (Kroll a. O.) und Haupt okkulter Zirkel. Die Kunde davon, weniger die seiner Gelehrsamkeit, hat sich verbreitet und genügte, seinen Anhängern daraus den Vorwurf des Sakrilegs und des Verrates an den heimischen Göttern zu machen. Dazu kommt in unserem Falle noch, daß Cicero in einer Rede heftig gegen Vatinius polemisierte, qui te Pythagoreum soles dicere et hominis doctissimi nomen hiis immanibus et barbaris moribus praetendere (in Vat. 6, 14; dazu vgl. Schol. Bob. 146, 9 St.).

Die Geschworenen, *iudices,* mußten die gewissenhafte Erfüllung ihrer Pflicht durch Eid versprechen.

5,15 Die Quästur war das unterste der vier höheren Ämter. Seit Sulla war mit der Erreichung der Quästur die Aufnahme in den Senat verbunden.

5,16 *pro lege:* In Reden, besonders in Gerichtsreden, wurden oft Gesetze wörtlich zitiert.

6,17 *in senatum per quaesturam reductus:* s. S. 463

7,19 Sallust war proconsul cum imperio in Africa nova (Numidien); s. S. 464

quantum potuit aut fide nominum traici aut...: Diese Stelle ist nicht recht zu deuten, vielleicht ist der Text korrupt. Hat Sallust

Geld zum Befördern an Leute gegeben, die folglich in sein Schuldbuch eingetragen wurden?

hortos: Berühmt sind noch heute die horti Sallustiani auf dem Pincio, die später kaiserliche Residenz wurden. Sallusts Haus wurde bei der Einnahme Roms durch Alarich 410 zerstört.

7,20 Die Überlieferung der alten Handschriften ist *vetus,* die jüngeren Handschriften und die meisten Ausgaben vor Kurfess dagegen bieten veteris, falls sie nicht Baiters Konjektur eius annehmen. (vetus „ironisch", Kurfess, Diss. S. 41.) – Hier liegt ein eklatanter Anachronismus vor: Die Invektive gegen Cicero gehört ins Jahr 54 (s. S. 467f.), was der Fälscher offenbar nicht beachtete, denn nicht vor Sallusts Provinzverwaltung 46/45 bzw. vor Cäsars Tod 44 konnte dieser die Villa kaufen. Ähnliches gilt für die Gärten.

8,21 Überliefert ist in den meisten Handschriften *totidem... esse bis senatorem et bis quaestorem fieri quot bis consulem et bis triumphalem;* drei Handschriften aus der einen Klasse (β) haben tantum (oder tantundem)...quantum ‚daß es ebensoviel wert ist...wie' (allerdings wäre grammatisch richtiger, wie einige alte Ausgaben, zu schreiben: tantidem...quanti). Jordan konjizierte idem...quod ‚daß es dasselbe ist... wie'. Der Sinn muß sein: Zweimal Senator zu werden ist keine Ehre (wie es eine Ehre ist, zweimal Konsul oder Triumphator zu werden), da man lebenslänglich Senator ist, es sei denn, man ist, wie Sallust, einmal ausgestoßen worden. Der Spott wirkt beißender, wenn der Autor totidem...quot anstelle des blassen tantum...quantum gebraucht.

Namenverzeichnis

C = Catilina, J = Iugurtha, H = Historiae (H I = Oratio Lepidi, H II = Oratio Philippi, H III = Oratio Cottae, H IV = Epistula Pompei, H V = Oratio Macri, H VI = Epistula Mithridatis), Ep I, II = Epistulae I und II, Inv. in Cic. = Invectiva in Ciceronem, Inv. in Sall. = Invectiva in Sallustium.

ABORIGINES sagenhafte Urbevölkerung der mittelitalischen Landschaft Latium (nach alter, freilich umstrittener Erklärung: ab origine „von Anfang an") C 6, 1.

ADHERBAL der ältere Sohn des Numiderkönigs Micipsa; er wurde nach des Vaters Tode (118 v. Chr.) zusammen mit seinem Bruder Hiempsal und seinem Vetter Jugurtha Herrscher des numidischen Reiches. J 5, 7; 9, 4; 10, 8; 11, 3; 13, 1, 3, 9; 15, 1 ff.; 16, 2, 5; 20, 1, 4; 21, 1 ff.; 22, 4, 5; 23, 2; 24, 1; 25, 1, 10; 26, 1, 3; 35, 1; 48, 3.

AEFULA kleine Stadt in Latium. C. 43,1.

AEGYPTUS J 19, 3.

AEMILIA GENS altes römisches Geschlecht H I 3; II 6.

MAMERCUS AEMILIUS LEPIDUS LIVIANUS mit Brutus Konsul 77. H V 10.

MARCUS AEMILIUS LEPIDUS s. Erläut. zu H I. H I 27; II 2, 3, 6, 7 (zweimal), 14, 18, 19, 22.

MANLIUS AEMILIUS LEPIDUS Konsul 66 v. Chr. C 18,2.

LUCIUS AEMILIUS PAULUS ein junger Patrizier C 31,4.

MARCUS AEMILIUS SCAURUS 115 v. Chr. Konsul, 109 Zensor, Vorkämpfer der Senatspartei; zu Beginn des Jugurthinischen Krieges Legat des Konsuls Calpurnius Bestia. J 15, 4; 25, 4, 10; 28, 4; 29, 3 f., 5; 30, 1; 32, 1; 40, 4.

AENEAS trojanischer Held, sagenhafter Gründer der Stadt Lavinium in Mittelitalien, von dort soll Alba Longa, die Mutterstadt Roms, gegründet worden sein. Bei Sallust ist C 6, 1 nicht ganz klar, ob 'Aenea duce' nur zu 'vagabantur' oder auch auf 'condidere' zu beziehen ist; letzteres ergäbe die von allen anderen Sagen abweichende Gründung Roms durch Aeneas.

AETHIOPES die Bewohner des „Mohrenlandes" am oberen Nil; im weiteren Sinne alle Bewohner des Landes am Südrande der Erde J 19, 6.

AFRICA der Erdteil Afrika wurde nach Sallusts Angabe (J 17) gelegentlich als ein Teil Europas angesehen, so daß man nur

ARMENII asiatisches Volk; nach alter Überlieferung soll ein Teil von ihnen nach Afrika gekommen sein und sich mit den dortigen Bewohnern vermischt haben J 18, 4, 9.

ARPINUM alte Stadt im östlichen Latium (Mittelitalien), heute Arpino, Heimat des Gaius Marius und Cicero J 63, 3. Inv. in Cic. 3, 4; 4, 7.

ARRETIUM Stadt in Etrurien, einer Landschaft Mittelitaliens; südöstlich von Florenz (heute Arezzo) C 36, 1.

ARSACES XII., Partherkönig H VI 1.

ASIA C 2, 2; 11, 5; J 17, 3; H III 7; VI 6, 8, 11.

ASPAR ein vornehmer Numider, als Abgesandter Jugurthas im Lager des Maurenkönigs Bocchus J 108, 1; 109, 1; 112, 1.

ATHENIENSES C 2, 2; 8, 2 f.; 51, 28.

AULUS s. Postumius.

AURELIA ORESTILLA zweite Gattin Catilinas C 15, 2; 35, 3, 6.

GAIUS AURELIUS COTTA Konsul im Jahre 75 H III Einl., 10; IV Schluß; V 8.

MARCUS AURELIUS COTTA Konsul im Jahre 74, Bruder des Gaius H IV Schluß; VI 13.

LUCIUS AURELIUS COTTA Konsul 65 v. Chr. C 18, 5.

PUBLIUS AUTRONIUS Verschwörer, 62 v. Chr. hingerichtet C 17, 3; 18, 2, 5; 47, 1; 48, 7.

AVENTINUS der südlichste von den sieben Hügeln Roms, den die aufständischen Plebejer zweimal besetzten (494 und 449 v. Chr., die sog. secessiones plebis) J 31, 17; die sonstige Überlieferung nennt dafür einen Hügel im Sabinerlande, den Mons sacer.

GAIUS BAEBIUS 111 v. Chr. Volkstribun, von Jugurtha bestochen J 33, 2; 34, 1.

BALEARES Bewohner der beiden Baleareninseln an der Ostküste Spaniens (jetzt Mallorka und Minorka); sie waren als Schleuderer berühmt J 105, 2.

LUCIUS BELLIENUS 106 v. Chr. Statthalter der römischen Provinz Afrika J 104, 1.

BESTIA s. Calpurnius.

BIBULUS s. Calpurnius.

BITHYNIA H VI 9, 11.

BOCCHUS König von Mauretanien (Nordafrika), Schwiegervater Jugurthas, schwankt lange zwischen Jugurtha und den Römern hin und her, verrät aber schließlich Jugurtha an die Römer J 19, 7; 62, 7; 74, 1; 80, 3 ff.; 81, 1 ff.; 83, 1, 3; 88, 5; 92, 5;

LUCIUS CALPURNIUS BESTIA 62 v. Chr. Volkstribun, ging trotz seiner Beziehungen zu den Verschwörern straflos aus und griff Cicero wegen seines Vorgehens gegen die Catilinarier scharf an C 17, 3; 43, 1.

MARCUS CALPURNIUS BIBULUS Schwiegersohn des jüngeren Cato, Amtsgenosse des Cäsar als Ädil (65), Prätor (62) und Konsul (59); dessen erbitterter Feind, der sich gegen seinen großen Kollegen nicht durchzusetzen vermochte. Ep II 9, 1; Inv. in Cic. 4, 7; Inv. in Sall. 4, 12.

GAIUS CALPURNIUS PISO Konsul 67 v. Chr., Prokonsul in Gallia Transalpina 66/65, von Cäsar 63 wegen Übergriffen angeklagt, aber von Cicero erfolgreich verteidigt, extrem konservativ, Gegner des Cäsar, aber auch des Pompeius, an den er außerordentliche Vollmachten nicht übertragen wissen wollte C 49, rf.

GNAEUS CALPURNIUS PISO designierter Quästor für 65 v. Chr. C 18, 4f.; 19, 1, 3, 5; 21, 3.

LUCIUS CALPURNIUS PISO FRUGI Censor im Jahre 50, Inv. in Sall. 6, 16.

CAMERINUM Stadt in Umbrien, einer Landschaft Mittelitaliens, heute Camerino C 27, 1.

CAPITOLIUM der Burgberg Roms mit dem Juppitertempel, der am 6. VII. 83 v. Chr. abbrannte C 18, 5; 47, 2.

CAPSA Stadt im Südosten Numidiens, der Sage nach von Herkules gegründet; sie wurde 107 v. Chr. von Gaius Marius erobert und zerstört J 89, 4; 91, 3f.; 97, 1. CAPSENSES J 89, 6; 92, 3ff.

CAPUA bedeutendste Stadt Campaniens C 30, 2, 5, 7.

CARBO s. Papirius.

CARTHAGO Stadt in Nordafrika, die 146 v. Chr. von den Römern unter Publius Cornelius Scipio Aemilianus erobert und zerstört wurde. – Die Karthager (Punier) hatten durch ihre zielbewußte Handelspolitik die Herrschaft im westlichen Mittelmeer an sich gerissen; in drei Punischen Kriegen (264–241, 218–201, 149–146 v. Chr.) besiegten die Römer den gefährlichen Handelskonkurrenten. Im Verlauf des zweiten Punischen Krieges verband sich der Numiderkönig Masinissa mit den Römern C 10, 1; J 18, 11; 19, 2; 41, 2; 79, 5. Bewohner C 51, 6; J 5, 4; 14, 8, 10; 19, 3; 7; 79, 1 f., 7 f., 10; 81, 1; Krieg J 14, 5.

CARTHAGINIENSES H VI 5.

LUCIUS CASSIUS LONGINUS 111 v. Chr. römischer Prätor; er wurde nach Afrika geschickt, um Jugurtha nach Rom zu führen

J 32, 1, 5; 33, 1.

LUCIUS CASSIUS LONGINUS Prätor 66 v. Chr., Verschwörer C 17, 3; 44, 1 f.; 50, 4.

CATABATHMOS breite Senkung zwischen Ägypten und Libyen, östlich von Kyrene; von Sallust als Ostgrenze Afrikas angesehen J 17, 4; 19, 3.

CATO s. Porcius.

CATULUS s. Lutatius.

CETHEGUS s. P. Cornelius Cethegus.

CICERO s. Tullius

CILICIA Provinz in Kleinasien H III 7; IV Schluß.

CIMBRICUM BELLUM der Krieg gegen das aus Jütland stammende germanische Bauernvolk der Cimbern, die auf der Suche nach neuem Siedlungsland zusammen mit den Teutonen und Ambronen südwärts zogen (113–101 v. Chr.). Gaius Marius besiegte die Cimbern 101 bei Vercellae (Oberitalien) C 59, 3.

CIMBRICA PRAEDA H I 17.

CINNA s. Cornelius.

CIRTA Hauptstadt des numidischen Reiches (jetzt Constantine, da von Konstantin dem Großen wieder aufgebaut) J 21, 2 ff.; 22, 1; 23, 1 f.; 25, 9; 26, 1; 35, 1; 81, 2; 82, 1; 88, 3; 101, 1; 102, 1; 104, 1.

APPIUS CLAUDIUS CAECUS, Zensor 312 v. Chr., Konsul 307 und 296, Diktator zwischen 292 und 285; verhinderte 280 den Frieden mit Pyrrhus (älteste schriftlich fixierte Rede eines Römers), ließ durch seinen Schreiber Gnaeus Flavius den Kalender der Gerichtstage und die zur Einleitung eines Prozesses erforderlichen Rechtsformeln veröffentlichen, dichtete Sprüche und reformierte die Rechtschreibung. Ep I, 1, 2.

APPIUS CLAUDIUS PULCHER Konsul im Jahre 79, interrex während der Krise um Lepidus H II 22.

APPIUS CLAUDIUS PULCHER Sohn des vorigen, Konsul im Jahre 54, Censor 50; stößt Sallust aus dem Senat. Inv. in Sall. 6, 16.

TIBERIUS CLAUDIUS NERO 63 v. Chr. gewesener Prätor, Großvater des Kaisers Tiberius C 50, 4.

CONCORDIA Göttin der Eintracht; der Tempel der Concordia an der Nordostecke des römischen Forums war häufig Tagungsort des Senates; die C 46, 5 erwähnte Tagung war am 3. Dezember; C 49, 4.

CORNELII die Angehörigen eines der ältesten und vornehmsten

Adelsgeschlechter in Rom (gens Cornelia); zu ihm gehörten Cinna, Scipio, Sulla und der Catilinarier Lentulus C 47, 2; 55, 6.

GAIUS CORNELIUS CETHEGUS Verschwörer C 17, 3; 32, 2; 43, 2 f.; 44, 1; 46, 3; 47, 4; 48, 4; 50, 2; 52, 33; 55, 6; 57, 1.

PUBLIUS CORNELIUS CETHEGUS erst Anhänger des Marius, dann des Sulla H II 20.

LUCIUS CORNELIUS CINNA Anhänger der Volkspartei und Gegner Sullas; während seiner Tätigkeit als Konsul (87–84 v. Chr.) führte er in Rom ein despotisches Regiment; 84 beim Kampf gegen Sulla von den eigenen Leuten erschlagen C 47, 2; H II 19.

PUBLIUS CORNELIUS LENTULUS SPINTHER Konsul 57 v. Chr., Ädil 63 v. Chr. C 47, 4.

PUBLIUS CORNELIUS LENTULUS SURA Quästor unter Sulla, 75 Prätor, 71 Konsul, wurde 70 wegen schlechten Lebenswandels aus dem Senat gestoßen und schloß sich Catilina an; 63 zum zweiten Male Prätor; nach Catilinas Abreise Haupt der Verschwörung in Rom C 17, 3; 32, 2; 39, 6; 43, 1; 44, 1, 3; 46, 3, 5; 47, 2 ff.; 48, 4; 50, 1; 51, 7; 52, 17, 32; 55, 2, 5; 57, 1; 58, 4.

PUBLIUS CORNELIUS SCIPIO AFRICANUS *maior* (der Ältere), der Hannibal im zweiten Punischen Krieg (218–201) besiegte J 4, 5; 5, 4; Inv. in Cic. 1, 1.

PUBLIUS CORNELIUS SCIPIO AEMILIANUS AFRICANUS NUMANTINUS *minor* (der Jüngere), der Eroberer von Karthago (146) und Numantia (133) J 7, 4; 8, 2; 22, 2.

PUBLIUS CORNELIUS SCIPIO NASICA 111 v. Chr. römischer Konsul (Sohn des Scipio Nasica, der 133 den Tod des Tiberius Gracchus veranlaßte) J 27, 4.

LUCIUS CORNELIUS SISENNA bedeutender Geschichtschreiber († 67 v. Chr.), dessen nicht erhaltene Historiae die Geschichte seiner Zeit, besonders den Bürgerkrieg zwischen Marius und Sulla behandelten J 95, 2.

LUCIUS CORNELIUS SULLA 138–78 v. Chr., Konsul im Jahre 88 und Diktator Roms 82–79 v. Chr., nahm am Jugurthinischen Krieg (111–105) und am Krieg gegen die Cimbern und Teutonen (113–101) teil; Heerführer im Feldzug gegen Mithridates von Asien (88–84). Als Quästor des Gaius Marius kam er mit Reiterei nach Afrika und zeichnete sich in verschiedenen Kämpfen aus; durch gewandte Unterhandlungen konnte er schließlich die Auslieferung Jugurthas erreichen. Durch sein Ächtungsgesetz (lex de proscriptione) wurden die Güter der Geächteten

eingezogen und ihren Söhnen das Recht genommen, sich um Ehrenstellen zu bewerben. Seine zahlreichen Veteranen stattete er besonders in Latium, Etrurien und Samnium mit Land aus C 5, 6; 11, 4 f.; 16, 4; 21, 4; 28, 4; 37, 6, 9; 47, 2; 51, 32 f.; J 95, 1 ff.; 96, 1; 98, 4; 100, 2; 101, 4, 8; 102, 2, 4, 15; 103, 4 f., 7; 104, 1 ff.; 105, 1, 3; 106, 2, 5; 107, 1, 5; 108, 1 ff.; 109, 1, 4; 110, 2; 111, 1, 3; 112, 1, 3; 113, 2, 4, 7. H I 1, 7, 16, 19; V 1, 9. Ep I 4, 1; II 4, 1. Inv. in Cic. 3, 6.

PUBLIUS CORNELIUS SULLA 62 v. Chr. wegen Amtserschleichung und Teilnahme an der Verschwörung angeklagt, aber auf Grund einer Verteidigungsrede Ciceros freigesprochen; kommandierte 48 v. Chr. bei Pharsalus Cäsars rechten Flügel gegen Antonius und bereicherte sich nach dem Siege C 18, 2.

PUBLIUS CORNELIUS SULLA SERVI FILIUS Verschwörer, Neffe des Diktators Sulla C 17, 3.

SERVIUS CORNELIUS SULLA SERVI FILIUS Verschwörer, Neffe des Diktators Sulla C 17, 3; 47, 1.

GAIUS CORNELIUS römischer Ritter, versucht Cicero zu ermorden C 17, 4; 28, 1.

CORNELIUS Schreiber, Anhänger Sullas H I 17.

QUINTUS CORNIFICIUS 63 v. Chr. gewesener Prätor C 47, 4.

COTTA s. Aurelius.

CRASSUS s. Licinius.

CRETENSES H VI 10, 12.

CROTONIENSIS Mann aus Kroton, einer griechischen Siedlung an der Ostküste Bruttiums, einer Landschaft Italiens, seit 194 römische Kolonie (heute Crotone) C 44, 3.

CURIO s. Scribonius.

QUINTUS CURIUS römischer Senator, ehemaliger Quästor, wegen schlechten Lebenswandels 70 v. Chr. aus dem Senat gestoßen. Er wurde Anhänger Catilinas, verriet aber durch seine Geliebte Fulvia die Verschwörung C 17, 3; 23, 1, 4; 26, 3; 28, 2.

CYRENE nordafrikanische Handelsstadt, Hauptstadt der nach ihr benannten Landschaft Kyrenaika, von der Insel Thera aus 631 v. Chr. gegründet J 19, 3; 79, 2, 5, 7.

CYRUS Gründer und erster König des Perserreiches (558–529 v. Chr.) C 2, 2.

CYZICUS Stadt an der Propontis H VI 14.

DABAR numidischer Prinz, Enkel des Königs Masinissa, Sohn

Massugradas; er führte die Verhandlungen zwischen Sulla und dem Maurenkönig Bocchus über die Auslieferung Jugurthas J 108, 1; 109, 4; 112, 1.

DAMASIPPUS s. Iunius.

GNAEUS DOMITIUS AHENOBARBUS Anhänger des Marius, von Pompeius 82 v. Chr. bei Utica besiegt und getötet Ep I 4, 1

LUCIUS DOMITIUS AHENOBARBUS, Konsul 54 v. Chr., Schwager des Cato und Haupt der Senatspartei, Gegner Caesars, der ihn 52 in Corfinium einschloß, aber dann begnadigte. Er begab sich zu Pompeius, kämpfte bei Massilia erneut gegen Caesar und fiel 48 bei Pharsalus. Ep II 4, 2; 9, 2.

DRUSUS s. Livius.

DYRRHACHIUM = Epidamnos, Handelsstadt am Adriatischen Meer, Aufenthaltsort Ciceros während seiner Verbannung 58 v. Chr. heute Durazzo. Inv. in Cic. 4, 7.

ETRURIA Landschaft in Mittelitalien, nordwestlich von Latium C 27, 1; 28, 4; H II 6, 8.

EUMENES II., König von Pergamon H VI 8.

EUROPA J 17, 3.

FABII altes Geschlecht Inv. in Cic. 4, 7

QUINTUS FABIUS MAXIMUS CUNCTATOR ein berühmter Feldherr Roms im zweiten Punischen Kriege (218–201 v. Chr.) J 4, 5.

QUINTUS FABIUS SANGA Patron der Allobroger. Die unterworfenen Völkerschaften ließen durch geeignete Persönlichkeiten (patroni) ihre Interessen beim Senat und Volk in Rom vertreten, oft durch ihre Besieger oder deren Nachkommen; ein Q. Fabius Max. Allobrogicus hatte einst die Allobroger unterworfen C 41, 4 f.

FAESULAE Bergstadt in Etrurien, einer Landschaft Mittelitaliens, nördlich über Florenz (heute Fiesole) C 24, 2; 27, 1; 30, 1, 3; 59, 3; 60, 6.

MARCUS FAVONIUS Gegner Cäsars, Anhänger des Pompeius, Cäsarmörder; bei Philippi gefangen und hingerichtet Ep II 9, 4.

GAIUS FLAMINIUS sullanischer Veteran C 36, 1.

LUCIUS FUFIDIUS Anhänger Sullas H I 21.

FULVIA sonst unbekannte Geliebte des Q. Curius, aus vornehmem Hause C 23, 3 f.; 26, 3; 28, 2.

MARCUS FULVIUS FLACCUS 125 v. Chr. römischer Konsul, wurde als Anhänger des Gaius Gracchus bei dessen Untergang (121 v. Chr.) mit seinen beiden Söhnen getötet J 16, 2; 31, 7; 42, 1.

HERCULES der bekannte Held kam (nach afrikanischer Sage) bei seinen Wanderungen auch nach Spanien; dort fand er seinen Tod, und sein Heer lief auseinander. Als Stammgott der afrikanischen Libyer (Hercules Libys) soll er die Stadt Kapsa in Numidien gegründet haben J 18, 3; 89, 4.

GAIUS HERENNIUS Anhänger des Sertorius H IV 6.

HIEMPSAL der jüngere Sohn des Numiderkönigs Micipsa; er wurde nach des Vaters Tode (118 v. Chr.) zusammen mit seinem Bruder Adherbal und seinem Vetter Jugurtha Herrscher des numidischen Reiches J 5, 7; 9, 4; 10, 8; 11, 3, 6, 8; 12, 3, 5; 15, 1, 3; 24, 6; 28, 1.

HIEMPSAL II., Sohn Gaudas, nach dem er über die Numider herrschte, Urenkel des Numiderkönigs Masinissa; schrieb ein Werk über Afrika, das Sallust zitiert J 17, 7.

HIPPO eine phönizische Kolonie an der Nordküste von Afrika, westlich von Karthago J 19, 1.

HISPANIA die römische Provinz Hispania (J 7, 2; 10, 2; 18, 3, 9; 19, 4) zerfiel in zwei Teile, deren Grenze der Ebro (Iberus) bildete; das diesseitige Spanien (Hispania Citerior C 21, 3) nördlich, das jenseitige Spanien (Hispania Ulterior C 19, 1) südlich des Ebro. Bewohner C 19, 3, 5; J 18, 5. H II 8; III 6; IV 4, 9, 10.

INDIGETES Volksstamm im SO der Pyrenäen H IV 5.

ITALIA C 24, 2; 52, 15; J 5, 2, 4; 27, 3 f.; 28, 2, 6; 35, 9; 114, 2; H III 7; IV 4, 7, 10, Schluß; Ep I 8, 4; Inv. in Cic. 4, 7; Inv. in Sall. VI 18. Bewohner J 26, 1; 47, 1; 67, 3; Bundesgenossen J 40, 2.

IUGURTHA König von Numidien J 5, 1; Abstammung 5, 7; Jugend 6, 2 ff.; Teilnahme am Numantinischen Krieg 7–9; Adoption 9, 4; teilte mit den Vettern die Herrschaft 10–11; tötet Hiempsal (117 v. Chr.) 12; Herr ganz Numidiens 13; Gesandtschaft nach Rom 13, 6; Teilung mit Adherbal 16, 5; dessen Ermordung 26, 4; Jugurtha sendet seinen Sohn nach Rom 28, 1; wird selbst nach Rom zitiert 32–35; Schlacht am Flusse Muthul 109 v. Chr. 48–53; Kampf um Zama 57–60; Eroberung von Vaga 66–69; Kampf um Thala 75–76; verbündet sich mit seinem Schwiegervater Bocchus von Mauretanien 80; Kampf um Cirta 101; von Bocchus den Römern ausgeliefert 105 v. Chr. 113; nach Rom transportiert 114, 3.

GAIUS IULIUS sonst unbekannter Verschwörer C 27, 1.

GAIUS IULIUS CAESAR 100–44 v. Chr., der große Staatsmann,

Heerführer und Schriftsteller; 68 v. Chr. Quästor, 65 Ädil, 63 Praetor designatus. Wegen seiner Rede in der Senatssitzung vom 5. Dez. 63, die über das Schicksal der Catilinarier entscheiden sollte, wird er von Sallust als Hort der Freiheit des Volkes und Repräsentant der Demokratie gefeiert; wahrscheinlich war er aber Drahtzieher der sogenannten ersten Verschwörung des Catilina, sicher ist jedenfalls, daß er dessen Bewerbung um das Konsulat 63 v. Chr. noch unterstützte C 47, 4; 49, 1 f., 4; 50, 4 f.; 52, 1, 13; 53, 6; 54, 2 ff.; Ep II 13, 1; Inv. in Cic. 4, 7; Inv. in Sall. 4, 12; 7, 19 (zweimal); 7, 20.

LUCIUS IULIUS CAESAR Konsul 64 v. Chr. C 17, 1.

DECIMUS IUNIUS BRUTUS Konsul im Jahre 77 v. Chr., Gemahl der an der Verschwörung Catilinas beteiligten Sempronia C 40, 5; H V 10.

MARCUS IUNIUS BRUTUS Anhänger des Marius, verheiratet mit Servilia, der Halbschwester des jüngeren Cato, von Pompeius 77 v. Chr. getötet Ep I 4, 1.

LUCIUS IUNIUS BRUTUS DAMASIPPUS ließ als Prätor im Jahre 82 v. Chr. während des Bürgerkrieges zwischen Marius und Sulla die angesehensten Senatoren von Sullas Partei töten C 51, 32, 34; H II 7

DECIMUS IUNIUS SILANUS Stiefvater des späteren Cäsarmörders Brutus C 50, 4; 51, 16, 18.

MARCUS IUINIUS SILANUS 109 v. Chr. römischer Konsul zusammen mit Metellus, dem Befehlshaber gegen Jugurtha J 43, 1.

IUPPITER H V 15; Inv. in Cic. 4, 7.

LACEDAEMONII C 2, 2; 51. 28.

LACETANIA Landschaft im NO der Pyrenäen H IV 5.

LARES Stadt im östlichen Numidien (Nordafrika), etwa 20 km südöstlich von Sicca (jetzt Lorbus) J 90, 2.

LATINI Bewohner der Landschaft Latium an der mittleren Westküste Italiens; so heißen bei Sallust alle römischen Bundesgenossen, die durch bestimmte Rechte ausgezeichnet waren und sich dadurch von den übrigen Bundesgenossen unterschieden. Das Recht der Provokation, das den römischen Bürger vor Schlägen und Todesstrafe schützte, besaßen sie aber nicht J 39, 2; 40, 2; 42, 1; 43, 4; litterae C 25, 2; J 95, 3; Latine J 101, 6.

LATIUM J 69, 4; 84, 2; 95, 1; H I 12.

LENTULUS s. Cornelius.

LEPIDUS s. Marcus Aemilius Lepidus.

LEPTIS MAGNA von Phöniziern gegründete nordafrikanische Küstenstadt, zwischen beiden Syrten (s. d.) gelegen, südöstlich von der römischen Provinz Afrika (jetzt Lebda) J 19, 1, 3.

LEPTIS MINOR von Phöniziern gegründete nordafrikanische Küstenstadt in der römischen Provinz Afrika, südlich von Karthago und Hadrumetum (jetzt Lemta) J 77, 1f.; 79, 1.

LIBYI nordafrikanischer Volksstamm J 18, 1, 9f., 12; 89, 4.

MARCUS LICINUS CRASSUS 114–52 v. Chr., römischer Feldherr und Staatsmann, dessen Reichtum sprichwörtlich war; wegen seines gewaltigen Einflusses vielfach gefürchtet. 71 v. Chr. Sieger im Sklavenkrieg gegen Spartakus, 70 Konsul zusammen mit Pompeius (s. d.), dessen politischer Gegner er war, bis Cäsar die beiden aussöhnte und 60 das erste Triumvirat (Dreimännerbund) mit ihnen schloß; 56 erneut mit Pompeius Konsul, 53 bei Carrhae gegen die Parther gefallen C 17, 7; 19, 1; 38, 1; 47, 4f.; 48, 4f., 7ff.; Inv. in Cic. 3, 4.

PUBLIUS LICINIUS CRASSUS LUSITANICUS Konsul 97, triumphiert 93 über Lusitanien, Censor 89, tötete sich 87 v. Chr., von Marius geächtet. Inv. in Cic. 2, 2; Inv. in Sall. 5, 14; 7, 20.

LUCIUS LICINIUS LUCULLUS Konsul des Jahres 74 H IV Schluß; V 11; VI 15.

PUBLIUS LICINIUS LUCULLUS 110 v. Chr. römischer Volkstribun J 37, 2.

GAIUS LICINIUS MURENA Legat im diesseitigen Gallien für seinen Bruder Lucius, der zur Bewerbung um das Konsulat für 62 die Provinz verlassen hatte C 42, 3.

LIGURES Bewohner der oberitalischen Landschaft Ligurien am Golf von Genua; sie dienten in Afrika als Bundesgenossen im römischen Heere (cohortes Ligurum) J 38, 6; 77, 4; 93, 2, 4, 7f.; 94, 2f.; 100, 2.

MARCUS LIVIUS DRUSUS Volkstribun 91 v. Chr., suchte den Italikern das Bürgerrecht zu verschaffen. Seine Ermordung löste den Bundesgenossenkrieg aus. Ep II 6, 3; 6, 4.

LUCULLUS s. Licinius.

LUTATIA gens, plebeisches Geschlecht H I 3.

QUINTUS LUTATIUS CATULUS Konsul 78, Zensor 65 mit Crassus, 63 bei der Bewerbung um das Pontifikat Cäsar unterlegen; konservativ, daher Gegner des Pompeius und Cäsar C 34, 3; 35, 1; 49, 1f. H II 6, 19, 22. V 9.

MACEDONES H VI 5.

MACEDONIA J 35, 3; H III 7. Mazed. Krieg der Römer gegen König Perseus 179–168 v.Chr. C 51, 5.

MAMERCUS s. Aemilius.

GAIUS MAMILIUS LIMETANUS 110 v.Chr. römischer Volkstribun; auf seinen Antrag wurde ein Verfahren gegen alle anhängig gemacht, die sich von Jugurtha hatten bestechen lassen (das Mamilische Gesetz) J 40, 1, 4; 65, 5.

AULUS MANLIUS Legat des Gaius Marius im Kriege gegen Jugurtha J 86, 1; 90, 2; 100, 2; 102, 2, 4, 15.

GAIUS MANLIUS Centurio unter Sulla, Teilnehmer an der Verschwörung, aus Faesulae C 24, 2; 27, 1, 4; 28, 4; 29, 1; 30, 1; 32, 1, 3; 36, 1 f.; 56, 1; 59, 3; 60, 6.

TITUS MANLIUS MANCINUS 107 v.Chr. römischer Volkstribun; auf seinen Antrag bekam Gaius Marius den Oberbefehl im Jugurthinischen Kriege J 73, 7.

GNAEUS MANLIUS MAXIMUS 105 v.Chr. römischer Konsul; zusammen mit dem Prokonsul Quintus Servilius Caepio von den Cimbern bei Arausio in Gallien geschlagen. Die in Gallien eingefallenen Cimbern werden bei Sallust (J 114) als Gallier bezeichnet.

AULUS – oder nach der gewöhnlichen Überlieferung TITUS – MANLIUS TORQUATUS besiegte 340 v.Chr. im Latinerkriege die Feinde; er ließ seinen eigenen Sohn hinrichten, weil er sich gegen ausdrücklichen Befehl in einen Kampf mit dem Gegner eingelassen hatte (C 9, 4). Bei Sallust wird diese Tat in den Gallierkrieg vom Jahre 361 v.Chr. verlegt (vielleicht durch eine Verwechslung von Großvater und Enkel) C 52, 30.

LUCIUS MANLIUS TORQUATUS Konsul 65 v.Chr. C 18, 5.

GAIUS MARCIUS FIGULUS Konsul 64 v.Chr. C 17, 1.

QUINTUS MARCIUS REX Konsul 68 v.Chr., Prokonsul in Cilicien C 30, 2; 32, 3; 34, 1.

GAIUS MARIUS 156–86 v.Chr., Staatsmann und Feldherr, der bekannte Führer der römischen Volkspartei, der trotz niederer Herkunft schließlich Konsul wurde (107 v.Chr.; Volkstribun 119, Prätor 115) und den Oberbefehl gegen Jugurtha übernahm, nachdem er unter Konsul Metellus Legat gewesen war. Er erreichte die Auslieferung Jugurthas und beendete dadurch 105 v.Chr. den Jugurthinischen Krieg. Berühmt wurde er vor allem durch seinen Sieg über die Teutonen (102) und Cimbern (101) C 59, 3; J 46, 7; 50, 2; 55, 5, 8; 56, 3, 5; 57, 1; 58, 5; 60, 5;

63, 1; 64, 1, 3f.; 65, 3ff.; 73, 2ff.; 82, 2f.; 84, 1f.; 86, 1, 4f.; 87, 4;
88, 2; 89, 6; 92, 1, 6; 93, 1, 6f.; 94, 3f., 7; 96, 1, 4; 97, 3;
98, 1, 3; 99, 1; 100, 1, 5; 101, 6, 10; 102, 2, 13f.; 103, 1, 3, 7;
104, 1; 105, 1; 112, 2; 113, 7; 114, 3.

GAIUS MARIUS der Jüngere, Sohn des großen Marius H II 7.

MARTIUS CAMPUS weite Ebene auf dem linken Tiberufer bei Rom,
als Sportplatz für körperliche Übungen verwendet; auch Volksversammlungen wurden hier abgehalten.

MASINISSA König von Numidien († 149 v. Chr.). Von den
Römern, deren Freund er im zweiten Punischen Kriege wurde,
bekam er zum ererbten Ostnumidien auch das westnumidische
Reich des Syphax J 5, 4ff.; 9, 2; 14, 2, 6, 18; 24, 10; 35, 1f.;
65, 1, 3; 108, 1.

MASSILIA alte, von griechischen Kolonisten gegründete Stadt
in Gallien (Südfrankreich, heute Marseille) C 34, 2.

MASSIVA Enkel des Numiderkönigs Masinissa, Sohn Gulussas;
da er nach dem Tode des Adherbal und des Hiempsal Ansprüche
auf die numidische Krone machte, wurde er durch Jugurthas
Vertrauten Bomilkar ermordet J 35, 1, 4; 61, 4.

MASSUGRADA numidischer Prinz, wohl ein illegitimer Sohn
des Königs Masinissa J 108, 1.

MASTANABAL Sohn des Numiderkönigs Masinissa, Vater Jugurthas; er regierte nach des Vaters Tode (149 v. Chr.) zusammen
mit seinen Brüdern Micipsa und Gulussa, starb aber sehr bald
J 5, 6f.; 65, 1.

MAURI Bewohner Mauretaniens; „der Maure" ist Bocchus,
der König von Mauretanien (J 97, 2; 113, 2) oder sein Sohn Volux (J 106, 2; 107, 1; 108, 1). Nach Sallusts Angabe (J 18) entstellten die Libyer in ihrer plumpen Sprache den Namen der
Meder und nannten sie statt dessen Mauren J 18, 10; 19, 4, 7;
80, 6; 82, 1; 97, 4; 99, 2; 101, 4, 8; 104, 3; 106, 5; 107, 5.

MAURETANIA die westliche Landschaft Nordafrikas, östlich
durch den Muluccha von Numidien getrennt (heute Marokko
und das westliche Algerien); Reich des Bocchus C 21, 3; J 16, 5;
19, 4; 62, 7.

MAXUMUS s. Fabius.

MEDI asiatisches Volk; nach alter Überlieferung soll ein Teil
von ihnen bei Wanderungen nach Afrika gekommen sein und
sich mit den dortigen Bewohnern vermischt haben (s. Mauren)
J 18, 4, 9f.

GAIUS MEMMIUS 111 v. Chr. römischer Volkstribun; Gegner des Adels, tritt der von Jugurtha bestochenen Aristokratie scharf entgegen; 100 v. Chr. von den Banden des L. Appuleius Saturninus erschlagen J 27, 2; 30, 3 f.; 32, 1, 5; 33, 3; 34, 1.

MESOPOTAMIA H VI 21.

METELLI Familie der Caecilii. Inv. in Sall. 2, 4.

METELLUS s. Caecilius.

MICIPSA der älteste Sohn des Numiderkönigs Masinissa; er regierte nach dem Tode seiner Brüder Mastanabal und Gulussa über Numidien. Seinen Neffen Jugurtha adoptierte er und machte ihn zum künftigen Mitregenten seiner Söhne Adherbal und Hiempsal J 5, 6; 6, 2; 7, 2; 8, 1; 9, 1; 11, 2, 5; 13, 1; 14, 1, 9; 16, 2; 22, 2; 24, 3; 65, 1; 110, 8.

MINERVA Inv. in Cic. 4, 7.

QUINTUS MINUCILS RUFUS 110 v. Chr. römischer Konsul (Vorname richtiger Marcus) J 35, 2 f.

MITHRIDATES König von Pontus am Schwarzen Meere, der gefährlichste Gegner der Römer im Osten. Pompeius (s. d.) bekam im Jahre 66 v. Chr. das Kommando im dritten Mithridatischen Kriege (74–64) C 39, 1; H II 8; III 7; V 18; VI 1.

MULUCCHA Grenzfluß zwischen Numidien und Mauretanien (jetzt Muluja) J 19, 7; 92, 5; 110, 8.

MULVIUS PONS Tiberbrücke nördlich von Rom; über sie führte eine große Heerstraße, die Via Flaminia, von der bald darauf links die Straße nach der Landschaft Etrurien abzweigte (heute Ponte Molle) C 45, 1.

MUTHUL Nebenfluß des bei Utica mündenden Bagradas, im östlichen Teil Numidiens J 48, 3.

NABDALSA ein reicher und vornehmer Numidier, beteiligte sich an der erfolglosen Verschwörung Bomilkars gegen Jugurtha J 70, 2, 4; 71, 1, 5.

NICOMEDES III., König von Bithynien H VI 9, 10, 11.

PUBLIUS NIGIDIUS FIGULUS bedeutender Gelehrter, der jedoch auch dem Okkultismus huldigte. Inv. in Sall. V 14.

NOMADES Bezeichnung der umherziehenden Stämme Nordafrikas; aus dem ursprünglich griechischen Worte entstand der römische Name Numidae (Numider) J 18, 7.

NUCERIA Stadt im südlichen Kampanien an der Appischen Straße (heute Nocera) C 21, 3.

NUMANTIA Stadt im nördlichen Spanien; sie wurde im Numan-

tinischen Kriege (J 7, 2; 9, 2) nach hartnäckigem Widerstande vom jüngeren Scipio Africanus eingenommen und zerstört (133 v. Chr.) J 8, 2; 10, 2; 15, 1; 20, 1; 101, 6; Bewohner 7, 4.

NUMIDIA das Reich Masinissas an der Nordküste Afrikas (etwa das heutige Algerien), westlich durch den Muluccha von Mauretanien getrennt. Östlich davon die römische Provinz Afrika J 8, 1; 13, 2, 5; 14, 1, 25; 16, 5; 18, 11; 19, 5; 20, 7; 24, 10; 27, 3f.; 28, 7; 29, 7; 32, 2; 33, 4; 35, 2f., 9; 38, 9; 39, 4; 43, 1, 5; 46, 5; 48, 3; 54, 6; 61, 2; 62, 10; 65, 3; 78, 5; 82, 2; 84, 1; 85, 45; 97, 1f.; 102, 13; 111, 1; 114, 3. Bewohner J 5, 1, 4; 6, 3; 7, 2; 11, 3; 12, 6; 13, 1; 15, 1; 18, 8, 11f.; 19, 4, 7; 20, 5; 21, 2; 24, 1, 7; 25, 5; 26, 3; 28, 3; 38, 4, 6; 46, 3; 47, 1; 49, 5; 50, 1, 4, 6; 51, 3; 52, 4; 53, 3, 6; 54, 10; 56, 5; 57, 3; 58, 3; 59, 3; 60, 5; 61, 5; 62, 1f.; 65, 2; 66, 2; 67, 3; 68, 2; 69, 1; 74, 2f.; 75, 4, 7f.; 78, 4; 80, 6; 89, 7; 90, 1; 91, 4, 6; 92, 2f.; 93, 4; 94, 3f. Singular J 12, 4; 35, 1, 4; 65, 1; 71, 3; 101, 6; 106, 3; 108, 1, 3; 111, 4; 113, 4, 6.

NYSA Frau Nicomedes' III. H VI 9.

OCEANUS H VI 17.

GNAEUS OCTAVIUS RUSO Quästor des Gaius Marius in Afrika J 104, 3.

LUCIUS OCTAVIUS Konsul 75 H IV Schluß.

LUCIUS OPIMIUS 121 v. Chr. römischer Konsul, Gegner des Gaius Gracchus; später Führer der Gesandtschaft, die Numidien nach Hiempsals Ermordung zwischen Adherbal und Jugurtha teilen sollte J 16, 2.

OPTIMATES die konservativen Mitglieder der Senatspartei in Rom, die den Einfluß des Senates gegen die Volkspartei zu verteidigen suchten und sich deshalb als die Gutgesinnten (boni) oder als die besten Bürger (optimi cives, optimates) bezeichneten.

ORESTILLA s. Aurelia.

PAELIGNI Volksstamm im mittelitalischen Sabinerlande; eine Kohorte der Päligner (cohors Paeligna) diente in Afrika im Heere des Gaius Marius J 105, 2.

GNAEUS PAPIRIUS CARBO Führer der Anhänger des Marius, Konsul 85/4 und 82 v. Chr., floh vor Sulla nach Afrika, wurde aber von Pompeius gefangen und hingerichtet. Ep I 4, 1.

PARIUM Stadt an der Propontis H VI 14.

PAULI Familie der gens Aemilia Inv. in Cic. 4, 7.

PERSAE asiatisches Volk; nach alter Überlieferung soll ein Teil

von ihnen bei Wanderungen nach Nordafrika gekommen sein und sich dort mit den Gätulern zum Stamme der Numider verschmolzen haben J 18, 4f., 11.

PERSES (oder Perseus) König von Makedonien. Im (dritten) Mazedonischen Kriege (171–168 v.Chr.) wurde er vom römischen Feldherrn Lucius Aemilius Paullus bei Pydna besiegt C 51, 5; J 81, 1; H VI 7.

PERSIS Stammprovinz des Perserreiches H VI 19.

MARCUS PETREIUS militärischer Unterführer des Konsuls Antonius im Endkampf gegen Catilina; später Feldherr des Pompeius gegen Cäsar C 59, 4; 60, 1, 5.

PHILAENON ARAE Ort an der großen Syrte (Küste Nordafrikas), Grenze zwischen den Gebieten von Karthago und Kyrene; der Sage nach Altäre, die zum Gedenken an die karthagischen Brüder Philänus (s.d.) gestiftet wurden J 19, 3.

PHILAENUS. Zwei karthagische Brüder dieses Namens ließen sich lebendig begraben, um ihrem Vaterlande eine Gebietserweiterung zu erwirken; an ihrer Grabstätte wurden von den Karthagern zu ihrem Gedenken Altäre geweiht (Philaenon Arae) J 79, 5, 9f.

PHILIPPUS V., König von Makedonien, Vater des Perses H I 4; VI 5, 6, 7.

PHOENICES Seefahrervolk an der syrischen Mittelmeerküste, das viele Kolonien in Nordafrika gründete J 19, 1.

PICENUS AGER (od. Picenum) Landschaft im östlichen Mittelitalien am Adriatischen Meer C 27, 1; 30, 5; 42, 1; 57, 2.

PICENS Adj. zu Picenum. H I 17.

PISO s. Pupius.

PISTORIA Stadt im nördlichen Etrurien, einer Landschaft Mittelitaliens; nordwestlich von Florenz am Südabhang des Apennin (heute Pistoia) C 57, 1.

PLAUTIA LEX „lex Plautia de vi" vom Jahre 89 v.Chr., nach anderen 78 oder kurz danach, bestrafte bewaffnete Unruhestifter mit Verbannung C 31, 4; Inv. in Cic. 2, 3.

POMPEIANUM Landhaus Ciceros bei Pompei. Inv. in Cic. 2, 3; 2, 4.

GNAEUS POMPEIUS MAGNUS 106-48 v.Chr., berühmter Staatsmann und Feldherr der Römer. Er stellte im Jahre 70 v.Chr. als Konsul mit seinem Amtsgenossen Crassus (s. Licinius Crassus) das von Sulla beseitigte Volkstribunat wieder her; 67 wurde ihm der

Krieg gegen die Seeräuber, 66 gegen Mithridates übertragen; nach diesen Siegen ordnete er die Verhältnisse in Asien bis 62. Als anerkannter, mit außerordentlichen Vollmachten ausgestatteter Reichsfeldherr wurde er vom Senat und von den Führern der Volkspartei gefürchtet; man sah in ihm einen gefährlichen Anwärter im Kampf um die Alleinherrschaft C 16, 4; 17, 7; 19, 1 f., 5; 38, 1; 39, 1; H IV Schluß; V 21, 23; Ep I 2, 7; I 4, 1; II 3, 1.

QUINTUS POMPEIUS RUFUS Prätor 63 v. Chr. C 30, 5.

GAIUS POMPTINUS 61 v. Chr. als Proprätor von Gallia Ulterior Sieger über die aufständischen Allobroger C 45, 1, 4.

PORCIA LEX zu Beginn des zweiten Jahrhunderts, verbot, einen römischen Bürger ohne vorhergehende Berufung an das Volk schlagen oder hinrichten zu lassen C 51, 22, 40; Inv. in Cic. 3, 5.

MARCUS PORCIUS CATO 95–46 v. Chr., Urenkel des alten Cato, 65 Quästor, 63 designierter Volkstribun. Durch seine Rede in der Senatssitzung, die über das Schicksal der Catilinarier entscheiden sollte, wird er von Sallust als adelsstolzer Aristokrat geschildert, der das strenge Römertum der früheren Republik hartnäckig vertritt C 52, 1; 53, 1, 6; 54, 2 f., 5; 55, 1; Ep II 4, 2; 9, 3.

MARCUS PORCIUS LAECA Verschwörer, in dessen Haus in der Nacht vom 6. zum 7. Nov. 63 die berühmte Sitzung stattfand C 17, 3; 27, 3.

AULUS POSTUMIUS ALBINUS Bruder des Konsuls Spurius Albinus, der 110–109 v. Chr. Befehlshaber gegen Jugurtha war; in dessen Vertretung wurde er in Afrika geschlagen und zu einem schimpflichen Frieden gezwungen J 36, 4; 37, 3; 38, 2, 4, 9; 39, 1; 43, 1; 44, 4.

SPURIUS POSTUMIUS ALBINUS 110 v. Chr. römischer Konsul; 110–109 Befehlshaber gegen Jugurtha J 35, 2, 6; 36, 1, 3 f.; 39, 2; 44, 1, 4; 55, 1; 77, 3; 85, 16.

LUCIUS POSTUMIUS sonst unbekannter Gegner Cäsars Ep II 9, 4.

PTOLEMAEUS VIII. H VI 10.

PTOLEMAEUS XI. H VI 12.

PUNI oder POENI die Bewohner Karthagos; sie waren bei den Römern wegen ihrer Treulosigkeit verrufen, daher die sprichwörtlich gewordene Bezeichnung „Punische Treue" (fides Punica J 108, 3) J 17, 7; 19, 3, 7; 79, 8.

PUNICUM BELLUM s. Carthago J 5, 4; 41, 1; 51, 6.

MARCUS PUPIUS PISO FRUGI Quästor 83, Prätor 73, 67 Unterfeldherr des Pompeius im Seeräuberkrieg, Konsul 61, Redner, angeblich Redelehrer des Cicero Inv. in Cic. 1, 2.

PYRENAEUS mons H IV 5.

PYRRHUS König von Epirus H I 4.

LUCIUS QUINTIUS Volkstribun im Jahre 74 H V 11.

QUIRITES Bezeichnung der ihre politischen Rechte ausübenden römischen Bürger J 31, 1, 5, 11, 27; 85, 1, 3, 5, 8, 12 f., 24, 39, 45, 50; H I 1, 7, 10, 27; III 1, 4, 6, 13; V 1, 8, 15, 16, 24.

REGIUM Stadt in Süditalien an der Meerenge von Sizilien (jetzt Reggio) J 28, 6.

RHODOS berühmte Insel an der Südwestküste Kleinasiens Ep II 7, 12. Die Rhodier, die nach dem Kriege gegen den Syrerkönig Antiochus III. (192–189 v. Chr.) von Rom einen Gebietszuwachs in Lykien und Karien bekommen hatten, blieben im Kriege gegen Perseus von Makedonien (171–168 v. Chr.) neutral und suchten zwischen Rom und Perseus zu vermitteln; für diese angebliche Untreue nahmen ihnen die Römer ihre kleinasiatischen Besitzungen wieder weg und legten ihren Handel lahm. Man ließ sie also nicht straflos laufen (wie Cäsar in seiner Rede sagt), sondern Rom verzichtete nur auf die geplante Kriegserklärung gegen Rhodos C 51, 5.

ROMA C 6, 1; 18, 8; 27, 2; 30, 7; 31, 7; 32, 3; 34, 1; 36, 2; 37, 5; 39, 6; 40, 5; 43, 1; 47, 2; 52, 14; 53, 5; 55, 6; 56, 1, 4; 57, 1; 58, 13; J 8, 1; 13, 3 f., 6 f.; 16, 3; 20, 1; 21, 3; 22, 1, 4; 23, 2; 25, 6; 27, 1; 28, 1 f.; 29, 3, 7; 30, 1, 4; 32, 1 f.; 33, 1, 4; 35, 1, 7, 10; 36, 4; 37, 1; 39, 1; 40, 1; 41, 1; 46, 1; 55, 1; 61, 4; 62, 10; 65, 4; 73, 3; 77, 2; 80, 4; 81, 3; 82, 2; 88, 1; 95, 1; 102, 13; 103, 3; 104, 2 ff.; 114, 3; H VI 2, 5, 15, 17, 20; Ep I 2, 6; 5, 2; 6, 1; Inv. in Cic. 3, 5; Inv. in Sall. 2, 7.

ROMANI C 6, 5; 53, 3; J 7, 4, 7; 10, 2; 49, 2 f.; 50, 4 f.; 52, 3; 53, 1, 5; 54, 6, 9; 56, 4; 57, 4; 61, 5; 66, 1; 70, 4; 74, 1, 3; 76, 5; 80, 3; 81, 1 ff.; 87, 4; 94, 4 ff.; 97, 2 f., 5; 98, 7; 101, 5, 7; 103, 4 f.; 108, 2 ff.; 111, 1 f.; 114, 2. Feldherrn J 56, 1; 112, 2; H VI 13. Namen C 52, 24; J 5, 4; 58, 3; 80, 1; plebs C 31, 7; 33, 2; Ep I 4, 1; II 2, 4; 3, 8; Reich C 10, 1; Soldaten J 38, 5; 67, 1; H I 19. Ritter C 49, 4; J 42, 1; 65, 2; Senat J 21, 4; 104, 5; 111, 1; Sitte C 29, 3; Volk C 7, 7; 8, 5; 11, 6; 34, 1; 36, 4; 51, 4; 52, 10; 53, 2; 61, 7; J 5, 14; 7, 2; 8, 2; 9, 2; 13, 5; 14, 1 ff., 5, 7 f., 18, 25; 19, 7; 20, 5; 22, 4; 24, 3; 26, 1; 27, 2; 31, 20; 32, 5;

33, 4; 46, 2; 64, 2; 65, 2; 83, 1; 88, 5; 102, 2, 6, 8, 11; 108, 2; 110, 6; H I 11, 24; II 6; IV 2; Epist. II 4, 3; Inv. in Cic. 1, 1; Inv. in Sall. 3, 10 (zweimal).

ROMULUS H I 5; Inv. in Cic. 4,7.

PUBLIUS RUTILIUS RUFUS 105 v. Chr. römischer Konsul; einer der Offiziere Scipios vor Numantia, im Jugurthinischen Kriege Legat unter dem Befehlshaber Metellus, verfaßte eine römische Geschichte in griechischer Sprache, vielleicht Sallusts Quelle für die Schilderung der Kämpfe unter Metellus J 50, 1; 52, 5 f.; 86, 5.

LUCIUS SAENIUS Senator C 30, 1.

GAIUS SALLUSTIUS CRISPUS Inv. in Sall. 1, 1; 1, 2; 2, 4 (zweimal); 2, 6; 3, 10; 5, 13; 6, 15; 6, 17; 6, 18; 8, 21; 8, 22.

SAMNITES Einwohner der Landschaft Samnium in Mittelitalien C 51, 38.

SATURNINUS s. Apuleius.

SAMOTHRACE Insel im Ägäischen Meer, berühmt durch die Mysterien der Kabiren *(Samothraces di)* H VI 7.

SCAURUS s. Aemilius Scaurus.

SCIPIO s. Cornelius; Scipiones Inv. in Cic. 4, 7; Inv. in Sall. 2, 4.

SCIRTUS ehemaliger Sklave H I 21.

GAIUS SCRIBONIUS CURIO Konsul 76 H V 10.

SELEUCIA Stadt am Tigris, Residenz der Partherkönige H VI 19.

SEMPRONIA Gattin des Decimus Iunius Brutus (Konsul im Jahre 77 v. Chr.); Mitwisserin der Verschwörung Catilinas, Mutter des Cäsarmörders D. Iunius Brutus Albinus C 25, 1; 40, 5.

SEMPRONIA LEX s. Sempronius.

TIBERIUS und GAIUS SEMPRONIUS GRACCHUS, die beiden Gracchen, die als Volkstribunen agrarische Reformen zugunsten der niederen Volksklassen durchführen wollten und sich dadurch den Haß der Senatspartei zuzogen. Der ältere Bruder, Tiberius Sempronius Gracchus (J 31, 7; 42, 1), 133 Volkstribun, wurde von den Senatoren unter Führung des Publius Scipio Nasica ermordet. Der jüngere, Gaius Sempronius Gracchus (J 16, 2; 31, 7; 42, 1; Ep II 8, 1), 123 und 122 v. Chr. Volkstribun, fiel in einem Straßenkampfe gegen die Optimaten unter Führung des Konsuls Lucius Opimius. Von ihm stammte das S e m p r o n i s c h e G e s e t z (lex Sempronia J 27, 3; 123 v. Chr.), nach dem die Konsulprovinzen fürs folgende Jahr schon vor der Konsulatswahl vom Senat bestimmt werden sollten.

SEPTIMIUS aus Camerina, sonst unbekannter Verschwörer C 27, 1.

SISENNA s. Cornelius.

PUBLIUS SITTIUS aus Nuceria, Vertrauter Catilinas C 21, 3.

SPURIUS s. Postumius.

LUCIUS STATILIUS römischer Ritter, Verschwörer C 17, 4; 43, 2; 44, 1; 46, 3; 47, 4; 52, 33; 55, 6.

SUCRO Fluß in Spanien, südlich von Valencia (jetzt Júcar) H IV 6.

SULLA s. Cornelius

PUBLIUS SULPICIUS RUFUS Volkstribun im Jahre 88 H II 7.

SUTHUL Stadt in Numidien, östlich von der Hauptstadt Cirta J 37, 3; 38, 2.

SYPHAX König von Westnumidien, 203 v.Chr., im zweiten Punischen Kriege, von Scipio geschlagen und gefangen genommen, verlor sein Reich an Masinissa J 5, 4; 14, 8.

SYRTES zwei tief einschneidende Meeresbuchten an der Nordküste Afrikas südlich von Sizilien; östlich von der römischen Provinz Afrika die kleine Syrte (Syrtis minor), westlich von der Landschaft Kyrenaika die große Syrte (Syrtis maior). Sallust erklärt den Namen von σύρειν = trahere = schleppen, fortschwemmen J 19, 3; 78, 1, 3.

TANAIS Fluß in Ostnumidien, der südlich von Sicca entspringt J 90, 3.

LUCIUS TARQUINIUS Belastungszeuge im Verschwörerprozeß C 48, 3 ff.

TARULA ehemaliger Sklave H I 21.

TAURUS Gebirge im südöstlichen Kleinasien H VI 6.

TERENTIA Ciceros erste Gattin, von der er sich 47/6 v.Chr. nach etwa dreißigjähriger Ehe scheiden ließ. Sie soll später Ciceros Feind Sallust und zuletzt den Redner Messalla Corvinus geheiratet haben Inv. in Cic. 2, 3.

GNAEUS TERENTIUS sonst unbekannter Senator C 47, 4.

TERRACINA Stadt an der Küste der Landschaft Latium, südöstlich von Rom C 46, 3.

THALA Stadt in Numidien, die nach wochenlanger Belagerung von Metellus erobert wurde J 75, 1 f., 6, 9; 77, 1; 80, 1; 89, 6.

THERAEI Bewohner der Insel Thera, einer der Kykladen nördlich von Kreta (jetzt Santorin); von hier aus wurde die Kolonie Kyrene gegründet J 19, 3.

THIRMIDA Stadt in Numidien; Lage unbekannt J 12, 3.

THRACES Bewohner von Thrakien, dienten als Reiter bei den römischen Hilfstruppen J 38, 6.

TIBUR Stadt in Latium mit vielen Villen reicher Römer Inv. in Sall. 7, 19.

TIGRANES König von Armenien, Schwiegersohn des Mithridates H VI 3, 13, 15, 16.

TISIDIUM Stadt in Numidien; Lage unbekannt J 62, 8.

TORQUATUS s. Manlius.

TRANSPADANUS ein Gallier aus Oberitalien jenseits des Po („trans Padum"); also aus der Gegend zwischen Po und Alpen C 49, 2.

TROJANI s. Aeneas C 6, 1.

TULLIANUM der untere Teil des römischen Staatsgefängnisses, des auf dem Forum am Fuße des Kapitols gelegenen Carcer Mamertinus; ursprünglich wohl ein Brunnenhaus, damals ein Verließ. In dem aus Steinquadern gefügten Gewölbe war eine runde Öffnung, durch die man die Verbrecher aus der oberen Zelle des Kerkers hinabstieß C 55, 3.

MARCUS TULLIUS CICERO 106–43 v. Chr., der berühmte Redner, Staatsmann und Schriftsteller aus Arpinum. Trotz seiner Herkunft aus dem Mittelstande einer kleinen Provinzstadt fand er als „ahnenloser Emporkömmling" (homo novus) Zugang zu den höchsten Staatsämtern (75 Quästor in Sizilien; 66 Prätor) und rettete im Jahre 63 als Konsul den Staat vor den Umsturzplänen Catilinas C 22, 3; 23, 5; 24, 1; 26, 1; 27, 4; 28, 1 f.; 29, 1; 31, 6 f.; 36, 3; 41, 5; 43, 1 f.; 44, 1; 45, 1; 48, 1, 6, 8 f.; 49, 1; 51, 35; Inv. in Cic. 1, 1; 1, 2; 2, 3; 3, 5 f.

TITUS TURPILIUS SILANUS Kommandant der römischen Besatzung in der numidischen Stadt Vaga; bei einem blutigen Überfall durch Jugurthas Leute konnte er sich als einziger retten, wurde aber später vom Befehlshaber Metellus zum Tode verurteilt, da er sich nicht genügend verantworten konnte J 66, 3; 67, 3; 69, 4.

TURIA Fluß in Spanien bei Valencia H IV 6.

TUSCI Bewohner der mittelitalischen Landschaft Etrurien C 51, 38.

TUSCULANUM Landhaus Ciceros bei Tusculum, in der Nähe des heutigen Frascati, südöstlich von Rom Inv. in Cic. 2, 3; 2, 4.

PUBLIUS UMBRENUS Freigelassener, Verbindungsmann zu den Allobrogern C 40, 1 ff.; 50, 4.

UTICA phönizische Kolonie in Nordafrika, nordwestlich von Karthago; Sitz des römischen Statthalters der Provinz Afrika

J 25, 5; 63, 1; 64, 5; 86, 4; 140, 1.

VAGA Handelsstadt Numidiens (jetzt Bedscha) J 29, 4; 47, 1; 68, 1, 3. Bewohner 66, 2; 69, 1, 3.

VALENTIA Stadt in Spanien H IV 6.

LUCIUS VALERIUS FLACCUS 62 Proprätor in der Provinz Asia, 59 wegen Erpressung angeklagt, aber infolge der Verteidigung durch Cicero freigesprochen C 45, 1; 46, 6.

LUCIUS VARGUNTEIUS Senator, Verschwörer C 17, 3; 28, 1; 47, 1.

PUBLIUS VATINIUS übel beleumdeter Anhänger Cäsars; 47 einige Wochen Konsul; Cicero hatte ihn in einer erhaltenen Rede angegriffen, mußte ihn aber später auf Wunsch Cäsars verteidigen Inv. in Cic. 4, 7; Inv. in Sall. 4, 12.

VESTA Göttin des häuslichen Herdes. In ihrem Tempel am Forum mußten jungfräuliche Priesterinnen, die Vestalinnen, das heilige Feuer hüten; eine Verletzung ihres Keuschheitsgelübdes galt als böses Vorzeichen für den Staat und wurde hart bestraft. Die Vestalin Fabia, Stiefschwester von Ciceros Gattin Terentia, wurde 73 v.Chr. mit Catilina wegen Verletzung des Gelübdes angeklagt, aber durch Eintreten des Q.Lutatius Catulus freigesprochen C 15, 1.

VETTIUS Anhänger Sullas H I 17.

LUCIUS VOLCATIUS TULLUS Konsul 66 v.Chr. C 18, 2.

TITUS VOLTURCIUS aus Kroton, Verbindungsmann zu den Allobrogern C 44, 3; 45, 3 f.; 46, 6; 47, 1; 48, 4; 49, 4; 50, 1; 52, 36.

VOLUX Sohn des Königs Bocchus von Mauretanien J 101, 5; 105, 3; 106, 1, 6; 107, 2.

ZAMA Stadt in Nordafrika, südwestlich von Karthago, bekannt durch die Niederlage Hannibals vom Jahre 202 v.Chr., von Metellus vergeblich belagert J 56, 1; 57, 1; 58, 1; 60, 1; 61, 1.

Literaturhinweise

Von der älteren Literatur sind hier neben wichtigen grundlegenden Werken vor allem solche aufgeführt, die heute noch lesenswert oder für die verschiedenen Probleme wesentlich sind. Für die neueste Literatur wurde Vollständigkeit nur in der Nennung von Abhandlungen erstrebt, die ihrerseits zur Durchdringung eines größeren interpretatorischen Problems weiterhelfen können. Für Abhandlungen über sehr spezielle Fragen (darunter solche rein textkritischer Art, über die auch die kritischen Ausgaben Auskunft geben) sei auf die umfassende Bibliographie von Leeman (bis 1964) und auf die Forschungsberichte (s. u. II) sowie auf die Bibliographie in der „L'année philologique" verwiesen.

I. Maßgebende kritische und wichtige kommentierte Ausgaben:
Catilina, Iugurtha, Fragmenta ampliora post A. W. Ahlberg edidit A. Kurfess. 3. ed., Leipzig (Teubner) 1957 (= 1968).
Epistulae ad Caesarem (= Appendix Sallustiana fasc. 1), ed. A. Kurfess. 6. ed., Leipzig (Teubner) 1962.
In Ciceronem et invicem Invectivae (= Appendix Sallustiana fasc., 2), ed. A. Kurfess, 4. ed., Leipzig (Teubner) 1962.
Catilina, Iugurtha, Fragments des Histoires (Orat. et Epist.). Texte établi et traduit par A. Ernout. 7e éd., Paris (Budé) 1967.
Catalina y Jugurta, I exto y traducción por J. M. Pabón. Barcelona vol. I 1954, vol. II 1956.
De Catilinae coni. a cura di E. Malcovati. 3. ed., Torino 1956.
Bellum Iugurthinum a cura di E. Malcovati. 3. ed., Torino 1956 (= 1963).
Historiarum reliquiae, ed. B. Maurenbrecher
  I: Prolegomena. Leipzig 1891. II: Fragmenta, Leipzig 1893.
Epistulae ad Caesarem, testo crit., trad. e comm. filol. a cura di V. Paladini. Roma 1952.
Orationes et epistulae de Historiarum libris excerptae (testo crit., trad., comm.) a cura di V. Paladini. 2. ed. Bologna 1967.
Catilina, Orationes et Epistulae ex Historiis excerptae, Iugurtha, erklärt von Jacobs-Wirz-Kurfess. 11. Aufl. Berlin 1922 (= 12. Aufl. 1965).
Die Verschwörung des Catilina (mit Erläut. usw.). hgg. von W. Steidle, München 1949.

La congiura di Catilina, testo, introd. e comm. a cura di A. Pastorino. Genova 1951.

B. Harms, Lehrerkommentar zur Coniuratio Catilinae. 2. Aufl. Frankfurt 1965.

Bellum Iugurthinum, met aantek. door P. H. Damsté & A. D. Leeman. Leiden 1950.

De Catilinae coniuratione, ed., introd. et comm. de J. Hellegouarc'h. Paris 1972.

Bellum Iugurthinum, erläutert und mit einer Einleitung versehen von E. Koestermann, Heidelberg 1971.

A. Klinz, Lehrerkommentar zu Sallusts Iugurtha. Münster 1975.

Invektive und Episteln, hgg. übers. und komm. von K. Vretska. 2 Bde. Heidelberg 1961.

Pseudo-Salluste, Lettres à César, Invectives. Texte, trad., comm. par A. Ernout. Paris 1962.

Epistulae ad Caesarem, introd., testo crit. e comm. a cura di P. Cugusi. Caligliari 1968.

Invectiva in M. Tullium Ciceronem, introd., ediz. crit. e trad. a cura di E. Pasoli. Bologna 1965.

II. Allgemeines und Bibliographien:

G. Funaioli, Real-Encyclopädie (Pauly-Wissowa) I A (1920), S. 1913 ff.

A. D. Leeman, A systematical Bibliography of Sallust (1879–1964) (= Mnemosyne Suppl. 4). Leiden 1965.

Bursians Jahresberichte über die Fortschritte der klassischen Altertumswissenschaft:

Maurenbrecher 101 (1900); 113 (1902); Kurfess 183 (1920); 192 (1922); 212 (1927); 252 (1936); 269 (1940).

E. Paratore, Rassegna di studi sallustiani. Ann. della Scuola Norm. Sup. di Pisa, XIX 1950, 155 ff.

K. Büchner, Lateinische Literatur und Sprache in der Forschung seit 1937. Bern 1951, S. 64 ff.

J. Cousin, Bibliographie de la langue latine (1880–1948). Paris 1951.

N. J. Heresku, Bibliographie de la Litterature Latine. Paris 1953, S. 59 ff.

E. Malcovati, Rassegna di studi Sallustiani. Athenaeum 33, 1955, 365 ff. 36, 1958, 171 ff.

H. Dieterich, Auswahlbericht über die Lit. 1945–1956. Gymnasium 64, 1957, 533 ff.

S. Lanciotti, Note sulla recente critica sallustiana. Giornale Ital. di Filol. 24, 1972, 427 ff. (Lit. 1964–1969).

Sallust. Wege der Forschung (Wiss. Buchgesellschaft) 94, herausgegeben von V. Pöschl. Darmstadt 1970.

E. Malcovati, Sallustiana. Athenaeum 51, 1973, 137 ff. (zu neueren Veröffentlichungen).

III. Handschriften und Überlieferung:
Dazu sind vor allem die *praefationes* der kritischen Ausgaben zu beachten.

H. Jordan, Die Überlieferung der Reden und Briefe aus Sallusts Historien. Rhein. Mus. 18, 1863, 584 ff.

H. Jordan, Die Invectiven des Sallust und Cicero. Hermes 11, 1876, 305 ff.

A. W. Ahlberg, Prolegomena in Sallustium. Göteborg 1911.

A. Kurfess, De Sallustii in Ciceronem et invicem invectivis. Diss. Berlin 1913.

R. Zimmermann, Der Sallusttext im Altertum. München 1929.

J. M. Pabón, Sobre la tradición del texto de Salustio. Emerita 1, 1933, 18 ff.; 2, 1934, 1 ff.

A. Salvatore, De duobus Sallusti codicibus Bruxellensibus. Scriptorium 8, 1954, 38 ff.

G. Perl, Probleme der Sallust-Überlieferung. Forsch. u. Fortschr. 33, 1959, 56 ff.

IV. Gesamtdarstellungen. Leben und Werke:
Funaioli: s. o. unter II.

G. Boissier, Les prologues de Salluste. Journal des savants 1903, 59 ff.

H. Drexler, Sallust. Neue Jahrbücher 4, 1928, 390 ff.

W. A. Baehrens, Sallust als Historiker, Politiker und Tendenzschriftsteller. Neue Wege zur Antike 1. Reihe, Heft 4, 2. Aufl., Leipzig 1929.

O. Seel, Sallust von den Briefen ad Caesarem zur Coniuratio Catilinae. Leipzig 1930.

E. Skard, Sallust als Politiker. Symbolae Osloenses. 9, 1930, 69 ff.

F. Egermann, Die Prooemien zu den Werken des Sallust. Sitz.-Ber. Akad. Wien 214, 3 (1932).

W. Schur, Sallust als Historiker. Stuttgart 1934.

H. Oppermann, Das heutige Sallustbild. Neue Jahrbücher 11, 1935, 47 ff.

K. Latte, Sallust. Neue Wege zur Antike, 2. Reihe. Heft 4, Leipzig 1935 (= Darmstadt 1962).

E. Bolaffi, La concezione sallustiana dello stato e le fonte relative. Pesaro 1936.

S. Pantzerhielm-Thomas, The prologues of Sallust. Symbolae Osloenses 15/16, 1936, 140 ff.

K. Vretska, Geschichtsbild und Weltanschauung bei Sallust. Gymnasium 1937, 24 ff.

V. Pöschl, Grundwerte römischer Staatsgesinnung in den Geschichtswerken des Sallust. Berlin 1940.

P. Perrochat, Les modèles grecs de Salluste. Paris 1949.

C. Soria, De nuevo el arte de Salustio. Rev. de Estudios Clás. 5, 1952, 11 ff.

H. J. Diesner, Zur Rolle der Plebs in den Werken Sallusts. Wiss. Zeitschr. der Univ. Greifswald, Gesellsch.- u. sprachwissensch. Reihe 1953-1954, 37 ff.

O. Leggewie, Die Geisteshaltung der Geschichtsschreiber Sallust und Livius. Gymnasium 60, 1953, 343 ff.

K. Vretska, Die Geisteshaltung der Geschichtsschreiber Sallust und Livius. Gymnasium 61, 1954, 191 ff.

W. Allen jr., Sallust's Political career. Studies in Philology 51, 1, 1954.

L. Olivieri Sangiacomo, Sallustio. Bibl. di cultura 53, Firenze 1954.

F. Altheim, Poseidonius und Sallust. Studi in honore di P. de Francisci. Milano 1954, I, 101 ff.

A. D. Leeman, Sallusts Prologe und seine Auffassung von der Historiographie, I: Mnemosyne 7, 1954, 323 ff., II: Mnemosyne 8, 1955, 38 ff.

W. Avenarius, Die Aneignung entlehnten Gedankengutes, in den Werken des Sallust. Diss. Frankfurt a. M. 1955 (Masch. Schrift).

J. Janda (Reichtum und virtus). Studia A. Salač oblata, Cekosl. Akad. Ved., Praha 1955 (tschechisch) mit russ. u. franz. Résumés).

A. D. Leeman, Le genre et le style historique à Rome. Revue des Études Lat. 33, 1955, 183 ff.

G. B. Philipp, Zur Problematik des römischen Ruhmesgedankens. Gymnasium 62, 1955, 51 ff.

K. Vretska, Bemerkungen zum Bau der Charakteristik bei Sallust. Symbolae Osloenses 31, 1955, 105 ff.

E. Skard, Zu Sallust, Symb. Osloens. 32, 1956, 105 ff.

W. Theiler, Ein griechischer Historiker bei Sallust. Navicula Chiloniensis (Festschrift Jacoby). Leiden 1956, 144 ff.

W. Avenarius, Sallust und der rhetorische Schulunterricht. Rendiconti dell'Ist. Lombardo, Classe di lettere 89–90, 1956, 343 ff.

M. Avenarius, Die griechischen Vorbilder des Sallust. Symbolae Osloenses 33, 1957, 48 ff.

A. Klinz, Das Bild des Menschen bei Thukydides und Sallust. Der altsprachliche Unterricht III 3, 1957, S. 51 ff.

H. Oppermann, Das Menschenbild Sallusts. Gymnasium 65, 1958, 185 ff.

W. Steidle, Sallusts historische Monographien. Historia, Einzelschriften Heft 3, 1958.

A. La Penna Il significato dei proemi sallustiani. Maia 11, 1959, 23 ff., 89 ff.

G. Hands, Sallust and dissimulatio (Cicero und Scaurus). Journ. of Roman Stud. 49, 1959, 56 ff.

K. Büchner, Sallust. Heidelberg 1960.

D. C. Earl, The political Thought of Sallust. Cambridge 1961 (= Amsterdam 1966).

W. Fauth, Ein römisches Frauenporträt bei Sallust. Der altsprachliche Unterricht 5,5, 1962, 34 ff.

L. Schmüdderich, Das Bild Caesars in Sallusts Verschwörung des Catilina. Der altsprachliche Unterricht 5,5, 1962, 42 ff.

K. Büchner, Das verum in der historischen Darstellung des Sallust. Gymnasium 70, 1963, 231 ff.

J. Hellegouarc'h, Le vocabulaire latin des relations des partis politiques sous la république. Paris 1963 (= 1972).

G. Schweicher, Schicksal und Glück in den Werken Sallusts und Caesars. Diss. Köln 1963.

R. Syme, Sallust. Berkeley and Los Angeles 1964.

H. Steinmeyer, Ansätze zu einer Geschichtsphilosophie bei Sallust. Der altsprachliche Unterricht VII 2, 1964, 5 ff.

F. D. Marino, Moralità e spiritualità di C. Sallustio Crispo. Napoli 1964.

E. Burck, Das Bild der Revolution bei römischen Historikern. Gymnasium 73, 1966, 86 ff.

D. C. Earl, The early career of Sallust. Historia 15, 1966, 302 ff.

K. Büchner, Sallustinterpretationen (zu Syme). Stuttgart 1967.

A. D. Leeman, Formen sallustianischer Geschichtsschreibung. Gymnasium 74, 1967, 108 ff.

B. Shimron, Caesar's place in Sallust's Political Theory. Athenaeum 45, 1967, 335 ff.

A. la Penna, Sallustio e la revoluzione romana. Milano 1968.

G. Perl, Sallust und die Krise der römischen Republik. Philologus 113, 1969, 201 ff.

G. Perl, Sallusts politische Stellung. Wiss. Zeitschr. der Univ. Rostock 18, 1969, 379 ff. (zur Or. Philippi).

K. E. Petzold, Der politische Standort des Sallust. Chiron 1, 1971, 219 ff.

E. Skard, Sallust, Geschichtsdenker oder Parteipublizist? Symbolae Osloenses 47, 1972, 70 ff.

H. Smith, Factio, factiones and nobilitas in Sallust. Classica et Mediaevalia (København) 29, 1972, 187 ff.

U. Paanen, Sallust's Politico-Social Terminology. Annales Acad. Scient. Fennicae, ser. B 175, Helsinki 1972.

V. Sprache und Stil:

A. W. Bennett, Index verborum Sallustianus. Hildesheim 1970.

O. Eichert, Vollständiges Wörterbuch zu den Geschichtswerken des C. Sallustius Crispus. 4. Aufl., Hannover 1890 (= Hildesheim/New York 1973).

E. Skard, Index verborum quae exhibent Sallustii epistulae ad Caesarem. Symbolae Osloenses Suppl. 3, 1930.

K. Vretska, Index verborum quae in Invectiva reperiuntur. in: Inv. und Epist. hgg. usw. (s. o.). Heidelberg 1961.

S. L. Fighiera, La lingua e la grammatica di C. Sallustio Crispo. Savona 1905.

W. Kroll, Die Sprache des Sallust. Glotta 15, 1927, 280 ff.

R. Ullman, La technique des discours dans Salluste, Tite-Live et Tacite. Oslo 1927.

E. Koestler, Untersuchungen über das Verhältnis von Satzrhythmus und Wortstellung bei Sallust. Diss. Bern 1931.

K. Latte, s. o. unter IV (1935).

E. Skard, Die Bildersprache des Sallust. Symbolae Osloenses Suppl. 11, 1943, 141 ff.

E. Bolaffi, Le style et la langue de Salluste. Phoibos 6–7, 1950–51 & 1952–53, 57 ff.

E. Skard, Sallust und seine Vorgänger. Eine sprachliche Untersuchung. Symbolae Osloenses Suppl. 15, 1956.

M. P. Carnevali, Ricerche sul ritmo della prosa sallustiana. Atti Accad. Toscana 1960, 161 ff.

M. P. Carnevali, Clausole metriche e critica del testo. Atene e Roma 5, 1960, 91 ff.

J. Perret, Salluste et la prose métrique. Revue des Etudes anciennes 65, 1963, 330 ff.

E. Skard, Zur sprachlichen Entwicklung des Sallust. Symbolae Osloenses 39, 1964, 13 ff.

E. Skard, Studien zur Sprache der Epistulae ad Caesarem. Symbolae Osloenses 10, 1931, 61 ff.

J. Hellegouarc'h, s. o. unter IV (1963).

W. Bloch, Bedeutungszusammenhänge und Bedeutungsverschiebungen als inhaltliche Stilmittel bei Sallust. Bern und Frankfurt 1971.

U. Paanen, s. o. unter IV (1972).

G. Fernándes Granados, El estilo indirecto libre en Salustio. Cuadernos de Filol. clás. 3, 1972, 209 ff.

VI. Spezialliteratur zu den einzelnen Werken:

a) Coniuratio Catilinae:

G. Boissier, La conjuration de Catilina. Paris 1905.

E. G. Hardy, The Catilinarian Conspiracy in its Context. A restudy of the evidence. Oxford 1924 (= Journal of Roman Studies 7, 1917, 153 ff.)

K. Vretska, Der Aufbau des Bellum Catilinae. Hermes 72, 1937, 202 ff.

J. Vogt, Cicero und Sallust über die Catilinarische Verschwörung. Frankfurt am Main 1938 (= Darmstadt 1966).

F. Lämmli, Sallusts Stellung zu Cato, Caesar, Cicero. Mus. Helveticum 3, 1946, 94 ff.

H. Last, Sallust and Caesar in the Bellum Catilinae. Mélanges Marouzeau, Paris 1948, 355 ff.

O. Seel, Catilina. Der altsprachl. Unterricht I, 1, 1951, 5 ff.

O. J. Todd, Dates in the autumn of 63 B. C. Phoenix Suppl. I, 1952, 156 ff.

H. Erkell, Augustus, Felicitas, Fortuna. Göteborg 1952, 147 ff.

K. Vretska, Sallusts Selbstbekenntnis (Cat. 3,3–4,2). Eranos 53, 1955, 41 ff.

A. La Penna, L'interpretazione sallustiana delle congiura di Catilina. Studi Italiani 31, 1959, 1 ff.

W. Hoffmann, Catilina und die römische Revolution. Gymnasium 66, 1959, 459 ff.

L. Alfonsi, Postilla Sallustiana. Religiosissumi mortales (Cat. 12,3 und Platon). Aevum 35, 1961, 506.

M. L. Paladini, Osservazioni ai discorsi e alle lettere del sallustiano Bellum Catilinae. Latomus 20, 1961, 3 ff.

D. H. Garrison, The events of December 4, 63 B. C. and Sallust, Cat. 50,3–4. The Class. Journal 57, 1961/62, 360 ff.

L. A. MacKay, Sallust's Catilina. Date and Purpose. Phoenix 16, 1962, 181 ff.

M. Mello, Sallustio e le elezioni consolari del 66 a. C. La Parola del Passato 87, 1962, 36 ff.

W. Schmid, Sallust: Die Reden Caesars und Catos. Gymnasium 69, 1962, 336 ff.

G. V. Sumner, The last Journey of L. Sergius Catilina. Class. Philology 58, 1963, 215 ff.

L. Alfonsi, Sallustio e Poseidonio. Aevum 37, 1963, 335 f.

W. Wimmel, Die zeitlichen Vorwegnahmen in Sallusts Catilina. Hermes 95, 1967, 192 ff.

H. Drexler, Sallustiana. Symbolae Osloenses 45, 1970, 49 ff. (zu Wimmel)

D. Ableitinger, Beobachtungen zur Caesarrede in der Coniuratio Catilinae des Sallust. Festschrift für K. Vretska, Heidelberg 1970, 332 ff.

V. Pöschl, Zum Anfang von Sallusts Catilina. Festschr. für K. Büchner, Wiesbaden 1970, 254 ff.

K. H. Waters, Cicero, Sallust and Catilina. Historia 19, 1970, 195 ff.

K. Bringmann, Sallusts Umgang mit der historischen Wahrheit in seiner Darstellung der Catilinarischen Verschwörung. Philologus 116, 1972, 98 ff.

b) Bellum Iugurthinum:
Th. Mommsen, Zu Sallustius. Hermes 1, 1866, 427 ff. = Ges. Schriften VII S. 77 ff. (Zur Chronologie des bell. Iug.).

C. Lauckner, Die künstlerischen und politischen Ziele der

Monographie Sallusts über den jugurthinischen Krieg. Diss. Leipzig 1911.

B. A. Marshall, Cicero and Sallust on Crassus and Catiline. Latomus 33, 1974, 804 ff.

G. de Sanctis, Problemi di storia antica: Sallustio e la guerra di Giugurta. S. 187 ff., Bari 1932.

K. Büchner, Der Aufbau von Sallusts Bellum Iugurthinum. Hermes Einzelschr. IX, 1953.

S. I. Oost, The Fetial Law and the Outbreak of the Juguthine War. Amer. Journ. of Philology 75, 1954, 147 ff.

K. Vretska, Zur Chronologie des Bellum Iugurthinum. Gymnasium 60, 1953, 339 ff.

K. Vretska, Studien zu Sallusts Bellum Iugurthinum. Sitz.-Ber. Akad. Wiss. Wien 229, 4, Wien 1955.

A. Berthier – J. Juillet – R. Charlier, Le Bellum Jugurthinum de Salluste et le problème de Cirta. Recueil des Notices et Mémoires de la Société Archéol. de Constantine 67, 1950–1951, 1 ff. (Zu Iug. 21 ff.).

B. P. Seleckij (Das Datum des Falls von Cirta: russ.). Vestnik Drevnej Istori. 61, 1957, 167 ff.

A. D. Leeman, Aufbau und Absicht von Sallusts Bellum Iugurthinum. Mededel. Nederl. Akad. van Wet., Afd. Lett. N. R. 20, 8, 1957, 200 ff.

H. U. Instinsky, Sallust und der Ligurer (Bell. Iug. 93–94). Hermes 86, 1958, 502 ff.

T. F. Carney, Once again Marius' speech after election in 108 B. C. Symbolae Osloenses 35, 1959, 63 ff.

A. La Penna, L'interpretazione sallustiana della guerra contro Giugurta. Annali della Scuola Norm. Sup. Pisa 28, 1959, 45 ff., 243 ff.

H. Heubner, Das Ende der Gracchen im Urteil Sallusts. Rhein. Museum 105, 1962, 276 ff.

D. Timpe, Herrschaftsidee und Klientelstaatenpolitik in Sallusts Bellum Iugurthinum. Hermes 97, 1962, 334 ff.

K. Büchner, Sallust und die Gracchen. Stud. zur röm. Literatur I. Wiesbaden 1964, 175 ff.

W. Suerbaum, Rex ficta locutus est. (Adherbal- und Micipsa-Rede). Hermes 92, 1964, 85 ff.

A. Klinz, Die große Rede des Marius (Iug. 85) und ihre Bedeutung für das Geschichtsbild des Sallust. Der altsprachl. Unterricht 11, 1963, 5, 76 ff.

K. Bringmann, Zum Parteienexkurs in Sallusts Bellum Iugurthinum. Rhein. Museum 117, 1974, 95 ff.

c) Historiae:

F. Klingner, Über die Einleitung der Historien Sallusts. Hermes 63, 1928, 165 ff.

K. Bauhofer, Die Komposition der Historien Sallusts. Diss. München 1935.

R. Verdière, Notes de lecture. Latomus 16, 1957, 480 ff. (darin zu Orat. I 5).

D. Guilbert, Salluste, oratio Lepidi consulis et IIᵉ Olynthienne (Demosthenis). Les Études class. 25, 1957, 296 ff.

H. Bloch, The Structure of Sallust's Historiae (Zum Ende des II. Bchs.). Didascaliae Stud. in honor of A. M. Albareda. New York 1961.

A. la Penna, Per la ricostruzione delle Historiae di Sallustio. Studi Ital. di Filol. Cl. 35, 1963, 5 ff.

A. la Penna, Le Historiae di Sallustio e l'interpretazione della crisi repubblicana. Athenaeum 41, 1963, 201 ff.

G. Perl, Die Rede Cottas in Sallusts Historien. Philol. 109, 1965, 75 ff.

E. Pasoli, Pensiero storico ed espressione artistica nelle Historiae di Sallustio. Boll. del Comitato per la prepar. dell'ediz. nat. dei Classici 14, 1966, 23 ff.

L. Alfonsi, Sulle Historiae di Sallustio. Hommages à M. Renard, Bruxelles 1969.

H. E. Stier, Der Mithridatesbrief aus Sallusts Historien als Geschichtsquelle. Festschr. für F. Altheim, Berlin 1969.

D. Flach, Die Vorrede zu Sallusts Historien in neuer Rekonstruktion. Philologus 117, 1973, 76 ff.

E. Pasoli, Le historiae e le opere minori di Sallustio. 3. Aufl. Bologna 1974.

d) Epistulae ad Caesarem:

H. Jordan, De suasoriis ad Caesarem senem de republica. Berlin 1868.

R. v. Pöhlmann, „An Cäsar!" „Über den Staat." Zur Geschichte der antiken Publizistik. Sitz.-Ber. Akad. München = Aus Altertum und Gegenwart 1911, 184 ff.

E. Meyer, Cäsars Monarchie und das Prinzipat des Pompeius. Stuttgart und Berlin, 3. Aufl. 1922, S. 563 ff.

H. Last, On the Sallustian Suasoriae. Class. Quarterly 17, 1923, 87 ff. und 151 ff.

A. Holborn-Bettmann, De Sallustii Epistulis ad Caesarem senem de re publica. Diss. Berlin 1926.

W. Kroll, Sallusts Staatsschriften. Hermes 62, 1927, 373 ff.

B. Edmar, Studien zu den Epistulae ad Caesarem senem de re publica. Lund 1931.

E. Skard, s. o. unter V.

H. Dahlmann, Sallusts Politische Briefe. Hermes 69, 1934, 380 ff.

G. Carlsson, Eine Denkschrift an Cäsar über den Staat historisch-philologisch untersucht. Lund 1936.

M. Chouet, Les lettres de Salluste à César. Paris 1950.

L. T. Blaszczyk, In Sallustii Epistulas ad Caesarem observationes aliquot. Charsteria Th. Sinko oblata, Varsaviae Soc. Philol. Polon. 1951, 51 ff.

A. Dihle, Zu den Epistolae ad Caesarem senem. Museum Helveticum 11, 1354, 126 ff.

G. Dietz, Sallusts Briefe an Caesar. Diss. Freiburg 1956 (Masch.-Schrift).

V. Paladini, Le Epistulae ad Caesarem. Bari 1956.

G. B. Scholz, Sallusts Stellung zum Gelde in seinen Sendschreiben an Cäsar. Diss. Münster 1956 (Masch.-Schrift).

K. Vretska, Zur Methode der Echtheitskritik (Epistulae ad Caesarem senem). Wiener Studien 70, 1957, 306 ff.

R. G. M. Nisbet, The invectiva in Ciceronem and Epistula secunda of Pseudo-Sallust. Journal of Roman Studies 48, 1958, 30 ff.

W. Steidle, Zu den Epistulae ad Caesarem senem. in: Historia, Einzelschr. H. 3, S. 95 ff.

R. Syme, Pseudo-Sallust. Museum Helveticum 15, 1958, 46 ff.

D. C. Earl, Political Terminology in Ep. ad Caes. II. Museum Helveticum 16, 1959, 152 ff.

M. Kuzma, Das frühere der beiden Schreiben an Caesar. Diss. Würzburg 1959 (Masch.-Schr.).

E. Maroti, Der zweite Sallust-Brief und Cicero. Acta Sess. Ciceronianae 1957. Warschau 1960, 123 ff.

P. Frassinetti, Sallustio o Pseudo-Sallustio? Le Parole e le Idee 4, 1962, 55 ff.

W. Seyfarth, Sallusts Briefe an Caesar, Klio 40, 1962, 128 ff.

E. Wistrand, The Date of Sallust's First Letter to Caesar. Eranos 60, 1962, 160 ff.

R. Syme, The Damaging Names in Pseudo-Sallust, Museum Helveticum 19, 1962, 177 ff.

J. Hellegouarc'h, Démocratie et principat dans les lettres de Salluste à César. Revue de Philol. 44, 1970, 216 ff.

E. Pasoli, Problemi delle Epistulae ad Caesarem Sallustiane. Bologna 1970.

e) Invectivae:

H. Jordan, s. o. unter III.

R. Reitzenstein und E. Schwartz, Pseudo-Sallusts Invektive gegen Cicero, Hermes 33, 1898, 87 ff.

A. Kurfess, s. o. unter III.

W. Farber, Sallust gegen Cicero. Eine sprachliche Untersuchung, Diss. Tübingen 1934.

O. Seel, Die Invektive gegen Cicero. Klio Beih. 47, 1943.

G. Jachmann, Die Invective gegen Cicero. Miscell. Akad. Berol. II 1, 1950, 235 ff.

F. Oertel, Sallusts Invective gegen Cicero. Rhein. Museum 94, 1951, 46 ff.

A. Kurfess, Die Invektive gegen Cicero. Aevum 28, 1954, 230 ff.

J. Hejnic, Clodius auctor. Ein Beitrag zur sog. Sallusts Invective. Rhein. Museum 99, 1956, 255 ff.

E. Gabba, Note sulla polemica anticiceroniana di Asinio Pollione. Rivista Storica Italiana 69, 1957, 317 ff.

R. G. M. Nisbet. The invectiva in Ciceronem and Epistula secunda of Pseudo-Sallust. Journal of Roman Studies 48, 1958, 30 ff.

W. Schmid, Die Komposition der Invective gegen Cicero. Hermes 91, 1963, 159 ff.

H. Kühne, Zu den Invectivae Sallustii in Ciceronem et invicem. Helikon 6, 1966, 597 ff.

A. D. Leeman, Sallust Ep. ad Caes. II. Marginal notes on Vretska's Commentary. Mnemosyne 1964, 379 ff.

O. Seel, Sallusts Briefe und die pseudosallustische Invective. Erlanger Beitr. zur Sprach- und Kulturwiss. 25, 1966.

E. Wistrand, Sallust on Judical Murders in Rome. Acta Univ. Gothob., Stockholm 1968 (zu ep. II).

E. Koestermann, Ps. Sallust, Epistula ad Caesarem I Historia 19, 1970, 216 ff.